MANET

Du même auteur

Maniérisme en crise. Le Christ en gloire de Rosso Fiorentino à Città di Castello (1528-1530), présentation par Jean Leymarie et André Chastel avec une note sur la restauration par Umberto Baldini, Académie de France à Rome, Edizioni dell'Elefante, Rome, 1983.

Catalogue de l'exposition *Jörg Immendorff*, Saint-Étienne, 1985.

Catalogue de l'exposition *Philippe Favier*, Lyon, 1985, ainsi qu'à la Biennale de Venise, 1988.

Catalogue de l'exposition *Georg Baselitz, Sculptures*, Kestner-Gesellschaft, Hanovre, 1987.

Articles sur le maniérisme, la peinture du XIXe siècle, l'art contemporain dans les revues suivantes : *Avant-guerre, Artstudio, Beaux-Arts, Bulletin de la Société d'histoire de l'art français, Coloquio Artes, Critique, Noise, Parkett, Revue de l'Art*.

Éric Darragon

MANET

Fayard

Avant-propos

Tout le monde a su faire le portrait de Manet : il était très connu. Quand on considère les témoignages de l'époque, on retrouve pratiquement les mêmes termes, la même observation. Aujourd'hui, étudier l'œuvre de Manet, voir sa peinture — comme l'occasion en a été donnée lors de l'exposition mémorable du centenaire, au Grand Palais, en 1983 —, c'est encore, sous une autre forme, faire l'expérience d'une intégrité que le temps n'a pas remise en cause. Pourtant l'histoire a fait son travail d'analyse et continue de le produire, mais cette lente élaboration du jugement semble à la fois confirmer et approfondir l'impression initiale. Les avis ont changé, les points de vue se sont modifiés, les méthodes ont évolué, mais un élément reste stable, à la fois évident et obscur, garant du jugement de l'avenir. Cet élément semble incarné par Manet lui-même : sans l'identification qui fut donnée par sa vie, son art ne posséderait pas la valeur expressive qui lui fut à la fois déniée et reconnue.

« Comme c'est lui ! Ces cheveux blonds, cette finesse, cette gaieté, cette gaminerie... Espiègle comme un collégien. » A Giverny, quarante ans après la disparition de son ami, Claude Monet commentait ainsi le portrait qu'il possédait, réalisé par Degas. A l'intention de son visiteur il ajoutait aussitôt un souvenir, comme si un simple mot de Manet le peignait tout entier. Beaucoup de ceux qui l'ont connu ont procédé comme lui, par une anecdote, une brusque échappée sur l'homme qui les avait marqués : « En Italie, pendant son voyage de noces, sa femme le traînait dans les musées. Elle allait devant, voulant tout voir consciencieusement, mais lui, à la porte de chaque nouvelle salle, laissait tomber les bras d'un air découragé : " Zut (j'atténue l'expression), zut ! Encore un chef-d'œuvre ! " » Il s'agit probablement du voyage en Hollande à la fin de l'année 1863 ou encore d'une confusion avec le voyage à Venise en 1875 ; peu importe, Monet a soudain devant lui la présence de Manet et c'est à lui que l'on pense d'abord, avant les tableaux. Si on considère un instant la mémoire des adversaires, on constate la même persistance d'impression, mais cette fois la peinture est davantage en cause : « Je me rappelle encore, déclare Louis Gillet, avoir vu dans ma jeunesse un de ces albums de société, un de ces questionnaires à la mode d'alors où les gens étaient invités à faire leur portrait par demandes et réponses en déclarant leurs préférences ; c'était le nom de ce jeu vers 1885. Or, prié d'écrire à son tour ce qu'il ne voudrait pas faire, un jeune artiste de ce temps-là, élève de Cabanel, nullement dénué de talent, avait répondu simplement : " Peindre comme Manet ". »

Longtemps, en effet, on se souviendra de cet homme charmant dont les portraits faisaient peur. Chez les Halévy, en 1891, on racontait toujours la frayeur de l'actrice Blanche Pierson quand Manet lui avait montré quelques-unes de ses œuvres pour l'encourager à poser. Pendant plus de vingt ans, le peintre a vécu parmi ses contemporains. Il a connu un nombre impressionnant de personnalités plus ou moins illustres. D'Émile Ollivier à Gambetta, d'Adrien Marx à Michelet, de Nadar à François Coppée, du docteur Evans à Cézanne, d'Aurélien Scholl à Cabaner. Quand on considère le monde qu'il a fréquenté, les milieux divers où il évoluait, il est vrai, comme on l'a souligné, que les témoignages ne sont pas aussi nombreux qu'ils auraient pu l'être. Tant de proches, tant d'amis qui n'ont rien dit. Mais Manet était si présent, si parisien, il existait de façon si naturelle qu'on oubliait presque de le considérer parce qu'il y avait en lui une évidence que seule son absence a brusquement révélée.

« Il était plus grand que nous ne pensions », a dit Degas lors de son enterrement, et le mot sonne particulièrement juste. A la fin des années 1870, une génération de jeunes artistes est volontiers venue dans l'atelier : ce sont surtout eux qui ont noté le caractère particulier de la célébrité de Manet. Une célébrité qui masquait beaucoup d'inconnu ; quelqu'un a pu faire la comparaison avec la position de Marcel Proust en son temps, mais on a également parlé d'un « sous-Courbet », d'un nouveau Garibaldi et même d'un nouvel Abd el-Kader. Par un effet que l'on vérifie souvent, Manet répondait ou semblait répondre totalement à son image publique. Il en résulte un jeu de surface difficile à contourner. Le peintre Georges Jeanniot se souvient, par exemple, de la manière dont il avait reconnu Manet dans la rue à partir d'une photographie parue deux ans auparavant dans une publication de l'époque, *la Galerie des Contemporains :* « Un soir d'octobre 1878, je descendais la rue Pigalle, lorsque je vis venir à moi un homme d'aspect jeune, d'allure fort distinguée, mis avec une simplicité pleine d'élégance. Un blond portant une fine barbe soyeuse, des cheveux légèrement bouclés sous le chapeau, l'œil gris, le nez droit, les narines mobiles ; mains gantées, pieds alertes et nerveux. C'était Manet, je l'avais de suite reconnu d'après la photographie parue dans *la Galerie des Contemporains.* »

Camille Sainte-Croix, autre admirateur dans les années qui font suite au succès du *Bon Bock,* en 1873, a vu lui aussi Manet dans le quartier des Batignolles. Un soir, un camarade du lycée Fontanes lui désigna un « gentleman de parfaite allure bourgeoise, correct et bien mis » qui venait de sauter d'un fiacre pour serrer des mains à la terrasse de la Nouvelle-Athènes. A peine avait-il salué ses amis qu'il remontait en voiture pour disparaître par la rue Duperré. On se souvenait en effet de Manet parce qu'on l'avait rencontré. Claude Monet l'a dit également : « Nous nous sommes rencontrés. » Henri Gervex situe cette expérience au cirque Fernando, en 1876, en compagnie de Puvis de Chavannes et de Degas : « Ce Manet, avec sa petite tête à la Henri III, l'homme le plus séduisant, le plus spirituel, l'âme la plus fine », déclarait-il en 1920. La première rencontre ne pouvait mentir. Le portrait était fait d'un coup. Instantanément. Si on remonte dans le temps, à l'époque d'*Olympia* ou du Salon des Refusés, l'artiste était déjà là, sur le boulevard, identique à lui-même, et pourtant, dans cette présence tranquille, il y avait une sorte de scandale que Zola ne put s'empêcher d'évoquer pour définir la situation : « Un jour, M. Manet et un littérateur très connu étaient assis devant un café des Boulevards. Arrive un journaliste auquel le littérateur présente le jeune maître. " M. Manet ", dit-il. Le journaliste se hausse sur ses pieds, cherche à droite, cherche à gauche ; puis il finit par apercevoir devant lui l'artiste, modestement assis et tenant une toute petite place. " Ah ! pardon, s'écrie-t-il, je vous croyais colossal, et je cherchais partout un visage grimaçant et patibulaire. " »

Antonin Proust, un ami d'enfance, mais aussi un ami des dernières années, a noté le « front large », le nez droit, la bouche « railleuse », le regard « clair », l'œil « petit, mais d'une grande mobilité ». Il a évoqué également la démarche, la mobilité d'un homme souple et nerveux : « Cambré, bien pris, il avait une allure rythmée à laquelle le déhanchement de sa démarche imprimait un caractère de particulière élégance. » Pour un autre témoin, Jules-Camille de Polignac, l'adulte était resté « l'ex-pilotin, un roulis dans les jambes, faisant demi-tour pour lancer une repartie, un rire ou un geste gamin ». Faire le portrait de Manet et finalement raconter sa vie, c'était pour la plupart de ses amis signifier aussitôt une expressivité dans l'apparence la plus correcte. Un gentleman et un gavroche. Et c'est ainsi le Manet qui sifflotait, la canne à la main, qui lançait des mots repris par les échotiers, qui fabriquait des calembours dont la mode ne lui a pas survécu, qui ne reculait pas devant quelques douteuses rapinades dont Degas fit les frais. Un homme qui ponctuait ses propos par un haussement d'épaules, par « un claquement de langue » admiratif, avec parfois un « mouvement de la main de bas en haut qui voulait dire : C'est ça parce que c'est ça ». A la fois superficiel et profond. Intraitable, irréductible et accommodant. Exaspérant et attachant.

De taille moyenne, plutôt petit que grand, plutôt grand que petit, à l'étiage ordinaire du Parisien, il frappait par sa physionomie « ouverte et expressive ». « Le geste accompagnait chez lui la parole, déclare Théodore Duret, et une certaine mimique du visage soulignait la pensée. Il était tout d'impulsion et de saillie. » On a beaucoup évoqué son chapeau, son port de tête. Berthe Morisot l'a vu à l'ouverture du Salon, dans la foule, « le chapeau en soleil, l'air ahuri » et un journaliste notait en 1881 : « La tête et le chapeau rejetés en arrière ; regardant de haut, et plutôt du nez que des yeux ; la faïence de ceux-ci chauffée par la flamme d'une volonté indomptable ; une bouche gouailleuse, sceptique, au sourire satisfait, s'ouvrant à deux battants sur une barbe blonde taillée en éventail. » De son côté, Jean-Baptiste Faure, l'un de ses principaux amateurs, relevait le soin qu'il mettait à être bien chaussé : « Il ne répugnait pas à aller dans des brasseries de peintres fumer sa petite pipe de Marseille, ganté de frais et chaussé par un faiseur de Londres qui lui faisait payer quatre louis ses bottines. » « Il était vain de son joli pied, chaussé de “ bottines anglaises ” », ajoute Jacques-Émile Blanche. Cézanne cultivait une autre forme de dandysme et devant tant de coquetterie, il disait avec son terrible accent : « Je ne vous donne pas la maing, monsieur Manet, je ne me suis pas lavé depuis huit jours. »

La voix du peintre fait également partie de sa présence : « sa voix un peu enrouée avait des caresses, sa parole, l'accent du gamin de Paris ». Il savait en user, car Manet, « enthousiaste, élastique et théâtral » selon Félix Fénéon, a su jouer son rôle : « Quelque effort qu'il fît, en exagérant ce déhanchement et en affectant le parler traînant du gamin de Paris, il ne pouvait parvenir à être vulgaire. » Comme Antonin Proust, Zola n'oublie pas d'inclure cet élément dans son portrait : « La face entière, irrégulière et expressive, a je ne sais quelle expression de finesse et d'énergie. Au demeurant, l'homme, dans ses gestes et dans sa voix, a la plus grande modestie et la plus grande douceur. » Pourtant, on le sait par d'autres témoignages, dans le feu d'une discussion, cette voix pouvait devenir aigre et dure, désagréable, et l'image que les contemporains ont laissée devrait être complétée par ce que certains ont mieux connu, « un fond de neurasthénie qu'il couvait malgré ses apparences gavroches » ou encore « ses hauts et ses bas, ses irritations féminines à propos de rien, ses haines profondes pour le bourgeoisisme, son mépris pour la convention et ses enthousiasmes d'enfant, de poète, pour ce qu'il croyait le beau vrai, le sincèrement beau ». Et Faure ajoute en connaissance de cause : « On ne se rendait pas compte des déceptions, des découragements, des déboires, de ce cher et charmant garçon (...). Il devenait un chat en colère, à la façon de Reyer, cet autre artiste rageur et peu compris. » Baudelaire, Berthe Morisot, Mallarmé ont eux aussi connu ce Manet plus secret, plus vulnérable, moins dandy. Degas qui l'a représenté assis, déterminé et pensif ou qui l'a vu roulé en boule sur un canapé en train d'écouter de la musique a parfaitement compris les nerfs de son ami. Le portrait a donc été fait avec précision, avec acuité, avec minutie — un témoin observait jusqu'à une légère cicatrice sur le front — et pour tout dire avec intelligence.

On ne pouvait se méprendre sur les qualités intellectuelles et morales d'un artiste qui fut aussi un témoin politique, et à sa manière un acteur essentiel dans l'histoire au sens le plus complet du terme. « C'était un homme d'autant de cœur que d'esprit, et son commerce était aussi sûr que plein de charme », écrit Duret. Un journaliste qui l'avait connu pour la première fois vers 1855, quand l'élève de Thomas Couture faisait des études en plein air à Marlotte, évoque son heureux caractère : « Sa gaieté était inaltérable et il me souvient qu'il y a deux ans nous le rencontrâmes, Bracquemond et moi, dans les bois de Bellevue, à l'époque où il était à la maison d'hydrothérapie ; il nous raconta ses souffrances et le traitement qu'il lui fallait subir avec une bonhomie et un entrain des plus amusants. Tout à coup apercevant un gros curé qui cheminait plus loin : " Oh ! c'est celui-là qui crie et en fait des simagrées pour recevoir ses douches sur les reins ! Moi je crie fort mais ce n'est rien en comparaison ", et il riait tout en souffrant, le jovial et sympathique artiste. » D'autres déboires avaient en revanche raison de son stoïcisme et devant la situation politique du mois de juin 1871, Mme Morisot écrivait tout simplement : « La France est partagée entre les fous, clique Manet et autres, et les imbéciles, parti Chambord et consorts. » Certains ont décrit l'homme courageux, résolu ; d'autres, un individu impulsif, irritable, impatient. Il fut surtout, pour toutes sortes de raisons, un homme séduisant, se plaisant dans la compagnie des jolies femmes, adorant leur conversation et recherchant leur approbation. On lui prête de nombreux succès mais l'actrice Ellen Andrée qui n'était pas laide l'a évoqué au travail devant elle, « préoccupé, courtois, distant. Il était tellement supérieur ! Je me faisais toute petite dans l'atelier de la rue d'Amsterdam... Un homme tellement supérieur ! »

Avant d'entrer dans le récit de sa vie, on peut observer assez nettement que Manet a pris conscience du rôle qu'il allait jouer dans l'histoire. Il eut sous les yeux une masse considérable de critiques parues dans la presse et qui, pour l'essentiel, posaient la question de sa place dans l'art contemporain. A partir de toutes ces réactions polémiques il a pu mesurer l'enjeu qu'il représentait et, on va le constater, sa peinture contient les éléments d'une réponse à la question posée. La vie de Manet s'ordonne à partir de là, et l'attitude adoptée à l'égard des journalistes et de leur jugement est révélatrice ; elle est à la fois distante et passionnée. On en a un exemple avec le portrait publié par *le Gaulois*, en 1881, qui se termine par un propos du peintre assez explicite à cet égard : « Ganté de jaune, cravaté de frais, chaussé de fin, pantalonné de clair, — une fleur étoilant, en attendant le ruban rouge, la boutonnière de sa redingote bâtie sur les dessins de Dusautoy, — on le rencontre, dans la journée, arpentant le boulevard des Italiens du pas pressé d'un homme qui court à un rendez-vous de jolie femme, ou on le remarque installé, un cigare de prix aux lèvres, sur la terrasse du café Riche ou de Tortoni, devant des breuvages dispendieux. Le soir, la pipe aux dents, le béret ou le feutre mou sur la nuque, à l'aise dans sa vareuse et dans ses pantoufles, il monte au café Guerbois, — dans la Grande-

Rue des Batignolles, — s'attabler en face d'un bock, blaguer le bourgeois et formuler des aphorismes dans le genre de celui-ci :

— Je n'ai pas plus de reconnaissance pour les critiques qui me louent, que de colère contre ceux qui m'éreintent. En me louant ou en m'éreintant, ils me font de la réclame et s'en font à eux-mêmes. C'est leur métier. Je fais le mien. »

C'est là un de ces mots à l'emporte-pièce prêts à être imprimés, mais il a sa vérité. Manet, qui a tout fait pour être de son temps, ne concevait pas cette entreprise en termes étroits. Sur le canapé de l'atelier, en compagnie de Jacques de Biez, on sent davantage le mouvement d'humeur devant le manque d'intelligence dont souffre son art tout entier : « Vous avez écrit sur moi d'une façon qui m'a fait plaisir, déclare-t-il. Déjà beaucoup de gens disent du bien de moi. Mais il me semble qu'ils ne voient pas très clair au fond de moi. Ils ne pénètrent pas très bien tout ce qu'il y a en moi, ou tout au moins ce que j'essaie de montrer. Ils ont la plume et la pensée courageuses. En outre une grande bonne volonté, ce dont je leur sais gré. Mais d'aucuns s'y prennent mal. Voyez X..., par exemple, qui vient de me mettre sur un pavois. C'est un maladroit. Il m'a traité en galopin. Comment le lui dire ? Bien plus, j'aurais mauvaise grâce à lui en tenir rigueur. Impossible de lui en vouloir. Pourtant c'est un imbécile. »

La vie de Manet n'a pas attendu longtemps pour être racontée, analysée et pour entrer dans le cadre de la monographie. Edmond Bazire, journaliste et militant républicain qui fréquenta Manet dans le cercle de Nina de Callias et dans les cafés d'artistes, fit paraître son ouvrage, illustré de gravures par Henri Guérard, à l'occasion de l'exposition rétrospective à l'École des Beaux-Arts en 1884. Le texte se présente comme un amalgame d'informations directes ou indirectes associées au rappel des opinions de l'époque. Évidemment, Manet n'est pas entièrement responsable de tout ce que son nom et sa peinture ont pu provoquer, et, en particulier, après sa mort, mais la position qu'il avait tenue de son vivant impliquait pour ses amis une suite. L'histoire de Manet fut écrite au présent, tableau après tableau pour ainsi dire, mais cette donnée justifie l'avenir et la vie de Manet engage une perspective à beaucoup plus long terme. Les principaux acteurs de cette définition esthétique furent, on le sait, Charles Baudelaire, Émile Zola et Stéphane Mallarmé. Il y eut également tous ceux sans lesquels l'identification de l'artiste devant l'histoire aurait été considérablement amoindrie — parmi ceux-ci, on peut citer quelques noms de critiques, Philippe Burty, Arthur Bonnin, Théodore de Banville, Castagnary, Ernest Chesneau, Jules Claretie, Dubosc de Pesquidoux, Charles Flor, Henry Fouquier, Louis de Fourcaud, Théophile Gautier, Paul Mantz, Huysmans, Pontmartin, Alexandre Pothey, Théophile Silvestre, Armand Silvestre, Pierre Véron, Albert Wolff, bien d'autres. Il faudrait citer aussi les artistes qui furent ses interlocuteurs, Astruc, Legros, Carolus Duran, Bracquemond, Balleroy, Fantin-Latour, Guillemet, De Nittis, Carjat, Nadar, Courbet, Cézanne, Bazille, Renoir, Monet, Éva Gonzalès, Berthe Morisot, Degas, Alfred Stevens, Hirsch, Gervex, Béraud, Duez, Desboutin... Manet était aussi l'ami des poètes et des littérateurs, Champfleury, Michelet, Charles Cros, Paul Alexis, Villiers de l'Isle-Adam... L'ami des musiciens, des acteurs, des hommes politiques et de beaucoup de femmes du monde ou du demi-monde. Toute cette société est plus ou moins présente dans son art et tel ou tel individu intervient çà et là pour éclairer l'historien au fil des années. Combien de témoins, en effet, sans lesquels une œuvre perdrait beaucoup de sa valeur d'instant et de vie contemporaine. Certains modèles ont pu s'exprimer ; on est parfois venu les interroger, comme le fils Gauthier-Lathuille ou Isabelle Lemonnier, Léon Leenhoff ou Jean-Baptiste Faure. Chaque fois l'information est importante. Elle oriente l'intelligence du tableau qui repose toujours sur une expérience. On l'a dit, répété, la vie de Manet fut une vie de travail, de combat opiniâtre, exposée au regard de tous. Car ce peintre a voulu s'adresser au plus grand nombre possible. Il a mis tout son espoir dans le public de son temps. Voici par exemple un « écho de Paris » paru dans *l'Événement* du

10 mars 1878. Manet croit encore qu'il lui sera possible de refaire une exposition particulière en marge ou au cœur de l'Exposition universelle de 1878 : « Vous qui visitez fréquemment les travaux de la future Exposition universelle, lecteurs, vous pourriez apercevoir ces jours-ci un homme jeune encore, d'une mise très correcte, d'une tournure élégante, qui marche à grands pas, escaladant les poutres, sautant les fossés, traversant les nuages de poussière plâtreuse, bravant tous les obstacles, et qui de temps en temps s'arrête, les yeux fixés sur quelque chose d'invisible pour tout autre que lui. Ses prunelles jettent des feux diaboliques ; sa lèvre inférieure, légèrement avancée, exprime un suprême dédain pour tout ce qui est convenu, banal, traditionnel ; le nez, artistement arqué, complète admirablement cette physionomie mouvante, faite d'esprit, de malice, de mépris, d'enthousiasme et de bonne humeur. Vous l'avez reconnu... c'est Manet. »

Dans le banal portrait de l'artiste, il y a pourtant la part invisible, le rêve de succès, sa peinture — cent tableaux —, en 1878.

A sa mort, l'œuvre était faite et c'est le sens du poème de Théodore de Banville paru dans *le Gil Blas* le 11 janvier 1884, qui commence par ces mots : « Ce riant, ce blond Manet / De qui la grâce émanait, / Gai, subtil, charmant en somme... » et se termine ainsi : « Que l'artiste, esclave et roi / Aime la peinture, ou toi / Chaste Muse enchanteresse / Dont le front m'éblouissait, / Quand on part, l'important, c'est / D'avoir chéri sa maîtresse. » Le ton de la monographie de Bazire, dans la lignée ouverte par Zola, était celui d'un partisan qui prend la relève du disparu. Le journaliste Roger Marx réagissait à cette publication en la jugeant « apologétique » ; selon lui, Manet restait trop présent pour avoir besoin d'être défendu : « Nous avons vécu avec un artiste depuis son entrée dans la carrière ; il a livré à nos côtés le combat contre la vie — et Dieu sait s'il fut rude pour Manet —, nous avons assisté à l'évolution de son talent ; nous l'avons suivi dans tous ses efforts et dans toutes ses recherches, et l'on voudrait nous obliger à parler de cet homme comme d'un inconnu ! Ne sait-on donc pas que, dans ce cas, l'histoire que nous écrivons est un peu la nôtre et que nous seuls pouvons savoir comment il faut raconter une existence qui s'est presque entièrement déroulée sous nos yeux. »

L'artiste laissait en effet une image si nette et si forte que pendant longtemps dans l'opinion française il restera connu, jugé, présent. L'analyse historique va mettre beaucoup de temps pour conquérir une distance à son égard. Dès le mois d'août 1884 cependant, le peintre Gaston La Touche évoquait la nécessité d'une approche plus complète : « Par critique, j'entends l'homme éclairé qui comprend et le passé et le présent et l'avenir d'une école, celui qui ne voit pas avec l'œil unique d'une coterie de taverne montmartroise ou batignollaise, ou bien avec le monocle pschutt d'un salon du quartier de Villiers ; cet homme-là seul dont c'est le devoir d'étudier tout, de regarder passer tout, pourra un jour écrire la vérité sur le mort. » L'auteur de ces lignes avait publié le 15 janvier 1884 des « souvenirs intimes » utiles, notamment, pour éclairer le développement du projet sur le thème du café-concert intitulé Reichshoffen. Son exemple sera suivi et à la fin de sa vie, Mallarmé complétera ses textes critiques par un portrait d'une admirable lucidité et engagera Antonin Proust à publier ses propres souvenirs dans *la Revue blanche*, en 1897, au moment de l'exposition du legs Caillebotte. Degas se fera lire les livraisons de la revue par Daniel Halévy qui pourra ainsi transmettre des commentaires particulièrement précieux. En 1913, une version complétée du texte d'Antonin Proust sera publiée sous forme de volume. Vers cette date, Georges Jeanniot (en 1907), Camille Sainte-Croix (en 1909), Jacques-Émile Blanche (en 1919), sans oublier George Moore (dès 1888), ont apporté à leur tour, comme d'autres, des informations recueillies dans l'atelier ; et Félix Fénéon prend soin d'interroger des contemporains comme Paul Durand-Ruel, Henri Gervex, Ellen Andrée. Avec Théodore Duret qui publie sa monographie en 1902 (rééditée en 1906, 1919, 1926), le temps d'un jugement plus analytique est désormais venu, mais pour l'auteur qui fut un ami attentif et sûr, l'important reste toujours de bien signifier le rôle de la personnalité du peintre. Ce trait fondamental se confirme encore, en 1926, dans les deux tomes admirablement illustrés du livre d'Étienne Moreau-Nélaton, grand collectionneur de Manet et grand donateur. La lecture de son livre permet de mesurer la qualité d'un jugement qui vise, à partir d'une documentation élargie, l'identité foncière de l'artiste.

Quand arrive la date du centenaire de la naissance de l'artiste, en 1932, l'exposition du musée de l'Orangerie peut s'appuyer sur un catalogue établi par Paul Jamot, Georges Wildenstein et M.-L. Bataille, et présenter 87 numéros pour les peintures, 38 pour les pastels et dessins, 29 pour les gravures et les lithographies. Le « triomphe de Manet », écrit Paul Valéry qui rend par-dessus tout hommage au « charme distinct et abstrait » de Berthe Morisot. Un nouveau public est invité à juger par lui-même. Si on compare avec l'exposition du Grand Palais de 1983 et un catalogue important qui présente l'essentiel de façon équilibrée, on reste frappé par le changement de l'appareil critique. En 1932, *Olympia* se contentait de la notice suivante : « Victorine Meurent en a été le modèle. Zacharie Astruc composa sur le tableau un poème en dix strophes, publié dans un numéro spécial du *Journal des Curieux*, le 10 mars 1907. C'est le tableau qui suscita le plus grand scandale. » Le livre de Tabarant, en 1947, ramène au jour une large partie du dossier critique dispersé dans la presse. La vie du peintre est alors moins jugée que restituée dans la trame d'une polémique ininterrompue et usante. Cette approche documentaire sera beaucoup exploitée et Pierre Courthion présente, en 1954, des documents qui donnent accès eux aussi au dossier. Pour le public anglo-saxon, à la même époque, G.H. Hamilton présente un excellent *Manet and his Critics* qui ouvre sur l'immense développement des études universitaires, notamment aux États-Unis. Dans ces conditions, l'essai de Georges Bataille, publié en 1955, se présente avec toute la qualité d'un jugement qui redéfinit la modernité baudelairienne en termes contemporains. Il est alors remarquable de constater qu'au moment où l'idée de la « destruction du sujet », déjà développée à l'époque et par Manet lui-même, retrouve une actualité et une pertinence que l'auteur s'attache à définir de façon subtile, le « portrait » de Manet s'impose plus que jamais avec une intensité qui engage la recherche à venir.

Ainsi, quand commence vraiment l'étude méthodique des œuvres telle que nous la connaissons aujourd'hui et avec des préoccupations et des intérêts qui sont ceux d'une histoire en pleine évolution — les travaux pionniers de N. G. Sandblad datent de 1954 —, le point de vue formaliste, issu de la tradition française, est précisément celui qui vient rappeler le rôle d'un jugement concernant ce que Bataille appelle « une subversion impersonnelle », — l'image de Manet. Il n'est pas possible de définir ici les principales étapes de plus de quarante ans de recherches particulièrement neuves et intenses ; il suffit peut-être de retenir la fonction d'un principe que chaque historien vient plus ou moins interroger par ses analyses. Manet est de ceux qui ont voulu tout ressaisir, tout exprimer : « Il faut traduire ce qu'on éprouve, mais le traduire instantanément pour ainsi dire », disait-il en précisant que « pour avoir la spontanéité, il faut être maître de son art ». C'est en quelque sorte cette position devant la peinture qui assure, dans un monde qui a changé, sa postérité et sa présence. A l'instar de Picasso ou de Warhol, chacun ressent l'exigence d'une traduction et d'une redécouverte. « Moi, me disait-il un jour — le propos est rapporté par Antonin Proust —, je m'inquiète fort peu de ce qui a pu être dit sur l'art. Mais si j'avais à donner une opinion, je la formulerais ainsi : Tout ce qui a l'esprit d'humanité, l'esprit de contemporanéité est intéressant. Tout ce qui en est dépourvu est nul. »

Chapitre premier

La jeunesse d'Édouard Manet

Contrairement à Zola qui s'intéresse avant tout à la naissance de l'artiste et beaucoup moins à celle de l'individu, Théodore Duret ne se trompe pas sur la date de naissance d'Édouard Manet : « Édouard Manet naquit à Paris le 23 janvier 1832, au nº 5 de la rue des Petits-Augustins, aujourd'hui rue Bonaparte, et fut baptisé le 2 février de la même année en l'église Saint-Germain-des-Prés [1]. » Duret, qui fut l'ami à qui Manet confia la tâche la plus digne de confiance, celle d'organiser la vente de son atelier après sa mort — le 30 avril 1883 —, fait œuvre d'historien avec le souci d'apporter certains éléments d'explication. Pour lui, les années de jeunesse contiennent les principes positifs qui permettent d'apprécier « la nature » de Manet. C'est parce que Duret croit à la vocation du peintre qu'il insiste sur une détermination sociale dont il a pu, du vivant de l'artiste, apprécier la valeur. « On peut dire de Manet que la nature l'avait réellement créé pour être peintre, qu'elle l'avait doué d'une vision et de sensations telles, qu'il ne pouvait trouver l'emploi de sa vie qu'en s'adonnant à la peinture [2]. »

On ne saurait entrer en désaccord avec une telle affirmation, mais elle a surtout le mérite de justifier une analyse des rapports entre Manet et sa famille. Par divers propos, par sa conduite, par la version des faits qu'il a laissé publier, Manet est aussi responsable de l'interprétation générale concernant sa jeunesse. Lui-même, on le verra, a voulu répondre par un portrait de ses parents à cette question dont il fut le premier à vouloir prendre conscience.

Auguste Manet, son père, exerçait les fonctions de chef du personnel au ministère de la Justice ; né en 1797, il a trente-cinq ans en 1832, il est chevalier de l'ordre de la Légion d'honneur — distinction que son fils obtiendra lui aussi, mais à un âge plus avancé —, et sa carrière qui a commencé sous le règne de Charles X s'est continuée sans heurts sous la monarchie de Juillet. La mère de Manet est née en 1811 ; elle est âgée de vingt et un ans à la naissance de son premier fils. Le mariage a eu lieu le 18 janvier 1831. Le 21 novembre 1833, puis le 16 mars 1835 voient la naissance des deux frères de Manet, respectivement Eugène qui épousera Berthe Morisot, puis le cadet Gustave. Auguste Manet regrettait, paraît-il, l'absence d'une fille dans cette famille de garçons assez turbulents. En 1841, il fut nommé juge au tribunal de la Seine. L'homme est décrit comme un fonctionnaire modèle, peu attiré par les obligations sociales impliquées par sa fonction ministérielle. Son père était lui-même un « homme de loi » qui devint maire de Gennevilliers où il était propriétaire. La fortune d'Auguste Manet, après partage avec ses deux sœurs, consiste en terres et en maisons. Eugénie-Désirée Fournier, la mère de Manet, est issue d'une famille de tempérament moins rassis. On dit que l'un de ses frères, lieutenant de cuirassiers, fut tué dans un duel. Son père, Joseph Fournier, fils d'un juge des Eaux et Forêts de Grenoble, après s'être établi à Göteborg où il exerçait les fonctions de consul, se trouva mêlé à l'accession sur le trône de Suède du maréchal Bernadotte. De cette aventure, sa fille avait recueilli l'honneur d'être la filleule du roi Charles XIV qui lui offrit un collier de corail à son baptême ainsi qu'une pendule à son mariage, assortie d'une rente et d'une gratification en argent. Cette position lui permit de faire un mariage bourgeois. Son frère aîné, Edmond Fournier qui est capitaine d'artillerie, habite également dans la maison de la rue des Petits-Augustins. La révolution de 1848 mettra un terme à sa brillante carrière. Aide de camp du duc de Montpensier, le colonel Fournier donnera sa démission par attachement à la monarchie.

Théodore Duret est donc fondé quand il attire l'attention sur le milieu social dont est issu Édouard Manet. Il s'agit de la bourgeoisie d'avant la révolution de 1848, une classe distincte, détentrice du pouvoir. Beaucoup plus tard, Manet fera l'éloge du *Portrait de Bertin* par Ingres. À ses yeux le père Bertin incarnait une époque, « le type de la bourgeoisie de 1825 à 1850 (...) le bouddha de la bourgeoisie cossue, repue, triomphante[3] ». Manet parlait d'expérience. Mais Duret précise sa pensée ; le père de Manet personnifiait lui aussi la bourgeoisie et plus encore, la magistrature. Il invoque un monde fermé, d'anciennes traditions venues des parlements, « une culture d'esprit particulière » fondée sur une instruction classique, un sens du rang et de la dignité sociale : « Dans ce milieu, les hommes qui s'élevaient aux postes de la magistrature prenaient une sorte d'ascendant et s'assuraient une considération certaine. La magistrature à cette époque exerçait encore comme un sacerdoce. Elle gardait la dignité de sa fonction, elle jouissait au-dehors d'un respect général[4]. » Ces phrases nous aident à concevoir l'effet produit par les caricatures de Daumier et surtout à saisir la valeur du propos de Thomas Couture, le futur maître de Manet, qui l'assimilait à Daumier. Il est évident que Manet est resté profondément marqué par son origine sociale : la politesse, le raffinement des manières, le goût du monde et de la conversation. Mais les valeurs de son milieu étaient aussi celles du mérite individuel et de la réussite dans la voie de la tradition familiale.

Contrairement à Cézanne ou à Degas, Manet fit de mauvaises études ; on l'aurait moins su s'il n'avait pas été destiné par sa naissance au grade de bachelier ès lettres puis au droit. A partir de 1838, le jeune Manet entre donc dans l'institution du chanoine Poiloup à Vaugirard, puis il est mis en 1844 comme pensionnaire au collège Rollin, situé près du Panthéon. Le directeur de cet établissement, qui ne reçoit que des internes et qui est considéré comme un collège « chic », est dirigé par un ami d'Auguste Manet, Defauconpret, célèbre pour ses traductions de Walter Scott. Entré en cinquième comme lui, Antonin Proust devient alors l'ami de Manet. Cette amitié d'enfance va se développer par la suite et le rôle d'Antonin Proust dans la vie du peintre, surtout dans les dernières années, sera considérable. Les souvenirs de Proust, publiés dans *la Revue blanche* en 1897, puis sous forme de volume en 1913, sont une source d'informations importante, même si l'auteur n'est pas toujours très sûr dans ses dates. Le souvenir qu'il laisse de leur intimité laisse entrevoir des préoccupations esthétiques fort précoces : « Je me souviens que, à Rollin, nous lisions, pendant le cours de M. Wallon, l'auteur de la Constitution de 1875, qui était notre professeur d'histoire, les *Salons* de Diderot. Sur un reproche que Diderot adressait à certains peintres de son temps d'avoir fait des chapeaux à lampion, condamnés à devenir démodés : "Voilà qui est fort sot, s'écria Manet, il faut être de son temps, faire ce que l'on voit, sans s'inquiéter de la mode [5]." » Le propos laisse bien augurer de l'avenir, mais nous n'avons aucun moyen de le contrôler. Il est en tout cas intéressant d'imaginer ce cours d'histoire du futur député, auteur d'un amendement célèbre qui lui valut le titre de « père de la République », où on lisait les *Salons*. La réaction de Manet prouve sa vivacité d'esprit et son intérêt pour l'enseignement du futur professeur à la Sorbonne. La première année à Rollin semblait encourageante. Le proviseur ne désespérait pas : « Cet enfant est faible dans sa classe ; mais il montre du zèle, et nous espérons bien de lui [6]. »

Pourtant Manet ne passa pas dans la classe suivante ; il redoubla. Sa scolarité sera d'ailleurs assez chaotique : il passera directement de cinquième en troisième et sautera également la seconde pour terminer, d'octobre 1847 à juillet 1848, par une année de « rhétorique ». Faut-il y voir un brusque acharnement au travail ou plutôt une facilité accordée au fils d'un haut magistrat pour abréger une carrière sans espoir ? Les appréciations pour l'année 1846-1847 laissent à penser que la seconde hypothèse est à envisager : « Le travail est tout à fait insuffisant. L'élève a montré une grande indifférence pour les études classiques. Il travaille peu et est souvent distrait. Caractère difficile [7]. » La dernière année, on constate chez le futur ami de Baudelaire et de Mallarmé une persévérance dans le désintérêt pour les matières littéraires : « En rhétorique, devoirs généralement faibles et, nous le craignons, trop peu travaillés. Son écriture lui fera du tort [8]. » Visiblement Manet ne sait pas composer ; il répugne à la dissertation : « Ses idées sont confuses ; elles ont besoin de s'éclaircir et de se coordonner [9]. » De tels défauts annoncent les désagréments qui l'attendent avec la « composition » au sens pictural du terme. Seule note discordante qui indique, peut-être, davantage sa répugnance à l'égard de la culture humaniste que de réelles dispositions, le goût pour les mathématiques : « Cet élève montre en mathématiques assez d'ardeur et d'application, mais a beaucoup à faire [10]. » Cette ardeur soudaine ne peut s'expliquer que par la vocation de marin par laquelle Manet pensait échapper à l'univers du collège. En juillet 1847, il s'était inscrit au concours pour l'École navale, mais il y échoua.

On a retenu de ces quelques années, où le caractère difficile du fils dut se heurter aux exigences du père, un goût précoce pour le dessin, encouragé par l'oncle Fournier qui comme beaucoup d'officiers de l'époque dessinait avec goût et s'intéressait à la littérature. Cet oncle fit en sorte que le jeune Édouard pût suivre un cours facultatif de dessin, en prenant à sa charge les frais de cet enseignement. Le dessin semble avoir surtout été le moyen d'exprimer une indiscipline foncière: « Il dédaignait de copier les modèles casqués et crayonnait les têtes de ses voisins, écrit Antonin Proust qui l'accompagnait dans ses erreurs. Et comme Joly, Paul de Rémusat et moi, nous avions pris exemple sur lui, il en résulta une véritable révolution dans le cours de dessin, révolution qui provoqua un rapport de M. Sanval, le censeur des études. A la suite de ce rapport, nous fûmes exclus pour un mois de la classe. M. Defauconpret nous fit venir dans son cabinet et, après nous avoir paternellement semoncés, il leva la punition à la condition que nous prendrions l'engagement de copier désormais avec fidélité les modèles qui nous seraient donnés. Édouard et moi, nous dûmes traduire par le crayon noir sur une feuille de papier blanc, et cela aussi exactement que possible, trois figures lithographiées d'après le tableau du baron Gérard représentant l'entrée du roi Henri IV dans sa bonne ville de Paris en 1594 [11]. » La peinture d'histoire se présentait donc comme une punition et l'exactitude de l'imitation comme un pensum. Mais on peut souligner, pour ces deux fils de famille que sont Manet et Proust, des égards, des attentions qui sont bien éloignés de réalités sociales autrement dures et sévères. Le dessin continuait de fleurir sur ses devoirs et sur ses livres comme un signe d'insubordination. Manet luimême a tenu à cette image qui résumait l'idée qu'il voulait transmettre de sa prime jeunesse. En 1884, au moment de l'exposition posthume à l'École des Beaux-Arts, le journaliste Henry Cochin se montrait un peu agacé par toute cette légende du talent précoce, opprimé par l'institution : « Voici en quelques mots l'histoire de sa vie ; il eut une jeunesse difficile, il fit des études faibles. On nous dit qu'il crayonnait volontiers ses livres et ses cahiers ; nous l'avons tous fait, et je n'attache pas grande importance à ces symptômes d'enfance. J'ai connu au collège plusieurs poètes et plusieurs dessinateurs ; ils sont aujourd'hui professeurs, commerçants ou journalistes. Pourtant, sortant de classe, Manet voulut être peintre ; ses parents s'y opposèrent. Ils avaient sans doute leurs raisons pour cela ; en avançant en âge on prend de l'indulgence pour les parents : il y a déjà tant de garçons qui traînent dans les ateliers et les cafés ! On comprend qu'il déplut à M. et Mme Manet d'en augmenter le nombre, car ils étaient de sages et respectables personnes, ainsi que nous les montre l'excellent portrait que leur fils a fait d'eux. D'ailleurs les vraies vocations surmontent les obstacles : Corot fut garçon de magasin ; il n'y avait pas de danger qu'il y restât. Manet fut engagé comme matelot sur un navire marchand ; l'épreuve était rude ; il ne semble pas que le jeune homme en ait trop souffert. Il en garda un amour de la mer, et il peignit plus tard quelques bonnes marines, dont nous avons vu une partie à l'École des Beaux-Arts [12]. »

Manet, qui avait seize ans en 1848, avait atteint l'âge limite d'admission au concours du « Borda ». La République, proclamée à la suite des journées de février, accordait la possibilité d'un sursis de deux ans, à dater de 1849, après un voyage de six mois sur un bateau de l'État. Manet voulut profiter de cette disposition et, dans les premiers jours de décembre, son père l'accompagnait au Havre où il allait s'embarquer sur le bateau-école *Havre et Guadeloupe*, commandé par le capitaine Besson. Ce voyage vers Rio de Janeiro devait constituer une expérience que l'homme mûr se plaira à rappeler. Mais à la fin de 1848, Édouard Manet ne se considère pas comme un peintre : il croit à sa vocation de marin et les lettres qu'il écrit à sa mère et à sa famille constituent un témoignage d'un intérêt évident. L'élève du collège Rollin que les études humanistes rebutaient sait écrire de façon nette et précise. Son jugement est loin d'être banal ; ses descriptions cernent de petits événements qui révèlent une situation en peu de mots et, pour tout dire, dans la modestie de ces messages qui témoignent de l'affection d'un fils pour sa mère, on trouve déjà le caractère entier de Manet, son sens de la réalité, son observation, son esprit. Avant le départ, quand le bateau attend le vent, Manet évoque par exemple son installation, le hamac, la nourriture ainsi que la petite mise en scène pour décourager une éventuelle défaillance : « On a voulu nous donner un certain air militaire en plaçant à bord un homme de quart armé d'un sabre et d'un fusil, c'est aussi une mesure de sûreté ; comme cela, il n'y a pas moyen de quitter le bord. » Pour compléter sa remarque, le pilotin ajoute une courte description destinée à souder le jeune équipage à travers le regard des badauds venus les contempler sur le quai : « Nous avons tout à fait le costume de marin : chapeau ciré, chemise en molleton, vareuse et pantalon de toile. Cet ensemble fait très bien ; aussi y a-t-il toujours sur le quai une centaine de badauds à nous regarder [13]. »

On note au passage le goût du jeune homme pour le costume, l'uniforme, la métamorphose de l'apparence, mais aussi le sens aigu qu'il possède du regard d'autrui. En deux images, Manet vient d'exprimer l'attente du départ et l'on a compris que le voyage avait déjà commencé par la conscience que les uniformes en donnaient dans l'esprit des uns et des autres. La rude vie de marin n'enchante guère le passager qui s'intéresse davantage aux petites fêtes et aux distractions qui rythment l'ennui d'une longue traversée : on ouvre une bouteille de champagne, on chante sur la dunette le soir, après le dîner, le réveillon de Noël est « monstre », on harponne un marsouin, etc. Cependant le regard de Manet est également attentif à une donnée sociale comprise de façon assez colorée. Ainsi le jeune bourgeois observe d'un œil attentif le sort réservé aux petits mousses : « Nous sommes tous enchantés de partir quoique nous soyons ici on ne peut mieux sous tous les rapports, car nous avons pour nous servir quatre pauvres petits mousses et deux novices que l'on mène à coups de pied dans le derrière et à coups de poing, cela les rend diablement obéissants, je t'assure. Notre maître d'hôtel, qui est nègre, comme je te l'ai dit, et qui est chargé de leur éducation, leur flanque de fameuses roulées quand ils ne vont pas bien [14]. » On retrouve cette même disposition à enregistrer une scène dans une distance émotionnelle qui en accentue l'intensité, avec le bain forcé du 27 décembre infligé toujours à ces « pauvres petits mousses » : « Quelle journée magnifique ! Nous avons dépassé les côtes du Portugal ; aussi le soleil devient plus chaud, on en a profité ce matin pour laver les mousses : on a mis sur le pont une grande cuve d'eau et on y a plongé les trois moutards qui, frottés à la pierre ponce par un matelot, sont sortis de là blancs comme neige, de noirs qu'ils étaient auparavant. Ce bain forcé ne devait cependant pas être fort agréable [15]. »

A lire ces lettres, les matelots sont aussi des gens assez extraordinaires : il y en a un qui reçoit une poulie sur la tête, « ce qui ne l'a pas empêché de travailler le lendemain comme à l'ordinaire [16] » ; un autre, « qui sait presque tous les opéras et opéras-comiques, nous a chanté tout son répertoire jusqu'à huit heures et demie[17] » ; un autre encore est chargé, en prévision d'une escale à Santa Cruz de Ténériffe, qui du reste ne sera pas possible, de lui acheter des pipes du pays, d'autres encore apportent au jour de l'an un « magnifique pâté de marsouin, fabriqué de leurs mains[18] ». Ces matelots ont bien des talents, en particulier un redoutable manieur de sabre, dans un jeu qui n'est pas fait pour les cœurs tendres. Encore une fois, Manet observe et se contente d'enregistrer : « Voici comment nous avons passé notre jour de l'an à bord [...] Une fois parés, nous sommes tous montés sur la dunette pour souhaiter la bonne année au commandant. Il a fait apporter du madère et a très bien fait les choses. Dans la journée, nous avons joué à l'oie. Ce jeu consiste à tâcher d'abattre avec un sabre, les yeux bandés, la tête d'une oie amarrée sur une poutre. C'est un matelot qui a remporté le prix ; à 3 heures, nos jeux ont été troublés par une tempête, qui s'est élevée tout d'un coup[19]. »

Au cours du voyage, coupé de calmes plats et d'orages, Manet s'initie aux armes. Il conservera ce goût toute sa vie. Un maître de canne lui donne des leçons, puis il tire à la cible : « On avait amarré un homme de paille à une basse vergue de bonnette. Le commandant a été d'une adresse extraordinaire[20]. » Ce commandant recueille décidément tous les éloges de Manet. Il sait créer l'événement et les fêtes prennent, avec lui, un caractère inattendu. Ainsi, le 7 janvier 1849, on tire les rois : « Ce soir après le dîner, tout le monde est monté sur la dunette et l'état-major, les élèves, et tout l'équipage jusqu'au dernier mousse, nous avons tiré les rois. C'est notre nègre qui a eu la fève, il a choisi pour reine le commandant qui lui a fait apporter un verre de kirsch et lui a fait cadeau d'un paquet de cigares[21]. »

Ces quelques missives permettent d'imaginer facilement que leur auteur est aussi le dessinateur du bord qui sait fixer en quelques traits la caricature des membres de l'équipage. Le futur beau-frère de Berthe Morisot et officier de marine Adolphe Pontillon, qui fait partie du voyage, a transmis à Moreau-Nélaton un de ces dessins évoquant, dans la manière de Gavarni, un personnage en costume de Pierrot.

Manet, promu maître de dessin, donne des leçons à ses camarades. Le commandant lui demande sa caricature pour ses étrennes. Par la suite Manet n'a pas insisté outre mesure sur ces débuts flatteurs, assez semblables à ceux de Claude Monet, et qui sont tout à fait dans le goût de l'époque. En revanche, il aimait à raconter une histoire plus drôle qui lui semblait exprimer davantage l'origine réaliste de son talent dans la tradition des anecdotes de l'époque romantique sur la légende des artistes. Avec ses fromages de Hollande, Manet devient, dans le domaine de la couleur et surtout de la couleur rouge, ce que fut il y a bien longtemps le jeune Giotto sur le plan du dessin. Edmond Bazire a repris cette histoire qui a toutes les caractéristiques d'une histoire à la Manet : « Un jour que nous nous approchions des côtes, disait-il volontiers, nous nous aperçûmes que notre cargaison de fromages de Hollande avait, au contact de l'eau, subi des avaries. La croûte en avait pâli, et il y eut des inquiétudes. Je m'offris pour réparer les désastres, et consciencieusement, avec un blaireau, je refis la toilette des têtes de mort, qui reprirent leur belle teinte lie-de-vin. Ce fut mon premier morceau de peinture [22]. »

Le séjour à Rio dure environ deux mois. La ville n'a pas encore été modernisée, elle offre l'aspect d'une cité coloniale : « Pour l'Européen quelque peu artiste elle offre un cachet tout particulier [23]. » Mais cet Européen quelque peu artiste est surtout sensible au mélange des races, à la couleur des habits et aux mœurs. Les retables baroques le laissent assez froid : « C'est tout doré, tout illuminé, mais manquant de goût [24]. » L'esclavage n'a pas encore été aboli au Brésil et Manet, qui évoquait avec sympathie il y a peu le maître d'hôtel nègre du *Havre et Guadeloupe*, découvre avec étonnement de vrais esclaves. « C'est un spectacle assez révoltant pour nous [25] », écrit-il, révélant ainsi les principes de la tradition républicaine qui ont cours dans sa famille. La réalité visuelle l'emporte une nouvelle fois et Manet enregistre une recherche d'élégance dont il perçoit le caractère « artiste » : « Les unes, dit-il des négresses, se font des turbans, les autres arrangent très artistement leurs cheveux crêpus, et elles portent presque toutes des jupons ornés de monstrueux volants[26]. » Le peintre de *Lola de Valence* s'est probablement souvenu de Rio quand il a peint sa danseuse espagnole et il a sans doute parlé de son ravissement à Degas. Quand ce dernier séjourne à La Nouvelle-Orléans en 1872-1873, il est lui aussi fasciné par les contrastes d'une société coloniale et ne peut s'empêcher de penser à son ami qui a peint *Olympia* et *le Balcon* et non les peintures exotiques dont la mode est toujours aussi vive : « Manet, plus que moi, verrait ici de belles choses. Il n'en ferait pas davantage. On n'aime et on ne donne de l'art qu'à ce dont on a l'habitude. Le nouveau captive et ennuie tour à tour. Les belles et fines Indiennes entrouvrant leurs volets verts, et les vieilles avec leurs grands peignoirs en madras allant au marché peuvent être vues d'une autre façon que par Biard. » Biard (1799-1882) était un peintre spécialiste des contrées lointaines, Laponie, Spitzberg ou Brésil. La réflexion de Degas porte l'écho de conversations entre peintres réalistes. Le carnaval dans les rues avec échanges de limons, petites bombes de cire multicolores remplies d'eau parfumée, semble avoir été vécu sans excessif souci d'en garder des traces précises. Le futur peintre du *Bal masqué à l'Opéra* (1873) se contente d'évoquer une parodie de bal masqué, copiée sur les bals de l'Opéra, « où le Français seul se distingue[27] ». Il est assez intéressant de noter sa réticence quand il découvre une autre dimension sociale, sans doute beaucoup plus triviale, et qui vient troubler le cadre du croquis de mœurs parisien qu'il pratique volontiers. Manet découvre aussi ce qu'il appelle « la campagne » où, le Mardi gras, « nous avons fait une partie délicieuse[28] ». En dehors de traits de la sensibilité qui sont déjà ceux de l'adulte et du peintre, on se dit qu'Édouard Manet, comme Pontillon, aurait pu faire un bon officier de marine. Il sait voir et s'adapter aux mœurs exotiques, il a le goût des espaces inconnus et de la mer et il écrit à son frère Eugène, le 11 mars 1849, songeant au retour : « La carrière me plaît beaucoup, malgré de nombreux ennuis[29]. » Il n'est cependant pas destiné à suivre les traces d'Alfred de Vigny. Le concours de Navale commence le

5 juillet ; il est inscrit pour cette date mais il ne se présentera pas aux épreuves. Il a peu travaillé : « On est plus dérangé à bord d'un navire qu'à terre[30]. » Sa pensée concerne surtout les développements politiques. Les élections présidentielles du 10 décembre 1848, qui ont vu la victoire de Louis Napoléon Bonaparte, l'inquiètent : « Pourvu que nous n'ayons pas la guerre civile, c'est si affreux[31] », écrit-il. Il a en effet été témoin de l'insurrection de juin et de la répression et partage avec sa famille les mêmes sentiments d'inquiétude : « Tâchez de nous garder, pour notre retour, une bonne république ; car je crains que Louis Napoléon ne soit pas très républicain[32]. » Il repartait donc le 10 avril pour la France en exprimant de vagues inquiétudes pour l'avenir. Ces déclarations politiques reflètent peut-être des convictions durables, mais il faut aussi les apprécier par rapport à une brouille familiale qui concerne Manet d'assez près : son oncle Fournier qui avait encouragé ses velléités artistiques en lui offrant notamment les *Études d'après Charlet* est resté fidèle aux Orléans ; il quitte la rue des Petits-Augustins pour se retirer dans sa propriété de Poncelles, proche de Montmorency. Le sentiment de la guerre civile qui marque durablement le jeune Manet n'a probablement pas pour lui le caractère étroitement politique qu'il exprime à ses parents et, en particulier, à son cousin Jules Dejouy qui fait la carrière que son père rêve pour lui puisqu'il devient avocat à la cour d'appel : « Que dis-tu, toi, grand politique, de la nomination de Louis-Napoléon ? N'allez pas surtout le nommer empereur ; ce serait trop drôle[33]. » Manet retrouve le monde qu'il a voulu quitter et ses propos laissent peu d'espace aux doutes et aux sentiments intimes, mais il est possible de les deviner.

Ayant donné toutes les preuves de son inaptitude aux études, Manet finit par convaincre son père de sa véritable vocation. Auguste Manet avait déjà intéressé le doyen de la Faculté au sort de son aîné, il se tourne cette fois vers son ami Charles Blanc, nommé à la direction des Beaux-Arts par le nouveau régime. La formation de peintre à l'École des Beaux-Arts offre de belles perspectives pour un élève sérieux. Ce dernier peut compter sur la sollicitude de Mérimée, inspecteur des Monuments historiques. Mais ces puissantes recommandations n'ont guère d'effet sur un esprit habitué dès l'enfance à vivre dans un milieu privilégié et protecteur. Il préfère suivre l'engouement de la jeunesse de l'époque pour l'atelier du peintre Thomas Couture qui, à trente-quatre ans, était auréolé du succès des *Romains de la décadence* au Salon de 1847, tableau qui lui avait valu la médaille d'or et une place enviée au musée du Luxembourg. Le 29 janvier 1850, Manet s'inscrit sur les registres du Louvre comme élève de Thomas Couture. Commence ainsi une longue période de formation d'environ six années.

La question des rapports entre Manet et Couture a été présentée du vivant même de Manet de façon extrêmement partisane. En 1867, Zola présente en quelques mots définitifs la thèse de l'élève rebelle bridé par un maître médiocre : « Il entra comme élève à l'atelier de Thomas Couture et y resta pendant près de six ans, les bras liés par les préceptes et les conseils, pataugeant en pleine médiocrité, ne sachant pas trouver sa voie. Il y avait en lui un tempérament particulier qui ne put se plier à ces premières leçons, et l'influence de cette éducation artistique contraire à sa nature agit sur ses travaux, même après sa sortie de l'atelier du maître : pendant trois années, il se débattit dans son ombre, il travailla sans trop savoir ce qu'il voyait ni ce qu'il voulait [34]. »

Antonin Proust, que Manet retrouve dans l'atelier de Couture, situé rue de Laval, a laissé toute une série d'anecdotes destinées à conforter l'image d'un jeune peintre impatient et déjà maître de ses pensées. Une impatience de six années, plus un délai que Zola chiffre à trois ans, conduit à peu près à l'année 1859, l'année du *Buveur d'absinthe* (Ny Carlsberg Glyptotek, Copenhague). L'évolution de Manet, sa réputation, son affirmation à partir de 1861 ont accentué la rupture avec la carrière quasiment inverse de son ancien maître, de caractère peu amène, peu séduisant, qui cesse d'exposer au Salon pendant vingt ans à partir de 1852 et abandonne son enseignement en 1863 pour vivre assez retiré à Villiers-le-Bel, où il mourra en 1879. A la fin de la vie de Manet, on présentait déjà son apprentissage chez Couture comme un fait extraordinaire ; le contraste semblait absolu et Manet n'a jamais rien fait pour rendre justice à Couture. Il ne conservait pas un bon souvenir de ses débuts qui furent lents, difficiles, peu glorieux. L'opposition du maître et de l'élève fut réelle et d'autant plus profonde que l'enseignement de Couture eut en réalité beaucoup de portée sur Manet.

Quand vint l'heure des bilans, deux thèses s'affrontèrent. Celle des réalistes qui faisaient de Thomas Couture un formidable repoussoir. « Bravo, Thomas Couture », s'écrie par exemple Paul Alexis : « Au bout de quelques mois, les enseignements du maître, du fameux peintre "des Romains", produisirent un étrange effet sur Manet, lui prouvèrent qu'en art il n'y a pas de maîtres, que les règles apprises ne sont rien, et que son affaire à lui était de peindre plutôt des contemporains, des "Parisiens" dans leur milieu, et cela sans traditions, sans composition prétentieuse, tout naïvement, avec la sensibilité personnelle de ses yeux [35]. » D'autres critiques moins simplificateurs réagissaient contre cette vision des choses : « Cela fait pousser les hauts cris aux derniers adorateurs de Manet. Manet chez Couture ! Quel contraste et quel scandale ! Pourtant Manet ne s'en trouva pas mal, si je juge bien, déclare Henry Cochin. Il est bon d'avoir eu un maître classique et un enseignement régulier. Couture fut un peintre savant, mais froid et sans énergie ; pourtant il fut bon maître, j'en ai pour preuve quelques tableaux de Manet, qui, lui, devait être et fut le maître le plus déplorable [36]. »

Manet eut, en effet, un maître qui, avant d'en venir à leurs désaccords, lui apprit le travail. Même s'il n'aimait pas en parler, Manet semble avoir beaucoup travaillé. Il avait l'exemple des anciens de l'atelier, Puvis de Chavannes, Monginot, Armand Dumaresq, Henri Hoffer et surtout l'exemple d'un peintre alors prestigieux qui démontrait l'importance d'une formation technique. « Si je n'ai pas la prétention de fabriquer des génies, j'ai celle de former des peintres connaissant leur métier[37]. » Couture puisait dans son expérience un ensemble de préceptes qui avait le mérite de la sincérité et du sérieux. Il avait le goût de la pédagogie, mais les conseils techniques que l'on retrouve dans *Méthode et Entretiens d'atelier* de 1867 et de 1869 vont de pair avec le désir d'exprimer une intensité lumineuse et une vision personnelle : « Vous devez toujours porter sur vous un petit album et retracer en quelques lignes les beautés qui vous frappent, les effets saisissants, les poses naturelles. » Manet n'a jamais cessé de concevoir le dessin en ces termes. En ce qui concerne la perception du modèle et le rapport entre l'ombre et la lumière, ce qu'écrit Couture rejoint certaines déclarations de Manet lui-même : « Regardez bien votre modèle et demandez-vous quelle est sa lumière la plus vive... Même opération, même calcul pour les ombres ; établir la vigueur la plus forte[38]. » Si l'on passe au travail de l'ébauche, on retrouve une préoccupation fondamentale, celle d'une définition générale de la figure et du volume des formes par le contour et l'opposition du sombre au clair : « Composez, avec de l'huile cuite grasse, et de l'essence de térébenthine par moitié, ce que l'on appelle une sauce ; vous mettez sur votre palette les couleurs nécessaires à la première opération. Telles que : noir d'ivoire, bitume, brun-rouge et cobalt. Avec un ton composé de noir et de brun-rouge, vous pouvez obtenir le ton bistre, ou bien bitume, cobalt, brun-rouge... Trempez votre brosse de martre — une longue brosse — dans votre sauce, puis dans la teinte bistre, et vous tracez tous vos contours. Vous massez vos ombres et vous obtenez une espèce de sépia à l'huile[39]. » Ces conseils sont à l'origine de toute la réflexion technique de Manet qui a développé de manière originale et personnelle les conséquences de cette définition fondamentale de la touche : « Employez le plus possible vos couleurs sans mélange, à l'état pur... Simplicité dans la composition du ton, franchise dans l'exécution énonce Couture. Pour un ton de chair, dans la lumière, prenez blanc de plomb, jaune de Naples, vermillon. Empâtez vos lumières... Il faut pour le travail des ombres plus de franchise encore que pour les lumières. C'est là qu'il faut poser et laisser la touche[40]. »

Les contemporains n'étaient pas aveugles devant l'étrange relation technique entre Manet et Couture. Insister sur le rapprochement, c'était aussi marquer leur différence : « Après avoir été un écolier fantaisiste, Manet voyagea comme matelot et visita l'Amérique du Sud, écrit par exemple Nestor au *Gil Blas*. Je n'ai rien connu de son œuvre rappelant ce voyage lointain. Puis il entra dans l'atelier de Couture. C'était alors un atelier révolutionnaire que celui du peintre du *Petit Tambour*, du *Fauconnier*, de *l'Orgie parisienne*. Couture, déjà, cherchait à échapper à la sauce bitume, et opposait les blancs, malheureusement crayeux, aux noirs malheureusement lourds. On n'a pas assez remarqué chez Manet la persistance de cette influence. On la trouve dans *le Buveur d'absinthe*, dans *le Fifre*, jusqu'à un certain point dans *Olympia*[41]. »

Le peintre Jacques-Émile Blanche, qui a regardé Manet peindre avec le désir d'apprendre et de comprendre, s'est gardé d'un point de vue étroit, mais il fut frappé vivement par le métier du peintre, cette fraîcheur qu'il savait conserver, la fluidité des couches multiples en demi-pâtes. Selon lui, « Manet fut le dernier à peindre excellemment d'après des restants de méthodes et recettes qui remontent aux Espagnols, aux Flamands, aux Hollandais[42] » et il place l'analyse de sa carrière sous le signe d'un paradoxe : « Ironie ! lui, probablement le dernier à savoir manier l'outil selon une magnifique tradition, apparut comme le destructeur de cette tradition même, parmi des décadents, je veux dire ces Académiques qui se croyaient des classiques, défenseurs du "goût français"[43]. » Le métier de Couture fut pour Manet un moyen décisif pour établir avec la tradition classique une relation directe inspirée par une qualité de lumière et de ton : « Le fait nouveau, s'interroge Blanche, ne serait-ce pas l'étrange faculté qu'a notre artiste de faire entrer de force dans un même registre, dépendant du blanc et du noir, du *neutre*, en somme, les couleurs les plus contraires ? Mariées contre leur gré, elles obéissent au magnétiseur, s'humilient, se prêtent à ses plus hardis caprices[44]. »

Toute la complexité d'une analyse des débuts de Manet commence ainsi dans des préceptes, des conseils qui ont été, au prix d'un long travail, une voie d'accès mystérieuse à la peinture. Couture avait le tort d'être un pédagogue ; son rôle fut ingrat, lui-même appelait sans doute cette ingratitude. On lui imputa jusqu'aux « qualités » les plus critiquables de Manet et l'auteur des *Romains de la décadence* devint responsable de l'erreur représentée par *Olympia* : « L'atelier du peintre des *Romains de la décadence* était le temple du chic et des méthodes artificielles : Manet, dont l'innocence aurait dû être respectée, y apprit cette chose bizarre que, pour dessiner une figure avec le pinceau et la détacher des fonds ambiants, il faut la cerner d'un trait noir. Il eut la candeur d'accepter cette doctrine peu corrégienne, et toute sa jeunesse en resta empoisonnée. Même dans la fameuse *Olympia*, peinte vers 1863, bien qu'elle n'ait paru qu'au Salon de 1865, la trace de l'erreur primitive est visible encore. Cette malheureuse petite femme enferme ses formes déplaisantes dans la rigidité d'un contour qu'on dirait tracé avec de la suie[45]. »

Le témoignage de Proust, si on le replace dans une perspective moins doctrinaire, devient plus intéressant. Il insiste sur l'ascendant de Manet, sur ses plaisanteries, sur son ardeur au travail qui le conduisait à l'Académie Suisse et du côté de Fontainebleau, chez les peintres de Marlotte et de Barbizon. On a retenu les démêlés avec les modèles professionnels dont le célèbre Dubosc. « Est-ce que vous vous tenez ainsi quand vous allez acheter une botte de radis chez votre fruitière[46] ? », lui demandait Manet avec impertinence. Le malheureux invoquait Delaroche et le prix de Rome, Manet le traitait de « moule ». Bazire dit aussi qu'au lieu de dessiner le modèle dans sa pose, Manet prenait un détail, une oreille, une nuque, une épaule. Couture était furieux. Il ne fut pas satisfait non plus de voir un jour le modèle Gilbert poser à demi vêtu : « Est-ce que vous payez Gilbert pour qu'il ne soit pas nu ? Qui a fait cette sottise ?

— C'est moi, dit Manet. — Allez, mon pauvre garçon, vous ne serez jamais que le Daumier de votre temps[47]. » Le peintre Raffet assistait à cette algarade et il en profita pour complimenter Manet pour son étude. Daumier avait consacré une série de dessins à l'histoire ancienne et aux thèmes classiques. La réponse de Manet est d'une symétrie remarquable quand il assimile Couture à Coypel, soulignant ainsi son éclectisme et une certaine afféterie rocaille : « Le Daumier de mon temps, après tout, cela vaut bien d'en être le Coypel[48]. »

Le caractère de Couture, faut-il le rappeler, se prêtait merveilleusement aux agaceries du jeune Manet qui trouvait dans l'atelier un théâtre dont il savait jouer assez facilement. « Le plus simple, lui disait Thomas Couture, quand on conteste la valeur d'un professeur est d'en changer[49] » : ce congé ne fut pas suivi d'effet immédiat. Ces péripéties n'épuisent pas l'histoire de six années ; elles traduisent surtout un désir sincère d'apprendre en bousculant certaines des méthodes traditionnelles de l'atelier. Manet donne après tout l'impression de vouloir pousser jusqu'au bout certaines des initiatives de Couture : « Pour un peu, explique Antonin Proust, il aurait supprimé les demi-teintes. Le passage immédiat de l'ombre à la lumière était sa constante recherche. Chez le Titien, les coulées lumineuses l'enthousiasmaient[50]. » Il rêve d'une technique purifiée, simplifiée dont Couture lui a montré le principe : « J'ai horreur, me disait-il souvent, de ce qui est inutile ; mais le chiendent est de ne voir que ce qui est utile. La cuisine de la peinture nous a pervertis. Comment s'en débarrasser ? qui nous rendra le simple et le clair ? qui nous délivrera du tarabiscotage ? Vois-tu, mon ami, la vérité est d'aller droit devant soi, sans s'inquiéter du qu'en-dira-t-on[51]. » Manet parlait beaucoup. Il parlait comme si son œuvre était faite. Son assurance cadre mal cependant avec une œuvre quasiment absente.

Le coup d'État du 2 décembre eut lieu dans la nuit. Deux décrets proclamaient l'état de siège, la dissolution de l'Assemblée législative, le rétablissement du suffrage universel et un futur plébiscite. Manet voulut descendre vers le boulevard pour « voir » ; Proust, qui l'accompagnait, raconte cette équipée de façon assez drôle. Selon lui, Manet aurait déclaré fièrement que la première condition de la sagesse pour un peintre était de ne jamais passer par la rue Laffitte, où étaient rassemblés les marchands de tableaux. Les deux étudiants surviennent alors que des passants viennent d'être fusillés devant Tortoni ; ils sont surpris par une charge de cavalerie rue Laffitte et c'est Beugniet, un marchand, qui les tire dans sa boutique. Les deux gavroches sont ensuite à plat ventre sur le boulevard Poissonnière où ils assistent à la canonnade de la maison Sallandrouze. On les arrête pour les mener dans un poste-ambulance. L'officier reconnaît sans doute des jeunes gens de bonne mine et les expédie en lieu sûr chez leurs amis les plus proches. Deux jours plus tard, l'atelier Couture se rend au cimetière Montmartre. La démarche n'est pas anodine. L'événement concerne le destin de la commande des *Enrôlements volontaires*; le maître et l'élève partagent sans doute les mêmes sentiments politiques. L'impression produite par cette visite vient rompre le climat d'heureuse raillerie de l'atelier et Manet, qui prit un dessin à cette occasion, fait l'expérience de la violence civile. Comme beaucoup de ses contemporains, il a voulu « voir ».

À la fin de 1849, la famille Manet quitte la rue des Petits-Augustins pour le 6, rue du Mont-Thabor. Une jeune Hollandaise de vingt ans, Suzanne Leenhoff, vient donner des leçons de piano. Elle deviendra en 1863 l'épouse d'Édouard Manet. Ses qualités d'artiste et de modèle, son équilibre et son intelligence en font un personnage essentiel dans la vie du peintre qui lui doit sans doute beaucoup de sa liberté et de son engagement. Sur les relations entre Manet et Suzanne Leenhoff plane cependant une question sur laquelle les faits en eux-mêmes n'apportent pas une absolue clarté. Née en 1830 à Zalt-Bommel, en Hollande, petite ville située entre Bois-le-Duc et Gorinchem, Suzanne Leenhoff donne naissance, le 29 janvier 1852, à un fils qui est déclaré à l'état civil sous les prénoms de Léon-Édouard, comme le fils de Koëlla et de Suzanne Leenhoff. Rien n'obligeait la mère à déclarer le nom du père. Cette maternité restera cachée et on fera passer Léon-Édouard pour le plus jeune des frères Leenhoff, les deux autres étant Ferdinand, alors âgé de onze ans, qui fera une carrière de sculpteur, et Rudolph, huit ans, qui fera de la peinture. La mère de Suzanne Leenhoff, venue de Hollande pour habiter avec sa fille dans un petit appartement rue de l'Hôtel-de-Ville, se prête à cette substitution et sera considérée comme la mère de l'enfant. Lors du baptême, le dimanche 4 novembre 1855, qui a lieu à l'église réformée de Paris, Édouard Manet est le parrain. C'est sous ce qualificatif que Léon désigne le peintre. Pour tous, il sera Léon Leenhoff; il n'apprendra son nom véritable qu'en 1872 quand il remplira les formalités du volontariat d'un an. On l'aura préalablement informé que sa « sœur » supposée est en réalité sa mère. Les nombreux documents en provenance des proches et de la famille le désignent toujours comme le frère de Mme Manet, le beau-frère du peintre. Ce n'est qu'après la mort de Suzanne Manet, le 11 mars 1906, que Léon Leenhoff se fera appeler Koëlla. Tabarant qui a souvent interrogé l'intéressé sur ce « secret de famille » jalousement gardé a fait état de son sentiment personnel. Il était frappé du manque absolu de ressemblance entre Manet et Léon Leenhoff. D'autre part, il restait troublé par cette invention de paternité et ne pouvait admettre que Manet, d'esprit libre et indépendant, ait pu si longtemps cautionner une situation aussi hypocrite. Théodore Duret, selon lui, partageait ce point de vue. On ajoutera que Léon est resté le seul enfant de Suzanne Manet et que sa place au sein de la famille Manet fut celui d'un fils. Edmond Bazire, témoin très proche, exprime l'opinion générale quand il évoque « un enfant, le second frère de Mme Manet » (il se trompe sur le nombre), que Manet élève et considère paternellement : « De ce parent qu'il s'était donné il reçut tous les témoignages de la tendresse filiale. Entre sa femme et ce fils — c'était un fils que ce beau-frère

— il était protégé contre les désolations et les accablements[52]. » Le testament du peintre, rédigé le 30 septembre 1882, enregistre sous la forme la plus explicite possible la « reconnaissance » du fils de sa « femme légitime », Léon Koëlla, dit Leenhoff : « J'institue Suzanne Leenhoff, ma femme légitime, ma légataire universelle. Elle léguera par testament tout ce que je lui ai laissé à Léon Koëlla, dit Leenhoff, qui m'a donné les soins les plus dévoués, et je crois que mes frères trouveront ces dispositions toutes naturelles[53]. »

On n'insisterait pas autant sur ces données si Léon n'avait été pour son « parrain » un modèle privilégié et dans des rôles qui comportent, eux aussi, une certaine ambiguïté. En 1852, cet enfant dut aussi avoir pour effet de renforcer les liens qui lient Manet étroitement et durablement à sa mère. Très jeune, le peintre d'*Olympia* passe d'une famille à une autre tout en restant dans la sienne et Suzanne Leenhoff s'est intégrée à une situation qui permet également de comprendre l'importance de la détermination sociale soulignée par tous ceux qui ont approché Manet. Sa liaison semble d'ailleurs avoir été comprise en ce sens par ses parents et c'est encore un élément de comparaison avec la vie de Cézanne.

Les parents de Manet continuent à jouer pleinement leur rôle et leur fils répond à leur sollicitude quand, en septembre 1853, accompagné de son frère Eugène, alors âgé de vingt ans et qui étudie le droit, il entreprend le traditionnel voyage en Italie. Dans l'esprit du père de Manet, ce voyage représente l'épreuve obligée de toute éducation artistique. Représente-t-il pour l'élève de Couture l'expérience esthétique et spirituelle que la tradition romantique décrit si souvent ? Les dessins, les copies d'après les maîtres soulignent ses choix ; il rapporte des Offices de Florence où il séjourne du 7 au 15 octobre une copie de la *Vénus d'Urbin* du Titien qu'il est presque inévitable de considérer comme une étude pour *Olympia.* De même la *Tête de jeune homme* de Filippino Lippi présente le caractère de sincérité des premiers portraits célèbres des années 1860. Ces deux copies suggèrent un état d'esprit dégagé de toute approche scolaire et l'on est plutôt frappé par la liberté d'un choix personnel soucieux d'identifier des valeurs pleinement ressenties. Émile Ollivier que les deux frères ont rencontré à Venise a laissé un témoignage intéressant sur cette première étape. Né en 1825, le jeune avocat qui sera élu député en 1857 se passionne pour l'Italie. À la chute de l'Empire, il émigrera dans ce pays. En 1853, Venise est sous la domination autrichienne et le jeune libéral s'en désole tandis que ses compagnons ne songent qu'à rire et à goûter une peinture dont le futur ministre déplore le « matérialisme » et « l'absence d'idéal ». Le voyage d'Italie, qui se poursuit peut-être jusqu'à Rome, semble définir un jeune peintre français qui n'a de convictions qu'à Paris et qui montre une solide aptitude à comprendre une Italie sans idéal. Il a derrière lui une bonne connaissance des collections du Louvre, mais c'est la *Diane au bain* de Boucher qu'il copie à la fin du mois de février 1852. De plus, il a fait en juillet de la même année un voyage dans la patrie de son épouse ; son nom figure, le 19 juillet 1852, sur le registre du Rijksmuseum d'Amsterdam. Edmond Bazire indique également au cours de l'année 1853, juste avant le départ pour Venise, un périple en Europe du Nord, de Kassel à Dresde, puis par Prague et Vienne, un retour par Munich où il aurait copié un portrait de Rembrandt. Manet aurait donc fait, en quelques mois, le tour des plus grands musées et si cette expérience est bien celle que décrit Bazire, on ne peut que souligner l'importance de la référence vénitienne dans son activité de copiste. Au moins trois tableaux du Louvre sont concernés : *la Vierge au lapin*, grande copie de 70 sur 84 cm, *Jupiter et Antiope*, deux tableaux du Titien et le fameux *Autoportrait du Tintoret*, admirable témoignage sur la franchise d'exécution du vieil artiste, d'autant plus remarquable que Manet avait reproduit l'inscription latine en lettres capitales, supprimée par la restauration depuis lors. Quand on considère ces copies dans la perspective des quelques tableaux originaux de Manet à cette époque, le *Portrait d'homme*, une *Tête de vieille femme*, une étude pour un *Christ et la Madeleine*, un contraste évident apparaît. Autant le copiste semble inspiré, autant l'élève de Couture répond à l'appréciation de Zola. Si Manet a « les bras liés », c'est peut-être moins « par les préceptes et les conseils » que par un de ses talents naturels qui s'exprime dans ses copies d'après les maîtres. Quand Proust rappelle ses déclarations à propos de la peinture d'histoire et de tous les intermédiaires qu'elle suppose, on comprend que la copie ait pu représenter son idéal de réponse directe et immédiate, son besoin d'intelligence rapide et vivante : « Il n'y a qu'une chose vraie. Faire du premier coup ce qu'on voit. Quand ça y est, ça y est. Quand ça n'y est pas, on recommence. Tout le reste est de la blague[54]. » Loin de constituer une voie d'accès directe à son désir de peindre, ces propos évoquent plutôt un écran supplémentaire, un obstacle fondamental.

L'un des indices de la difficulté dans laquelle se trouve Manet pour passer de l'enseignement de Couture à une inspiration personnelle est probablement à chercher dans la visite qu'il fit à Delacroix vers 1854-1855. La date n'est pas connue avec précision et il est dommage que le dandy et théoricien de l'art n'ait pas mentionné le passage de deux élèves bien élevés dans son atelier de la rue Notre-Dame-de-Lorette. Proust et Manet étaient un peu inquiets car Murger les avait prévenus : Delacroix avait la réputation d'être froid. Il fut au contraire causant et agréable, fit parler les jeunes gens sur leurs « préférences » et, informé sans doute qu'ils venaient l'un et l'autre de chez Couture, leur montra soudain une porte de sortie : « Il fallait voir Rubens, s'inspirer de Rubens, copier Rubens, Rubens était le dieu[55]. » Le conseil portera ses fruits, mais on est encore loin de la *Nymphe surprise* de 1861.

Le 21 août 1857, Manet commence à copier le *Portrait d'Hélène Fourment et ses enfants* au Louvre. Un lent mouvement de maturation est en cours. Sur le moment, si l'on en croit son compagnon, Manet ne comprend pas bien ce que le décorateur de l'Hôtel de Ville a voulu lui dire. « Ce n'est pas Delacroix qui est froid : c'est sa doctrine qui est glaciale[56]. » Le prétexte de la visite était une demande d'autorisation pour copier la *Barque de Dante* au musée du Luxembourg. Mais, à travers cette demande, on espérait peut-être un conseil pour sortir de cette relation constante avec les maîtres classiques. Delacroix l'y renvoyait avec une conviction qui devait sembler d'autant plus « glaciale » que Couture était éclectique. D'autre part, l'éloge fanatique de Rubens était une manière de proclamer la supériorité de l'imagination et d'un travail d'idéalisation qui conduit au sublime. Si Manet avait pu lire le *Journal*, il aurait pu comprendre que Delacroix les incitait, grâce à l'exemple de Rubens, à suivre l'idéal qui est en eux et à se laisser porter par le génie. Contre le culte de la chose vue et de la nature, propos que Manet a peut-être tenus devant Delacroix, on peut constater dans le *Journal*, en particulier concernant les grands développements relatifs à Rubens, que Delacroix explique la fonction créative à partir de la froide imitation de la nature : « Il est donc beaucoup plus important pour l'artiste de se rapprocher de l'idéal qu'il porte en lui, et qui lui est particulier, que de laisser, même avec force, l'idéal passager que peut présenter la nature, et elle présente de telles parties ; mais encore un coup, c'est un tel homme qui les y voit, et non pas le commun des hommes, preuve que c'est son imagination qui fait le beau, justement parce qu'il suit son génie [57]. » Delacroix écrit ces lignes à Champrosay, le 12 octobre 1853. Manet est alors à Florence devant Titien. Le secours qu'il cherchait se présentait comme une revendication de « l'âme » alors qu'il ne rêvait que de réalisme. Le « système » de Delacroix lui était pour l'instant inaccessible et pourtant il ressentait le besoin de copier la *Barque de Dante* : « Gloire à cet Homère de la peinture, à ce père de la chaleur et de l'enthousiasme dans cet art où il efface tout, non pas, si l'on veut, par la perfection qu'il a portée dans telle ou telle partie, mais par cette force secrète et cette vie de l'âme qu'il a mise partout [58] » (20 octobre 1853).

Manet avait entendu la voix du génie, mais il faut l'imaginer dans un univers assez différent. Il aimait les sujets clairs et tranquilles et Proust le décrit flânant dans Paris. Un flâneur qui attend de rencontrer Baudelaire et de retrouver

Delacroix en quelque sorte grâce à lui. Une image, mieux qu'une autre, exprime l'incapacité où il se trouve de composer. Proust évoque à un moment donné les journées d'hiver, le brouillard qui empêche le travail dans l'atelier et Manet en profite pour dessiner sur les boulevards extérieurs : « Il dessinait sur son carnet un rien, un profil, un chapeau, en un mot une impression fugitive et quand le lendemain un camarade lui disait en feuilletant son carnet : "Tu devrais finir cela", il se tordait de rire : " Tu me prends pour un peintre d'histoire[59]." » Manet tenait à ses principes, surtout si ceux-ci l'empêchaient de peindre. L'époque était aux polémiques ardentes concernant le réalisme et de ce côté-là aussi, l'élève de Couture exprime le besoin de marquer sa distance. Il a pu suivre la carrière de Courbet qui s'apprête à exposer « quarante tableaux de ses œuvres » dans un pavillon particulier, avenue Montaigne, non loin de l'Exposition universelle de 1855. *Un enterrement à Ornans* avait été montré au Salon qui ouvrit officiellement le 30 décembre 1850, provoquant des discussions passionnées. Manet défendait le tableau contre l'opinion d'Olivier Pichat, dans une réunion d'artistes au Divan Le Peletier. Mais il confessait entre amis : « Ce n'est pas encore ça. C'est trop noir[60]. » Ses goûts le portaient vers Corot, la *Vue de La Rochelle*, vers Daubigny, la *Vue d'Optevoz* et il défendait Jongkind par-dessus tout.

Ingres fait également partie des admirations de jeunesse destinées à porter la contradiction dans l'atelier Couture. Manet admire la fermeté du dessin et la franchise de la facture ; il admire le fameux « style » et essaie d'en tirer parti dans une étude d'après un modèle célèbre, Marie la Rousse. Couture a beau jeu de la critiquer en employant à son encontre le vocabulaire d'un élève dont il semble railler les contradictions : « Vous ne vous déciderez donc jamais à faire ce que vous voyez[61]. » La réponse de Manet donne la mesure de son embarras. La réalité qu'il revendique ne peut se justifier que par une décision d'indépendance et quand il quitte l'atelier, en février 1856, de longs mois vont encore s'écouler avant qu'il ne se décide véritablement à faire ce qu'il voit. «Je fais ce que je vois et non ce qu'il plaît aux autres de voir, je fais ce qui est et non ce qui n'est pas [62]. »

Le Palais des Beaux-Arts de l'Exposition universelle ne pouvait être qu'une épreuve intimidante mettant en scène de façon éloquente un affrontement redoutable. Baudelaire, que Manet commençait de rencontrer chez le rôtisseur Pavard, rue Notre-Dame-de-Lorette, ou bien au restaurant Dinochau en compagnie de Murger, Barbey d'Aurevilly et bien d'autres, publiait alors dans *le Pays*, le 26 mai et le 3 juin, puis dans *le Portefeuille*, le 12 août, l'article refusé sur Ingres, une étude sur l'exposition susceptible d'encourager la « vitalité » d'un jeune artiste. Baudelaire partait en guerre contre les systèmes et l'utopie pédagogique : « Le *professeur-juré*, espèce de tyran-mandarin, me fait toujours l'effet d'un impie qui se substitue à Dieu [63]. » Il énonçait des phrases cinglantes qui pouvaient nourrir la réflexion d'un élève abreuvé de conseils et d'exemples : « *Le beau est toujours bizarre...* C'est son immatriculation, sa caractéristique. Renversez la proposition, et tâchez de concevoir un *beau banal* [64] ! » *Méthode de critique* se présente donc avec toutes les apparences d'une démonstration à l'usage d'un lecteur ébranlé dans ses convictions et cherchant du nouveau. Baudelaire veut le libérer du poids de l'histoire (l'idée de progrès), des systèmes et des fanatismes. Dans cette perspective, la peinture de Delacroix réveille les « beaux jours de l'esprit », « le surnaturalisme », « l'immense clavier des *correspondances* [65]. » L'histoire elle-même, dont Manet connaît l'interprétation éclectique, est présentée par Baudelaire comme un accord unique, une chaîne dont chaque anneau est précieux parce qu'il crée la chaîne tout entière et que sans lui il n'y a que lacune. Quand Manet hésite le pinceau à la main, quand il est encore éloigné de lui-même et de son œuvre, on peut estimer qu'il est déjà averti, et par les textes les plus incisifs et les plus intelligents, des avantages de la liberté. Cette liberté implique cependant « une qualité *sui generis*, indéfinissable et définissant la partie mélancolique et ardente du siècle », écrit encore Baudelaire, pour finir par « quelque chose de tout à fait nouveau, qui a fait de lui

[Delacroix] un artiste unique, sans générateur, sans précédent, probablement sans successeur, un anneau si précieux qu'il n'en est point de rechange, et qu'en le supprimant, si une pareille chose était possible, on supprimerait un monde d'idées et de sensations, on ferait une lacune trop grande dans la chaîne historique[66] ».

On le voit, Manet disposait dans son entourage d'une philosophie de l'art qui lui montrait les limites du positivisme de Couture. Il allait avoir l'occasion de l'entendre énoncée à nouveau et de vive voix ; le plus étonnant est qu'un jour il sera en mesure de représenter lui aussi cette conception « résurrectionnelle » de l'histoire.

Au cours de l'année 1855, la famille Manet abandonne la rue du Mont-Thabor pour s'installer 69, rue de Clichy. Peu de temps avant le baptême de Léon Koëlla, Manet a appris la mort de son cousin tué au cours du siège de Sébastopol. Les deux familles sont brouillées depuis plusieurs années. Manet se rend malgré tout chez son oncle Fournier, à Pontcelles ; sa démarche, accueillie avec émotion, est une indication sur son caractère, mais aussi sur le sentiment puissant que la mort violente lui inspire. Il n'est pas impossible que cette visite ait reçu l'accord tacite de ses parents car on présente souvent le père de Manet comme un personnage rigide incarnant des principes dont le fils aurait souffert. Quelques indices montrent cependant que sa patience était au moins égale à sa fermeté d'opinion et qu'il comprenait bien des choses en privé même s'il les désapprouvait en public. L'impertinence de son fils Édouard trouvait même en lui un complice. L'homme se pliait aux obligations de sa charge, mais il ne lui déplaisait pas de voir son aîné participer à ses réceptions hebdomadaires avec ses collègues du Palais : « Vous faites de la peinture, avez-vous du talent ? » demande un jour l'un de ces magistrats sur un ton digne de la prose de Flaubert. « Et vous, en avez-vous, du talent ? » La réponse est de Manet, la scène pourrait être de Daumier. La suite montre qu'Auguste Manet l'avait bien comprise ainsi : « "Tu devrais savoir, me dit-il, d'un ton sévère, que pour être artiste, il faut avoir du talent, que la question que l'on t'adressait était donc naturelle et que ta réponse a été inconvenante, parce qu'il n'est pas nécessaire d'avoir du talent pour être magistrat. — Mais, mon père, ai-je répondu, les magistrats peuvent avoir de l'esprit." Mon père n'a pu s'empêcher de rire [67]. » Dès cette époque, l'esprit de Manet rentre dans son hagiographie, mais il est cautionné en quelque sorte par un esprit de famille ; et c'est une des fonctions de l'« esprit » au XIXe siècle. Même terrain d'entente, semble-t-il, en matière esthétique. Le père de Manet n'appréciait pas le style troubadour et la peinture d'histoire gréco-romaine à la mode au début de l'Empire. Il avait, selon Proust, « le culte des choses simples et mesurées qui sont la marque du goût français [68] ». Cette information laisse peu de place pour la peinture tout court en réalité et dans cette attitude critique, somme toute négative, on retrouve un trait du caractère de Manet. Les professions de foi du fils n'étaient certainement pas écoutées d'une oreille hostile et le père finit par être agacé par la tutelle de Couture. Il était à même de juger et ce n'est certainement pas sans son appui et sans son accord que Manet loue en commun avec le comte Albert de Balleroy l'atelier de la rue Lavoisier, un rez-de-chaussée situé dans le quartier de la Madeleine où commence véritablement l'activité indépendante de Manet.

Manet avait vingt-quatre ans et Albert de Balleroy (1828-1873), peintre de grands tableaux de chasse, ayant exposé par deux fois au Salon, en 1853 et en 1855, est son aîné de quatre ans. Balleroy sera, en 1871, député du Calvados où il possède un joli château que Marcel Proust a fait entrer dans l'univers de la *Recherche du temps perdu* avec d'autant plus d'intérêt qu'il savait que son propriétaire avait été l'ami de Manet et qu'il figure dans l'*Hommage à Delacroix* de Fantin-Latour. Ce compagnonnage présente toutes les caractéristiques de la distinction sociale, mais cette dernière ne doit pas masquer une amitié réelle et des intérêts esthétiques communs. La période qui s'ouvre alors et conduit à la première tentative au Salon de 1859 est encore une période d'hésitation où Manet se trouve sous l'influence ou la dépendance de Couture. Il continue de fréquenter le Louvre et entreprend à nouveau, en compagnie d'Eugène Brunet, un voyage en Italie en novembre 1857.

Par lettre, les deux amis sollicitent du président de l'Académie de Florence l'autorisation de travailler pendant un mois dans le cloître de l'Annunziata. Manet y est attiré par le cycle des fresques d'Andrea del Sarto, mais il a vu également Franciabigio, Rosso et Pontormo ; ses croquis montrent qu'il est attentif aux valeurs du naturalisme florentin. L'équilibre des poses, l'intégrité du rapport de la figure avec l'espace ambiant sont captés par un dessin bref qui vise à isoler la notation. Il travaille également d'après les grisailles du Scalzo, ce qui indique le souci d'entrer résolument dans les valeurs constructives du fameux « disegno ». On le suit devant la *Cantoria* de Luca della Robbia, les grandes « palas » de Fra Bartolomeo, dans le couvent de Saint-Marc, ainsi qu'à Santa Maria Novella devant le cycle de Ghirlandaio ou bien encore à Santa Trinità. La Renaissance classique, avec ses valeurs les plus descriptives ou les plus harmoniques, était préférée à des artistes plus profonds, davantage maîtres d'un style, comme Léonard, Botticelli, Donatello ou Michel-Ange. Degas pendant ce temps est à Rome ; arrivé à Naples le 17 juillet 1856, il ne rentrera à Paris qu'en avril 1859, ayant accumulé une somme d'études et d'expériences qui le met définitivement sur les voies de la peinture. Le séjour de Manet donne plutôt l'impression d'une étude reliée de façon problématique à son évolution. Une preuve supplémentaire de son désir de trouver les bases classiques nécessaires à sa vision. Celle-ci dans le même temps le prive du principe d'organisation des figures. Manet au cours de ces années dut beaucoup douter de lui-même. En 1879, il a confié à Paul Alexis qu'il avait songé un moment à la littérature, qu'il avait même ébauché un grand drame romantique en cinq actes et en vers. « Malgré des prodiges de diplomatie, je n'ai pu lui faire avouer le titre[69] », déclare l'ami de Zola qui ajoute que le manuscrit est allé au feu. Manet était donc peu désireux d'évoquer ses essais de jeunesse et, si mince que soit cette indication, on peut estimer qu'il n'a pas voulu garder les traces trop visibles de ses tâtonnements.

Chapitre II

Conversations avec Baudelaire

Degas, dont l'originalité a pu se fortifier dans le cadre de la peinture d'histoire et qui a trouvé à y exprimer ce qu'il avait en lui de plus secret, a raconté la genèse du *Buveur d'absinthe.* Il tenait l'histoire de Manet et avait sans doute été étonné par cette étrange solution de continuité entre celui-ci et l'art des musées. Manet rencontre, en effet, dans la galerie du Louvre un personnage drapé à la mine défaite. Il s'agit d'un certain Colardet, plus ou moins chiffonnier et vendeur de ferraille. L'ami du comte de Balleroy, le copiste de Rubens qui vient de s'inscrire, le 28 novembre 1858, sur le registre du cabinet des estampes, lui pose une étonnante question : « Monsieur Colardet, vous plairait-il que je fisse votre portrait ? » L'homme au talma élimé acceptait et Manet qui s'étonnait de ne plus le voir reparaître, le cherchait partout. Il le trouve par hasard dans la rue : « Monsieur Colardet, s'écriait le peintre, pourquoi donc ne vous voit-on plus au Louvre ? — Ah ! Monsieur, répliquait avec dignité le pauvre hère, la porte m'en demeure fermée. L'administration m'a fait dire qu'on n'y recevait plus les messieurs en talma [1]. »

L'histoire avait de quoi marquer la mémoire de Degas ou plutôt, c'est une histoire à la Degas. Ce dernier saisissait parfaitement la rupture impliquée par cette rencontre, ainsi que la qualité spéciale du réalisme de Manet. Celui-ci travaillait dans l'hiver 1858-1859 avec l'intention d'exposer au prochain Salon qui allait ouvrir le 15 avril. Dans l'atelier, le « portrait » de Colardet devenait une scène plus inquiétante, un *Buveur d'absinthe* dressant son ivresse contre un mur où Manet posait tel un graffiti un nom honorablement connu dans Paris. Le 25 juin 1857, Baudelaire publie *les Fleurs du Mal* avec cinquante-deux poèmes inédits ; il est condamné, le 20 août, à 300 francs d'amende et à la suppression de six pièces ; en mars 1851, il a publié *Du vin et du hachisch, comparés comme moyens de multiplication de l'individualité :* il y était question du « développement poétique excessif de l'homme » et d'une humanité inconnue : « Il y a sur la boule terrestre une foule innombrable, innomée, dont le sommeil n'endormirait pas suffisamment les souffrances. Le vin compose pour eux des chants et des poèmes[2]. » Et Baudelaire invitait le lecteur ébahi du *Messager de l'Assemblée* à suivre, par la pensée, la marche titubante du chiffonnier : « Contemplons un de ces êtres mystérieux, vivant pour ainsi dire des déjections des grandes villes ; car il y a de singuliers métiers. Le nombre en est immense. J'ai quelquefois pensé avec terreur qu'il y avait des métiers qui ne comportait aucune joie, des métiers sans plaisir, des fatigues sans soulagement, des douleurs sans compensation. Je me trompais. Voici un homme chargé de ramasser les débris d'une journée de la capitale. Tout ce que la grande cité a rejeté, tout ce qu'elle a perdu, tout ce qu'elle a dédaigné, tout ce qu'elle a brisé, il le catalogue, il le collectionne. Il compulse les archives de la débauche, le capharnaüm des rebuts[3]... » Le tableau de Manet dépasse le rapprochement souvent signalé avec le dessin de mœurs, car Manet — et c'est déjà tout son rapport à Baudelaire — interroge le regard, indécis et perplexe, la présence tout entière problématique. Il fallait à cette date une singulière intelligence de l'œuvre poétique de Baudelaire pour envisager à ce point la « répulsive misère » du bohème.

Proust présente le tableau comme l'acte de rupture avec Thomas Couture. Ce dernier avait traité Manet de « détraqué ». Le *Buveur d'absinthe* aurait été sa réponse. L'auteur des *Romains de la décadence* vint rue Lavoisier constater le résultat de son enseignement : « Mon ami, il n'y a ici qu'un Buveur d'absinthe, c'est le peintre qui a produit cette insanité[4]. » Cette réflexion suscita l'hilarité de Manet. Il avait enfin trouvé dans un éclat de rire l'indépendance qu'il proclamait depuis presque dix ans. En 1857, le comte de Nieuwerkerke réforma l'organisation du Salon en rétablissant le pouvoir de l'Académie des Beaux-Arts et en supprimant la participation des artistes au jury. Les Salons auraient lieu désormais tous les deux ans et se tiendraient au Palais de l'Industrie. En 1859, le *Buveur d'absinthe* fit partie du lot des œuvres refusées et Delacroix, entré à l'Institut en 1857, prit plaisir à défendre l'envoi de Manet devant ses collègues Hersent, Abel de Pujol, Picot, Schnetz, Couder, Brascassat, Cogniet, Robert-Fleury, Alaux, Flandrin. On voit mal qui aurait pu défendre un litre roulant sur le sol, une chaussette bleue et un verre irradiant son absinthe dans une ombre aussi noire. Seule la lecture du *Journal* permet de comprendre aujourd'hui son jugement. « Une poignée d'*inspiration naïve* est préférable à tout[5] », écrivait-il le 30 septembre 1855. La curieuse dissonance de Manet, le primitif qu'il annonçait dans sa peinture, son audace et son émotion si contraires à la modération de l'éclectisme, tout cela parlait à Delacroix. Contrairement aux apparences les plus immédiates, il fallait une « imagination » et une « âme » pour comprendre l'invention de Colardet qui sut réunir de façon étonnante, autour de son absinthe, le suffrage de Baudelaire et celui de Delacroix. Le 30 mai 1856, ce dernier continue sa lecture des *Histoires extraordinaires* d'Edgar Poe, traduites par Baudelaire avec une étude préalable : « Cette lecture réveille en moi ce sens du mystérieux qui me préoccupait davantage autrefois dans ma peinture », écrit-il avant de prendre aussitôt ses distances avec « l'espèce de décousu et l'incompréhensible qui se mêle à ses conceptions »[6]. Mais Delacroix salue « le sentiment d'idéal » où Baudelaire l'a entraîné en le comparant à Edgar Poe, le poète : « Comme notre Eugène Delacroix, qui a élevé son art à la hauteur de la grande poésie, Edgar Poe aime à agiter ses figures sur des fonds violâtres et verdâtres où se révèlent la phosphorescence de la pourriture et la senteur de l'orage. La nature dite inanimée participe de la nature des êtres vivants, et, comme eux, frissonne d'un frisson surnaturel et galvanique[7]. » Delacroix pouvait défendre l'homme au talma. L'insanité de Manet réveillait en lui un romantisme que ses « sujets allégoriques » avaient un peu détourné. Dans l'atelier où la décision du jury était commentée en présence de Baudelaire, le point de vue était plus technique, plus polémique. On reprenait les vieilles histoires sur Courbet, Ingres et Delacroix. Manet savourait son échec en bonne compagnie. Mais Baudelaire le rappelle à la réalité, une réalité qu'il est bien placé pour connaître et juger : « Est-ce que je n'ai pas été moi-même dans le *Buveur d'absinthe ?* déclare Manet. — Euh ! Euh ! reprit Baudelaire[8]. »

Au moment du Salon de 1859, Manet quitte l'atelier de la rue Lavoisier pour s'installer rue de la Victoire, au numéro 38, selon Proust, au numéro 52, selon l'adresse de sa carte d'artiste établie le 1er juillet. *L'Enfant aux cerises* (Fondation K. Gulbenkian, Lisbonne) y aurait été terminé d'après le modèle Alexandre qui était son garçon d'atelier. Manet allait le découvrir un jour pendu dans l'atelier. Il s'installe alors rue de Douai, près de la place Clichy, dans l'été 1860. Cet événement a inspiré le poème en prose intitulé « la Corde » que Baudelaire publia dans *le Figaro* du 7 février 1864. Le texte, qui est dédié à Manet, présente l'intérêt particulier d'éclairer la relation qui s'est établie entre le peintre et le poète. Celui-ci — on s'en est parfois étonné — n'a jamais donné le texte critique qui aurait reconnu la peinture de Manet en tant que telle. En revanche, Baudelaire a exprimé, de façon plus ou moins directe, des jugements ou des idées qui montrent à quel point Manet représentait pour lui une expérience esthétique qui ne se limitait pas à ses œuvres. Ici l'expérience vécue de l'artiste devient celle de Baudelaire et le poème en prose représente avant tout la forme par laquelle s'exprime leur amitié, c'est-à-dire le regard qu'ils partagent sur l'histoire du petit Alexandre. Dans cette perspective, l'écriture de Baudelaire devient un élément qu'il n'est plus possible d'isoler de la peinture de son ami. Non qu'il faille à tout prix connaître le destin malheureux du souriant modèle, mais parce que « la Corde » analyse une expérience dont Manet est l'acteur et que le tableau fait partie d'une épreuve qui est celle du suicide. *L'Enfant aux cerises* et ce fut, semble-t-il, la cause du trouble — « horreur et étonnement », dit Manet — à l'origine du drame, contient les éléments que « la Corde » s'applique à mettre au jour : « Les illusions, — me disait mon ami, — sont aussi innombrables peut-être que les rapports des hommes entre eux, ou des hommes avec les choses. Et quand l'illusion disparaît, c'est-à-dire quand nous voyons l'être ou le fait réel tel qu'il existe en dehors de nous, nous éprouvons un bizarre sentiment, compliqué moitié de regret pour le fantôme disparu, moitié de surprise agréable devant la nouveauté, devant le fait réel [...] Écoutez cette petite histoire, où j'ai été singulièrement mystifié par l'illusion la plus naturelle [9]. »

L'éclat rutilant du tableau, le sourire du gamin, toute l'intégrité d'une bonne livre de cerises créent dans la peinture une illusion, celle d'un enfant à la « physionomie ardente et espiègle ». La candeur, l'intensité de la couleur, le regard déterminent aussi un attachement, une dépendance à l'égard du peintre et de la pose en compagnie d'aussi délicieuses cerises. Quand Manet-Baudelaire s'expriment dans « la Corde », la réalité enchaîne le tableau à une lecture explicative et cruelle : « Cet enfant, débarbouillé, devint charmant, et la vie qu'il menait chez moi lui semblait un paradis, comparativement à celle qu'il aurait subie dans le taudis paternel. Seulement je dois dire que ce petit bonhomme m'étonna quelquefois par des crises singulières de tristesse précoce, et qu'il manifesta bientôt un goût immodéré pour le sucre et les liqueurs ; si bien qu'un jour où je constatai que, malgré mes nombreux avertissements, il avait encore commis un nouveau larcin de ce genre, je le menaçai de le renvoyer à ses parents [10]. »

Manet découvre alors l'étendue du « fait réel » et son horreur qui éclaire une illusion dont la persistance crée ce « bizarre sentiment » qui possède inévitablement sa beauté. Baudelaire sans parler du tableau a voulu s'associer à la démarche naturelle de Manet, caractériser son art qui semble suspendre la réalité à une illusion complice du tableau. Cette illusion que la réalité menace devient le regard du peintre sur la vie. Pour Baudelaire, Alexandre qu'il ne nomme jamais devient l'acteur de toute la peinture de jeunesse : « Il a posé plus d'une fois pour moi, et je l'ai transformé tantôt en petit bohémien, tantôt en ange, tantôt en Amour mythologique. Je lui ai fait porter le violon du vagabond, la Couronne d'Épines et les Clous de la Passion, et la Torche d'Éros. »

Baudelaire sait bien qu'Alexandre n'a pas posé pour les *Gitanos,* pour le *Vieux Musicien,* pour le *Christ aux anges.* Il sait aussi qu'un autre modèle a posé pour le *Gamin au chien,* pour *l'Enfant à l'épée.* Il a voulu qualifier une relation profonde entre Manet et la peinture qui s'établit, dès l'origine, au cœur d'une expérience que seule la vie dévoilera. Une expérience qui n'est pas jugée d'avance mais qui contient latente la dimension d'un jugement. Baudelaire, avare de compliments, réticent parfois et surpris devant certains tableaux, reste pourtant celui qui a le mieux compris le peintre du *Fifre* ou celui du *Balcon.* Il avait compris en particulier ce que le regard de Manet contenait en puissance, cet élément de « plus » qui le mettait à part : « Ma profession de peintre me pousse à regarder attentivement les visages, les physionomies, qui s'offrent dans ma route, et vous savez quelle jouissance nous tirons de cette faculté qui rend à nos yeux la vie plus vivante et plus significative que pour les autres hommes [11]. » Manet n'avait pas l'imagination de Delacroix, son héros, il était cependant entré, lui aussi, dans la sphère du « surnaturalisme ».

Le Portrait de Monsieur et Madame Auguste Manet (Musée d'Orsay, Paris), que Manet signe dans l'année 1860, représente un moment important dans la vie du peintre. Il s'est installé avec Suzanne Leenhoff et le jeune Léon, âgé maintenant de huit ans, dans un petit appartement, rue de l'Hôtel-de-Ville, car à cette date la mère de Suzanne Leenhoff, supposée être la mère de Léon Koëlla, vient de mourir. Manet prend un atelier rue de Douai, non loin du domicile de ses parents qui habitent 69, rue de Clichy. Le portrait, peut-être commencé plus tôt, en 1859, illustre d'une certaine manière la distance entre l'atelier où il peint d'après Colardet ou Alexandre et l'appartement où il est censé habiter et qui constitue son adresse déclarée. Le père de Manet n'a plus que deux ans à vivre ; il est âgé de soixante-trois ans et souffre de troubles qui, selon Burty, sont de même nature que ceux qui affecteront Édouard Manet à partir de 1879. Le fils pestera alors contre des douleurs attribuées à des rhumatismes de famille, mais cette expression sera sans doute une façon de ne pas nommer le diagnostic de l'ataxie locomotrice d'origine syphilitique qu'il soignait ou plutôt ne soignait pas en suivant un traitement hydrothérapique. Le portrait de son père ne dissimule pas le sentiment d'un homme malade, mais qui exprime surtout, dans la sévérité et la dignité, sa personnalité morale et professionnelle. Il confirme aussi le témoignage de Théodore Duret et celui d'Antonin Proust concernant le mobilier et l'absence de luxe de l'appartement des Manet. La couleur est introduite par le panier à ouvrage que tient la mère du peintre et cette couleur n'est liée qu'aux valeurs qui s'attachent traditionnellement à un ouvrage de dame. Elle n'en prend que plus d'intensité, de même que toute la réalité de l'observation qui échappe à l'expression d'un sentiment clair et défini. Le sentiment qui lie le peintre à son tableau s'exprime par une émotion faite d'inquiétude et de mélancolie. Tout repose sur des regards qui se dérobent, sur un échange déterminé par des relations où la prise de conscience ne peut aboutir qu'à une analyse limitée, à une vérité partielle. Il est important de rappeler que le tableau plut au père de Manet et qu'il représentait à ses yeux la preuve du talent de son fils. Ce jugement, qui était aussi l'épreuve à laquelle le peintre avait voulu se soumettre, fait du portrait un document exceptionnel, car Manet ne s'est pas contenté d'une vérité intime ; il a aussi donné une scène de la vie bourgeoise, un « type » de la société contemporaine. En ce sens, l'appartement de la rue de Clichy ne contredit pas l'atelier. Malgré la distance qui sépare un conseiller à la cour d'un bohème, buveur d'absinthe de surcroît, titubant dans la rue, la peinture de Manet s'associe à un mouvement de découverte et d'analyse qui met en jeu les sentiments les plus complexes ou les plus troubles. Dans l'ordre de l'appartenance ou dans celui de l'exclusion. Manet était bien le fils d'un juge : chacun venait devant son tribunal.

En 1860, Manet est déjà le peintre qui sait tirer d'un modèle de puissantes indications, et son *Italienne* d'après Agostina Segatori possède toute la réalité du modèle qui pose dans son costume national. L'abbé Hurel lui aussi pose vers 1859 pour son portrait et son ami a voulu rendre l'expression vive et intelligente du visage, mais aussi l'habit ecclésiastique. L'art de Manet ne se limite pas aux diverses possibilités que lui offre un portrait. Le paysage l'a beaucoup retenu pendant ses années d'études et l'une de ses ambitions de jeunesse consiste à trouver un sujet susceptible de conjuguer une scène historique avec l'accent réaliste qu'il recherche par ses études sur le motif. Un de ses premiers essais repose sur une inspiration littéraire. *Les Étudiants de Salamanque* évoquent, en effet, le « conte » que Gil Blas adresse au lecteur au début de son récit. Le livre de Lesage était un des plus populaires de l'époque et Delacroix l'opposait aux *Histoires extraordinaires* de Poe comme un exemple du goût français. Manet illustre la réaction des deux écoliers devant l'inscription qu'ils viennent de déchiffrer : *Aqui esta encerrada el alma del licenciado Pedro Garcias,* Ici est enfermée l'âme du licencié Pierre Garcias. Il peint l'éclat de rire de celui qui raille le ridicule de l'épitaphe, l'attention de celui qui devine un mystère et s'apprête à trouver les deux cents ducats, « l'âme » cachée de Pedro Garcias. La « morale » du tableau est en quelque sorte d'introduire le sujet dans la peinture de Manet sous la forme d'une proposition paradoxale. L'œuvre, qui prépare à sa manière *le Déjeuner sur l'herbe,* est un avertissement au lecteur ou au spectateur, car elle remplit déjà la fonction curieuse d'un refus de l'inspiration littéraire au sens traditionnel du terme.

L'Espagne qui est à la mode en 1860 entre de façon plus directe dans la peinture de Manet avec *le Chanteur espagnol* (Metropolitan Museum, New York), exposé avec succès au Salon de 1861. En 1859, *le Buveur d'absinthe* était, selon l'expression de son auteur, « un type de Paris » traité avec « la naïveté du métier que j'ai retrouvée dans le tableau de Vélasquez [12] ». Cette fois, Manet réunit sujet et exécution en traitant un « type espagnol ». Le modèle qui vient poser dans l'atelier reconstitue avec quelques éléments pris dans la réalité exotique le prestige d'un *guitarero* comme le fameux Huerta. Le jury du Salon de 1861, où figuraient des personnalités qui avaient déjà refusé Manet en 1859, accepta, cette fois, les deux envois du peintre qui avait joint à son *Chanteur* le *Portrait de M. et Mme M.* Le marquis de Chennevières, qui avait la charge de l'organisation du Salon, organisa un placement alphabétique. Placé très haut dans la salle M, le tableau attirait aussitôt les regards et le 3 juillet, jour de la distribution des récompenses, Manet faisait partie des « mentions honorables » ; Bonnat et Puvis de Chavannes recevaient quant à eux la médaille de deuxième classe que Manet allait obtenir en 1881 et Pils était distingué par la médaille d'honneur. Ces débuts ne laissent nullement présager de la suite des événements. Les envois de Manet étaient peut-être de qualité et ces qualités étaient peut-être dignes d'être reconnues par des jurés aussi compétents que Delacroix ou Ingres, mais en 1861 l'artiste avait aussi un appui important en la personne de Théophile Gautier, l'auteur de *Mademoiselle de Maupin* (1835), d'*Émaux et Camées* (1852), du *Roman de la momie* (1858), devenu le critique influent du Salon au *Moniteur universel.* Non seulement l'envoi de Manet a tout pour plaire à l'auteur du *Voyage en Espagne,* publié en 1843, qui s'est vu honoré par la dédicace des *Fleurs du mal,* mais on peut penser que le peintre a conçu son Espagnol dans les termes qui font l'intérêt esthétique du livre de Gautier. Quand paraît le Salon du

Moniteur, le jour solennel de la distribution des récompenses où officient le comte Walewski et le comte de Nieuwerkerke, le jugement de Théophile Gautier sonne comme une consécration officielle. Or cette consécration du *Guitarero* recoupe l'analyse de la permanence et de la désagrégation des mœurs nationales où Gautier a placé tout son romantisme. Manet, comme lui, a ressenti le grand caractère de cette « concession aux modes civilisées » ; comme lui, il s'est détourné d'un pittoresque de convention au profit d'une réalité disparate, exilée dans la magie des apparences et dans son art : « Caramba ! voilà un *Guitarero* qui ne vient pas de l'Opéra-Comique, et qui ferait mauvaise figure sur une lithographie de romance. Mais Vélasquez le saluerait d'un petit clignement d'œil amical et Goya lui demanderait du feu pour allumer son papelito. — Comme il braille de bon courage en raclant le jambon ! — Il nous semble l'entendre. — Ce brave Espagnol au *sombrero calañes,* à la veste marseillaise, a un pantalon. Hélas ! la culotte de Figaro n'est plus portée que par les *espadas* et les *banderilleros.* Mais cette concession aux modes civilisées, les alpargates la rachètent. Il y a beaucoup de talent dans cette figure de grandeur naturelle, peinte en pleine pâte, d'une brosse vaillante et d'une couleur très vraie [13]. »

Le réalisme de Manet était salué et exprimé par la double interjection « Caramba ! », « Hélas ! » qui donne vie à l'Espagne tout entière. Le talma, le gibus, le pantalon d'un Parisien de 1859 introduisaient sans doute une définition trop brutale de la civilisation et de ses modes pour être acceptée. Le détour par Séville permettait d'énoncer, sous une autre forme, le rapport au romantisme et, à l'intérieur de cette interprétation, celui à l'art classique qui ne cesse de hanter l'esprit du peintre. « En peignant cette figure, je pensais aux maîtres de Madrid et aussi à Hals [14] », aurait déclaré Manet au moment où il semble se dégager de références précises, au profit d'une maîtrise dans l'exécution l'emportant sur toute autre considération : « Hier, Renaud de Vilbrac est venu. Il n'a vu qu'une chose. C'est que mon *Guitarero* joue de la main gauche une guitare accordée pour être jouée de la main droite. Qu'en dis-tu ? Figure-toi que la tête je l'ai peinte du premier coup. Après deux heures de travail j'ai regardé dans ma petite glace noire, ça se tenait, je n'y ai pas donné un coup de brosse de plus [15]. »

Le Salon de 1861 propulsait Manet au premier plan. L'attention des critiques lui était acquise, même si tous ne s'exprimaient pas avec la franchise de Gautier. Fernand Desnoyers a raconté l'effet produit chez les jeunes peintres comme Legros, Fantin-Latour, Carolus Duran qui deviennent très vite des amis. Alphonse Legros, né à Dijon en 1837, a exposé son *Ex-voto.* Dans l'atelier de Lecoq de Boisbaudran, il a rencontré Fantin ainsi que Whistler. Ce dernier les a emmenés à Londres, l'année précédente, chez sa sœur lady Haden, épouse du graveur Seymour Haden, et ils ont noué des contacts intéressants. Fantin vient d'exposer un autoportrait, un portrait de Marie Fantin-Latour intitulé *la Liseuse,* ainsi que le portrait du peintre Ridley. Carolus Duran, né à Lille en 1837, fait lui aussi partie de la même génération soucieuse d'apporter une contribution originale au problème du réalisme. Manet rejoint tout un groupe de réalistes dont les liens sont déjà très étroits, mais il le fait dans des termes que le critique Léon Lagrange de *la Gazette des Beaux-Arts* prend soin de définir précisément par rapport à Legros ou à *l'Homme endormi* de Carolus Duran. Manet n'a pas que de la vigueur, on salue en lui « un bon goût de couleur [16] ».

Conséquence probable de la mention honorable, Manet déménage à nouveau de la rue de Douai pour une maison située 81, rue Guyot, proche du parc Monceau, dans un quartier encore peu urbanisé où il pourra trouver les modèles qu'il aime à rencontrer. Manet va travailler dans cet atelier jusqu'en 1870. Il y obtient les conditions d'espace, de lumière et de calme propices à son travail. De cet atelier — « Une grande pièce, presque délabrée [17] » — qui n'a attiré aucun commentaire particulier de la part de ses visiteurs, vont sortir des tableaux comme *le Vieux Musicien* ou *le Balcon, Olympia* ou *le Christ aux anges.* Il correspond à une époque où la relation entre Manet et la peinture repose sur des données qui font de l'atelier le lieu où s'établit l'échange mystérieux entre l'œil et la main, un lieu qui satisfait le réalisme des sujets de ces années. En 1869, *le Balcon* représente déjà une ouverture sur la société qui semble impliquer un atelier différent, dans un quartier bourgeois. La rue Guyot n'a pas vu défiler les visiteurs que Manet ne décourageait pas rue de Saint-Pétersbourg. En 1859, rue Lavoisier déjà, le peintre avait ouvert sa porte à ceux qui voulaient voir son tableau refusé. Ne viendront rue Guyot que les amis, et l'artiste qui fréquente les cafés, les salons, participe à la vie mondaine, y retrouve une solitude qui explique à la fois l'intensité de son travail et, à un certain moment, le découragement. Même Zola écrit, le 7 mai 1866 : «Je ne suis allé qu'une fois dans l'atelier de M. Manet», mais il ajoute que c'est dans l'atelier qu'il a « compris complètement M. Manet [18] ». La rue Guyot était avant tout la peinture de Manet, une expérience harmonieuse entre le peintre, les tableaux et le lieu où ils ont été élaborés. Quand le critique retourne rue Guyot en vue de l'étude qu'il publiera sous forme de brochure, Manet a accroché l'essentiel de sa production depuis 1860 en vue de l'Exposition universelle et Zola trouve dans cette expérience une confirmation : « La première sensation que j'ai éprouvée en entrant dans l'atelier d'Édouard Manet a été une sensation d'unité et de force. Il y a de l'âpreté et de la douceur dans le premier regard qu'on jette sur les murs. Les yeux, avant de s'arrêter particulièrement sur une toile, errent à l'aventure, de bas en haut, de droite à gauche ; et ces couleurs claires, ces formes élégantes qui se mêlent, ont une harmonie, une franchise d'une simplicité et d'une énergie extrêmes [19]. »

L'atelier de la rue Guyot représentait une expérience différente de ce que sera la grande salle élégante de la rue de Saint-Pétersbourg, où Manet fera varier son accrochage autour de certaines pièces qui l'accompagneront toute sa vie. Avant 1870, l'atelier contient tout, les tableaux, leur harmonie et leur rythme, mais aussi la hantise d'en rester là, de ne pas « montrer », d'être enfermé dans le présent comme dit Zola.

L'une des premières œuvres peintes dans le nouvel atelier, *le Liseur* (City Art Museum of Saint Louis), représente un voisin, le peintre Joseph Gall qui exposait au Salon depuis 1842. Il tient ouvert devant lui un large in-folio ; son visage est absorbé par la lecture. Le fauteuil, la table, le veston d'intérieur n'apportent pas les informations nécessaires pour déterminer étroitement le personnage. Il ne ressemble pas à l'image du lecteur que Courbet a donnée en observant Baudelaire. Le grand volume possède un parfum romantique et le modèle n'exprime qu'une attention libre de toute intention. Joseph Gall incarne la dignité de la lecture, il ne travaille pas comme Zola dans son portrait futur. Manet a peint sa gravité d'homme âgé, sa liberté de peintre désargenté, son rêve peut-être, la dimension de la pensée. L'un des derniers tableaux peints, au moins en partie, rue Guyot, représente Berthe Morisot assise sur un canapé. Elle rêve elle aussi, mais c'est une rêverie, une brève fatigue dont elle capte tout le charme et l'atelier où elle se trouve est avant tout le sien. Les deux tableaux sont différents : *le Repos* exprime la liberté à laquelle Berthe Morisot aspire dans son art comme dans sa vie, alors que *le Liseur* se contente de donner une forme à ce qui doit demeurer en lui obscur et inconnu. Dans les deux cas pourtant, Manet nous montre des artistes dans l'atelier et il a privilégié une dimension spirituelle qui se dégage des poses convenues. La gravité de Joseph Gall, le spleen de Berthe Morisot résument à leur manière l'évolution de Manet dans cette distance qui relie le spectateur à la solitude du modèle.

Dans la deuxième quinzaine d'août 1861, *le Liseur* est exposé dans l'« exposition permanente » à la galerie Martinet, 26, boulevard des Italiens. Louis Martinet (1814-1895), peintre d'histoire devenu inspecteur des Beaux-Arts, avait obtenu l'autorisation d'organiser des expositions permanentes, renouvelées en partie chaque mois, dans des locaux bien situés appartenant à Richard Wallace. À partir du 15 juillet 1861, il fait paraître un journal, *le Courrier artisti-*

que et s'apprête à fonder la Société nationale des Beaux-Arts sous la présidence de Théophile Gautier. Manet, qui en fera partie, va trouver chez Martinet un appui important en 1863, à la veille du Salon des Refusés. En septembre et en octobre, Martinet expose successivement *l'Enfant aux cerises* (du 1er au 30 septembre) et *le Chanteur espagnol* (du 1er au 15 octobre). Sa peinture est donc très en vue ; même si *le Liseur* et *l'Enfant aux cerises* ne trouvent pas acquéreur — le *Guitarero* n'était pas à vendre —, Manet est intégré dans la sélection prestigieuse de la galerie qui expose Delacroix, Courbet, Millet, Rousseau, Daubigny.

À partir du 18 septembre 1861, l'exposition de l'Académie impériale à Saint-Pétersbourg présente un tableau qui est, peut-être, l'un des témoignages les plus suggestifs pour une analyse du rapport entre la forme classique et l'expérience personnelle de l'artiste. On a parlé à juste titre de « tableau-laboratoire », mais il convient d'ajouter aussitôt que toute cette élaboration concerne un modèle qui partage la vie du peintre et que la *Nymphe surprise* (Museo Nacional, Buenos Aires) est aussi Suzanne Leenhoff. En Russie, Manet expose en compagnie du peintre Charles Monginot (1825-1900) qui est son ami et qui fera partie de la petite société rassemblée dans *la Musique aux Tuileries,* ainsi que d'Amand Gautier (1825-1894) dont la réputation est à l'époque très forte dans les milieux réalistes. Baudelaire est un de ses admirateurs au Salon de 1859 et la critique associera les débuts de Manet à la personnalité d'Amand Gautier qui est, comme Monginot, en relation avec Boudin et Claude Monet.

Exposé sous le titre *Nymphe et satyre* en 1861 — titre confirmé par l'examen des photographies anciennes qui indiquent en haut à droite la figure d'un satyre, effacé depuis —, le tableau est le résultat d'un projet entrepris en 1859 dans l'atelier de la rue Lavoisier et qui consistait à peindre une grande toile sur le sujet de Moïse sauvé des eaux. L'esquisse qui est conservée à Oslo permet de confirmer l'information de Proust disant que Manet a découpé sa *Nymphe* dans cette toile, restée inachevée. On a beaucoup étudié les antécédents qui justifient la pose de ce nu dans un paysage. *L'Histoire des peintres* de Charles Blanc, publication dont Théodore Reff a souligné l'importance pour la démarche documentaire de Manet, reproduisait la gravure d'un tableau de Rubens disparu, *Suzanne et les vieillards*. Cette référence n'épuise pas la somme d'indications possibles, mais le type de beauté de Suzanne Leenhoff appelait sans doute cet hommage. Avec des bijoux, une robe aux riches tonalités, la *Nymphe surprise* reste la fille du Pharaon qu'elle était censée représenter et c'est un simple adjectif qui en définitive permet d'expliquer la pose ou la qualité du regard qu'elle porte en direction du spectateur. Bien des éléments du *Déjeuner sur l'herbe* apparaissent déjà et on a quelque raison de souligner le lien qui unit la femme-modèle à Victorine Meurent qui, elle, n'est en aucun cas surprise de jouer un rôle professionnel. Manet se dégage, peut-être, de la peinture d'histoire, mais le moyen qu'il utilise — couper un fragment de la toile — ne fait que renforcer la présence implicite d'un témoin en position de détenir les éléments d'une évaluation plus complète. Ce résultat n'abolit pas le sujet, il lui donne simplement une valeur nouvelle, chargée d'un conflit qui existe surtout entre le modèle et l'image que celui-ci appelle dans l'esprit du spectateur. Le satyre dont la disparition reste inexpliquée ne fait que renforcer ce libre jeu du regard. Il n'en reste pas moins que, dès l'origine, *Moïse sauvé des eaux* se présente comme une composition étrange, assez difficile à comprendre et qui présente des analogies avec la manière dont Degas aborde, de son côté, certains sujets de la peinture d'histoire. La relation entre Moïse et la fille du Pharaon n'est pas explicite et au terme du processus l'enfant abandonné a disparu au profit d'un satyre. Le tableau a été décrit par Bazire, en 1884, comme un « morceau d'étude, fort remarquable incontestablement, mais qui n'annonce qu'un virtuose de premier ordre [20] ». Il est considéré aujourd'hui au contraire comme un élément important pour suivre, entre 1859 et 1861, l'évolution esthétique de Manet. Faut-il ajouter également que ce tableau, estimé dans l'inventaire de 1871-1872 au même prix que *le Vieux Musicien* et conservé dans l'atelier du vivant de l'artiste, possédait une valeur due à la fois à la qualité des relations entre Suzanne Leenhoff et Manet et à la nature de la famille qu'il formait alors avec Léon Koëlla ? On peut se contenter d'observer que les valeurs contenues dans l'esquisse conservée à Oslo sont éloignées de celles exprimées sur un sujet semblable chez Poussin ou Véronèse et que Manet a choisi de peindre la mère de Léon Koëlla comme une nymphe surprise, plus proche d'une Bethsabée ou d'une Suzanne au bain que d'une Égyptienne au bord du Nil. La complexité de cet épisode semble mêler à plaisir l'émotion et l'ambition formelle, alors que le degré d'existence du modèle n'est pas déterminé entièrement comme chez Rubens.

Un autre tableau sous la forme d'un paysage plus traditionnel explique lui aussi l'abandon de la grande toile prévue en 1859, car *la Pêche* (Metropolitan Museum, New York) répond à toutes les interrogations en suspens dans la *Nymphe surprise.* Sur des bords verdoyants, identifiés comme les rives de la Seine à l'île Saint-Ouen près de Gennevilliers, « Moïse » pêche tranquillement à la ligne non loin de ses parents qui arborent des costumes d'un autre siècle. Encore une fois, la mise en scène est tributaire d'un cadre classique qui vient, comme on l'a montré avec précision, à la fois d'œuvres d'Annibale Carrache, *la Chasse* et *la Pêche* du musée du Louvre, et de gravures d'après Rubens, le *Paysage à l'arc-en-ciel* du Louvre et le *Parc du château de Steen* du Kunsthistorisches Museum de Vienne. *L'Histoire des peintres* qui reproduit les deux tableaux a pu encore une fois être mise à contribution, mais l'exécution prouve une compréhension plus directe de la peinture de Rubens. L'identification au couple formé par Hélène Fourment et Rubens constitue un document autobiographique dont la tonalité spirituelle n'exclut pas la sincérité. Le château de Steen est remplacé par un coup de soleil sur une prairie, mais le fils Manet se promène ici à peu près sur ses terres. Il n'est pas encore Rubens, mais il place dans la peinture de grands espoirs. Il n'est peut-être pas encore marié, mais il est heureux de visiter son parc en compagnie de Suzanne Leenhoff. Le tableau semble jouer sur la légende des artistes à l'époque romantique, mais cette parodie présente la singularité de concerner la partie la moins avouée de la vie de Manet. Cette fois, toute l'élaboration du tableau permet d'exprimer une situation qui a sans doute été longtemps vécue de façon difficile, bien que les déclarations explicites fassent défaut sur ce point. Le tableau constitue une réponse plus intéressante sans doute qu'aucun autre témoignage. Aussi la question de sa date se pose-t-elle dans des termes assez particuliers. Si on y voit une illustration du mariage de Manet qui eut lieu le 28 octobre 1863 à Zalt-Bommel en Hollande, un peu plus d'un an après la mort d'Auguste Manet, l'effet de transposition et le vœu contenu dans le paysage perdent un peu de leur intérêt. Le mariage au sens officiel du terme n'est pas entièrement l'enjeu de cette peinture. Placé un peu plus tôt, en 1859, comme le voudraient Duret et Jamot, la liberté de ton et l'assurance de la mise en scène ne sont peut-être pas compatibles avec la tension nerveuse et l'âpreté qui émanent du *Buveur d'absinthe.* Trop proche de la mort du père, l'idylle du fils serait malséante et Manet dut ressentir profondément la disparition d'un père qui fut l'un des premiers à le reconnaître en tant qu'artiste. Pour ces raisons, il semble possible de suivre les indications de Tabarant qui se fie à l'inscription portée par Léon Koëlla sur une photographie du tableau prise par Lochard : « Paysage peint d'après les croquis de l'île Saint-Ouen dans l'atelier de la rue Guyot. Portraits de M. et Mme Manet en costume ancien. » L'installation rue Guyot, le succès de l'année 1861, la stabilité de sa vie rue de l'Hôtel-de-Ville, les relations avec sa famille expliquent cet acte de foi dans l'avenir sous forme d'un paysage lumineux. Car les références servent surtout à recomposer l'expérience et Manet parcourt le terrain de jeu de son enfance. Léon pêche à la ligne et lui-même signe sur un casier destiné probablement aux écrevisses. Sur une barque, des jeunes gens préparent l'épervier. L'adulte veut faire partager à sa compagne le prix de paysages qui seront intégrés dans la toile du Salon des Refusés.

Les tableaux par lesquels Manet a le plus exprimé sa vie et ses aspirations esthétiques sont aussi ceux qui préparent le plus l'événement décisif de sa carrière. Et, cette fois, ce ne sera plus la carrière de Rubens.

À la fin de l'année 1861, *l'Enfant à l'épée* (Metropolitan Museum, New York) permet d'envisager la maîtrise que le succès semble exiger du peintre. Ce tableau, en effet, fut considéré du vivant de l'artiste comme un chef-d'œuvre par ceux qui n'aimaient pas beaucoup le reste de sa production. Quand il est exposé chez Martinet à partir du 1er mars, en compagnie de treize autres toiles, on le sort du lot, car il respecte la correction du dessin. On admire en lui l'inspiration espagnole, on évoque Vélasquez et Paul Mantz en 1884 rappellera qu'on y appréciait, à l'époque, la qualité de la touche et l'accent, la vaillance de la brosse. À la suite du *Chanteur espagnol,* Manet donnait la preuve de qualités qui frappaient tout le monde et faisait oublier « le charme douteux de certains néo-grecs dont la manœuvre était sèche et petite, ou qui, comme le pauvre Hamon, se dissolvaient en un brouillard pâle ». Selon le critique du *Temps,* le tableau évoque moins Vélasquez que Frans Hals : « Je ne parle pas ici de la couleur mais de la manière de l'étendre sur la toile [21]. » En 1883, Albert Wolff ne veut retenir que deux toiles : *le Bon Bock* et *l'Enfant à l'épée* dont il dit par ailleurs : « Il avait poussé presque aussi loin que le Maître [Vélasquez] la science des noirs enveloppés dans une demi-teinte lumineuse ; c'est un superbe morceau de peinture, mais qui ne ressemble en rien à l'art impressionniste dans lequel Manet devait se jeter ensuite [22]. » Émile Zola, en 1867, était déjà parfaitement averti de cette attitude sélective quand il écrit à propos du *Chanteur espagnol* et de *l'Enfant à l'épée :* « Ce sont là les pavés, les premières œuvres dont on se sert pour écraser les dernières œuvres du peintre [23]. » La polémique ne l'aveugle pas pour autant et il souligne surtout « l'air naïf et étonné » du petit modèle qui n'est autre que Léon, lequel n'a pas encore dix ans. « Si l'artiste avait toujours peint de pareilles têtes, il aurait été choyé du public, accablé d'éloges et d'argent [24] », ajoute Zola qui pose ainsi un problème. Manet est de toute évidence au bord d'une carrière très différente de celle qu'il va connaître et ce tableau précède de peu l'inspiration pleine de fougue et d'audace des mois à venir. Dans quelle mesure la personnalité du modèle appelait-elle cette délicatesse de vision, ce modelé adouci qui contribuent à la timidité et au charme de l'enfant ? La gaucherie du geste ajoute une note de sensibilité et de discrète mélancolie qui réveille le souvenir de Thomas Couture. Le tableau semble sorti d'un pinceau qui chercherait à préserver son modèle d'accents plus décidés. Le petit garçon porte une « énorme épée garnie de son baudrier[25] » et sa tenue d'enfant sage offre un contraste voulu avec un accessoire qui semble sorti d'un tableau. Le petit Léon est au service de tout cet art et *l'Enfant à l'épée* reste l'une des œuvres de Manet où la qualité de son observation hésite à se formuler autrement que par un supplément d'art. Curieux chef-d'œuvre qui porte la marque d'un Manet possible et qui n'a pas été. Un autre Vélasquez pour ceux que cette idée flattait. Au sein même de sa famille, il aura en quelque sorte voulu éprouver plusieurs dimensions de son talent. Car tous ces tableaux montrent que jusqu'à présent Manet croit à sa mention honorable. Ses plus chères affections sont ainsi mises à contribution pour l'en assurer.

En 1862, Manet signe enfin un tableau de grandes dimensions — 186 sur 247 cm — qu'il intitule *le Vieux Musicien* (National Gallery, Washington). L'ambition est visible : il s'agit de faire entrer le réalisme du *Buveur d'absinthe* ou du *Guitarero* dans un cadre nouveau emprunté à Vélasquez. Chaque personnage est une petite somme de références qui se prête à une analyse où l'histoire de l'art contemporain rejoint la démarche du peintre réaliste. La composition n'est plus ce « laboratoire » qui conduit obscurément vers une forme de découverte ; elle se présente comme une réunion de figures, comme une proposition immobile. Les visages, les haillons de ces vagabonds issus des quartiers populeux proches de la rue Guyot, comme celui de la Petite Pologne évoqué par Balzac dans *la Cousine*

Bette, semblent figés dans le souvenir de tableaux anciens. *L'Enfant à l'épée,* qui était un Vélasquez de cour ou plutôt d'atelier distingué, avait au moins le mérite de passer devant les yeux du public. Sa démarche était justifiée par la lourde épée. Dans *le Vieux Musicien* chacun écoute et attend la musique du bohémien, mais ce principe de composition semble tributaire des idées esthétiques que les historiens de la peinture réaliste du XVIIe siècle, Thoré-Bürger, Charles Blanc ou Champfleury, se plaisaient à souligner. L'étude de Champfleury, notamment, sur les frères Le Nain parue dans *la Gazette des Beaux-Arts,* en novembre 1860, pouvait inciter un jeune artiste à pousser le réalisme dans une voie ouverte en partie par Courbet : « Ils possèdent, écrit Champfleury à propos des Le Nain, un *accent* qui n'appartient à personne, une façon de grouper les personnages maladroite, une manière de peindre souvent plâtreuse et triste (...) Ils ont cherché la réalité jusque dans cette inhabileté à placer des figures isolées au milieu de la toile ; par là, ils sont les pères des tentatives actuelles et leur réputation ne peut que s'accroître [26]. »

La Halte du cavalier du Victoria and Albert Museum de Londres ou encore *le Vieux joueur de flageolet* de Detroit, tableau qui était reproduit dans Charles Blanc, constituent des références qui montrent surtout que Manet, à cette époque, poursuit un but et qu'il cherche une qualité de réalisme lui donnant une sorte d'ascendant sur Courbet. Champfleury, qui publie en 1862 *les Peintres de la réalité sous Louis XIII,* est devenu son ami ; personne n'est mieux placé que lui pour le soutenir dans ses recherches. Son ouvrage *le Réalisme* date de 1857 ; Baudelaire apprécie ses contes et Manet partagera ses intérêts, en particulier pour les chats, mais aussi pour bien d'autres aspects de la vie contemporaine. Or, en 1862, Champfleury est justement le critique qui pouvait encourager une autre interprétation de Vélasquez, différente de ce que Manet avait réalisé avec *l'Enfant à l'épée.* Dans un de ses textes récents publiés en 1861, *Grandes Figures d'hier et d'aujourd'hui,* il insistait sur l'importance de la composition pour définir le réalisme : « Le sujet n'est pas tout dans l'art », écrit-il avant de montrer comment l'intelligence de Vélasquez rencontre celle de *l'Enterrement à Ornans*: « (...) Ce n'est pas parce que Courbet a peint un sujet *triste* que je le défends. N'eût-il pas rompu en visière avec les principes habituels en faisant d'un enterrement de village un pendant au *Serment du Jeu de Paume* de David, qu'il y avait dans la composition anti-académique de ce chef-d'œuvre matière à de fortes discussions artistiques. Par la *composition* et l'*arrangement* des groupes, Courbet rompait déjà avec la tradition. Sans connaître les admirables toiles de Vélasquez, il se trouve d'accord avec l'illustre maître, qui a placé des personnages les uns à côté des autres, et ne s'est pas inquiété des lois posées par des esprits pédants et médiocres. Qui n'a pas l'intelligence de Vélasquez ne saurait comprendre Courbet[27]. »

Manet qui a exécuté une copie à l'huile d'après les *Petits Cavaliers,* un tableau attribué à l'époque à Vélasquez, a repris ce sujet à l'eau-forte en 1861-1862. Cette référence qui est pour lui fondamentale permet de comprendre qu'il ait pu insérer à l'intérieur d'un espace qui évoque les *Buveurs* de Vélasquez une réunion de figures élaborées comme autant de rencontres avec la tradition réaliste. Ainsi *le Vieux Musicien* crée une perspective historique qui réunit Watteau et les frères Le Nain, Vélasquez et Schlesinger, un marbre antique du Louvre et un bohémien du nom de Jean Lagrène. Même le *Buveur d'absinthe* de 1859 incarne un des acteurs de cette revendication anti-académique. Que devient dans ces conditions la réalité sociale ? Elle semble désigner une étrange fixité où n'existe que le prestige de l'art qui unit des enfants et des « philosophes ».

Au printemps ou pendant l'été 1862, Manet peint une œuvre qu'il est presque impossible de ne pas comparer au *Vieux musicien.* Les deux tableaux sont presque contemporains et ils montrent la dimension que l'artiste est désormais en mesure de donner à des problèmes d'esthétique contemporaine. Il serait insuffisant de raisonner seulement en termes d'évolution, comme si l'artiste parvenait enfin à une image moderne avec la *Musique aux Tuileries.* Cette fois, le lieu est déterminé, la société est observée dans ses mœurs, tout est portrait. La musique du concert en plein air est écoutée d'une oreille distraite comme un divertissement mondain et ne possède évidemment pas le pouvoir d'émotion du violon tsigane. Le tableau annonce d'autres sujets comme les courses, l'Exposition universelle, le bateau de Folkestone, la plage de Boulogne qui caractérisent le réalisme contemporain de Manet. Mais l'intérêt de la *Musique aux Tuileries*, en 1862, est peut-être surtout de répondre à cette question de l'« *arrangement* » qui semble commander l'interprétation d'un sujet réaliste. À cet égard, la peinture de la National Gallery de Londres complète la grande toile de Washington.

La toile résulte de données précises ; à la suite du succès de 1861, Manet est un peintre très entouré ; il travaille chaque jour aux Tuileries pour faire des études en plein air : « Baudelaire était là son compagnon habituel [28] », note Antonin Proust qui précise que tout le monde se retrouvait ensuite à Tortoni, de cinq à six, pour commenter la journée. Les Tuileries était, à l'époque, le jardin où la société la plus choisie se réunissait, notamment les jours de concert. Manet tire parti de ce cadre mondain et élégant pour recomposer une société d'amis ; on a pu en identifier quelques-uns et non des moindres : Manet et son ami Albert de Balleroy sur la gauche, Zacharie Astruc assis sur une chaise, près d'un arbre le groupe formé par Baudelaire, Théophile Gautier et le baron Taylor ; derrière Baudelaire, de face on a reconnu Fantin-Latour, mais il pourrait bien s'agir de Duranty ; derrière Astruc, le personnage portant moustaches serait le journaliste Aurélien Scholl ; entre Manet et Balleroy, on a peut-être Champfleury. Sur la droite, Eugène Manet, derrière lui, assis, Jacques Offenbach, l'auteur de *la Belle Hélène* (1864) et *la Vie parisienne* (1867), enfin un personnage qui salue, identifié comme étant le peintre Charles Monginot. Tous ces messieurs formeraient une société fort grave si les enfants en robe et les dames en toilette n'apportaient un principe de cohésion particulièrement efficace. Au premier plan, Mme Lejosne, femme du commandant Lejosne, et sa compagne identifiée comme une amie de la famille Manet, Mme Loubens, ou encore comme Mme Offenbach, confirment l'échange obtenu entre les Tuileries et le salon que fréquente Manet pour y retrouver plusieurs des amis représentés ici. Le commandant Lejosne et son épouse ont été des défenseurs de Manet et c'est chez eux qu'il a pu rencontrer de nombreuses personnalités, à commencer par Baudelaire.

On a souvent observé le rapprochement qui existe entre les idées développées par Baudelaire dans *le Peintre de la vie moderne,* publié en 1863 mais rédigé en 1859-1860, et l'esthétique de Manet dans ce tableau particulier. Manet et Baudelaire ont échangé ces idées de vive voix, de sorte qu'il ne saurait être question de voir dans le tableau une illustration de principes définis préalablement. Bien au contraire, on peut essayer de souligner à quel point Manet se situe par sa technique de peintre au cœur de l'élément le plus indéfinissable qui fait l'intérêt du concept de modernité : « Le passé est intéressant non seulement par la beauté qu'ont su en extraire les artistes pour qui il était le présent, mais aussi comme passé, pour sa valeur historique. Il en est de même du présent. Le plaisir que nous retirons de la représentation du présent tient non seulement à la beauté dont il peut être revêtu, mais aussi à sa qualité essentielle de présent [29]. »

À partir de là, Baudelaire caractérise le beau dont l'impression repose sur une « composition double ». La modernité obéit à cette logique qui consiste à distinguer deux éléments : « Le beau est fait d'un élément éternel, invariable, dont la quantité est excessivement difficile à déterminer, et d'un élément relatif, circonstanciel, qui sera, si l'on veut, tour à tour ou tout ensemble, l'époque, la mode, la morale, la passion. » Baudelaire développe avec la netteté d'expression qu'on lui connaît une « théorie rationnelle et historique » par opposition à une « théorie du beau unique et absolu [30] ». Or cette esthétique implique, comme Baudelaire le souligne, un principe actif, trouble, mystérieux : « Dégager de la mode ce qu'elle peut contenir de poétique dans l'historique [...] tirer l'éternel du transitoire [31]. » « Extraire » est le maître mot ; il désigne tout le pouvoir de l'artiste : « En un mot, pour que toute *modernité* soit digne de devenir antiquité, il faut que la beauté mystérieuse que la vie humaine y met involontairement en ait été extraite [32]. »

Comparé à la composition du *Vieux Musicien* qui détache les figures les unes par rapport aux autres, *la Musique aux Tuileries* procède à l'inverse par fusion des divers éléments dans l'espace. La reconnaissance des visages dans la foule donne le sentiment de ce principe de vie involontaire. La composition n'intègre pas un cadre préalablement défini ; au contraire, elle possède une force expansive qui s'associe à une curiosité, celle de l'artiste, homme des foules et dandy ; le regard est ainsi amené à extraire de l'image ce qui demeure indistinct en elle. Quand le tableau sera exposé en 1867, Hippolyte Babou y signalera « la tache-Baudelaire, la tache-Gautier, et même la tache-Manet [33] ». Paul Mantz parlera de « bariolage rouge, bleu, jaune et noir » et de « caricature de la couleur [34] ». Saint-Victor, en mars 1863, dit que le tableau « écorche les yeux, comme la musique des foires fait saigner l'oreille [35] ». Zola enfin, qui rappelle le choc produit par cette peinture, lui attribue une place à part à cause de cette définition nouvelle de la forme rapportée aux conditions de la vision : « Un amateur exaspéré alla jusqu'à menacer de se porter à des voies de fait, si on laissait plus longtemps dans la salle de l'exposition la *Musique aux Tuileries*. Je comprends la colère de cet amateur : imaginez, sous les arbres des Tuileries, toute une foule, une centaine de personnes peut-être, qui se remuent au soleil ; chaque personnage est une simple tache, à peine déterminée, et dans laquelle les détails deviennent des lignes ou des points noirs. Si j'avais été là, j'aurais prié l'amateur de se mettre à une distance respectueuse ; il aurait alors vu que ces taches vivaient, que la foule parlait, et que cette toile était une des œuvres caractéristiques de l'artiste, celle où il a le plus obéi à ses yeux et à son tempérament [36]. »

Baudelaire ne s'est pas exprimé directement sur un ouvrage qu'il a en quelque sorte suivi des yeux, mais il est clair que son portrait dans la foule et dans l'animation de la conversation exprime plus que tout sa vérité. Il est là tout entier et pourtant il ne s'agit que de quelques traits « à peine déterminés ». Manet, comme lui, appréciait Constantin Guys, le fameux « peintre de la vie moderne ». Le chapitre V du texte, intitulé « l'Art mnémonique », indique nettement que Manet apporte sa contribution de peintre à la définition de cet art résultant d'un regard « synthétique et abréviateur » qui met en jeu à la fois l'impression de l'artiste et l'imagination du spectateur : « Ainsi, M.G., traduisant fidèlement ses propres impressions, marque avec une énergie instinctive les points culminants ou lumineux d'un objet (ils peuvent être culminants ou lumineux au point de vue dramatique), ou ses principales caractéristiques, quelquefois même avec une exagération utile pour la mémoire humaine ; et l'imagination du spectateur, subissant à son tour cette mnémonique si despotique, voit avec netteté l'impression produite par les choses sur l'esprit de M.G. Le spectateur est ici le traducteur d'une traduction toujours claire et enivrante[37]. » Le portrait de Baudelaire semble la preuve éclatante de cette « mnémonique » et peu de tableaux donnent à ce point le sentiment de participer activement à la définition d'une esthétique qui contient un avenir. *La Musique aux Tuileries* est aussi le tableau qui donne à la copie des *Petits Cavaliers* de Vélasquez une autre dimension et qui en extrait précisément une « modernité », puisque ce tableau était interprété comme une réunion d'artistes autour de Vélasquez. La traduction se faisait cette fois non plus dans le sens d'une parodie comme dans *la Pêche* ou d'un réalisme anti-académique comme dans *le Vieux Musicien,* mais au profit d'une « explosion lumineuse dans l'espace[38] » dont Manet s'affirme désormais le maître. Son exécution ne peut plus être seulement appréciée techniquement par rapport à la tradition ; elle est devenue un art, une esthétique à part entière.

Chapitre III

L'invention de Victorine Meurent

« Mais voici la *Chanteuse des rues.* Cette fille mange des cerises ; le sac de bigarreaux s'appuie sur le bras gauche, dont la main tient une guitare ; pâle, affligée d'un gros nez, les yeux en boule de loto, avec sa toque, son *caraco* gris et sa jupe bouffante "à tirettes", elle semble collée à une porte d'estaminet à persiennes d'un vert de banc ; à l'intérieur de cet endroit louche, on aperçoit tromblons et gibus de buveurs. De cette chanteuse populaire, à la figure plate, sans expression, de l'ensemble de cette composition assez ordinaire, Manet a fait une page plus "distinguée", plus succulente qu'un portrait de Goya, mieux peinte qu'une Infante de Vélasquez ; bizarre et stylisée comme un Ingres. Et cette œuvre majestueuse et pesante n'est, si l'on se reporte à l'heure où elle parut, qu'une sorte de tableau de chevalet agrandi, un sujet que Stevens, que Tissot auraient rapetissé ; presque une vignette pour chanson sentimentale et cependant [1] ?... »

Victorine Louise Meurent, née en 1844, qui entre ainsi dans la vie et dans la peinture de Manet à l'âge de dix-huit ans pour devenir le modèle de ses tableaux les plus contestés, *le Déjeuner sur l'herbe, Olympia,* est aussitôt associée par Jacques-Émile Blanche à l'idée d'une transformation décisive. Avec elle Manet découvre à la fois un visage et une forme expressive. Tout naturellement Blanche évoque l'image d'une actrice : « Cette blonde rousse à la peau laiteuse, qui apparaît pâle comme une actrice de cinéma dans *la Chanteuse des rues*, dans *Mlle V. en costume d'espada*, dans *le Déjeuner sur l'herbe*[2] », écrit-il en pensant au cinéma muet de son temps. Victorine Meurent a été rencontrée par Manet et « inventée » par sa peinture, mais dans cette présence le modèle a sa part de génie. Selon Tabarant, Manet l'aurait vue dans le quartier où il faisait mordre les cuivres de ses premières eaux-fortes et il aurait noté son adresse : « Louise Meuran, rue Maître-Albert, 17. » Duret a situé les choses au Palais de Justice où Manet l'aurait remarquée pour son « aspect original et sa manière d'être tranchée[3] ». La jeune fille était en réalité un modèle professionnel à la personnalité vive et fantasque, « bien connue sur les hauteurs du Panthéon[4] » selon Émile Zola, fréquentant l'atelier Couture et les milieux d'artistes. Elle sera l'amie du peintre Stevens qui la fera poser lui aussi, et elle-même, après une aventure sentimentale qui l'entraînera aux États-Unis, fera ses débuts au Salon de 1876. Selon Proust, l'idée du tableau serait à rattacher à une expérience qu'il situe près de l'atelier : « À l'entrée de la rue Guyot une femme sortait d'un cabaret louche, relevant sa robe, retenant sa guitare. Il alla droit à elle et lui demanda de venir poser chez lui. Elle se prit à rire. "Je la repincerai, s'écria Manet, et puis si elle ne veut pas j'ai Victorine[5]." »

Cette indication est surtout intéressante pour souligner le jeu du modèle. Manet a fait le portrait de cette jeune fille au visage décoloré par la lumière (Museum of Fine Arts, Boston) ; l'expression en est presque absente comme dans l'attente d'un rôle et cette disposition implique à la fois de la hardiesse et de la mélancolie. Mais la coiffure, la robe, un réalisme parisien à la Corot permettent de constater que *la Chanteuse des rues* est d'abord une interprétation qui grandit la réalité. La vérité de Victorine Meurent réside, en effet, dans une interprétation qui trouble les catégories du jugement. Le tableau se dégage nettement du réalisme social de la gravure d'illustration, en particulier parce que *la Chanteuse des rues* mêle à sa déchéance et à sa pauvreté des signes de distinction et d'élégance. Philippe Burty eut le mérite, en

1884, de noter la valeur du geste du bras tenant la guitare et, en témoin privilégié de l'histoire du réalisme, il a su comprendre la « grâce » de cette attitude, son émotion propre, d'une puissante originalité : « Dès 1861, il s'essayait à ces données modernes que nos contemporains ont tant de peine à admettre, en peignant une *Chanteuse des rues,* une grande fille qui sort d'une brasserie, mangeant des cerises, portant sa guitare comme une dame ferait de son havanais. Il est le premier qui ait eu cette hardiesse [6]. »

La contamination des registres de la sensibilité repose également sur un sentiment de la pauvreté qui réside dans ce qu'il peut avoir de dissimulé. Loin d'abonder dans le sens un peu mélodramatique du *Buveur d'absinthe,* Victorine Meurent travestit le sens de la réalité ; il convient de souligner dans ce sens l'observation d'un journaliste qui voit dans la démarche du personnage une sorte de preuve de la condition qu'elle ne veut pas avouer ou afficher : « Sa *Chanteuse des rues* ne vous inspire-t-elle aucune pitié, mêlée d'un peu d'appréhension ? Car, sous cette robe à tirettes, le linge est fatigué, terne, la pauvre fille ! Elle doit porter de grosses bottines à élastiques, des bottines d'homme [7]. » Cette remarque assez étonnante recoupe l'observation d'historiens contemporains qui ont noté que le chapeau porté par le modèle réapparaît sur la tête d'un des étudiants du *Déjeuner sur l'herbe.* Est-ce que les bottines de *l'Enfant à l'épée* n'auraient pas resservi comme d'autres objets dont la présence est attestée dans l'atelier ? Les cerises réitèrent un sentiment de contraste qui existait déjà avec le petit Alexandre. « L'effet est blafard, dur, sinistre [8] », déclare Paul Mantz et il n'a pas entièrement tort. Ce sont les couleurs et les choses qui viennent parler à la place des sentiments pour dire une condition qui choque profondément parce qu'elle est avant tout un regard libre et, pour suivre à la lettre Paul Mantz, un visage « impossible » : « M. Manet est entré avec sa vaillance instinctive dans le domaine de l'impossible. Nous refusons absolument de l'y suivre. Toute forme se perd dans ses grands portraits de femmes, et notamment dans celui de la *Chanteuse,* où, par une singularité qui nous trouble profondément, les sourcils renoncent à leur position horizontale pour venir se placer verticalement le long du nez, comme deux virgules d'ombre ; il n'y a plus là que la lutte criarde de tons plâtreux avec des tons noirs [9]. »

Ce que représentent *la Chanteuse des rues* et Victorine Meurent dans la vie de Manet est assez aisé à comprendre quand on pense à ce portrait désigné de façons diverses et auquel s'attache une réputation aux conséquences durables : l'incapacité de Manet à ne pas « enlaidir » ou plutôt la capacité de Manet à refuser l'expression nécessaire au portrait féminin. « Un de ses premiers portraits, en 1860, fut celui d'une jeune dame, amie de sa famille. Il l'avait peinte debout, de grandeur naturelle. Elle n'était pas jolie, paraît-il. Il avait dû, se laissant aller à sa pente, accentuer les particularités de son visage. Toujours est-il que, lorsqu'elle se vit sur la toile, telle qu'elle y figurait, elle se mit à pleurer — c'est Manet lui-même qui me l'a dit — et qu'elle sortit de l'atelier, avec son mari, sans vouloir jamais revoir le portrait [10]. » Théodore Duret sait que plusieurs portraits seront pareillement refusés au cours de la vie de Manet. Le phénomène l'a frappé autant que la détermination du peintre. Le *Portrait de Mme Brunet,* qui sera naturellement exposé en 1863 et 1867, justifie amplement les larmes du modèle. Selon Jacques-Émile Blanche qui eut le tableau pour 500 francs, en 1884, ce « monstre de laideur » fut reconnu par un enfant de sa famille : « “Ah ! c'est la tante Aurore !...” dit-il. Les parents firent taire le petit sot ; mais je sus que *la Femme au gant* était bien Mme de X..., célèbre beauté du Second Empire, la tante Aurore [11]. »

Cet enfant était aussi méchant que Manet ; il avait reconnu une « célèbre beauté » et trahissait un secret jalousement gardé. Les témoignages ne concordent pas ou bien faut-il penser qu'une célèbre beauté du Second Empire n'était pas nécessairement pour Manet une femme jolie ? La conversation que rapporte Proust à l'époque de l'Exposition universelle en 1878 permet peut-être d'avoir un élément de réponse. Manet a rencontré son ami Arsène Houssaye et ensemble ils remontent en bavardant du pont des Invalides en direction des Champs-Élysées : « La conversation vint sur les femmes et les femmes de l'Empire. On aime toujours à parler de sa jeunesse. Arsène Houssaye énuméra les beautés de ce temps. "Oui, dit Manet, la femme du Second Empire, cela n'a pas été fait et cependant elle a été le type d'une époque, comme le père Bertin a été le type de la bourgeoisie de 1825 à 1850... Vous parliez de femmes. Moi, je n'ai pas fait la femme du Second Empire, mais la femme de depuis, Mme de Callias, Fanny Bergolle, Léontine Massin, Henriette Hauser, la comtesse Cabalesti, Ellen Andrée et pas mal d'autres, qui ont leur caractère à elles [12]." » Le caractère que Manet appréciait chez Victorine Meurent explique le long désaccord entre Manet et « la femme du Second Empire », étant entendu que Berthe Morisot ou Éva Gonzalès appartenaient davantage à la sphère de l'art qu'au Second Empire proprement dit.

Avant de peindre Berthe Morisot et *Olympia,* bien avant de faire le portrait de l'amie du poète Charles Cros, la célèbre Nina de Callias, Manet, probablement en 1862, fait le portrait de celle qui est désignée dans l'inventaire comme la « Maîtresse de Baudelaire couchée ». Le tableau est considéré comme une étude, son aspect est étrange, mais le plus curieux est, semble-t-il, de découvrir en Jeanne Duval le prototype de la femme exotique et fatale qui préoccupa longtemps l'esprit du peintre. Par quelle démarche a-t-il été amené à donner cette image impressionnante qui évoque, comme l'a aussitôt compris Félix Fénéon, quand le tableau fut exposé à *la Revue Indépendante* en mars 1888, l'univers de douleur et de passion des *Fleurs du mal,* depuis *A une Madone, ex-voto dans le goût espagnol,* jusqu'à la pièce intitulée *le Monstre ou le Paranymphe d'une nymphe macabre*: « Anoblie d'étrangeté et de souvenirs, une autre toile montre l'historique maîtresse de Baudelaire, la fantasque et douloureuse créole Jeanne Duval. Près d'une fenêtre où flotte le blanc des rideaux, elle s'anonchalit, pareille à une idole et à une poupée. Les vers de Baudelaire la décriraient assez exactement : "Le jeu, l'amour, la bonne chère / Bouillonnent en toi, vieux chaudron : / Tu n'es plus jeune, ma très chère./ Tu n'es plus jeune, et cependant / Tes caravanes insensées / T'ont donné ce lustre abondant / Des choses qui sont trop usées / Et qui séduisent cependant." Sa face camuse et boucanée se désiste de toute émotion ; et en largeur, ondule l'immense et paradoxal développement d'une robe d'été à larges raies violettes et blanches [13]. »

Baudelaire a rencontré Jeanne Duval en 1842 ; l'histoire de cette relation est placée sous le signe de « *l'irréparable* ». En septembre 1856, il écrit à sa mère : « ... Je regretterai toujours cette femme. Pour que ma douleur, que vous ne comprendrez peut-être pas bien, ne vous paraisse pas trop enfantine, je vous avouerai que j'avais mis sur cette tête toutes mes espérances, comme un joueur ; cette femme était ma seule distraction, mon seul plaisir, mon seul camarade, et malgré toutes les secousses intérieures d'une liaison tempétueuse, jamais l'idée d'une séparation irréparable n'était entrée clairement dans mon esprit [14]. »

Depuis 1859 Jeanne Duval, qui a été frappée d'une attaque de paralysie, est dans la dépendance financière du fils de Mme Aupick qui, le 6 mai 1861, expose une nouvelle fois ses tourments parmi lesquels figure le souhait de pouvoir exercer sa « charité » envers Jeanne. En janvier, le poète a découvert l'existence d'un « frère » « qui restait dans la chambre de Jeanne depuis 8 heures du matin jusqu'à 11 heures du soir [15] ». L'explication qui suit prouve qu'on l'a grugé, mais, écrit-il, « tant de pleurs dans ce visage vieilli, toute cette indécision dans un être affaibli m'ont touché ; ma colère s'est apaisée [16] ». Le 21 mai 1861, Jeanne est sortie de l'hôpital ; il cache son adresse, s'imagine même qu'elle est morte. Un an plus tard on découvre, par une lettre du 17 mars 1862, qu'elle s'ingénie à l'humilier en vendant à Malassis « les souvenirs que tout homme laisse chez une femme avec qui il a longtemps vécu [17] ». Jeanne Duval était bien « l'historique maîtresse » de Baudelaire et Manet ainsi que les amis du poète n'ignoraient pas cette histoire dont le peintre a voulu exprimer le caractère fantastique et cruel : « (...) Qu'ai-je fait pendant dix-sept ans, si ce n'est pardonner ? (J'avoue que la femme étant belle, on peut soupçonner que mon indulgence était très intéressée.) Mais quand la maladie et la vieillesse l'ont frappée, qu'ai-je fait pendant trois ans ? J'ai fait ce que l'égoïsme des hommes ne fait généralement pas. J'ai même apporté dans la charité un enthousiasme d'orgueil [18]. »

Au moment où Manet rencontre Victorine Meurent, au moment où s'établissent les bases de son chef-d'œuvre à venir, Jeanne Duval représente une expérience à ne pas trop dissocier de la référence à Titien. La « vieille infante » aux yeux « noirs comme la boue » [19], qui pose vraisemblablement dans l'atelier, contre un fond de rideaux qui prennent un aspect quasi liturgique, est entrée dans la peinture de Manet comme une sorte de maléfice. Berthe Morisot lui doit aussi peut-être une part de fatalisme et quand, en 1870, Manet la représente dans *le Repos,* la main sensible, la main d'artiste et de femme a été détachée tel un motif, comme ici, la main sèche et tyrannique de Jeanne Duval.

Baudelaire, encore sous le choc du *Sardanapale* de Delacroix revu à l'exposition Martinet et qui posait, à cette occasion, la question d'une impossible succession à tant de génie, choisit le renouveau de l'eau-forte dont l'éditeur Cadart (1828-1875) se fait le maître d'œuvre en fondant, le 31 mai 1862, la Société des aquafortistes dont Bracquemond, Fantin, Jongkind, Legros, Manet, Ribot sont les membres fondateurs, pour s'exprimer sur tout un groupe d'artistes. Dans l'article de *la Revue anecdotique* de la deuxième quinzaine d'avril 1862 où il signale que « MM. André Jeanron, Ribot, Manet viennent de faire aussi quelques essais d'eau-forte, auxquels M. Cadart a donné l'hospitalité de sa devanture de la rue Richelieu [20] », son point de vue est que la technique de l'eau-forte s'adresse à l'individualité de l'artiste ; elle est ainsi parmi les différentes expressions de l'art plastique « celle qui se rapproche le plus de l'expression littéraire et qui est le mieux faite pour trahir l'homme spontané [21] ». Dans un deuxième article paru dans *le Boulevard,* le 14 septembre 1862, il corrige un peu l'idée précédente en situant nettement Manet et Legros dans l'histoire de la peinture marquée par Delacroix et Courbet.

Manet lui a montré les tableaux qu'il prévoit pour le prochain Salon, *Mlle V. en costume d'espada* et *le Jeune Homme en costume de majo* notamment, ce qui l'amène à écrire : « M. Manet est l'auteur du *Guitariste,* qui a produit une vive sensation au Salon dernier. On verra au prochain Salon plusieurs tableaux de lui empreints de la saveur espagnole la plus forte, et qui donnent à croire que le génie espagnol s'est réfugié en France[22]. »

Parmi les cinq estampes publiées dans la première livraison de la Société des aquafortistes, en date du 1er septembre, figurait, à côté des planches de Bracquemond, Daubigny, Legros et Ribot, une planche de Manet d'après un tableau peint en 1862, *les Gitanos.* « La composition de M. Manet renferme quatre figures dont trois sont tout à fait insupportables », déclare Lamquet, qui souligne néanmoins « les puissantes qualités d'effet rendu qui distinguent cette eau-forte[23] ». Le 27 octobre, dans *le Moniteur,* Théophile Gautier, sollicité par Baudelaire, signalait à ses lecteurs l'entreprise de Cadart qui annonçait un cahier de *8 Gravures à l'eau-forte par Édouard Manet* présentées comme des « sujets divers ». La liste des planches mêle des gravures d'après des tableaux, des copies, des motifs de tableaux ainsi que sur des sujets originaux. Manet fit pour cette livraison un premier projet de couverture où apparaît au premier plan le motif du chat qui semble veiller sur l'esprit du recueil. Un deuxième essai, plus ambitieux, met en scène la diversité du cahier en évoquant sur un tréteau de foire des accessoires de tableaux, l'épée de *l'Enfant à l'épée* ainsi que les habits espagnols utilisés dans l'atelier. Polichinelle qui passe la tête entre le rideau semble découvrir l'espace de la représentation en même temps que le spectateur. L'estampe au ballon mal fixée dans son cadre devient par exemple, dans sa banalité paradoxale, une distraction qui compromet le prestige du spectacle. L'intérêt du recueil est moins contenu dans un cadre intérieur que renvoyé à la disponibilité du regard et à sa dispersion.

À partir du 12 août 1862, le ballet de la troupe du théâtre royal de Madrid qui se produisait à l'Hippodrome allait connaître, jusqu'au début du mois de novembre, un très vif succès. Manet réussit à convaincre Mariano Camprubi, « primer baïlarin », de venir poser, en compagnie d'une partie de la troupe, dans l'atelier de son ami Alfred Stevens, 18, rue Taitbout, jugé plus adapté pour recevoir des artistes à succès. *Le Ballet espagnol* (Phillips Collection, Washington), une toile de 61 sur 91 cm, est censé représenter une scène du ballet *la Flor de Sevilla,* avec différents artistes identifiés, mais si l'on se réfère aux conditions du spectacle qui se déroulait en plein air, dans la vaste enceinte de l'Hippodrome, on saisit mieux l'artifice de la pose dans l'atelier et celui du bouquet qu'un improbable spectateur aurait lancé sur scène. *La Posada* crée le même effet en reprenant avec d'autres personnages les mêmes éléments du décor. *Lola de Valence* (Musée d'Orsay, Paris) fut conçu à l'origine comme un portrait d'artiste en costume sur un fond neutre, selon la formule des portraits gravés de l'époque. L'eau-forte qui fut exposée au Salon des Refusés permet de le constater ainsi que le portrait, plus réduit, du danseur Mariano Camprubi. Plus tard, vraisemblablement après 1867, Manet ajoutera le praticable du décor et la perspective sur la salle, modifiant ainsi l'esprit du tableau selon une formule que l'on trouve chez Daumier, Gavarni ou Gustave Doré. Le succès de Lola Melea auprès des amis de Manet, en particulier Zacharie Astruc et Baudelaire, explique le succès d'un tableau qu'ils ont l'un et l'autre commenté, Baudelaire sous la forme d'un quatrain et Astruc par une sérénade dont il composa poésie et musique en 1863 pour accompagner la lithographie évoquant le tableau. Ce jeu autour d'une image et d'un nom qui excite le désir (« Lola, Lola, charmante fille, / Sur un motif de seguedille, / La guitare en rumeur sonnant, / Ivre de bruit et de fumée, / Danse. Les rêves maintenant, / Fleur ténébreuse, blanche almée / O mon cœur! ô mon cœur! mon cœur », chante follement Astruc) prépare certains éléments du scandale d'*Olympia* et il est possible d'en saisir la raison. Baudelaire était content de ses quatre vers qui figureront à la fois sur l'eau-forte (5e état) et sur le cartel apposé sur le cadre lors de l'exposition chez Martinet : « Attention à l'orthographe, écrit-il, à la ponctuation, et aux lettres capitales qui sont marquées de ce signe — Il serait peut-être bien d'écrire aussi ces vers au bas du portrait, soit au pinceau, dans la pâte, soit sur le cadre en lettres noires[24]. »

Le quatrain associe la perception du tableau à un mouvement d'hésitation, peut-être même de réticence, ainsi qu'à une brusque métamorphose lumineuse. Ce que Baudelaire a énoncé dans *le Peintre de la vie moderne* — l'idée que la beauté doit être « extraite » et transcrite par une traduction — se trouve vérifié devant *Lola de Valence,* un tableau qui semble triompher de la réalité et imposer sa vie :

Entre tant de beautés que partout on peut voir,
Je comprends bien, amis, que le Désir balance ;
Mais on voit scintiller dans Lola de Valence
Le charme inattendu d'un bijou rose et noir[25].

En 1867, Zola rappelait le succès de scandale provoqué par des vers jugés choquants. Il se refuse à y voir autre chose que la confirmation de sa thèse : « Je ne sais si je force le texte. Il est parfaitement vrai que *Lola de Valence* est un bijou rose et noir ; le peintre ne procède déjà plus que par taches, et son Espagnole est peinte largement, par vives oppositions ; la toile est couverte de deux teintes[26]. » Zola laisse de côté le mot Désir et ce qu'il implique d'inattendu, de charme. Il oublie Lola de Valence dont une caricature caractérisait ainsi l'apparence : « Lola de Valence ou l'Auvergnate espagnole. Ni homme, ni femme ; mais qu'est-ce que ce peut être ?... Je me le demande[27]. »

En 1866, sous forme d'une note à l'éditeur, Baudelaire ne fut pas mécontent de rappeler que lui aussi savait provoquer un « esclandre » : « La muse de M. Charles Baudelaire est si généralement suspecte, qu'il s'est trouvé des critiques d'estaminet pour dénicher un sens obscène dans le *bijou rose et noir.* Nous croyons, nous, que le poète a voulu simplement dire qu'une beauté, d'un caractère à la fois ténébreux et folâtre, faisait rêver à l'association du *rose* et du *noir*[28]. »

La muse de Charles Baudelaire aura beau changer *Désir*

en *désir, scintiller dans Lola* en *scintiller en Lola,* l'image érotique demeure, attestée dans le vocabulaire grivois de l'époque et dans certaines pièces des *Fleurs du mal.* Certes, la danseuse porte un bijou au bras ; certes, depuis ses chaussons jusqu'à la chevelure, elle compose une harmonie rose et noir ; certes, les taches de couleur sont ici pleines d'accent, il n'en reste pas moins que la danse ou plutôt l'idée de la danse est surtout le fait d'un élément latent de contradiction présent « dans Lola de Valence ». Elle n'incarne pas la beauté ; elle révèle plutôt ce qui demeure absent, sans objet, le fameux « Désir » que la sérénade de Zacharie Astruc module sans pouvoir l'exprimer. La leçon du « bijou rose et noir » ouvre la voie au chat noir d'*Olympia* et Manet a découvert une autre puissance de la couleur. Une liberté de rêve et de pensée qui permet d'associer ce qui est d'habitude dissocié dans l'image, son rapport avec l'expérience du spectateur. Baudelaire n'a pas seulement voulu saluer un tableau de son ami Manet, il a intégré ce tableau dans son esthétique en provoquant l'esclandre qui entraîne définitivement Manet du côté du scandale.

Le 15 janvier 1863, la publication du règlement du prochain Salon réduisant les envois à trois par artiste entraînait des protestations et une pétition que Manet et Gustave Doré furent chargés de remettre au comte Walewski. Cette démarche n'eut pas de suite mais elle explique que Manet se soit tourné vers Martinet pour lui confier quatorze tableaux, l'essentiel de son travail depuis l'installation rue Guyot. À partir du 1er mars, le public fit donc connaissance, dans les salles du boulevard des Italiens, avec *le Vieux Musicien, la Chanteuse des rues,* le *Portrait de Mme Brunet, Jeune femme en costume espagnol, les Gitanos, Lola de Valence, le Gamin, l'Enfant* à *l'épée, le Ballet espagnol, la Musique aux Tuileries,* peut-être *la Posada.* Les autres toiles n'ont pas été identifiées avec certitude. Cette exposition, qui fait suite aux succès de l'année 1861, provoque un net mouvement de recul comme si soudain ce qui était jugé audacieux et franc dans un seul tableau devenait, étendu à plusieurs, une manière de charivari. Louis Leroy souligne ainsi l'effet produit par la juxtaposition de *l'Enfant à l'épée* avec le *Portrait de Mme Brunet*: « Nous connaissions déjà comme ultra M. Legros, voici maintenant M. Manet. Sa manière, d'une brutalité, d'un sans-gêne incroyables, a par-ci, par-là des éclairs, des bonheurs d'exécution saisissants ; ainsi son *Enfant à l'épée* fait penser à Vélasquez, et l'éloge n'est pas mince ; malheureusement le *Vieux joueur de violon, Lola de Valence* et certain portrait de femme à figure enfarinée seraient capables de faire mourir de peur M. Winterhalter si on l'amenait sans préparation devant ces toiles cocasses[29]. »

Un cahier de caricatures qui figurait dans les papiers de Philippe Burty permet d'envisager l'attitude du public. Devant *Lola de Valence,* Monsieur Prudhomme s'adresse à un collégien : « Apprends enfin, mon enfant, à connaître ces séduisantes Espagnoles, si funestes à la jeunesse de nos écoles. » La *Jeune femme en costume espagnol* « rêve dans un hôtel garni de Grenade ». La *Musique aux Tuileries,* qui n'est pas caricaturée, est évoquée par cette seule mention : « Acheté par la maison de la Belle Jardinière. (Arrivé trop tard, l'auteur n'a pu reproduire le tableau[30].) » Paul de Saint-Victor, qui suit avec attention les débuts de l'ami de Baudelaire et qui ne recule pourtant pas devant les hardiesses du romantisme, reste stupéfait devant l'inspiration espagnole vantée par la critique depuis Théophile Gautier : « Imaginez Goya passé au Mexique, devenu sauvage au milieu des pampas, et barbouillant des toiles avec de la cochenille écrasée, vous aurez M. Manet, le réaliste de la dernière heure. Ses tableaux de l'Exposition du boulevard des Italiens sont des charivaris de palette. Jamais on n'a fait plus effroyablement grimacer les lignes et hurler les tons. Ses *Toreros* feraient peur aux vaches espagnoles ; ses *Contrebandiers* n'auraient qu'à se montrer pour mettre en fuite les douaniers les plus intrépides[31]. » Paul Mantz, enfin, tire une leçon inquiétante pour l'avenir quand il déclare dans *la Gazette des Beaux-Arts :* « En définitive, cet art-là peut être fort loyal ; mais il n'est pas sain ; et nous ne nous chargeons nullement de plaider la cause de M. Manet devant le jury de l'Exposition[32]. »

Présidé par Nieuwerkerke, le jury où Ingres et Delacroix s'abstenaient de paraître avait largement répondu au vœu de sévérité exprimé par le ministre lors du précédent Salon. Environ deux tiers des artistes s'étaient vus refusés. Jamais la sévérité des jurés n'avait été aussi rigoureuse et quand les résultats commencèrent à être connus, dans les premiers jours d'avril, l'agitation s'empara des ateliers et la presse en fit état. Il se produisit alors un coup de théâtre, bien dans la manière de Napoléon III, quand *le Moniteur* du vendredi 24 avril publia l'information suivante : « De nombreuses réclamations sont parvenues à l'Empereur au sujet des œuvres d'art qui ont été refusées par le jury de l'Exposition. Sa Majesté, voulant laisser le public juge de la légitimité de ces réclamations, a décidé que les œuvres d'art refusées seraient exposées dans une partie du Palais de l'Industrie. Cette exposition sera facultative, et les artistes qui ne voudront pas y prendre part n'auront qu'à en informer l'administration, qui s'empressera de leur restituer leur œuvres[33]. »

Quelques jours auparavant, Napoléon III était venu en personne au Palais de l'Industrie pour juger des tableaux admis et des tableaux refusés. Ce qu'il avait vu l'avait décidé à cette forme de juridiction populaire et il imposa aussitôt son point de vue aux timides représentations du chef de division des Beaux-Arts, Henry Courmont. La réaction escomptée se produisit avec une incroyable intensité : « L'article du *Moniteur* a fait explosion comme un coup de foudre[34] », peut-on lire dans *les Beaux-Arts*. « Ni l'édit de Milan qui, après deux siècles de proscriptions et de martyres, mit fin aux angoisses des primitifs chrétiens, ni l'édit de Nantes qui après quarante ans de bûchers et de massacres rendit la liberté de conscience aux huguenots, n'ont apporté autant de joie dans le cœur des opprimés que les trois lignes insérées au *Moniteur* (...) du plateau de l'Observatoire au Moulin de la Galette, toute la gent artistique est en ébullition[35]. »

Comme l'indique Castagnary dans *l'Artiste,* la situation était désormais entre les mains des artistes, prévenus le 28 mai par *le Moniteur* que l'exposition des œuvres non admises allait ouvrir le 15 mai au Palais de l'Industrie. Un comité où figurent Chintreuil, les frères Desbrosses, Félix Dupuis, Frédéric Juncker, Lapostolet, Levé, Jules Pelletier, se rend auprès de Nieuwerkerke qui leur précise les conditions matérielles. L'exposition aura lieu dans des salles annexes du Palais, séparées des autres par un tourniquet. Le prix d'entrée est fixé à un franc pendant la semaine, comme pour le Salon du jury officiel, qui seul bénéficie du livret. Le directeur de la revue *Beaux-Arts* tente alors de dresser un catalogue malgré l'hostilité de l'administration : le livret dénombre six cent quatre-vingt-dix-sept œuvres, exécutées par trois cent quatre-vingts peintres, cinquante-deux sculpteurs, quatorze graveurs, trois architectes. Plus de mille refusés avaient préféré reprendre leur envoi et ne participaient pas à ce que le comité appelait la « contre-Exposition ». Dès l'ouverture, sept mille visiteurs plébiscitaient l'idée de Napoléon III. L'« Exposition des ouvrages non admis », terme officiel, devenait le « Salon des vaincus » (Ernest Chesneau), le « Salon des proscrits » (Théodore Pelloquet), le « Salon des parias » (Louis Leroy), le « Salon des réprouvés » (Thoré-Bürger). Sur un plan général, l'affaire semblait tourner au profit de l'administration et du jury officiel qui mettaient les rieurs de leur côté : « L'Exposition des refusés pourrait s'appeler l'Exposition des comiques. Quelles œuvres ! Jamais succès de fou rire ne fut mieux mérité[36] », écrit Charles Brun dans *le Courrier artistique.* « On entrait là comme à Londres, chez Mme Tussaud, dans la chambre des horreurs... On riait dès la porte[37] », rappelait le peintre Charles Cazin. Plusieurs critiques prenaient le parti d'ignorer cette péripétie tandis que d'autres proclamaient la nécessité d'un jury dont cette exposition prouvait la mansuétude plutôt que la sévérité : « Exhibition à la fois triste et grotesque, écrit Maxime Du Camp. Elle prouve surabondamment ce qu'on savait déjà, que le jury se montre toujours d'une incontestable indulgence. Voilà donc les génies méconnus et ce qu'ils produisent ! Jamais consécration plus éclatante n'avait été donnée aux travaux du jury, et l'on peut le remercier d'avoir essayé de nous épargner la vue de telles et si lamentables choses [38]. »

Cependant, le succès de curiosité et même le rire du public provoquent un changement de situation qui laisse un souvenir durable. D'une part, le public prend le goût du comique et s'attache sans le savoir clairement aux artistes qui l'égayent ; Manet deviendra populaire parce qu'il vient régulièrement « tirer son coup de pistolet » en plein Salon. Les journalistes, le grand public finiront par le réclamer quand le jury voudra le proscrire. D'autre part, le rire de la foule déclenche une réaction chez de nombreux critiques prompts à dénoncer la « sottise », la « bêtise » des badauds, des « nigauds » comme dirait Baudelaire. « Rien n'est plus comique, rien n'est plus grotesque, rien n'est plus ridicule que ces tableaux, si ce n'est cependant la foule qui rit ; rien n'est plus affreux que de les regarder, si ce n'est de voir ces braves bourgeois qui se pâment, parce qu'on leur a dit que c'étaient des tableaux refusés ! Qu'ils sont heureux de se moquer des artistes [39] ! »

L'une des données les plus importantes du Salon des Refusés réside, en effet, dans l'analyse et dans le jugement qui est rendu possible par la sanction du rire. La condamnation que porte le comique est d'une nature assez différente de celle exercée par un jury ; on va voir s'exprimer ainsi, à propos de Manet, tout un ensemble de jugements critiques qui transforment le rire en complicité. *Le Déjeuner sur l'herbe* peut être apprécié de façon très nette comme le tableau qui s'inscrit, par excellence, dans la logique même du « Salon des Refusés ». Charles Cazin a dit que « dans la plus reculée des salles », Manet trouait le mur avec son *Déjeuner sur l'herbe ;* Zacharie Astruc a rappelé que, de ce Salon, Manet « en est l'éclat, l'inspiration, la saveur piquante, l'étonnement [40] » ; et Paul Mantz dans *la Gazette des Beaux-Arts* déclare : « 1863 restera comme une date heureuse. Qui sait s'il ne faudrait pas aujourd'hui, comme à l'heure où fut supprimée l'Académie de Saint-Luc, faire graver une seconde édition de la médaille qui portait la fameuse devise : *Libertas artibus restituta*[41] ? » Le même critique avait défini sa visite au Salon officiel comme « un voyage dans ces grandes plaines de la Beauce, qui sont chères aux économistes parce qu'elles produisent du bon blé, mais qui fatiguent le regard par une monotonie dont aucun monticule ou aucune vallée n'accidente l'éternelle horizontalité. »

Exposé entre *Mademoiselle V... en costume d'espada* et *Jeune homme en costume de majo, le Bain* composait le panneau central d'une sorte de triptyque où le nu féminin semblait être intégré à une mascarade provocante. Jules Claretie s'est souvenu, en 1865, des réactions diverses du public et de sa liberté de jugement. En 1863, l'audace de Manet était encore un défi et une promesse : « J'aime l'audace et je crois, comme Danton, qu'il en faut beaucoup, mais pas trop cependant. Il était une fois un jeune homme qu'on appelait Manet et qui, un beau jour, exposa bravement, parmi les tableaux refusés, une femme nue déjeunant avec des jeunes gens vêtus de paletots-sacs et coiffés de sombreros à l'espagnole. Beaucoup crièrent au scandale, quelques-uns sourirent, d'autres applaudirent, tous prirent note du nom de l'audacieux qui tenait un peu et qui promettait beaucoup. »[42]

Cet heureux temps du *Déjeuner sur l'herbe* (Musée d'Orsay, Paris), *Olympia* le fera regretter. Car, pour l'heure, le mirage espagnol accompagne une mise en scène qui pervertit les valeurs les mieux établies. Fernand Desnoyers, en particulier, note que le tableau, bien que représentant des Parisiens et des Parisiennes, « a des allures espagnoles qu'on ne peut nier » ; celles-ci sont « en costume de bain *d'homme* », ceux-là « presque *en costume de majo* »[43]. La nudité incongrue de Victorine Meurent appelle l'idée d'un travestissement général. Selon les mœurs de l'époque, évoquées notamment par Daumier, la nudité de la baignade est réservée aux hommes, de sorte que le modèle du *Bain*, loin d'évoquer une tradition de la peinture classique, apparaît dans toute son audace, d'autant plus que *l'Espada,* sa voisine, prépare ou prolonge cette contamination des valeurs. Desnoyers était un ami, un familier de la brasserie des Martyrs où il croise Courbet, Nadar, Banville, Champfleury, Duranty, Pelloquet et bien d'autres. Il s'amuse, mais d'autres critiques montrent eux aussi qu'ils ne sont pas dupes des intentions de l'artiste qui « veut arriver à la célébrité en *étonnant le bourgeois* », comme dit par exemple Ernest Chesneau, journaliste et critique d'art important qui occupe, sous l'Empire, la fonction de secrétaire de Nieuwerkerke, puis celle d'inspecteur des Beaux-Arts et qui deviendra, après la guerre de 1870, un ami de Manet et des impressionnistes. Chesneau fait la part du sujet scandaleux qui, selon lui, masque les insuffisances du dessin et de la perspective : « Nous ne faisons pas ici un cours de morale appliquée aux Beaux-Arts, mais nous ne pouvons trouver que ce soit une œuvre parfaitement chaste que de faire asseoir sous bois, entourée d'étudiants en béret et en paletot, une fille vêtue seulement de l'ombre des feuilles. C'est là une question très secondaire, et je regrette, bien plus que la composition elle-même, l'intention qui l'a inspirée[44]. »

Manet suit la trace de Courbet qui s'est vu refuser *le Retour de la conférence,* « un tableau de curés bien senti » comme il le dit dans une lettre du 23 avril à La Fizelière : «J'avais fait le tableau pour qu'il soit refusé[45]. » Il ne sera même pas admis à l'Exposition des Refusés, suscitant les réserves d'amis comme Champfleury, mais également l'intérêt de Proudhon qui se décide à écrire son opuscule *Du principe de l'art et de sa destination sociale.* « L'intention » du *Déjeuner sur l'herbe* est une voie dangereuse, même si son indécence est présentée comme une « question très secondaire ».

En effet, on ne comprenait pas la raison d'être d'un nu dans une pose aussi insolite : « Le *Bain* nous fait voir une femme sortant de l'eau, accroupie sur le gazon et causant avec deux messieurs. Je ne m'explique pas trop ce que cela veut dire[46] », déclare J. Graham au *Figaro.* On s'étonne de la situation ; cette naïade qui ne fuit pas dans les roseaux devient « effrontée » : « Je la concevrais dépouillée par des voleurs, nue par force majeure, honteuse de son état et cherchant à se cacher parmi les roseaux. Mais non, ses vêtements sont là, à deux pas d'elle, et elle n'a pas l'air d'y songer. Elle se pavane, causant tranquillement de la Closerie des Lilas dont elle doit être moins l'ornement que l'épouvantail[47]. » Le tableau est à peu près une scène de la bohème dont le réalisme fait oublier Giorgione ou Titien. Le nu, un vulgaire modèle d'atelier, une « bréda » comme on disait : « Le *Bain ?* Une bréda quelconque, aussi nue que possible, se prélasse effrontément entre deux gandins habillés et cravatés le plus possible aussi. Ces deux personnages ont l'air de collégiens en vacances, commettant une énormité *pour faire les hommes ;* et je cherche en vain ce que peut signifier ce logogriphe peu séant[48]. » Les frères de Manet qui ont posé l'un et l'autre pour la figure de droite, Ferdinand Leenhoff qui fait de la sculpture et Victorine Meurent n'auraient donc pas eu à forcer exagérément leur talent pour poser. Ils seraient entrés naturellement dans le climat « pince-sans-rire » du tableau qui représenterait une machine d'atelier, la « blague » décrite par les Goncourt dans *Charles Demailly* ou *Manette Salomon.* À ce titre, le *Déjeuner sur l'herbe* devient une forme nouvelle, « la grande forme moderne, impie et charivarique, du doute universel et du pyrrhonisme national ; la Blague du XIXe siècle, cette grande démolisseuse, cette grande révolutionnaire, l'empoisonneuse de foi, la tueuse de respect... la Blague, qui est l'effrayant mot pour rire des révolutions[49] ».

De façon assez inattendue, le tableau est considéré plus ou moins comme un manifeste esthétique de jeunesse qui prend la suite des *Romains de la décadence* de Thomas Couture. Les étudiants de Manet seraient des « Parisiens de la décadence » qui, au lieu de banqueter, agiteraient les questions esthétiques du moment. C'est ainsi qu'un journaliste pense pouvoir expliquer la pose et notamment le geste du jeune rapin qui parle en étendant le bras : « M. Manet avait traité, à peu près, le même sujet dans une composition verdoyante où deux rapins, habillés de velours, causaient esthétique avec une femme habillée de sa vertu [50]. » Cette valeur de conversation transforme l'esprit de la *Partie carrée* romantique et, par un détour qui choque et qui amuse à la fois, *le Déjeuner sur l'herbe* rejoint le cadre qu'il est censé dénoncer, celui de la peinture d'histoire. Le journaliste de *la France* ne manque pas l'occasion pour souligner que *le Bain* est parfaitement à sa place dans un Salon des Refusés parce qu'il exprime de manière objective un refus, celui de l'idéal : « Il est bien entendu que je ne veux pas désigner à l'attention des visiteurs courageux un grand paysage historié de quatre figures ; deux philosophes en casquette et en chapeau, discourant *de omni re scibili,* et regardant une femme qui se baigne, vêtue de sa chemise, dans une eau sans limpidité, tandis qu'une autre femme, sans préjugés et sans chemise, mais aussi sans fraîcheur et sans beauté, est assise entre les deux philosophes sur un fort gazon d'un vert arsenical [51]. »

Manet voyait donc son envoi jugé et interprété avec, dans certains cas, complicité et ce mélange de condamnation au nom des principes et de connivence spirituelle qui caractérise une situation plus fluide qu'on ne l'a dit. Les contemporains avaient dans l'ensemble compris que l'artiste incarnait la formule du tableau refusé, un dosage subtil qui implique à la fois l'intelligence de la forme et son rejet brutal. Le critique de *la Gazette de France,* présenté parfois comme étant Delacroix, souligne le phénomène qui explique le refus par des « qualités ». Elles échappent à toute complicité intellectuelle et la « question secondaire », selon Chesneau, revient au premier plan avec d'autant plus de virulence : « M. Manet a les *qualités* qu'il faut pour être refusé à l'unanimité par tous les jurys du monde. Son coloris aigre et agaçant entre dans les yeux comme une scie d'acier ; ses personnages se découpent à l'emporte-pièce, avec une crudité qu'aucun compromis n'adoucit. Il a toute l'âpreté de ces fruits verts qui ne doivent jamais mûrir [52]. »

Pour faire entrer cette « scie d'acier » dans les yeux du public, il fallait d'abord capter son intérêt, le retenir et l'on constate que la plupart des critiques ont fait un effort pour comprendre la raison de leur malaise parce qu'ils étaient incités à entrer dans un cadre dont la logique devenait soudain absurde. Thoré-Bürger, par exemple, un des critiques les plus à même de saisir la qualité de réalisme du tableau, voit précisément, sur le plan étroit de la réalité, ce caractère d'antipathie ou de rupture qui conduit vers le doute et la perplexité : « La femme nue n'est pas de belle forme, malheureusement, et l'on n'imaginerait rien de plus laid que le monsieur étendu près d'elle et qui n'a pas même eu l'idée d'ôter, en plein air, son horrible chapeau en bourrelet. C'est ce contraste d'un animal si antipathique au caractère d'une scène champêtre, avec cette baigneuse sans voiles, qui est choquant. Je ne devine pas ce qui a pu faire choisir à un artiste intelligent et distingué une composition si absurde que l'élégance et le charme des personnages eussent peut-être justifiée [53]. »

Zola l'a rappelé dans son article de 1867, Manet avait trouvé en 1863 « des défenseurs, même des admirateurs [54] ». *Mlle V. en costume d'espada* et *Jeune homme en costume de majo*, qui encadraient *le Bain* respectivement à droite et à gauche, furent, en effet, des tableaux dont l'accent coloriste fut apprécié en toute connaissance de cause. Le caractère du travestissement de Mlle Victorine était envisagé sans réticence excessive, même si un critique de sens rassis se permettait une réflexion toute personnelle : « Mlle V... est dans l'arène au fond de laquelle vont et viennent des *chulos* et des *picadores*. Singulier costume et singulier passe-temps pour une jeune personne ! J'avoue que j'aimerais mieux la voir poursuivre des conquêtes plus douces et se livrer à des occupations plus modestes ; j'avoue encore que si j'avais à me choisir une compagne et que l'on m'en présentât deux dont l'une excellerait à faire des conserves et l'autre à tuer des taureaux, c'est la première que je choisirais [55]. » Ernest Chesneau revient sur le sujet pour avertir le peintre : « Monsieur Prudhomme ne se scandalise plus aujourd'hui, il rit de ces jeunesses et met les rieurs de son côté. Ce sont là des peccadilles en somme [56]. »

Manet avait utilisé des costumes espagnols qui reviennent dans plusieurs compositions et dont il tire des effets de couleur qui sont loin de déplaire. De même, contrairement à l'opinion d'historiens du milieu du XXe siècle, la perspective du cirque où triomphe l'*espada* n'était pas considérée comme incorrecte : le motif du fond fut même salué en tant que tel. En revanche, ce qui inquiétait davantage Thoré, Chesneau, Castagnary ou d'autres, tenait au rapport entre le corps et le costume. « Des étoffes vides de corps [57] », écrit Chesneau ; « les têtes devraient être peintes autrement que les draperies, avec plus d'accent et de profondeur [58] », écrit Thoré ; Castagnary va plus loin : il pose la question du degré d'existence des figures. Sur quelles valeurs reposent-elles ? sur quelle anatomie ? : « M. Manet croit être ferme et puissant, il n'est que dur ; chose singulière, il est aussi mou que dur. Cela vient de ce que tout est incertain chez lui et abandonné au hasard. Pas un détail n'est arrivé à sa forme précise et rigoureuse. Je vois des vêtements, sans sentir la charpente anatomique qui les soutient et justifie leurs mouvements. Je vois des doigts sans os et des têtes sans crânes. Je vois des favoris figurés par deux bandes de drap noir qu'on aurait collées sur les joues. Que vois-je encore ? L'absence de conviction et de sincérité chez l'artiste [59]. »

Peindre par plaques, comme on disait, ou par taches aboutissait à mettre sur le même plan les êtres et les choses. Théophile Gautier ou Baudelaire auraient sans doute pu répondre à l'idée que se forme Castagnary de la « sincérité » de l'artiste. Manet a probablement lu le *Voyage en Espagne* de Gautier et il partage avec Baudelaire un goût pour l'artifice et le costume. Avec le *Jeune Homme en costume de majo* (Metropolitan Museum, New York) la réalité du travestissement n'est pas esquivée. Le jeune homme qui pose en dilettante — Gustave Manet — partage un sentiment de l'élégance et de la forme qui n'est pas exempt de mélancolie. L'isolement de la figure dans sa pose correspond à la qualité que Baudelaire reconnaît au style de Gautier, « la sorcellerie évocatoire [60] ». L'absence de « sincérité », de « conviction » chez l'artiste est une manière d'apprécier un rapport nouveau qui s'établit avec le spectateur.

Les conditions dans lesquelles Manet a pu montrer sa peinture au Salon des Refusés comptent pour beaucoup dans la réalisation du tableau qui sera exposé en 1865 sous le titre d'*Olympia*. L'intérêt provoqué par *le Déjeuner sur l'herbe* explique le tableau dans la mesure où il peut être présenté comme un développement de ce qui est contenu dans le jugement critique de 1863. Si l'on ressaisit le rapport d'intelligence qui existait à l'époque, l'audace d'*Olympia* ne pouvait plus reposer sur le même dosage de « goût » douteux. Mais le principe d'un succès reposant sur la même logique a pu se trouver encouragé aussi par l'ensemble des mesures administratives qui semblaient introduire des conditions de libéralisme plus grandes en matière d'exposition.

Le 24 juin, on apprenait que le Salon aurait lieu chaque année selon un nouveau règlement. Le comte Walewski cédait sa place, le maréchal Vaillant devenait ministre de la Maison de l'Empereur et des Beaux-Arts et Nieuwerkerke devenait surintendant général des Beaux-Arts. Les artistes accueillaient ces mesures comme la fin du « jury de l'Institut ». Le 14 août, *le Moniteur* annonçait la date du Salon de 1864, du 1er mai au 15 juin, le nombre des envois limité à deux, un jury composé pour les trois quarts de membres élus par les artistes déjà récompensés et pour un quart de membres choisis par l'administration. Les refusés auraient à nouveau le droit d'exposer dans des salles annexes. Manet pouvait travailler tranquillement dans l'esprit de son *Bain*.

Chapitre IV

Olympia et le Christ

L'année où Manet signe *Olympia* est aussi celle où il se marie avec Suzanne Leenhoff ; la nouvelle est annoncée par Baudelaire au photographe Carjat dans une lettre du 6 octobre 1863 qui montre à quel point le peintre souhaitait entourer sa vie privée de discrétion. Baudelaire, qui avait mis son ami dans son intimité, lui avait probablement demandé une « image » de sa maîtresse, était reçu chez la mère de l'artiste, à qui Manet prêtait de l'argent et qui suivait, peut-être, l'élaboration de cette « femme nue » à travers laquelle semble revivre son art tout entier, ignorait l'existence de Suzanne Leenhoff qu'un beau jour, à sa grande surprise, Manet lui a décrite comme étant belle, bonne et très grande artiste. On a soudain nettement l'impression qu'il découvre un Manet insoupçonné : « Manet vient de m'annoncer la nouvelle la plus inattendue. Il part ce soir pour la Hollande, d'où il ramènera *sa femme.* Il a cependant quelques excuses ; car il paraîtrait que sa femme est belle, très bonne, et très grande artiste. Tant de trésors en une seule personne femelle, n'est-ce pas monstrueux [1] ? »

La même missive évoque un Manet servant d'intermédiaire entre Carjat et Bracquemond concernant un portrait de l'auteur de la grande étude que Baudelaire consacre dans *l'Opinion nationale* à Delacroix, mort récemment le 13 août 1863. Selon Tabarant, Manet aurait accompagné Baudelaire à l'enterrement, le 17 août. Le séjour en Hollande va durer un mois, le mariage étant célébré le 28 octobre à Zalt-Bommel. Un contrat préalablement établi, sous le régime de la communauté, permet de se faire une idée de la fortune de Manet qui possédait en indivis avec ses deux frères soixante-trois hectares de terres sur les communes de Gennevilliers et Asnières. Ils ont vendu en août et septembre environ neuf hectares pour la somme de 60 175 francs. Sur cette somme, 10 000 francs restent dus au futur époux qui recevra de sa mère une dot de 10 000 francs « payable avant le mariage [2] ». Cette relative aisance financière doit être rapportée au fait que les loyers perçus par Manet pour une durée d'environ deux mois se montent à la somme de 800 francs. A partir de 1864, Suzanne Manet dont le père était maître de chapelle à Zalt-Bommel et dont les deux frères sont artistes, entre officiellement dans le cercle des amis de la famille Manet où ses dons de pianiste sont reconnus. Le mariage de Manet le rapproche encore de la société où il évolue depuis plusieurs années.

Manet aurait rencontré Fantin-Latour au Louvre dès 1857, mais leurs relations se sont précisées à partir du Salon de 1861. L'un et l'autre partagent la même admiration pour les maîtres anciens, Vélasquez en particulier, et malgré des différences de caractère, leur amitié est profonde. Zacharie Astruc, avant de se lancer dans un panégyrique de Manet au Salon des Refusés, avait rappelé le talent de Fantin peintre de fleurs : « Ses fleurs sont autant de merveilles de goût, d'art, de coloris. Elles intéressent autant qu'elles charment, et même on peut dire qu'elles touchent... Leur beauté subjugue. C'est la nature avec toutes ses morbidesses, ses langueurs, son éclat passager, lot fragile des fleurs [3]. » Manet va devenir, en 1864, un peintre de fleurs admirable, mais dès 1863 il ne résiste pas au plaisir de peindre un bouquet plus terrible dans son *Olympia.* Il partage avec Fantin l'intérêt pour la gravure qui aboutit à la Société des aquafortistes dont plusieurs membres vont figurer dans le projet d'un

Hommage à Delacroix pour lequel Manet va poser. Ce projet a toutes les raisons de réunir les deux artistes, car c'est le romantisme foncier de l'un et de l'autre qui les unit dans un même culte de l'art et de son renouvellement. Les envois pour le Salon devaient être déposés entre le 10 mars et le 20 mars et ce n'est qu'à la fin du mois de janvier 1864 que Fantin décide la formule de son portrait de groupe comprenant les peintres Legros, Whistler, Manet, Bracquemond, Louis Cordier, Balleroy, les écrivains et critiques Champfleury, Duranty et Baudelaire. L'histoire esthétique récente explique un tableau destiné à frapper l'esprit du public en établissant un lien jugé impropre par plusieurs critiques entre les réalistes et le romantisme de 1830. Manet en costume de ville, tel que les photographies le donnent à voir, la main dans la poche de son pantalon, ne pouvait que s'amuser de cette « apothéose » en tenue bourgeoise. Le peintre d'*Olympia* était pourtant bien là entre Champfleury et Baudelaire.

A la fin du mois de février 1864, Manet est en retard. Nieuwerkerke reçoit un courrier, le 1er mars, où il lui est demandé un délai de huit à dix jours. En effet, il a renoncé à exposer son tableau de nu et, après avoir achevé son *Épisode d'un combat de taureaux,* il a entrepris un sujet religieux qui lui semble répondre davantage, d'une part, à son ambition de peintre et, d'autre part, comme on va le constater, à l'actualité. Le 21 mars, les peintres avaient à élire neuf jurés ; leur vote se porte en majorité sur Cabanel et Robert-Fleury, tous deux membres de l'Institut, ainsi que sur Meissonier, Cogniet, Hippolyte Flandrin. Le choix de l'administration était, quant à lui, beaucoup plus révélateur d'une volonté de changement avec les personnalités du duc de Morny, de Frédéric Reiset, d'Henri de Longpérier, du collectionneur Louis La Case et de deux critiques aussi avertis que Théophile Gautier et Paul de Saint-Victor. Les rumeurs de réforme dont faisait état Charles Baudelaire en janvier 1863, concernant notamment la nomination de Delacroix à la direction des Musées, aboutissaient donc à une situation largement modifiée. Le nombre des refus chutait considérablement, les refusés entraient dans le livret officiel et les envois de Manet étaient acceptés presque sans réticence. Philippe de Chennevières, qui a déjà veillé de façon très libérale à l'accrochage du Salon des Refusés, est à nouveau sollicité par Baudelaire qui attire son attention sur les envois de ses amis Manet et Fantin : « Vous verrez quelles merveilleuses facultés se révèlent dans ces tableaux, et, dans quelque catégorie qu'ils soient jetés, faites votre possible pour leur trouver de bonnes places[4]. »

L'indication montre que le jury n'a pas encore statué sur leur compte et que Baudelaire n'exclut pas, à cette date du mois de mars, qu'ils puissent figurer, comme on disait avec prudence, parmi les œuvres des artistes « jugés trop faibles pour participer au concours des récompenses ». Chennevières répond au vœu d'un écrivain qu'il admire, car le 22 mars, Baudelaire prévient Fantin : « Quand les porteurs de Manet sont arrivés, Chennevières a demandé à voir tout de suite les tableaux[5]. » De fait, Manet bénéficiera d'un placement de faveur, non loin du tableau à succès de Gustave Moreau, *Œdipe et le Sphinx*.

Le mot de Baudelaire contient également une information précieuse qui n'a pas dû échapper à Chennevières : le tableau religieux y est défini comme un *« Christ ressuscitant, assisté par les anges*[6] », précision dont la portée échappe à la plupart des critiques qui parlent de Pietà, de Descente de croix ou de Christ au tombeau. En revanche, des personnalités comme Thoré, habitué à saisir la valeur de l'iconographie classique, soulignent le caractère particulier de « ce Christ mort, assis comme une personne naturelle et vu de face, les deux bras rangés contre le torse (...) effrayant à regarder ». « Peut-être est-il en train de ressusciter, sous les ailes des deux anges qui l'assistent[7] », ajoute-t-il. Théophile Gautier, informé lui aussi du projet de Manet, trouve pour sa part que le réalisme s'aventure là dans un domaine assez délicat : « Si le Christ de M. Lazerges est trop blanc, trop propre, trop savonné, en revanche celui de M. Manet ne semble pas avoir connu l'usage des ablutions. La lividité de la mort se mêle chez lui à des demi-teintes crasseuses, à des ombres sales et noires dont jamais la résurrection ne le débarbouillera, si un cadavre tellement avancé peut ressusciter toutefois [8]. »

L'eau-forte que le peintre va tirer du tableau (Metropolitan Museum, New York) accentuera encore l'effet surnaturel qui est ici d'autant mieux ressenti que l'on a présent à l'esprit la variété des ressources possibles chez Mantegna, Ribalta, Véronèse. Thoré a surtout pensé au Gréco, sans exclure la référence à Rubens ou à Annibale Carrache. Selon Tabarant, Manet aurait déclaré, en novembre 1863, à son ami l'abbé Hurel : «Je vais faire un Christ mort, avec les anges, une variante de la scène de Madeleine au sépulcre selon Saint Jean [9]. » L'inscription qui est portée au premier plan sur une pierre correspond à cette déclaration ; on y voit la référence à l'évangile selon saint Jean chapitre XX, verset XII : « Et elle voit deux anges en blanc, assis, l'un à la tête et l'autre aux pieds, où avait été le corps de Jésus ».

L'image répond à cette « scène » en évoquant dans le cadre iconographique du Christ mort, tout le mystère de la résurrection. L'abbé Hurel qui s'apprête à publier un ouvrage important sur *l'Art religieux contemporain* est un spécialiste de ces questions d'iconographie qui concernent à la fois le dogme et les interrogations des contemporains devant l'efficacité des images dans l'ordre de la foi. Il tentera de répondre en 1868, mais, pour l'heure, Ernest Renan vient de publier un livre qui fait un scandale bien plus retentissant que le pique-nique du *Déjeuner sur l'herbe. La vie de Jésus,* parue en juin 1863, pouvait intéresser un peintre comme Manet pour des raisons beaucoup plus profondes que le simple goût de la provocation. Car le livre de Renan s'achève avec le mystère chrétien par excellence, la résurrection, où commence à proprement parler le domaine de la foi. « Pouvoir divin de l'amour ! moments sacrés où la passion d'une hallucinée donne au monde un Dieu ressuscité [10] ! », écrit-il en évoquant le rôle capital de Marie-Madeleine. Le réalisme de Manet s'appliquait donc à l'une des conclusions les plus scandaleuses du livre en dressant devant le public du Salon une « vérité » par laquelle le témoignage de l'image, définie comme un acte de foi, prenait par rapport aux textes et aux exégèses une dimension nouvelle. « Ah ! ne négligez pas non plus le *Christ* de M. Manet, ou *le pauvre mineur qu'on retire du charbon de terre,* exécuté pour M. Renan », déclare *la Vie parisienne*[11].

Le tableau fut très attaqué : « C'est un cauchemar sur lequel il n'est pas bon d'arrêter la vue[12] », déclare Castagnary ; « une œuvre d'une laideur monstrueuse, d'un caractère repoussant[13] » (Olivier Merson). « Nous n'eussions jamais cru que l'audace du mauvais goût, la négation de la science anatomique, le gâchis de la couleur, l'abus du noir de fumée et la monstruosité appliquée au visage du *plus beau des enfants des hommes* iraient aussi loin que l'a prouvé M. Manet dans les *Anges au tombeau du Christ*[14]. » Comme Raoul de Navery, Mme C. de Sault, au *Temps,* exprimait le sentiment de profanation ressenti devant cette incursion dans un sujet où le réalisme atteint une des limites du supportable : « Qu'il poursuive ses expériences pittoresques, mais qu'il les fasse *in anima vili* et, par respect, se détourne du Christ et de ses anges. Nous craindrions de suivre le réaliste en ses plates profanations, en lui appliquant ici la parole qui, du calvaire, tomba sur les bourreaux de Jésus : "Mon Père, pardonnez-leur, ils ne savent pas ce qu'ils font[15]." »

Le tableau fut attaqué également par Courbet qui se moquait des anges aux ailes bleues : « Des anges ! Des madones ! Qui est-ce qui en a vu ? Auguste, arrive ici. As-tu jamais vu un ange, toi ? — Non, monsieur Courbet. — Eh bien, ni moi non plus[16]. » Ces propos étaient colportés et Thoré, reprenant la question, se contentait de rappeler la liberté de l'art, la liberté d'un artifice : « Le public n'a pas le droit d'en rire, puisqu'il n'a jamais vu d'anges, pas plus qu'il n'a vu de sphinx. Un archéologue pourrait d'ailleurs rappeler qu'au quatorzième siècle, et même plus tard, presque tous les peintres de l'Europe, et surtout l'école bolonaise, teignaient en bleu, en vert, ou même en rouge, les ailes des anges, auxquels ils affectaient de donner la forme des oiseaux[17]. »

Avec *Épisode d'un combat de taureaux,* titre que Manet reprenait tout simplement à la gravure d'illustration pour évoquer un « épisode » assez dramatique, un torero tué par un taureau, les critiques se firent plus mordantes, car elles portaient sur la technique du peintre et comme l'on sait que le tableau a été beaucoup travaillé, elles avaient quelque chance d'être comprises. Manet était loin d'être insensible au jugement d'autrui, cela a été dit à l'époque et le phénomène peut surprendre quand on considère la conviction dont sa peinture semble donner la preuve. Mais, dans cette conviction, réside aussi le désir de tirer parti de certaines données critiques. Manet va découper sa toile après le Salon pour isoler le motif principal qui deviendra, à l'Exposition de 1867, *l'Homme mort.* Or on constate que cette décision lui était plus ou moins suggérée par plusieurs avis exprimés souvent de manière sarcastique, mais aussi comme une manière d'encouragement. Ainsi Jean Rousseau, qui salue un « talent singulier » à situer entre Bonvin et Goya, lui pose cette question en termes polis : «Pourquoi cette perspective chinoise qui vous fait réduire vos toréadors aux dimensions des poupées, sous prétexte qu'ils sont à l'arrière-plan de votre tableau [18] ? » Castagnary, si sévère pour le tableau précédent, avoue son embarras : « L'homme tombé et présenté en raccourci est un morceau excellent ; mais où est la perspective et que devient l'ensemble du tableau [19] ? » Louis Leroy non plus n'est pas satisfait par une perspective qui n'a rien d'atmosphérique et qui pousse à la gaieté dans un sujet plutôt grave : « C'est bien la peine de prendre le ciel des Espagnes pour s'en servir si peu. Le taureau ressemble à une silhouette noire découpée sans le moindre soin. D'air, il n'en faut point parler ; les bonshommes du fond ont beau se rapetisser, ils n'en fuient pas davantage pour cela. Seul, le mort du premier plan a une certaine gravité ; il pousse moins à la gaîté que les autres, bien qu'il soit taillé à coups de serpe dans la toile [20]. »

Les rieurs étaient particulièrement sollicités par la disproportion existant entre le taureau et sa victime : « On voit couché à terre, dans son tableau, écrit *la Gazette de France,* quelque chose qu'on m'a assuré être un matador éventré, et bondir au milieu de l'arène une masse informe, qui tient à la fois du taureau, du rhinocéros et du rat des égouts de Paris. Cette toile farouche et truculente manifeste de grandes prétentions à vous donner la chair de poule[21]... » Edmond About qui est en train de devenir un des adversaires les plus irréductibles de Manet rejoint le camp de la critique la plus traditionnelle avec une des formules dont il a le don : « Un torero de bois tué par un rat[22]. » A cause des réformes et de l'ouverture du Salon à de nombreux jeunes talents, l'opinion suivait avec beaucoup d'intérêt la critique de l'Exposition qui occupe une place considérable dans la presse ; on peut donc penser que l'article de Théophile Gautier, paru dans *le Moniteur universel* du 25 juin, a été lu tout spécialement ; son auteur, qui est vice-président du jury, exprime un avis fondé sur la sympathie qu'il éprouve pour l'artiste et son talent mais aussi sur une expérience du sujet abordé ici de façon fautive : « M. Manet n'a pas bien calculé la diminution de la perspective. Ses hommes sont beaucoup trop grands par rapport à son taureau. Il faut une plus longue distance pour réduire à cette taille la bête formidable qu'on appelle un taureau de course. Un *novillo* de deux ans serait plus fort[23]. »

Tout cela sous-entend que Manet n'a jamais vu de course de taureaux et qu'il n'est jamais allé en Espagne. Hector de Callias l'écrira tout crûment. Mais Théophile Gautier décerne une palme à la figure du *torero :* « C'est bien ainsi, écrit-il, que s'aplatit contre le sol un homme atteint et qui ne reviendra pas de sa blessure. Les noirs du vêtement sont d'une tonalité sourde et chaude qu'on dirait empruntée à la palette de Vélasquez, et la large ceinture rose qui sangle le corps du moribond n'interrompt pas le jet de la figure, continué heureusement de la tête aux pieds[24]. »

En découpant sa toile, Manet était amené à remanier les deux fragments qui allaient devenir *l'Homme mort* (National Gallery, Washington) et *la Corrida* (Frick Collection, New York). Cette dernière toile a, peut-être, été retravaillée après le voyage en Espagne, à la fin de 1865, dans l'esprit du *Combat de taureaux* de 1865-1866 (Musée d'Orsay, Paris). Le morceau principal quant à lui a, peut-être, été repris un peu plus tôt, car il semble figurer sous le titre *l'Espada mort* dans une liste de tableaux adressée à Martinet en vue d'une exposition dans sa galerie au début de l'année 1865. On ne sait pas s'il fut montré à cette occasion, mais avant de devenir *l'Homme mort* en 1867, il fut exposé, en mars 1866, au Cercle de l'Union artistique, rue de Choiseul et, à cette époque, le rapprochement avec l'*Orlando muerto* de la galerie Pourtalès, attribué alors à Vélasquez, était signalé comme une critique. La reprise du tableau découpé avait accentué l'impression de pastiche notée par Théophile Thoré dès 1864 : « M. Manet a les qualités d'un magicien, des effets lumineux, des tons flamboyants, qui pastichent Vélasquez et Goya, ses maîtres de prédilection. C'est à eux qu'il a songé en composant et en exécutant son cirque[25]. » Pour Thoré, il ne s'agissait nullement de diminuer l'art de Manet qui s'emparait audacieusement d'un chef-d'œuvre de la galerie Pourtalès « peint par Vélasquez, tout simplement ».

De Bruxelles où depuis le 24 avril il s'est installé, Baudelaire s'insurge contre le mot de « pastiche » qui lui évoque de façon désagréable l'éclectisme contemporain, et il écrit à l'historien de la peinture autant qu'au critique d'art pour placer le débat sur un autre plan :

« M. Manet n'a jamais vu de *Goya,* M. Manet n'a jamais vu de *Gréco.* M. Manet n'a jamais vu la galerie Pourtalès. Cela vous paraît incroyable, mais cela est vrai. [...]

M. Manet, à l'époque où nous jouissions de ce merveilleux musée espagnol que la stupide république française, dans son respect abusif de la propriété, a rendu aux princes d'Orléans, M. Manet était un enfant et servait à bord d'un navire.

On lui a tant parlé de ses *pastiches* de Goya que maintenant il cherche à voir des Goya.

Il est vrai qu'il a vu des Vélasquez, je ne sais où[26]. »

Ayant ainsi renversé un argument qui tend à devenir un lieu commun de la critique, Baudelaire cite sa propre expérience pour situer le rapport de Manet à l'Espagne sur le plan de la traduction romantique, expérience poétique et fantastique à la fois qui n'est plus de l'ordre strict de l'histoire, parce qu'elle ouvre sur « la nature », c'est-à-dire l'individualité romantique : « On m'accuse, moi, d'imiter Edgar Poe ! Savez-vous pourquoi j'ai si patiemment traduit Poe ? Parce qu'il me ressemblait. La première fois que j'ai ouvert un livre de lui, j'ai vu, avec épouvante et ravissement, non seulement des sujets rêvés par moi, mais *des* PHRASES pensées par moi, et écrites par lui vingt ans auparavant. » Cette lettre définit étroitement la relation esthétique entre Manet et Baudelaire. Ce dernier croit au génie du peintre parce qu'il est « marqué de romantisme depuis sa naissance » et ce qu'il copie ou croit copier est, en fait, déjà en lui, revécu par lui : « M. Manet que l'on croit fou et enragé est simplement un homme très loyal, très simple, faisant tout ce qu'il peut pour être raisonnable, mais malheureusement marqué de romantisme depuis sa naissance[27]. » La réponse de Thoré montre qu'il a parfaitement compris Baudelaire ; il prend ses distances par rapport à l'idée banale d'une imitation à partir de « sources », il accepte l'idée de « mystérieuses coïncidences » entre des esprits différents, mais il persiste à penser que de tels phénomènes ne doivent pas être soustraits à la logique d'une explication ; il maintient sa référence à Vélasquez en faisant référence à « quelque "seconde vue[28]" », une gravure ou une photographie par exemple.

L'Homme mort est assez vite devenu un des tableaux les plus admirés de Manet ; le débat initial s'est estompé au profit des qualités foncières de ce fragment qui s'est transformé, ne serait-ce que par son titre, en une image de signification plus universelle. Il ne s'agit pourtant que d'un torero, mais la qualité de la couleur et la composition ont complètement métamorphosé l'idée primitive d'un « épisode » dans une course de taureaux. Le personnage est devenu, comme dans le *César mort* de Gérome, loué par Baudelaire au Salon de 1859, une image d'un rapport de l'individu à l'histoire ou à la société. Avec le caractère hiératique de l'*espada* tombée, la main sur le cœur, dans un geste professionnel, Manet transmet des valeurs aussi explicites que celles d'un chevalier en cuirasse du XVIIe siècle. Ces valeurs ne sont pas étrangères à l'ascèse du dandy, un dandysme « *perinde ac cadaver*[29] ! » qui transmet jusque dans la mort toute la pureté d'un risque, d'un jeu, et on pourrait presque ajouter d'un art. Il y a bien une conversion des valeurs, une permanence des valeurs dans leur traduction qui fait la puissance d'un tableau qui, à ce titre, n'imite pas Vélasquez puisque, pour donner raison à Baudelaire, la toile a été depuis lors désattribuée.

Au moment où dans *l'Indépendance belge* du 25 juin 1864 paraissait la réponse de Thoré, Manet était occupé par un tableau qui l'intéresse vivement et peut-être d'autant plus vivement que ses envois n'ont pas été ménagés au Palais de l'Industrie. Le combat naval qui eut lieu le 19 juin, au large du port de Cherbourg, entre la corvette de la marine fédérale *Kearsarge* et le navire sudiste l'*Alabama* pouvait se présenter comme une diversion pleine d'attrait pour un artiste tout juste présenté comme un écolier qui fait des pâtés sur la toile et à qui on recommande l'usage du « perspecteur » comme à un débutant. Au moins le Salon des Refusés avait eu le mérite de créer le malaise. On se dédommageait l'année suivante sur les « pétards mouillés » d'un peintre qui ne pouvait plus jouer à l'incompris.

Proust et Duret ont dit l'un et l'autre que Manet s'était rendu à Cherbourg et qu'il avait assisté à l'événement. Il se serait embarqué sur un bateau-pilote pour pouvoir approcher du lieu du combat. Le tableau lui-même, dans ces conditions, transcrirait son expérience de témoin avec, au premier plan, la barque affrétée par des journalistes en chapeau haut de forme. On a mis en doute ces témoignages et il est vrai que Manet n'avait qu'à ouvrir les journaux pour lire, à la fois, les reportages détaillés sur cet épisode de la guerre civile américaine et les « Salons » qui le concernaient. Plusieurs articles tombaient le même jour. De plus, les magazines illustrés publiaient plusieurs gravures susceptibles de fournir des renseignements utiles. Enfin, une lettre adressée de Boulogne-sur-Mer, en juillet, au critique Philippe Burty qui avait signalé le tableau dans la vitrine du marchand Cadart, a été interprétée comme un indice pour mettre en doute le déplacement de l'artiste à Cherbourg : « Le *Kearsage* [l'orthographe en était à l'époque très variable] se trouvait dimanche dernier en rade de Boulogne. Je suis allé le visiter. Je l'avais assez bien deviné. J'en ai peint, du reste, l'aspect en mer. Vous en jugerez[30]. »

Si on se rapporte aux reportages de l'époque, même les barques venues pour assister au spectacle et pour secourir les victimes ne pouvaient pas s'approcher du combat qui se déroulait dans un véritable nuage de fumée. « Je l'avais assez bien deviné » peut très bien indiquer dans ces conditions l'expérience d'un témoi oculaire. Mais le tableau montre surtout l'*Alabama* en train de couler et moins son adversaire. D'autre part, après le combat naval, le *Kearsarge* est entré dans le port de Cherbourg. Manet n'aurait eu alors nul besoin de le deviner puisqu'il l'avait sous les yeux. Le témoignage des amis de Manet reste donc suspect.

Les exploits de la corvette sudiste l'avaient rendue célèbre en France et en Angleterre et son arrivée dans le port de Cherbourg pour réparer et faire du charbon avait fait sensation. Le combat avec le *Kearsarge* venu attendre son adversaire au large prit l'allure d'un duel et la foule suivit les péripéties de cette affaire à la fois comme un spectacle, mais à douze milles en mer les longues-vues ne permettaient pas de voir grand-chose, et comme une affaire d'honneur — les sympathies allaient au capitaine sudiste Semmes et à son redoutable équipage entraîné à l'abordage dans la pure tradition des corsaires. Malgré tous ses efforts, l'*Alabama* ne put aborder son adversaire et, moins armée, moins cuirassée, la corvette fut coulée par un coup porté à l'arrière dans ses œuvres vives. Tous les détails techniques de cet engagement furent donnés abondamment dans la presse ainsi que les rapports des deux capitaines ; le tableau de Manet interprète l'essentiel de ces informations ainsi que le rôle des bateaux-pilotes s'approchant pour sauver des victimes et, sur la droite, la présence d'un yacht anglais de 190 tonnes et 90 chevaux, le *Deerhound* appartenant à John Lancaster, riche propriétaire de charbonnages, venu suivre le combat en amateur, et qui put recueillir le capitaine Semmes, plusieurs officiers et des membres de l'équipage. La composition est conçue pour être comprise sans ambiguïté puisque chaque navire arbore son drapeau national, de sorte que Philippe Burty pourra parler d'une « rare puissance de réalisation ou tout au moins de vraisemblance [31] ». Il ne manque pas non plus l'occasion de se moquer discrètement des peintres de marines qui courent sur place quand il n'y a plus rien à voir : « Dès le lendemain du combat du *Kearsarge* et de l'*Alabama,* on annonçait que tous les peintres de marine étaient partis de Paris pour Cherbourg. Le prochain Salon nous révélera plus d'une réplique de cet épisode naval [32]. »

Exécuté rapidement, en quelques jours, *le Combat naval* (John G. Johnson Collection, Philadelphie), qui est la preuve d'une grande capacité expressive sur un sujet d'actualité et une réponse directe aux détracteurs de son *Épisode d'un combat de taureaux,* ne sera montré au Salon qu'en 1872. Le tableau avait un double intérêt, celui de s'associer à un événement suivi par les journaux et d'en donner une image vraisemblable à partir de cette information — d'où l'exposition à la mi-juillet chez Cadart, — d'autre part, celui d'évoquer un combat, un duel avec témoins, qui est aussi une guerre moderne, médiatisée, et que le recul historique permet d'envisager comme un drame. A ce titre, le tableau entrera dans la vie de Manet après les épreuves de l'Année terrible.

En juillet, le peintre séjourne en vacances avec sa famille à Boulogne-sur-Mer. Il retourne sur le lieu de villégiature de son enfance pour quelques semaines de travail qui représentent toujours un moment d'inspiration important pour lui. Le tableau qu'il vient de finir semble ressurgir devant ses yeux quand il découvre le *Kearsarge* dans la rade de Boulogne. Le navire quittera le port le 19 juillet, de sorte que le tableau qui en dépeint l'aspect en mer a peut-être lui aussi été réalisé rapidement. « Tout se passe comme si l'*Alabama,* coulé, avait laissé apparaître son vainqueur quelques instants plus tard [33] » : la remarque de Françoise Cachin est très juste car le cadrage du tableau exclut, sur la gauche, le motif de la falaise qui reste visible sur une aquarelle antérieure à la toile dont l'achèvement a probablement eu lieu dans l'atelier. Le *Kearsarge* a été décrit « noir et immobile comme une gigantesque gondole de Venise [34] », et le tableau enregistre une valeur d'identification maritime à peine corrigée par quelques voiles. Un autre aspect du mouvement du port de Boulogne retient l'attention du peintre, la liaison régulière entre Boulogne et l'Angleterre par bateaux à vapeur. Le contraste entre le sillage rectiligne du vapeur crachant sa fumée sur une mer de beau temps, lisse comme de la soie, avec les bords que tirent les barques de pêche en tous sens, permet un jeu formel, lié à l'observation de façon libre. Avec *les Marsouins* cette liberté semble raviver des souvenirs de jeunesse, mais la silhouette du steam-boat avec ses roues à aubes s'inscrit sur l'horizon pour détourner l'attention qui se porte sur une goélette prenant le large.

Au cours de l'année 1864 et particulièrement à Boulogne, Manet a peint quelques-unes des natures mortes qui lui ont assuré une réputation qui était, de son vivant, souvent soulignée pour faire valoir l'inexpressivité de ses figures. Le gros rouget, le petit grondin, les huîtres, l'anguille qui composent la nature morte intitulée *Poissons* (The Art Institute, Chicago) bénéficient incontestablement de toute la fraîcheur souhaitable pour un tel sujet. *Fruits sur une table* et *Poissons et crevettes* furent mentionnés comme des pendants dans la liste adressée à Martinet en 1865 et le rapprochement des deux natures mortes a pour effet de rendre plus explicite un principe de composition qui imprime un accent nouveau à la réalité. Le 16 mai 1865, dans *le Constitutionnel,* Ernest Chesneau, à un moment où le moindre soutien était le bienvenu, signifiait qu'il y avait là des qualités incontestables, de sorte qu'il est assez remarquable de voir tout un ensemble de natures mortes célèbres préluder au scandale d'*Olympia* : « Il est tels ouvrages de M. Manet aperçus à une exposition du boulevard des Italiens, revus depuis et de plus près chez Cadart, l'éditeur d'estampes (...) des tableaux de nature inanimée où l'artiste avait jeté des fruits et des poissons sur des nappes d'un blanc éclatant, des études de pivoines encore, qui révélaient des qualités pittoresques incontestables[35]. » En mars, Chesneau avait en effet acheté « un rien », « deux fleurs dans un vase ».

En guise de remerciement et de sympathie à l'égard d'un des critiques les plus intelligents de ses débuts, Manet offrait à Théophile Thoré une étude de pivoine dont le caractère inanimé pouvait être particulièrement apprécié. Les pivoines sont jetées sur un meuble, le sécateur ouvert exprime le désordre d'une sorte de défaite, d'anéantissement, la tige dirigée vers le haut annule toute idée de survie. Champfleury se vit offrir à une date qui ne saurait être trop tardive, étant donné leurs relations d'amitié, des pivoines blanches avec sécateur d'une valeur comparable.

Manet, qui s'installe en novembre 1864 dans un nouvel appartement, 34, boulevard des Batignolles, sait que, mis à part la suppression d'une annexe des refusés, peu de changements seront apportés au prochain Salon. Le dépôt des ouvrages est prévu entre le 10 et le 20 mars 1865. Il écarte l'idée de montrer à nouveau le *Combat naval* ainsi qu'une scène de mœurs contemporaines, *Aspect d'une course au bois de Boulogne,* toile qui fut découpée et que l'on connaît par une aquarelle (Fogg Art Museum, Cambridge, Mass.). Vu la nouveauté de conception de ce sujet, on comprend qu'il ait été réservé, en numéro 3, sur la liste destinée à l'exposition Martinet de février 1865. Sur les neuf toiles évoquées, Manet n'en enverra finalement que six ; deux seulement seront exposées, ce qui provoquera la colère de Manet et sa démission de la Société nationale des Beaux-Arts. Le commandant Lejosne tient Baudelaire informé par une lettre du 21 février 1865 : « Je n'ai pas vu Manet depuis quelques jours (...) Il vient de retirer ses tableaux de l'exposition Martinet ; il en avait envoyé six, on n'en avait encore placé que deux[36]. » Le projet initial de Manet était de mélanger l'inspiration espagnole, des sujets modernes et les natures mortes. « Une femme couchée, pour mettre *au divan* » (n° 1) et *la Mer* (n° 7), *l'Espada mort* (n° 2) et *Poissons* (n° 4) pouvaient constituer un ensemble déconcertant.

Pour le Salon, Manet décide de persévérer dans la voie pourtant très critiquée de l'année précédente, en traitant à nouveau un sujet religieux, *Jésus insulté par les soldats* (The Art Institute, Chicago). Il y travaille à la fin de l'année 1864 et au début de 1865 : « Je n'ai pas vu Manet depuis le jour de l'an, écrit le commandant Lejosne le 4 janvier 1865 ; le jeudi d'avant, nous avons dîné chez sa mère (...) Manet travaille toujours beaucoup à son Christ insulté ; mais je n'ai pas vu sa toile depuis assez longtemps[37]. »

Sans diminuer l'intérêt réel que le peintre pouvait porter à la grande tradition de la peinture religieuse, une certaine prudence n'est pas à exclure de sa part au moment où il s'apprête à envoyer *Olympia* devant un jury qui comprend, cette année-là, Cabanel, Gérome, Robert-Fleury, Corot, Bida, Fromentin, Français, Dauzats. Dans un premier temps, *Olympia* fut refusée, puis « repêchée avec le *Christ insulté par les soldats*[38] », pour reprendre l'expression de Proust. Inquiet, Manet avait prévenu Baudelaire pour qu'il agisse auprès de Gautier, vice-président du jury, mais l'affaire s'arrangeait très vite : « Mon cher Baudelaire, vous êtes un sage, écrit-il, je m'étais désolé à tort et tandis que je vous écrivais mon tableau était reçu. Je crois même d'après les bruits qui me reviennent que l'année ne sera pas trop mauvaise ; c'est un *Jésus insulté par les soldats,* et c'est je crois la dernière fois que je me lance dans de pareils sujets[39]. » Baudelaire connaît *Olympia* et Manet lui parle du tableau qu'il n'a pas vu, le tableau religieux. L'expression « mon tableau était reçu » ferait donc allusion au tableau litigieux, *Olympia,* repêché peut-être grâce au second envoi, mais aussi par l'action d'un juré et non des moindres, Louis La Caze (1798-1869). Le journaliste Paul Leroi s'est souvenu, dans son Salon de 1875, du récit que le célèbre collectionneur lui avait fait, l'année de sa mort, en 1869, de la séance du jury. Il avait plaidé efficacement la cause de Manet devant ses collègues, peu désireux de revenir au temps des refus massifs ; le livret comptait 3 559 admissions contre 3 085 l'année précédente.

Le tableau procède du même état d'esprit que le *Christ ressuscitant* de 1864 mais, cette fois, la critique était prévenue. Loin de venir tempérer le scandale d'*Olympia,* cette toile l'a, au contraire, précipité, en particulier par un phénomène de rapprochement dû à l'accrochage. *Jésus insulté par les soldats* était disposé au-dessus d'*Olympia,* au moins jusqu'au remaniement de juin où il fut décidé d'accrocher *Olympia* le plus haut possible, pour apaiser la rumeur et l'attroupement qu'elle suscitait. Théophile Thoré, toujours attentif à cette idée de pastiche, revient à la charge car il ne comprend pas ce qui pousse les réalistes de la jeune école, comme Ribot ou Manet, à s'exprimer par des symboles stéréotypés. Une vieille idée engendre nécessairement une vieille forme et il n'a aucun mal à déceler, cette fois, un pastiche d'après le *Couronnement d'épines* de Van Dyck (tableau détruit à Berlin en 1945) : « Si vous peignez des martyrs chrétiens, qui donc a plus cruellement dramatisé la torture et la douleur que les Espagnols mystiques et surtout que Ribera ? Voilà Ribot tombant avec son *Saint Sébastien* dans les noirceurs de Ribera ! C'est fatal, irrésistible : il ne paraît pas que Manet veuille être pris pour un routinier de l'art pensif ; néanmoins, ayant eu la malheureuse idée de peindre un Christ dans le prétoire, bon ! voilà que cet original copie presque la célèbre composition de Van Dyck ! L'autre année, faisant un sujet espagnol qu'il n'avait jamais vu, bon ! voilà qu'il copiait le Vélasquez de la galerie Pourtalès [40] ! »

Pour l'ensemble des critiques, le tableau était vulgaire et même sacrilège. Manet avait introduit dans une scène de la Passion des « coquins en haillons [41] » venus tout droit de ses tableaux espagnols les plus contestables. Au *Charivari,* on semble savoir que le peintre a fait poser dans son atelier un modèle du nom de Janvier, serrurier de profession : « Les soldats, — je parierais que ce sont des serruriers qui ont servi de modèles, — ont des tournures impayables (...) Les pieds du Christ, rouges et gonflés, indiquent clairement que le modèle portait des bottes trop justes avant de poser sa séance[42]. » Théophile Gautier est peiné de devoir le constater, Manet « ne rencontre plus la laideur par un hasard naturel, il la poursuit non pas comme une réalité, mais comme un rêve : il se pose pour but le laid idéal[43] » ; ce tableau semble sorti d'un Moyen Age extravagant ne respectant en rien la dignité du sujet : « Dans *le Christ insulté par les soldats,* l'artiste semble avoir réuni à plaisir des types bas, ignobles, horribles, habillés mi-parti de guenilles sordides et d'armures extravagantes, comme des truands du Moyen Age. Le Christ lui-même n'a rien de la majesté divine. On dirait un vagabond battu par le guet[44]. »

Les caricatures s'emparaient de ce thème grotesque. Cette fois, l'iconographie était parfaitement comprise ; Manet avait suivi le récit de Matthieu et personne ne pensait plus à Renan. On peut pourtant se poser encore la question, car l'historien apporte un commentaire à la scène de la dérision du Christ en notant que les acteurs n'en étaient pas des citoyens romains, que des « légionnaires ne fussent pas descendus à de telles indignités[45] » : Pilate n'avait sous ses ordres que des « troupes auxiliaires », et il risque même une interprétation étrange : Pilate aurait pu vouloir substituer à un dénouement tragique une fin grotesque comme celle-ci pour clore l'affaire. Le réalisme de Manet reprend le disparate vestimentaire qui existe chez Van Dyck ou chez Titien ainsi d'ailleurs que les « types bas, vulgaires » reconnus par la critique, mais tout ce pêle-mêle heurte les idées reçues ainsi que la piété du temps. Dubosc de Pesquidoux, dans le journal catholique *l'Union,* s'insurge, mais pour mieux rire avec le public : « Maintes fois, j'ai surpris des messieurs et des dames rire de bon cœur devant ces Romains vêtus en reîtres, et peints comme M. Manet seul, Dieu merci !, pouvait les peindre. Je ne veux pas être plus sévère que le public. Il faut bien rire quelquefois ; la vie est si triste, surtout dans notre temps. Seulement, je voudrais qu'on choisît un autre lieu que le Salon, et un autre sujet que le *Christ flagellé*[46]. »

Les sacripants qui entouraient le Christ attiraient sur eux des sarcasmes d'une nature plus débonnaire que la Vénus au chat. Car *Olympia* (Musée d'Orsay, Paris), par un phénomène qui reste presque unique, conjuguait sur elle des réactions beaucoup plus incontrôlées. « Chaque passant prend sa pierre et la lui jette à la face », écrit Jean Ravenel qui voit en Manet « la victime de la loi du Lynch parisien »[47]. On venait rire en famille comme devant une farce ou une comédie, mais on était aussi effrayé pour des raisons qui échappaient à l'analyse : « Pourquoi certaines gens sont-ils effrayés par l'aspect de la jeune femme ? Pourquoi en fait-elle rire d'autres ? Parce qu'elle vit, que cette vie est sensible pour tout le monde ; parce qu'on sent qu'elle pourrait remuer, cette femme que l'on trouve laide et mal faite, non sans quelque raison[48]. »

Cette « vie » d'*Olympia,* cette femme qui pourrait « remuer », est largement prouvée dans la masse de réactions dont l'intérêt est aujourd'hui de nous livrer, de façon chaotique et violente, un ensemble d'informations très précieux. Le scandale d'*Olympia* permet d'entrer dans une analyse et ceci d'autant mieux que les contemporains ont cherché, eux aussi, à comprendre ce qui justifiait une telle sédition. Pourtant Manet n'avait pas adopté ce parti pris de scandale. *Olympia* est resté pour lui, toute sa vie, le tableau témoin, présent dans l'atelier, de ce qu'il comportait d'inacceptable. L'épreuve de mai-juin 1865 contient quelque chose d'irréversible et les amis de Manet, Claude Monet le premier, qui ont voulu offrir ce tableau au musée du Louvre, savaient qu'ils accomplissaient « un acte de justice[49] ». Autant dire qu'*Olympia* introduit dans la vie de Manet une dimension qui la dépasse, celle de l'histoire, et il a fallu, à partir de 1865, que Manet vécût cette situation et que sa peinture triomphât de la terrible négation dont elle fut l'objct.

Au fil des jours, Manet, pourtant habitué à son rôle et en homme qui a prouvé dans le passé qu'il sait et qu'il aime affronter le public, se montre de plus en plus désemparé et attristé. Antonin Proust le décrit presque absent, oubliant la glace servie chez Imoda et vidant la carafe d'eau en entier. Ils venaient du Salon où la foule se pressait, Manet avait voulu sans doute constater la réalité de ce qu'il lisait tous les jours dans la presse. « Qui vous demande les journaux ? », s'écrie-t-il à l'adresse du garçon. La scène en devient presque comique et Proust ajoute : « J'ai rarement vu Manet plus attristé que ce jour-là[50]. » Selon son ami, les attaques l'auraient atteint profondément, il se serait usé à « refouler » le sentiment d'échec qu'il ressentait et son œuvre en aurait subi les conséquences dans les mois ou les années à venir. « L'œuvre de Manet, qui est considérable, l'eût été plus encore, si l'acharnement de ses contemporains contre lui n'avait été aussi violent[51]. »

Ce point de vue est difficile à apprécier, mais il repose sur deux éléments qui ont été enregistrés par d'autres : d'une part, l'idée que la dimension du succès est un des ressorts profonds de l'artiste, un succès au sens le plus immédiat et le plus mondain du terme qui le porte à créer. D'autre part, l'idée que l'échec constitue une menace très réelle pour son travail. « Il allait beaucoup moins au café Guerbois. Tortoni le voyait rarement. Il demeurait pendant de longues heures sans rien faire (...) On le surprenait souvent faisant de longues promenades sans but, pour dissiper son ennui[52]. » Déjà en janvier 1865, il déchirait ses « meilleures études[53] » et montrait du découragement. Le peintre de la *Musique aux Tuileries,* de *Lola de Valence,* du *Déjeuner sur l'herbe* fut un peintre entouré, fêté, encouragé autant que contesté, et tous les efforts de Manet à partir de 1865 vont être de retrouver ou de reconstituer les conditions d'un jugement plus équitable entre le public et lui.

« Je voudrais bien vous avoir ici, mon cher Baudelaire, les injures pleuvent sur moi comme grêle, je ne m'étais pas encore trouvé à pareille fête [...] J'aurais voulu avoir votre jugement sain sur mes tableaux car tous ces cris agacent, et il est évident qu'il y a quelqu'un qui se trompe[54]. » Cette lettre, au début de mai, montre le désarroi d'un homme qui en vient à douter et qui s'adresse à celui qui est le plus en mesure de comprendre sa situation. Baudelaire a une vue lointaine mais très claire de celle-ci : « Manet a un fort talent, un talent qui résistera. Mais il a un caractère faible.

Il me paraît désolé et étourdi du choc. Ce qui me frappe aussi, c'est la joie de tous les imbéciles qui le croient perdu[55] », écrit-il à Champfleury qui avait de son côté une formule saisissante et définitive : « Comme un homme qui tombe dans la neige, Manet a fait un trou dans l'opinion publique[56]. » Baudelaire a une théorie ; il va en appliquer l'énergique thérapie à ce tempérament faible qui fait entendre sa plainte, mais il est également inquiet. Mme Paul Meurice, qui reçoit dans son salon de nombreux artistes et critiques amis de Manet, Champfleury, Fantin, Legros, Astruc, Stevens, Bracquemond, peut se prévaloir de l'amitié vraie de Baudelaire et ce dernier, le 24 mai, lui écrit pour qu'elle se fasse de vive voix l'interprète de sa « théorie » : « Plus l'injustice augmente, plus la situation s'améliore[57]. » Il faut que Manet remercie l'injustice ; la raillerie, l'insulte, sont des choses excellentes. Le danger, Baudelaire le pressent, parce que sans doute il en fait ou en fera l'expérience, est qu'il perde la tête : « A condition qu'il ne perde pas la tête (vous saurez dire tout cela gaiement et sans le blesser)[58] », ajoute-t-il. Une femme intelligente saura parler à Manet, semble se dire Baudelaire qui craint d'avoir été un peu trop brutal dans sa missive du 11 mai. Le ton de cette dernière est en effet celui d'un directeur de conscience qui soigne le mal par le mal et croit à la vertu du sentiment de haine à condition de n'en tirer aucun orgueil et d'en étendre à soi-même la féconde et douloureuse logique : « Il paraît que vous avez l'honneur d'inspirer de la haine », lui a-t-il dit avant de lui déclarer, grâce à l'exemple de Chateaubriand et de Wagner, « *vous n'êtes que le premier dans la décrépitude de votre art*[59] », ce qui veut dire que Manet entre malgré tout par la grande porte dans l'analyse du génie romantique. Baudelaire n'a pas cité Delacroix, mais en l'excluant de ce « monde très riche », il ne fait que l'attacher à tout ce que lui-même a voulu comprendre et aimer. « Je suis affaibli, je suis mort », finit-il par écrire pour affirmer devant lui une sorte de prééminence. « "Il y a des défauts, des défaillances, un manque d'aplomb, mais il y a un charme irrésistible." Je sais tout cela ; je suis un des premiers qui l'ont compris[60]. »

Le scandale d'*Olympia* met donc en évidence ce qui fait l'essentiel de l'amitié entre Manet et Baudelaire, un sentiment exclusif qui repose sur une conscience absolue des « défaillances » ou de la « décrépitude ». La raillerie, l'insulte, l'injustice deviennent au sens propre « des choses excellentes » parce que le « charme » de Manet, ses « facultés si brillantes et si légères »[61] comme il dit également, en sont directement issus.

De toute évidence, la réaction du public était maintenant enregistrée comme un jugement sans appel. Théophile Gautier qui a soutenu et encouragé le peintre du *Guitarero* publie, le 24 juin, une mise au point destinée à justifier son attitude indulgente à l'égard d'« une nature artiste », « folle, sauvage, choquante, barbare » ; il fallait lui laisser sa chance et c'est en pleine lumière que cette « insurrection des formes et des couleurs » trouve son châtiment : « M. Manet a perdu la bataille » et Théophile Gautier explique pourquoi la bonne humeur libérale n'est plus de mise : « M. Manet a cet honneur d'être un danger » et, ajoute-t-il de façon définitive, « le danger est passé maintenant »[62]. L'attitude de Gautier a le mérite d'exprimer clairement le point de vue libéral et officiel qui va se manifester dans les années à venir de manière plus ou moins avouée. Mallarmé le reprend en 1874 pour analyser l'attitude du jury et Edmond About reviendra encore sur cette idée en 1884, au moment de l'exposition posthume à l'École des Beaux-Arts. *Olympia* est le tableau que l'on attendait, celui qui va juger son auteur et soulager le jury d'un rôle ingrat. Voici Manet véritablement refusé et dépouillé de son titre ambigu conquis en 1863 : « En admettant au Salon l'*Olympia* de M. Manet, il ne pourra se plaindre de nous, ce sera le public qui se plaindra de lui ; il sera jugé, bien jugé, et nous en serons débarrassés », déclare Louis Auvray[63].

Manet a dû prendre la mesure complète de l'événement et on peut comprendre son inquiétude quand ses appuis officiels déclarent publiquement leur rupture. Plusieurs critiques vont désormais garder le silence sur son compte, en particulier Paul de Saint-Victor qui écrit lui aussi quelques mots définitifs. Paradoxalement, le désarroi du peintre pouvait aussi être alimenté par les critiques favorables, car il y en a eu plusieurs. Gonzague Privat, par exemple, qui fait l'éloge des chairs d'*Olympia,* « d'une délicatesse exquise, d'une finesse, d'un rapport juste sur les draps blancs », montre à l'auteur à quel point il lui est impossible d'être reconnu par le public du Salon. Manet ne peut s'adresser qu'à des artistes : « Comment peut-il croire que jamais on admette comme arrivée cette peinture si en dehors de tout ce que l'on connaît [64] ? »

Autre perspective et autre analyse susceptibles d'ébranler la conviction de l'artiste, celles d'Ernest Chesneau qui s'efforce de situer *Olympia* dans le projet de Manet. Ce projet est légitime selon lui : « Il a voulu ramener la peinture à la reproduction strictement fidèle des tons de la nature éclairés par la lumière diffuse. » Malgré quelques réserves, Manet a su obtenir des résultats qui forcent son admiration et même, il le dit nettement, celle d'un membre de l'Institut « d'un talent très sévère, très correct ». Mais c'est précisément l'ambition du coloriste et son don d'observation des phénomènes lumineux qui viennent souligner la carence du dessin : « Je dois dire que le côté grotesque de son exposition tient à deux causes : d'abord à une ignorance presque enfantine des premiers éléments du dessin, ensuite à un parti pris de vulgarité inconcevable [65]. »

La vulgarité d'*Olympia,* sur laquelle les commentaires abondent, éclate surtout dans le rappel d'une tradition vénérée qui est celle de la Renaissance et pour Théophile Gautier le titre rend inexplicable l'image d'un « chétif modèle étendu sur un drap » : « Le ton des chairs est sale, le modelé nul. Les ombres s'indiquent par des raies de cirage plus ou moins larges. Que dire de la négresse qui apporte un bouquet dans un papier et du chat noir qui laisse l'empreinte de ses pattes crottées sur le lit [66] ? » Il n'était pas difficile de reconnaître dans une femme nue, étendue sur un lit, une odalisque. La mode n'en avait jamais été aussi répandue et les critiques finissaient par s'en lasser, mais celle de Manet faisait soudain entrer dans ce domaine délicat quelque chose d'ignoble : « Qu'est-ce que cette odalisque au ventre jaune, ignoble modèle ramassé je ne sais où, et qui a la prétention de représenter Olympia ? Olympia ? Quelle Olympia ? Une courtisane sans doute[67]. » L'image romantique, pour suivre l'indication d'un terme choisi par Paul de Saint-Victor, devient « faisandée[68] », de sorte que la « jeune fille couchée sur un lit » en vient à évoquer une perversion des valeurs idéales : « L'expression du visage est celle d'un être prématuré et vicieux, écrit Jankovitz ; le corps, d'une couleur faisandée, rappelle l'horreur de la Morgue. Une hideuse négresse vêtue de rose tient à côté d'elle un bouquet d'une douteuse allégorie, tandis qu'un chat noir faisant le gros dos vient sur le drap imprimer avec ses pattes la trace non équivoque du lieu où il a marché[69]. »

Pour en arriver à un résultat aussi désolant, il faut tenir compte d'un élément qui a beaucoup contribué à déclencher le mouvement de rejet de l'image, à savoir les vers du poème d'Astruc intitulé *la Fille des îles,* dont la première strophe était imprimée dans le livret. La lecture de cette strophe eut le pouvoir de désigner et de renforcer l'existence des éléments les plus choquants du tableau. Les mots du poète semblent expliciter de façon grotesque tous les artifices de séduction dont l'image donne dès lors une traduction risible. On avait l'impression que l'exotisme de pacotille déclenché par le texte entrait en contradiction de manière parodique avec la nature triviale d'*Olympia.* La paraphrase mettait à nu les stéréotypes les plus vulgaires ; brutalement les critiques eurent le sentiment d'une supercherie. La vulgarité d'*Olympia* reposait sur cet appel à l'imagination du public, confronté de façon pénible à la réalité d'un rêve repoussant. Plusieurs témoins ont tenu à raconter avec précision ce mécanisme de lecture en trois temps, d'abord un mouvement de stupéfaction, puis la lecture du livret et l'analyse visuelle du tableau dans sa triste réalité. Voici, par exemple, le reportage du *Monde illustré :* « Je me croyais entièrement délivré de cette peinture dite réaliste, lorsque je m'arrêtai tout ébahi devant un autre tableau qui, lui aussi, avait son public stupéfait. Je cherchai dans mon livret, et je trouvai comme légende de cette toile les cinq vers mauvais et prétentieux que voici :

Quand lasse de songer, Olympia s'éveille,
Le Printemps entre au bras du doux messager noir :
C'est l'esclave, à la nuit amoureuse pareille,
Qui vient fleurir le jour délicieux à voir :
L'auguste jeune fille en qui la flamme veille.

L'auguste jeune fille est une courtisane, aux mains sales, aux pieds rugueux ; elle est couchée, vêtue d'une babouche et d'une cocarde rouge ; son corps a la teinte livide d'un cadavre exposé à la Morgue ; ses lignes sont dessinées au charbon, et ses yeux éraillés et verdâtres ont l'air de provoquer le public sous la garantie d'une hideuse négresse [70]. »

L'expérience sera partagée par plusieurs critiques et elle a toujours pour effet d'accentuer l'identification de la courtisane sous son aspect le plus repoussant. Personne n'a pu être convaincu par les images allégoriques d'Astruc. Ernest Chesneau a même indiqué clairement que l'origine des « rires quasi scandaleux [...] devant cette créature *cocasse* (on me passera le mot) » devait être recherchée dans l'interaction du texte avec l'image : « La construction baroque de "l'auguste jeune fille", sa main, en forme de crapaud, causent l'hilarité et chez quelques-uns le fou rire. En ce cas particulier, le comique résulte de la prétention hautement affichée de produire une œuvre noble ("l'auguste jeune fille", dit le livret), prétention déjouée par l'impuissance absolue de l'exécution ; ne sourit-on pas en voyant un enfant se donner l'air important d'un homme [71] ? »

Ainsi non seulement le texte faisait paraître tout le contraire d'« une auguste jeune fille », mais il entraînait dans sa chute l'auteur lui-même, sa prétention et son impuissance. L'action du livret sur l'image fut si forte qu'il est impossible d'en faire abstraction ou simplement de considérer le phénomène comme anecdotique. Le texte d'*Olympia, Fille des îles,* c'était aussi *Olympia* vue, reconnue, jugée. Rarement dans l'histoire de la peinture un tableau aura appartenu autant à une mise en condition du spectateur. Ceci amène à poser la question souvent abordée de la naïveté de Manet ou au contraire de sa complicité dans une machination impliquant la psychologie populaire. Le peintre a déjà collaboré avec Astruc et Baudelaire à propos de *Lola de Valence.* Le *Déjeuner sur l'herbe* prouve son sens de la provocation. Sa réputation de terrible excentrique est établie, il est « un enfant terrible de l'art » ; on salue le « diable au corps »[72] de sa peinture. De façon délibérée, Manet a voulu la chaude poésie de son ami, mais il est probable qu'il ne pensait pas créer ainsi un scandale de cette nature. Quel rôle pouvait-il donc espérer de cette malheureuse strophe ?

Il pouvait attendre, et ses vœux furent exaucés, un mouvement de curiosité, la découverte et la compréhension du tableau comme un écart par rapport à une norme idéale. Victor Fournel a interprété le poème comme une réclame analogue au boniment d'un bateleur. Le style ampoulé, la distinction voyante et artificielle d'Astruc seraient l'appât que tend *Olympia,* la courtisane vénale : « En regardant cette Olympia, comparée sur le livret au "jour délicieux à voir", et qualifiée par le poète lyrique que M. Manet a appelé à son aide d'"auguste jeune fille, en qui la flamme veille", il me prend ressouvenir de ces baraques de fêtes publiques, à la porte desquelles un Monsieur distingué vous promet en langage élégant des merveilles extraordinaires, incomparables, uniques, et où, dès que vous êtes entré, on vous montre un veau à deux têtes, dont l'une est en carton[73]. »

Le livret a pour conséquence de faire surgir une sorte de monstre et, à ce titre, son efficacité dépasse l'effet prévu, mais on peut retenir que son rôle est à peu près analogue, dans l'esprit du public, à la fameuse référence à la *Vénus d'Urbin* de Titien. Cette référence était perçue dans le même registre grotesque : « Une femme sur un lit, ou plutôt une forme quelconque gonflée comme un grotesque en caoutchouc ; une sorte de guenon grimaçant la pose et le mouvement du bras de la Vénus du Titien, avec une main impudiquement crispée ! » peut-on lire dans *les Tablettes de Pierrot*[74]. « Cette Olympia, sorte de gorille femelle, de grotesque en caoutchouc cerné de noir, singe sur un lit, dans une complète nudité, l'attitude horizontale de la Vénus du Titien ; le bras droit repose sur le corps de la même façon, sauf la main qui se crispe dans une sorte de contraction impudique » (Amédée Cantaloube[75]). *Olympia* singe la pose de la *Vénus d'Urbin.* Titien devient tout simplement une pose érotique par laquelle la courtisane exerce ses charmes. Avec les images poétiques du livret, il s'agit de la même proposition intéressée qui utilise froidement les stéréotypes les plus reconnus. L'image, avec la complicité du livret, compose habilement une sorte de mensonge qui appartient à une simple convention de la prostitution et c'est toute la dimention cachée de cette convention érotique que la courtisane réaliste fait apparaître. Elle est scandaleuse par la réalité soudaine qu'elle donne à des mots, à des images qui appartiennent à tous et dont la banalité effraie : « "Quand lasse de songer (...)" dit le livret. Quels vers ! Quel tableau ! Olympia s'éveille, lasse... de songer. La nuit a été mauvaise, c'est évident. Une insomnie, panachée de coliques, en a troublé la sérénité ; son teint l'indique. Il y a deux "*messagers noirs*" : un chat, qu'une circonstance malheureuse a aplati entre deux tampons de chemin de fer ; une négresse, qui n'a rien de *pareil à la nuit amoureuse,* si ce n'est un bouquet acheté chez le fleuriste du coin, et dont M. Arthur a fait les frais, ce qui m'en apprend très long sur Olympia. Arthur est certainement dans l'antichambre, qui attend. Le tableau peut servir d'enseigne à une maison d'accouchement. L'auteur a une consolation toute trouvée. Somme toute, c'est un *succès.* Tout le monde a voulu voir le tableau de M. Manet[76]. »

En effet, on en savait très long sur *Olympia,* beaucoup plus encore que Manet ne pouvait l'imaginer. Même la chanson de Paulus, le *Baptême du petit ébéniste* à la gloire de l'amour conjugal, avec son refrain « Que c'est comme un bouquet de fleurs », entrait dans le lot des valeurs populaires, idéalisées, qu'*Olympia* avait le don de profaner. Mais c'est le chat qui transformait tout ce savoir en symbole. On venait pour le voir, pour ne pas douter de son existence : « Olympia est maintenant à une hauteur si insensée qu'on ne voit plus son chat[77] », déplore Louis Leroy après le remaniement.

Théophile Gautier l'avait dit : «La femme la moins jolie a des os, des muscles, une peau, des formes et un coloris quelconque. Ici, il n'y a rien, nous sommes fâchés de le dire, que la volonté d'attirer les regards à tout prix[78]. » Cet être qui n'est rien ou plutôt qui n'est qu'un piège pour le regard cumulait en lui les exclusions. En particulier, il ne suffisait pas de lui dénier le droit à l'existence, il fallait aussi faire mourir sa représentation qui, en elle-même, était monstrueuse : « Tout est dessiné avec du charbon tout autour et de la pommade au milieu[79] » ; ou encore : « Un squelette habillé par un maillot collant de plâtre, cerclé de noir, comme une armature de vitrail sans verrerie ; et qui, à l'horrible de tant de sottise et de laideur, adjoint la disparition d'un doigt... qui appelle à grands cris l'examen des inspecteurs de la salubrité publique[80] ! » Singe, gorille femelle, « Vénus hottentote, au chat noir », *Olympia* donnait le spectacle d'une complète décomposition de ce qui était composé et oublié dans les odalisques du Salon : « Cette Vénus hottentote, au chat noir, exposée toute nue sur son lit, comme un cadavre sur les dalles de la Morgue, cette Olympia de la rue Mouffetard, morte de fièvre jaune et déjà parvenue à un état de décomposition avancée[81] », n'existait qu'à titre de dénégation. Manet était entraîné dans son propre néant et il est évident que le peintre comprenait, cette fois, la portée des injures et des cris.

Chapitre V

L'Espagne, Zola et le Mexique

Le Salon de 1865 avait fait de Manet un homme en vue ; on se retournait sur le Boulevard pour le regarder comme une « bête curieuse » et la célébrité dont il rêvait peu auparavant était maintenant pour lui celle d'une sorte de paria. Malgré tous ses efforts, malgré l'appui retentissant d'Émile Zola en 1867, son tableau va demeurer longtemps inacceptable. Il le défendra toujours et notamment quand il se heurtera à nouveau à l'incompréhension du jury ou du public, en 1874, 1875, 1876. On constate alors qu'il ne consent pas à l'espèce de tri que la critique voudrait opérer dans son œuvre : « Faut-il qu'on soit niais pour dire que je cherche à tirer des coups de pistolet. Est-ce que j'ai jamais eu l'idée, moi, d'assassiner le duc de Guise ? Est-ce que je ressuscite Napoléon ? Je rends aussi simplement que possible les choses que je vois. Ainsi, l'*Olympia,* quoi de plus naïf ? Il y a des duretés, me dit-on, elles y étaient. Je les ai vues. J'ai fait ce que j'ai vu. Et les *Femmes sur la jetée de Boulogne,* qu'on me cite une œuvre plus sincère, plus dégagée de convention, plus saisie sur le vif [1] ! » Critiquer sa peinture ou, au contraire, en louer les mérites — ce fut le cas avec *Femmes sur la jetée de Boulogne* en 1869 — c'était encore revenir à ce tableau qui est « véritablement la chair et le sang du peintre [2] ». De son vivant, Manet n'a pas assisté à la révision du procès qui lui avait été fait en 1865. Parmi ses amis et ses défenseurs, beaucoup réservaient leur jugement :

« Olympia semble une poupée posée sur le flanc et qui va glisser[3], déclare en 1884 Philippe Burty qui préfère ce qu'il appelle le « nu moderne », *Nana* par exemple. « Olympia offrait l'image d'une jeune femme maigrelette, les jambes un peu osseuses, les épaules carrées. Quand on la regarde aujourd'hui, écrit Duret en 1902, on la trouve aussi chaste que n'importe quelle nymphe mythologique, son corps fluet et singulier plaît par sa saveur, la tête est dessinée avec la précision d'un Holbein[4]. » En 1865, sous la plume de Jean Ravenel, pseudonyme d'Alfred Sensier, c'était une « peinture de l'école de Baudelaire exécutée largement par un élève de Goya » ; il fallait accepter « l'étrangeté vicieuse de la petite faubourienne, fille des nuits de Paul Niquet, des mystères de Paris et des cauchemars d'Edgar Poe ». « Son regard a l'âcreté d'un être prématuré, son visage le parfum inquiétant d'une fleur du mal[5]. » Manet n'a évidemment pas pu suivre l'analyse que les historiens vont approfondir et qui se poursuit encore un siècle plus tard. Mais, dès le Salon de 1865, il a pu comprendre, s'il en était besoin, que l'essentiel avait été senti, exprimé et, dans le rejet comme dans de rares prises de position favorables, compris. « C'est un verre d'eau glacée que chaque visiteur reçoit au visage lorsqu'il voit s'épanouir la BELLE courtisane[6] », écrivait encore Sensier et c'est ce choc qu'avec sa lucidité Félix Fénéon regrettera de n'avoir pas vécu.

Après la fermeture du Salon, le 20 juin, Manet selon Tabarant aurait passé une quinzaine de jours à Boulogne-sur-Mer, séjour plausible et qui devait correspondre à un besoin de repos. Mais *l'Autographe au Salon de 1865* publiait au début du mois, le 8 juillet, des dessins d'après *les Gitanos, le Ballet espagnol, Lola de Valence* qui sont présentés comme un désir de revanche dans la notice de Pigalle : « Rira bien qui rira le dernier ! (...) vous verrez le public s'émerveiller de cette même peinture qui l'a effarouché si fort[7]. » L'idée d'un voyage en Espagne est un projet dont Manet a pu ressentir l'urgence en songeant aux critiques de Théophile Gautier de 1864 et aux remarques plus récentes de Chesneau l'engageant à plus d'études sérieuses mais aussi le mettant au défi de peindre, selon sa méthode, des sujets éclairés par la lumière du soleil. Encore une fois, *Épisode d'un combat de taureaux* est invoqué comme « une scène éclairée par une lumière de crépuscule, un clair de lune effacé, et cependant l'artiste visait alors à donner l'impression du plein midi, du soleil éclatant [8] ». Manet est soudain pressé de partir, il quitte Paris à la fin août plein d'enthousiasme, dans des dispositions qui n'ont rien à voir avec celles d'un étudiant renvoyé à ses études. Il lui faut tirer au clair la question espagnole puisqu'il est devenu un Goya malgré lui : «J'ai presque envie de partir tout de suite, après-demain peut-être, je suis extrêmement pressé de voir tant de belles choses et d'aller demander conseil à maître Vélasquez [9] », écrit-il à Zacharie Astruc. Son expédition éclair portera ses fruits : Vélasquez « à lui tout seul vaut le voyage » et, d'autre part, « le spectacle unique c'est la course de taureaux » [10], comme il le déclare à son retour à Zacharie Astruc. La « plaza de toros de Madrid » sera son premier ouvrage à peine rentré à Paris et c'est bien Vélasquez, du moins le croit-il, qui va être revendiqué dans sa toile découpée.

Astruc, qui avait entrepris un long voyage l'année précédente, lui adresse un programme copieux avec mille conseils. Il lui représente les difficultés qui l'attendent, les mécomptes déplorables pour quelqu'un qui ignore tout de l'Espagne : « C'est un mur. Quel dommage que vous n'attendiez pas à l'année prochaine [11]. » Malgré ces avertissements de mauvais augure, cette lettre « enchante » Manet, elle l'engage « à partir sans compagnon aucun [12] ». Il regrette seulement de n'avoir pas vendu *Olympia* à une certaine Julia Ramelli qui ne donna pas suite à l'offre de 10 000 francs qu'il lui faisait. Il aurait alors convié son ami. Quant à Champfleury et Stevens qui tergiversent, c'est simple, « ils m'emmerdent [13] ». Manet part donc seul, en train, de Paris à Bordeaux, puis Bayonne et gagne Madrid par étapes, visitant Burgos et Valladolid. Il s'installe, au début du mois de septembre, au Grand Hôtel de Paris à la Puerta del Sol, hôtel tout neuf « sur le modèle des grands hôtels européens[14] », et c'est dans ce cadre dépourvu de tout pittoresque qu'il rencontre un jeune bourgeois cultivé, de retour du Portugal, Théodore Duret. Leur rencontre, qui a été racontée par ce dernier de façon amusante, montre que Manet est encore dans un état de grande nervosité. Il s'imagine persécuté par l'appétit d'un voisin qui recommande les plats que lui-même ne peut avaler. Cette impossibilité de s'adapter à la cuisine espagnole explique peut-être la rapidité du séjour et l'état de fatigue du peintre à son retour, qui tombe malade et attrape le choléra. C'est donc en compagnie de son futur biographe que Manet visite Madrid et Tolède. Le rapport qu'il fait à ses amis est tout à fait clair parce qu'il est extrêmement exclusif. Manet est venu en Espagne pour reprendre confiance et espoir, c'est-à-dire pour voir « le plus grand peintre qu'il y ait jamais eu[15] » (lettre à Baudelaire du jeudi 14 septembre 1865), Vélasquez. « J'ai trouvé chez lui la réalisation de mon idéal en peinture ; la vue de ces chefs-d'œuvre m'a donné grand espoir et pleine confiance[16]. » Ce sentiment de certitude est d'autant plus fort qu'il correspond entièrement à son goût pour des personnages isolés, faisant corps avec l'espace du tableau comme le *Majo* des Refusés. Son projet d'un portrait de l'acteur Rouvière dans le rôle d'Hamlet reprend ce principe et l'on constate que dans l'analyse détaillée qu'il adresse à Fantin, grand admirateur de Vélasquez lui aussi, il isole le portrait de Pablo de Valladolid : « Le morceau le plus étonnant de cet œuvre splendide et peut-être le plus étonnant morceau de peinture que l'on ait jamais fait est le tableau indiqué au catalogue, portrait d'un acteur célèbre au temps de Philippe IV ; le fond disparaît, c'est de l'air qui entoure ce bonhomme tout habillé de noir et vivant[17]. »

Goya — est-ce à cause d'*Olympia* ? — semble avoir pâti de son enthousiasme pour Vélasquez : « Il a trop imité dans le sens le plus servile d'imitation (...) Ce que j'ai vu de lui jusqu'ici ne m'a pas plu énormément[18] », écrit-il à Fantin. Mais pour Baudelaire, il ne peut faire moins que de partager avec lui sa passion pour la *Maja vêtue*, vue à l'Académie de San Fernando : « J'ai vu de Goya des choses très intéressantes, quelques fort belles entre autres un portrait de la Duchesse d'Albe en costume de majo d'un charme inouï [19]. » Le futur peintre de *l'Exécution de Maximilien* ne dit rien des *Deux* et *Trois mai 1808* et se contente du tableau le plus proche de son inspiration avec *Jeune Femme couchée en costume espagnol* et *Olympia.* Quand Astruc apprend que Manet n'est même pas allé voir la galerie du duc d'Osuna à l'Alameda et ses fameux Goya, il est désolé : « Tout est à refaire [20]. »

Arrivé le 13 septembre, à Vassé dans la Sarthe, chez un oncle Fournier, Manet a vu ce qu'il voulait voir. Son voyage, entrepris dans les soucis concernant son « avenir [21] » — Suzanne Manet l'écrit à Baudelaire, le 5 septembre —, est une confirmation, une sorte de preuve visuelle de ce que sa peinture contenait déjà. L'un des exemples les plus typiques concerne le rapprochement entre ses descriptions du *Prado,* « charmante promenade couverte de très jolies femmes toutes en mantille [22] » (lettre à Fantin, 3 septembre), « le *Prado* où se trouvent réunies tous les soirs les plus jolies femmes de Madrid [23] » (lettre à Baudelaire, 14 septembre) et l'eau-forte sur le même sujet. L'expérience n'est pas le préalable d'un sujet défini à Fantin comme « un aspect très original [24] », puisque le premier état semble antérieur à 1865, mais un accent qui renforce la référence à Goya et finalement la liberté tirée des *Caprices.*

Autre dimension complexe de l'expérience, la course de taureaux dont Manet donne aussitôt une interprétation éclairée par ce qu'il a vu et par tout ce qu'il sait à travers le *Voyage en Espagne* de Gautier. Cette fois il veut « mettre sur la toile l'aspect brillant, papillotant et en même temps dramatique de la corrida à laquelle j'ai assisté [25] » (lettre à Baudelaire, 14 septembre). Pour réussir cet alliage, il lui faut conquérir « l'aspect rapide de cet assemblage de monde tout bariolé [26] » (lettre à Zacharie Astruc, 17 septembre). Le terme utilisé à cette occasion contient une des grandes valeurs de l'impressionnisme, à condition toutefois d'y maintenir cet enjeu dramatique qui est parfois comme ici dans le sujet lui-même, mais plus encore dans un choc lumineux qui crée les conditions nouvelles d'un « assemblage » des formes et de la couleur.

En 1867, Manet exposera au pont de l'Alma des toiles qui sont considérées à juste titre comme les résultats les plus tangibles de son voyage à Madrid. Les deux *Mendiants-Philosophes* de l'Art Institute de Chicago semblent actualiser, de manière volontairement abrupte, l'identité morale, philosophique, légendaire des tableaux célèbres de Vélasquez, *Ésope* et *Ménippe.* « Ses philosophes, étonnants morceaux [27] », avait dit Manet qui emploie, et de manière répétée, le terme de morceau comme s'il voulait trouver chez Vélasquez un appui dans la conception qu'il se fait du tableau. On lui reprochait constamment de ne pas savoir composer, de ne peindre que des morceaux ; « le peintre des peintres [28] » l'encourage à suivre son mouvement naturel. *L'Homme mort, le Matador saluant,* les *Philosophes* expriment donc le sens de cette conviction dont il avait besoin pour poursuivre malgré les critiques. Il trouve également chez Vélasquez la réalité sombre, le pessimisme qui enveloppe de noblesse des types parisiens qui font partie de la sensibilité contemporaine. L'intensité de la référence réside dans un sentiment de la permanence des valeurs dans un monde qui change, ce qui permet de dire que ses *Mendiants* illustrent, eux aussi, comme les bourgeois de la *Musique des Tuileries,* l'idée de modernité. Dans le Paris d'Haussmann et de l'Exposition universelle de 1867, le *Philosophe au béret* par exemple n'est pas seulement un personnage qui peut être isolé dans le registre de la sociologie réaliste ou de la poésie ; son geste et même la position de sa main gauche semblent répondre au fameux *Portrait d'acteur* de Vélasquez. Manet donne le sentiment de convertir une expérience esthétique et le geste réaliste comporte une valeur de preuve qui sollicite dans l'esprit du spectateur un rôle plus complexe.

Ce rôle, au sens professionnel du terme, on le retrouve dans un autre tableau qui est un portrait, celui de l'acteur Rouvière dans le personnage d'Hamlet (National Gallery, Washington) où l'influence de Vélasquez a encore été invoquée. L'exécution proprement dite pose un problème de chronologie : Tabarant veut que Manet y ait travaillé deux mois avant son départ pour l'Espagne ; d'autre part, on sait que Rouvière est mort le 19 octobre 1865 et que Manet fit poser Antonin Proust pour les mains et Paul Roudier pour les jambes, ce qui semble indiquer que le peintre travailla au tableau après le voyage et après avoir été particulièrement marqué par le portrait de Vélasquez. Or il est très peu probable que Philibert Rouvière (1809-1865), très malade depuis le début de l'année, ait pu venir poser dans l'atelier rue Guyot. Manet a pu demander l'aide de ses deux amis à une date plus précoce. L'idée d'un portrait de Rouvière doit sans doute être rapportée au mouvement de sympathie qui se manifeste à son égard parmi ses amis et le milieu que fréquente Manet, en février-mars 1865. Avant de partir en Espagne, ce dernier avait certainement conçu ce projet et peut-être avancé son exécution. L'enthousiasme pour le *Pablillo de Valladolid* s'inscrirait dans cette perspective.

Rouvière est une grande figure du romantisme. Avant de devenir acteur en 1837, il avait été peintre. Son admiration pour Delacroix et notamment pour ses illustrations d'*Hamlet* inspirait son jeu dramatique et c'est dans le rôle du prince de Danemark qu'il acquit la réputation d'artiste qui le fit entrer dans la légende. Théophile Gautier, au moment de la vente organisée pour lui venir en aide en février 1865, rappelle son destin d'interprète : « (...) Il a fait vivre, respirer, marcher, rêver le prince de Danemark (...) personne n'a rendu comme Rouvière cette hésitation de la pensée devant l'action, ce mélange de folie jouée et de folie involontaire, cet œil visionnaire où se réfléchissent des fantômes invisibles pour les autres, cette rêverie profonde interrompue de réveils convulsifs au contact de la réalité (...)[29] » Gautier qui fait partie du jury pour 1866, en compagnie de Paul de Saint-Victor et Charles Blanc, a suivi la carrière de l'acteur qui créa le rôle d'Hamlet, le 21 septembre 1846, dans l'adaptation de Dumas et Meurice. Il le reprendra en décembre 1847, puis à l'Odéon en 1854 avec un succès plus considérable. Champfleury publia un récit de la vie de Rouvière sous le titre *le Comédien Trianon,* le 1er octobre 1853, où il s'attache à définir les caractéristiques de son jeu, sa parole et surtout sa science du geste. Manet a pu connaître ce texte repris dans *les Sensations de Josquin* en 1859. Mais c'est encore Baudelaire qui dut faire entrer Manet dans son admiration pour .Rouvière ; il rêve à lui pour un « mélodrame psychologique sur l'*Ivrognerie*», « l'épouvante de l'eau-de-vie [30] », comme il l'explique à Paul de Saint-Victor le 22 octobre 1854. Dans la notice biographique parue dans *la Nouvelle Galerie,* il soulignait les qualités de son talent, « une solennité subjuguante », « une diction mordante, accentuée» qui le destinent à jouer les « personnages absolument tragiques [31] ». Déjà en 1861, Baudelaire avait présenté Legros à Rouvière pour un portrait en pied, de sorte que Manet, en 1865, est parfaitement en mesure de comprendre la portée de son tableau. Avec Rouvière, c'est tout un passé romantique qui est en train de mourir : Delacroix, Rouvière et, dans quelques mois, Baudelaire.

La conjonction de son projet avec Vélasquez confirme son ambition. Le tableau qu'il destine au Salon de 1866 a toute la gravité nécessaire pour retenir Paul de Saint-Victor ou Théophile Gautier. De plus, Manet précise à Baudelaire qu'il intitule le portrait *l'Acteur tragique* « pour éviter la critique des gens qui ne le trouveraient pas ressemblant [32] ». Il cherche donc à devancer les observations résultant du fait qu'il a dû travailler d'après des gravures ou des photographies. Tous ces éléments montrent la volonté de corriger les effets désastreux d'*Olympia.* Le même souci de gravité se manifeste avec *le Fifre,* comme si l'artiste avait voulu contenir le jugement dans le cadre exclusif de ses qualités de peintre. Le tableau est étonnant en particulier parce qu'il a ce pouvoir d'incarner entièrement Manet sans que les valeurs qui se sont exprimées à propos des tableaux antérieurs — *Olympia,* le *Christ insulté, Lola de Valence,* etc. — puissent être soupçonnées. *Le Fifre* (Musée d'Orsay, Paris) est en particulier un chef-d'œuvre parce qu'il se détache de l'art de Manet pour l'impliquer de façon neuve et exclusive. Le tableau était prévu pour être perçu à côté de *l'Acteur tra-*

gique et la confrontation aurait dû permettre un jugement entre deux dimensions qui se répondent à travers un certain idéal esthétique, celui de Vélasquez. Toute la mémoire romantique impliquée par Rouvière semble découvrir dans *le Fifre* un nouveau visage, inventer une filiation surprenante dont les valeurs réelles sont à la fois évidentes et pour ainsi dire informulées. L'histoire a fait que ce tableau qui engageait avec le public une épreuve de vérité est resté isolé dans son silence. Le jury de peinture pour 1866, dont les membres avaient été portés au nombre de vingt-quatre, se montra extrêmement proscripteur. Manet fit partie du lot des refusés et l'on vit reparaître l'agitation de 1863 avec d'autant plus d'âpreté. Le suicide du peintre Jules Holtzapfel, refusé par le jury, créait les conditions d'une révolte. Le jury élu par les artistes était devenu un « jury d'assassins », pour reprendre l'expression du marquis de Boissy qui réclamait, au Sénat, un nouveau Salon des Refusés.

Manet avait décidé d'ouvrir son atelier pour montrer aux critiques ses deux tableaux et c'est dans ces conditions que Thoré put, cette fois, prendre sa défense : « J'aime mieux les folles ébauches de Manet que les Hercules académiques. Et donc, j'ai été revoir son atelier, où j'ai trouvé un grand portrait d'homme en noir, dans le sentiment des portraits de Vélasquez, et que le jury lui a refusé[33]. » Le critique qui pourtant appelait de ses vœux en 1864 un réalisme modernisé ne dit rien du *Fifre.* C'est pourquoi l'intervention de Zola dans *l'Événement,* à partir du 27 avril, peut être considérée comme une démarche qui modifie la situation de Manet par rapport au public. Jusque-là, adversaires et partisans ne lui ont pas vraiment manqué. Les adversaires — en majorité — pour dénoncer des éléments que le peintre était en mesure d'apprécier et ses amis pour l'encourager mais aussi, au besoin, pour reprendre à leur compte certaines critiques formulées par d'autres. La situation a pu changer au fil des années, mais il serait vain de vouloir nier l'importance de cette relation complexe. Le meilleur soutien du peintre, Baudelaire, est l'exemple même de cette complexité.

Or, au moment où Baudelaire, malade, devient l'homme paralysé que Manet vient distraire et secourir, Zola entre dans sa vie. Il y entre parce qu'il va devenir Zola, parce qu'il veut devenir Zola et parce que son jugement possède cette redoutable efficacité. L'année précédente, Manet s'entendait dire : « plus l'injustice augmente, plus la situation s'améliore [34] », il n'était que le premier dans la décrépitude de son art ; maintenant il lit dans la presse : « La place de M. Manet est marquée au Louvre, comme celle de Courbet (...) Il est impossible — impossible, entendez-vous — que M. Manet n'ait pas son jour de triomphe, et qu'il n'écrase pas les médiocrités timides qui l'entourent [35]. »

Baudelaire et Zola ont des personnalités si différentes qu'il est peut-être nécessaire de souligner le fait qu'ils ont, l'un et l'autre, apprécié chez Manet des valeurs formelles qui les rapprochent. Baudelaire cependant comprenait l'intérêt fondamental des valeurs négatives dont la peinture de Manet était chargée. Zola croit à une réalité plus positive et c'est dans ce cadre défini par lui avec éclat qu'il tente une définition esthétique de portée générale. La vie de Manet devient une lutte, un combat, elle poursuit un but et c'est ainsi que le triomphe annoncé, entrevu, annonce quelques années plus tard la déception finale. Manet n'aura pas entièrement rempli la fonction prévue, il restera comme un précurseur. Il est donc important de souligner, pour la vie de Manet, la grande perspective qui se déclare grâce à Zola et d'essayer de suivre la réaction du peintre dans ce cadre nouveau.

Au printemps 1866, Zola en est encore à ses débuts, mais par l'intermédiaire de son ami Cézanne, il suit l'actualité et brûle d'exprimer son point de vue. Par Antoine Guillemet, Cézanne a rencontré Manet qui admire les natures mortes qui lui ont été montrées, et quand Zola, qui tient la rubrique littéraire à *l'Événement,* demande à Villemessant de rendre compte du Salon, il s'agit d'abord dans son esprit de poser la question du jury : « Avant de juger les artistes admis, il me semble bon de juger les juges [36] », écrit-il le 27 avril. Il stigmatise le mode d'élection, le règne inévitable des coteries et réclame un nouveau Salon des Refusés. La lettre de Cézanne à Nieuwerkerke, datée du 19 avril, exprime la même opinion. Dès le second article, Zola annonce qu'il va « admirer M. Manet[37] » et comme quelqu'un qui prépare une campagne, il développe le 4 mai ce qu'il appelle son esthétique : « Le mot "art" me déplaît... je veux qu'on fasse de la vie... Ce que je cherche avant tout dans un tableau, c'est un homme et non pas un tableau... Ma volonté énergique est celle-ci : je ne veux pas des œuvres d'écoliers faites sur des modèles fournis par des maîtres... je ne veux pas de tout ce qui n'est point vie, tempérament, réalité[38] ! »

Manet lit cet article qui, dira-t-il à l'auteur, « a fait un grand effet[39] » ; quand le 7 mai paraît celui qui le concerne directement, il est devenu l'exemple à la fois de l'artiste victime du jury et de ce fameux « tempérament » confronté à la réalité qui donne vie à une « vérité ». Le jour même, Manet remercie celui qui s'est présenté comme « le premier à louer sans restriction M. Manet[40] » : « Quel bel article ! Merci mille fois[41] ! » Devant les protestations des lecteurs, la série prévue est écourtée et « Claude » présente ses « adieux d'un critique d'art » avec le sentiment d'avoir touché juste. Pour l'édition de ses articles en brochure, sous le titre *Mon Salon,* Zola supprimera plusieurs passages prenant à partie les membres du jury. On pouvait lire par exemple ceci, qui explique le climat de passion créé par Zola : « M. Breton. Celui-ci est un peintre jeune et militant. Il se serait écrié, en face des toiles de M. Manet : "Si nous recevons cela, nous sommes perdus." Qui, nous ?... M. Breton en est aux paysannes qui ont lu *Lélia* et qui font des vers le soir, en regardant la lune. On parle, de par le monde, de la noblesse de ses figures. Aussi tient-il à ne pas laisser entrer un seul paysan vrai au Salon. Cette année, il en a gardé l'entrée, et il a mis impitoyablement à la porte tout ce qui exhalait la puissante odeur de la terre. » Ou encore ceci : « M. Dubufe, qui peint les portraits au fard et à la craie, a fait chorus avec MM. Breton et Brion. Il a manqué de s'évanouir devant le *Joueur de fifre,* de M. Manet, et a prononcé ces paroles grosses de menaces : “Tant que je ferai partie d’un jury, je ne recevrai pas de toiles pareilles[42]”. »

Il y avait résurgence de scandale et, dans ces conditions, l’éloge de Manet dans son atelier et la description du *Fifre* prenaient une valeur polémique parfaitement orchestrée par l’auteur : « Sur un fond gris et lumineux, se détache le jeune musicien, en petite tenue, pantalon rouge et bonnet de police. Il souffle dans son instrument, se présentant de face. J’ai dit plus haut que le talent de M. Manet était fait de justesse et de simplicité, me souvenant surtout de l’impression que m’a laissée cette toile. Je ne crois pas qu’il soit possible d’obtenir un effet plus puissant avec des moyens moins compliqués[43]. » Que Manet le voulût ou non, l’affrontement avait changé de nature. Le scandale portait sur son nom et sur ce qu’il représentait ; on ne regardait plus les tableaux. Zola avait tiré toutes les conclusions de cette situation. Il ne l’avait certainement pas créée lui-même ; il l’avait puissamment formulée au point de déterminer entre Manet et lui une cause commune d’une redoutable efficacité. Désormais, quand on vient chez Manet, on demande à voir Zola : « Mon cher Zola, je suis horriblement ennuyé de cette coïncidence du jeudi qui vous empêche de venir à la maison. Les personnes qui viennent sont étonnées de ne pas vous y voir et l’on m’a souvent dit : Montrez-moi donc M. Zola[44]. »

Le lundi 15 octobre, un autre billet permet de constater que le retentissement de cette campagne crée autour de Manet une sorte de mobilisation qui n’existait pas au temps des Refusés : « Mon cher Zola, en effet, voilà un ami dont je ne me doutais pas, j’en vois surgir de nouveaux tous les jours et j’en attribue une bonne partie à votre courageuse initiative[45]. » Le peintre a donc des amis dont il ne se doute pas et la nuance n’est pas mince. Le débat autour de sa peinture a encore changé de nature. Il est déjà devenu celui du naturalisme à venir.

Baudelaire, que sa mère et Arthur Stevens ont ramené à Paris le 4 juillet, est entré à la maison de santé du docteur Duval, près de l'Étoile et c'est là que Manet vient le voir, que sa femme et Mme Paul Meurice lui font de la musique. Le 12 juin 1866, *l'Événement* a republié « la Corde ». Le peintre reste à Paris pour travailler ; ses œuvres, après l'encouragement découvert à Madrid et une production intense, témoignent d'un mouvement de repli. Aucune n'est abordée dans la perspective du Salon. *Le Fumeur* (Minneapolis Institute of Arts) retrouve l'inspiration austère du *Liseur ;* la *Joueuse de guitare* (Hill-Stead Museum, Farmington) est une interprétation apaisée du modèle de la *Dame en rose* et c'est aussi un portrait délicat, pensif, sensible, de son épouse. Elle exprime semble-t-il tout ce que Manet ressent à cette époque ; c'est à travers elle qu'il se livre. Parmi les natures mortes, Manet signe aussi, de son écriture large et victorieuse, un *Lapin* qui peut rivaliser avec le meilleur Chardin. Le peintre semble préparer les œuvres sincères et sérieuses qui lui permettront un jour de convaincre. Il peut encore penser à cette date qu'il lui sera possible d'exposer dans le cadre de l'Exposition universelle de 1867 qui prévoit au Champ-de-Mars une Exposition internationale des Beaux-Arts. Les artistes étaient avertis, le 29 septembre 1866, qu'ils auraient à remplir une déclaration préalable des ouvrages destinés au jury. Cette déclaration leur était réclamée sans délai le 7 décembre et Manet apprenait, dans les derniers jours de l'année, qu'en raison du manque de place la commission ne pouvait tenir compte de sa liste où étaient indiqués la dimension, le sujet, la date d'exposition des tableaux proposés.

Dans la perspective de cette prochaine exposition, Zola avait été invité à venir juger dans l'atelier, en décembre, un ensemble d'une trentaine de toiles et avait rédigé une longue étude intitulée « Une nouvelle manière en peinture. Édouard Manet », qui parut dans *la Revue du XIXᵉ siècle* le 1ᵉʳ janvier 1867. Cette fois, le critique ne cherche plus l'affrontement, il plaide, fait un procès-verbal et tente d'apaiser, comme il dit, une émeute. Son rôle est celui d'un

« passant désintéressé, d'allures calmes et libres » qui s'adresse à l'intelligence du public. Mais comme rien n'est sûr, Zola prévient : « Le refus serait un véritable meurtre, un assassinat officiel[46]. » Le 2 janvier 1867, Manet a pris sa décision ; le texte de Zola s'appuyant sur « six années de travail et de talent » ne peut que l'y encourager : il fera une exposition particulière. Le jury ne retiendra qu'un ou deux tableaux, étant donné qu'il n'a pas bénéficié de l'envoi sur liste : « Mon cher Zola, c'est de fameuses étrennes que vous m'avez données là et votre remarquable article m'est très agréable. Il arrive en temps opportun car on m'a jugé indigne de profiter comme tant d'autres des avantages de l'envoi sur liste. Aussi, comme je n'augure rien de bon de nos juges, je me garderai bien de leur envoyer mes tableaux. Ils n'auraient qu'à me faire la farce de ne m'en prendre qu'un ou deux et voilà pour le public les autres bons à jeter aux chiens. Je me décide à faire une exposition particulière. J'ai au moins une quarantaine de tableaux à montrer. On m'a déjà offert des terrains très bien situés près du Champ-de-Mars. Je vais risquer le paquet et, secondé par des hommes comme vous, je compte bien réussir[47]. »

Cette lettre caractérise Manet ; elle révèle un mélange de témérité et de bon sens : le bon sens est peut-être dans l'évaluation réaliste des intentions du jury, la témérité consiste à penser que le public sera séduit par ce coup d'audace. Le public s'est déjà exprimé en 1865. Manet ne l'a pas oublié, mais, à suivre son raisonnement, on a le sentiment que l'artiste se doit à son personnage, celui du Salon des Refusés, celui du scandale de l'*Olympia.* « Risquer le paquet » est bien l'expression qui convient, comme si l'enjeu réel était une soumission à l'autorité du jury. En 1864, en 1866, il estime avoir fait le nécessaire. Baudelaire lui-même l'avait incité à ne pas prêter le flanc à la malveillance : « Prenez garde de prêter à rire aux malveillants[48] », lui avait-il écrit à propos de son *Christ ressuscitant.* Zola lui apporte le sens de son « œuvre » et le post-scriptum a son importance : « Tout le monde chez moi est enchanté de l'article et me charge de vous remercier[49]. » Manet a l'appui moral de son épouse et l'appui financier de sa mère, probablement avec l'approbation des ses deux frères. Les fameuses « lacunes » de son tempérament découvrent, grâce à Zola, la vertu de l'offensive.

Délaissant la solution du Salon et, semble-t-il, avec raison puisque le jury de 1867 se montra très sévère, Manet entreprit de faire édifier un baraquement à l'angle des avenues Montaigne et de l'Alma, de taille beaucoup plus modeste que celui de Courbet. Il ne put l'ouvrir au public à la date du 1er avril, jour de l'ouverture de l'Exposition universelle, à la suite de retards importants. Les frais engagés étaient considérables et l'ouverture le 24 mai fut décevante. L'entrée était fixée à cinquante centimes mais le public, sollicité par mille choses à la fois, était trop distrait pour revenir sur la question Manet. Cinquante tableaux, trois copies, trois eaux-fortes couvraient les murs ; le catalogue énumérait les œuvres dans un ordre qui associait librement les différents aspects de sa production sans respecter une stricte chronologie. L'accrochage n'est pas connu de façon précise, mais on peut supposer un effet visuel concerté, en vue de donner le sentiment de la cohésion. «J'ai été frappé surtout, écrit Champfleury, par la *tenue* des œuvres conçues à diverses époques. De la première toile à la dernière il y a cohésion absolue, ce qui pour les sceptiques éloigne toute idée de *masque* dont on a beaucoup parlé[50]. » *Le Déjeuner sur l'herbe, Olympia, le Chanteur espagnol, l'Enfant à l'épée, l'Homme mort* (nos 1 à 5) donnent une idée de cette volonté affichée d'aller au-delà de l'accueil traditionnel du Salon. Certains sujets sont rapprochés de façon attendue, *Jésus insulté par les soldats* et le *Christ mort,* les deux *Philosophes, la Musique aux Tuileries* et *les Courses au bois de Boulogne,* par exemple. Mais des effets de contraste semblent également avoir été recherchés : *le Buveur d'absinthe* et la *Nymphe surprise* (nos 29 et 30), *le Fifre* (no 11) rapproché du *Vieux Musicien* (no 10) et de *Mlle V. en costume d'espada* (no 12). *L'Acteur tragique* est dans la proximité de *Lola de Valence* et de la *Chanteuse des rues.* Le *Combat des navires américains Kearsage et Alabama* était peut-être encadré par *Un moine en prière* (nº 21) et *le Gamin* (nº 23). Toute une somme de sensibilité et de jugement visuel était ainsi proposée au public par l'artiste et on ne peut que souligner l'idée générale d'un ensemble accroché dans le but de surmonter ce que l'artiste cherchait à obtenir dans les différents Salons en payant son tribut aux sarcasmes et aux rires.

Le texte imprimé en guise d'introduction au catalogue était rédigé dans le même esprit d'apaisement, de manière à contredire toute idée de provocation. En exposant les « Motifs d'une exposition particulière », l'auteur anonyme cherche à éclairer le public sur la situation faite à l'artiste, une situation où il n'est plus en mesure de montrer ce qu'il fait :

« On a conseillé à l'artiste d'attendre.

Attendre quoi ? Qu'il n'y ait plus de jury ?

Il a mieux aimé trancher la question avec le public. »

Le second argument est celui de la sincérité :

« C'est l'effet de la sincérité de donner aux œuvres un caractère qui les fait ressembler à une protestation, alors que le peintre n'a songé qu'à rendre son impression.

M. Manet n'a jamais voulu protester. »

Le dernier « motif » reprend et amplifie les précédents en dégageant toutes les conséquences d'un principe qui est posé comme « le *sine qua non* pour l'artiste », c'est-à-dire comme un droit à l'existence :

« Montrer est la question vitale, le *sine qua non* pour l'artiste ; car il arrive, après quelques contemplations, qu'on se familiarise avec ce qui surprenait et, si l'on veut, choquait. Peu à peu, on le comprend et on l'admet.

Le temps lui-même agit sur les tableaux avec un insensible polissoir et en fond les rudesses primitives.

Montrer, c'est trouver des amis et des alliés pour la lutte.

M. Manet a toujours reconnu le talent là où il se trouve et n'a prétendu ni renverser une ancienne peinture, ni en créer une nouvelle. Il a cherché simplement à être lui-même, et non un autre.

D'ailleurs, M. Manet a rencontré d'importantes sympathies et il a pu s'apercevoir combien les jugements des hommes d'un vrai talent lui deviennent de jour en jour plus favorables.

Il ne s'agit donc plus, pour le peintre, que de se concilier ce public dont on lui a fait un soi-disant ennemi [51]. »

Ce texte n'est pas signé, mais il présente un caractère de logique et un ton de résolution impartiale qui est entièrement la marque de Manet. Tous les termes ont été pesés, à commencer par l'opposition éclairante entre le verbe « montrer » et le verbe « exposer » qui ouvre cette déclaration :

« Depuis 1861, M. Manet expose ou tente d'exposer. Cette année, il s'est décidé à montrer directement au public l'ensemble de ses travaux [52]. »

On peut supposer que l'artiste avait dans sa famille les juristes compétents pour serrer le raisonnement, son cousin Jules Dejouy ou son propre frère. Certaines idées appartiennent au milieu des Refusés : dans sa lettre du 19 avril 1866, parmi les « motifs » de sa démarche, Cézanne déclarait « en appeler au public » ; il parlait d'une « exposition qui doit être forcément ouverte à tout travailleur sérieux [53] ». Le texte de la plaquette de 1867 reprend aussi certains arguments de Zola, mais la forme est différente. En particulier quand on lit : « M. Manet a toujours reconnu le talent là où il se trouve et n'a prétendu ni renverser une ancienne peinture, ni en créer une nouvelle », on pense à un certain infléchissement par rapport au titre même de l'article du 1er janvier dans *la Revue du XIXe siècle,* « Une nouvelle manière en peinture. Édouard Manet ». Mais pour l'essentiel les deux textes vont dans le même sens : « Il est temps que la foule s'approche et se rende compte de ses terreurs ridicules [54] », écrit Zola qui dit : voyez et jugez mais qui annonce aussi la victoire de la vérité : « Il y aura là une manifestation trop originale, trop humaine, pour que la vérité ne soit pas enfin victorieuse [55]. » Pour Manet, en revanche, il ne s'agit que « de se concilier ce public dont on lui a fait un soi-disant ennemi ».

Zola fit imprimer chez Dentu une brochure sous couverture bleue qui reprenait son article du 1er janvier sous la forme d'une « Étude biographique et critique » organisée en trois parties, « L'Homme et l'artiste », « Les Œuvres », « Le Public ». Manet ne vit aucun inconvénient à ce projet et il s'y associa en proposant de mettre en tête son portrait qui sera gravé par Bracquemond d'après une photographie par Camentron, ainsi qu'une eau-forte d'après *Olympia* en face de la description du tableau. D'autre part, l'idée de mettre en vente ce petit volume dans son exposition ne lui créait aucun souci, bien au contraire : « Mon cher Zola, je vous avoue que cela ne peut que m'être agréable de voir votre brochure sur moi se vendre dans mon exposition. Je voudrais même qu'il s'en vendît beaucoup, cela se peut très bien et enfin qui ne risque rien n'a rien [56]. » Le 29 mai, Zola écrit à Valabrègue qu'il espère que sa brochure « va mettre le feu aux poudres [57] » et, dans la préface où il explique la publication d'un texte vieux de quatre mois et rédigé dans une autre perspective, il souligne que son étude est « une simple application de [sa] façon de voir en matière artistique [58] ». Manet avait-il vraiment défini une ligne de conduite ? Voulait-il une conciliation ou une nouvelle bataille ? Le témoignage d'Hippolyte Babou, qui fait partie de ses amis, est particulièrement intéressant parce que ce critique fait la distinction entre le « jeune et furibond critique d'art » qui « n'a pas lâché sa proie comme je le croyais » et l'exposition elle-même, « un petit salon carré, disposé avec une élégante discrétion (...) un lieu de rafraîchissement, de lumière et de paix » [59].

Malgré tous les soins apportés à cette exposition, la publicité dans le catalogue de l'Exposition universelle, une large distribution d'invitations et la monographie de Zola tirée à six cents exemplaires, les caricatures de Randon dans *le Journal amusant* du 29 juin, le fameux public ne fut pas au rendez-vous. Alors que les Salons avaient joué pleinement leur rôle et entraîné Manet dans une logique de célébrité et d'exclusion, est-ce que l'apaisement recherché n'avait pas été obtenu et, dans ce cas, n'était-ce pas une sorte de succès, mais décevant ? En dehors du scandale, Manet avait-il sa place dans l'esprit de ses contemporains ? Malgré ce que dit Antonin Proust, l'exposition obtint peu de presse et ce résultat reste déconcertant. Il pouvait être interprété comme l'amorce d'un lent revirement, mais Manet espérait probablement un succès immédiat.

Manet eut pourtant du succès en 1867, mais ce fut au Salon et avec son portrait par Fantin. Ce dernier avait inscrit en toutes lettres sur la toile une déclaration d'amitié « à mon ami Manet » destinée à proclamer son sentiment. Le portrait, qui est un de ses chefs-d'œuvre, représente admirablement l'homme correct et convaincu décrit par tant de témoignages dont le plus récent, celui de Zola. Mais Fantin avait donné à son « gentleman » un caractère de profondeur, de finesse, une dignité qui surpassent le témoignage de Legros en 1863 ou celui de Bracquemond en 1864. Manet n'est plus tout à fait le peintre inspiré, rêveur, blond de l'*Hommage à Delacroix;* il est dégagé des intentions affirmées du *Toast* où il avait posé avec Whistler, Bracquemond, Cordier, Duranty, Astruc, Cazin, Vollon. Il est devenu l'homme de son œuvre quoi qu'il advienne et ce portrait, qui eut le pouvoir ou le mérite d'ouvrir les yeux de ceux qui imaginaient Manet sous les traits d'un farceur ou d'un rapin chevelu, dépasse cette revendication de vérité somme toute relative. On peut y lire une véritable profession de foi esthétique qui montre, de façon éclatante, ce que Manet représentait pour Fantin comme pour ses amis. Et on ne peut s'empêcher de penser à l'image que Degas donne également vers cette époque. Le public n'a jamais pu accepter ce qu'il ressentait comme une contradiction entre l'homme et son œuvre ; Fantin avait trouvé le moyen d'exprimer cette contradiction dans la pose de son portrait. Beaucoup voyaient à l'évidence un bourgeois, leur contemporain, mais d'autres étaient aussi sensibles à son air résolu de lutteur. Quand Manet fera son autoportrait, environ dix ans plus tard, il aura eu ce témoignage sous les yeux dans l'appartement qu'il partage avec sa mère au 49, rue de Saint-Pétersbourg, à partir de l'automne 1866. Le passage entre les deux portraits constitue un splendide hommage à son ami Fantin, car c'est aussi leur amitié et leur conviction de jeunesse qui semblent revivre intactes dans le souvenir de leur passion pour Vélasquez.

Quand on considère *la Vue de l'Exposition universelle* (Galerie nationale, Oslo) rien ne laisse supposer que Manet, quelques semaines plus tard, va se lancer dans une de ses compositions les plus dramatiques. Le paysage semble libérer l'artiste de ses soucis immédiats de sorte que l'on place son exécution en juin, quand, assez brièvement, Manet a pu vivre au rythme de la capitale et de cette « grande fête de la paix et de la fraternité humaine[60] ». Le point de vue adopte celui recommandé par les guides et les plans officiels, mais c'est pour mieux imposer la valeur lumineuse et le caractère limpide de cette promenade sur la colline de Chaillot. Chaque personnage, chaque groupe de figures, prend la liberté qui lui revient et le sentiment de fusion harmonieuse entre la ville historique et cette « great attraction » repose sur la qualité d'un bien-être social révélé dans le spectacle de la lumière. L'universalité du point de vue souligne la relation de chaque individu à un ensemble composite, cosmopolite, dans la mesure où cet individu recompose cet ensemble dans le plaisir d'une conversation ou simplement en promenant un chien. Manet parvient ainsi à un sentiment élémentaire, à l'image de son jardinier occupé à arroser un massif de fleurs, et le tableau répond tout à fait dans son mode de composition à la conduite du peintre qui s'est exercé par son exposition particulière à une certaine qualité de liberté dans son rapport à la société.

L'annonce de la mort de Maximilien d'Autriche, empereur du Mexique, produisit un effet désastreux ; la nouvelle s'en répandit dans la journée du 1er juillet, jour de la distribution des récompenses au palais de l'Exposition en présence du couple impérial. L'événement toucha directement Napoléon III et vint rappeler cruellement les aléas de sa politique extérieure, mais avant d'en venir aux débats et aux inquiétudes politiques, le sort d'un prince malheureux passionna l'opinion publique. Si brutale que fût la nouvelle, elle était prévisible. Le Habsbourg était prisonnier de Juarez depuis la prise de Querétaro où il s'était enfermé avec ses généraux Mejía, Miramón, Márquez et Mendez. Les secours attendus de Mexico furent dispersés par Porfiro Díaz et, au terme d'un siège de deux mois, la ville fut livrée, la nuit, pour éviter une effusion de sang. Maximilien n'avait pas voulu fuir et abandonner les troupes loyalistes. Malgré la pression des puissances étrangères, l'empereur fut condamné à mort, au terme d'un procès où l'accusation put s'appuyer sur un décret pris par Maximilien lui-même et qui punissait de mort tout individu pris les armes à la main.

L'expédition du Mexique aboutissait donc à un drame qui changeait la portée de l'erreur politique : « Pourquoi faut-il qu'une erreur politique ait abouti à une conséquence si cruelle ? écrit *la Revue des Deux Mondes* le 14 juillet 1867. Pourquoi cette explosion de tragédie shakespearienne est-elle venue se mêler aux idées, aux habitudes, aux mœurs de notre siècle, au fond toutes rationalistes et positives ? Qui aurait cru qu'à notre époque d'invisibles sorcières pouvaient encore entraîner aux abîmes sous l'apparence d'une séduction chevaleresque un Macbeth honnête en lui disant : Tu seras roi [61] ? » Sous ce vocabulaire un peu littéraire, se cache une réalité politique complexe qui dépasse assez vite le cadre du Mexique proprement dit et la personne de Maximilien. Après l'avoir installé sur le trône du Mexique pour servir des intérêts qui se révélèrent bien chimériques, Napoléon mit tout en œuvre pour procéder à un repli en bon ordre, inévitable à la suite de la victoire du Nord en avril 1865 sur les confédérés du Sud. Bazaine se chargea de ces opérations en évacuant Mexico, le 5 février 1867. Le 19 juin, Maximilien était fusillé à Querétaro et Napoléon III, éclairé par la tournure des événements en Europe avec la victoire de la Prusse à Sadowa, s'était heurté à l'idéal d'un Habsbourg et à son rêve obstiné d'empire mexicain.

On pense généralement aujourd'hui que Manet s'est lancé dès le mois de juillet dans le projet d'un grand tableau évoquant la mort de Maximilien. La composition du musée de Boston présente, en effet, tous les caractères d'une réponse à un événement dramatique, avec des couleurs sombres et chaudes dans une mise en page à la Goya. La formule du tableau définitif est cependant déjà trouvée, même si de profonds remaniements font de ce projet celui auquel Manet a le plus travaillé dans toute sa carrière. Selon Tabarant, il aurait voulu pousser cette esquisse pour la joindre aux cinquante tableaux de son exposition. Il en aurait parlé autour de lui et on lui aurait notifié qu'il ne lui serait pas permis d'exposer pareil ouvrage. Cette première expérience, loin de le décourager, le pousse au contraire à persévérer dans une démarche qui aboutit, au début de l'année 1869, à une interdiction ferme et définitive. En juillet 1867, quand paraît dans *l'Artiste* un tirage de son *Chanteur espagnol,* Manet saisit l'émotion du public comme un moyen ; il l'a déjà fait avec le combat des navires américains, en juin-juillet 1864. L'échec de son exposition le porte à ce coup d'éclat presque instantané. Sur l'heure, la charge de l'événement reste encore mal débrouillée et ceci n'est pas fait pour déplaire à un artiste qui aime le choc obscur des valeurs. Dans les premiers jours, la presse souligne en effet la responsabilité des juaristes : « Cet acte infâme ordonné par Juarez imprime au front des hommes qui se disent les représentants de la république mexicaine une flétrissure qui ne s'effacera pas [62]. » Elle souligne également la personnalité de Maximilien : « Tout le monde saurait faire le portrait de ce blond Germain aux yeux bleus, aux favoris blonds, aux cheveux blonds partagés en deux par une raie qui coupait le milieu du front et descendait jusque derrière la tête [63]. » On rappelait son intérêt pour les sciences, « une tendance prononcée à l'illusion », son goût du pouvoir, ses idées éclairées, un prodigieux entêtement. Henri Rochefort analysait sa mort comme une faute politique de la part des républicains : « Sa mort aujourd'hui va nécessairement le grandir, en terminant son aventure de la façon la plus digne, et peut-être, après tout, la plus heureuse pour lui [64]. » Manet pouvait aussi lire le compte rendu de la séance au Corps législatif, le mercredi 10 juillet, où Adolphe Thiers et Jules Favre soulignèrent les carences du pouvoir personnel et l'inexactitude des renseignements soumis à la Chambre. Dès le 8 juillet, *le Figaro* donnait des renseignements sur le déroulement de l'exécution elle-même et comme l'article ne précisait pas la tenue du peloton, le peintre pouvait tirer parti des nombreuses illustrations se rapportant à la guerre du Mexique publiées depuis plusieurs années dans les magazines afin de composer un tableau mexicain, ne retenant de l'histoire que sa violence, le feu d'un peloton d'exécution.

Au mois d'août, Manet semble avoir passé quelques jours au bord de la mer, à Trouville, en compagnie d'Antonin Proust. Il est à Paris le 2 septembre pour l'enterrement de Baudelaire au cimetière Montparnasse. Faut-il penser à une relation quelconque avec *l'Enterrement* (Metropolitan Museum, New York), un tableau dont la date reste incertaine et qui est intitulé dans l'inventaire après décès *Enterrement à la Glacière ?* On peut en douter. Le tableau semble inverser le sentiment créé par la vue de Paris en juin 1867 ; la ville dresse ici ses coupoles sur un ciel nuageux. Un convoi chemine curieusement à travers une sorte de terrain vague dans un quartier populaire. Situé vers 1870, comme on le pensait, le paysage contiendrait une sorte de prémonition. En 1867, il fait revivre le Paris des poètes, celui de Méryon et de Baudelaire, en face de la fête impériale. Manet obéissait-il à cette sorte de logique qui satisfait surtout les historiens ? *L'Enterrement,* qui définit un visage de Paris parce qu'on peut y lire une relation profonde de l'individu à la cité, a surtout le prestige de rendre intelligibles certaines des valeurs qui appartiennent en propre à l'artiste. Il est ici plus proche du Gréco que des paysages parisiens de Claude Monet et le sens du drame résulte d'un sentiment troublant qui relie le quotidien à l'histoire. Le spectacle d'un enterrement à la Glacière dresse le plan d'une mémoire qui n'existe que par un ciel brouillé.

S'il est un tableau qui peut donner une indication précise sur le peintre en septembre 1867, à un moment de sa vie où il a pu prendre conscience de son œuvre et de lui-même, c'est en revanche *les Bulles de savon* (Fondation K. Gulbenkian, Lisbonne). Léon Leenhoff s'est souvenu d'avoir posé à cette date. Il a quinze ans et on l'a reconnu dans *la Vue de l'Exposition universelle* en tenue élégante. Mais ici il est redevenu un gamin et l'on voit reparaître, derrière un parapet de pierre, l'inspiration des modèles de jeunesse, *l'Enfant aux cerises, le Gamin au chien, l'Enfant à l'épée.* Manet semble chercher à sonder une évolution ou une mutation et l'action qu'il représente s'y prête tout particulièrement. La comparaison avec le tableau de Chardin sur le même thème, qui passa en vente en avril 1867, ne peut que renforcer l'idée d'une peinture qui revendique une tradition et une légitimité. Comme chez Chardin, le jeu se confond avec l'observation et la fabrication d'une seule bulle de savon. Manet condense dans cette opération une intensité lumineuse définie par le contraste entre un fond sombre et la figure claire, de sorte que le tableau devient un intermédiaire intéressant entre les œuvres de jeunesse proprement dites, les tableaux où le personnages se détache sur un fond sombre ou lumineux, et *le Balcon* ou *le Déjeuner dans l'atelier.* Le tableau joue un rôle esthétique et, en septembre 1867, son sujet représente également une pause étonnante quand on la rapporte à la fumée de l'exécution du 19 juin.

Au cours de l'été et jusqu'à l'automne, Manet eut tout loisir de compléter son information concernant la mort de Maximilien. C'est après avoir pris connaissance d'articles comme celui de Wolff, le 11 août, dans *le Figaro,* commentant des documents photographiques qui lui avaient été communiqués, que le projet entre véritablement dans la logique documentaire du tableau d'histoire. Une deuxième version est donc élaborée à la fin de 1867 ou au début de 1868, puis une troisième au cours de l'année 1868 dans le but de l'exposer au Salon de 1869. A cette date, en février, l'interdiction de la lithographie tirée du tableau suscitera une petite campagne de presse, mais, dès 1868, un propos de journaliste laisse entendre qu'il fut question d'exposer au Salon une des versions du projet. Devant le marchand Vollard, après la mort de son mari, Mme Manet regrettera le temps consacré à ce sujet : « Quel malheur qu'Édouard se soit acharné là-dessus ! Que de belles choses il aurait pu peindre pendant ce temps-là [65] ! » Visiblement la famille ne conservait pas un bon souvenir de cet épisode et Degas fit tout pour récupérer les fragments de la deuxième version qu'il colla sur un panneau aux dimensions présumées du tableau ; « en guise de protestation[66] », précise Vollard. La toile évoquait pour lui l'ami, le moment d'une amitié dans la recherche d'un art neuf. Cette réforme de la peinture d'histoire, Degas en mesurait la portée.

L'information dont Manet a pu disposer est, en effet, précieuse pour comprendre sa démarche. Les photographies et les descriptions vont lui permettre d'avoir recours à des modèles vivants, venus de la caserne de la Pépinière et mis à sa disposition par le commandant Lejosne. Wolff avait décrit la photographie du peloton qui lui avait été transmise en précisant que l'uniforme ressemblait à l'uniforme français : « Le képi et la tunique paraissent être en toile grise, le ceinturon en cuir blanc ; le pantalon, descendant jusqu'aux pieds, est d'une étoffe plus foncée[67]. » A partir de cette ressemblance, Manet se sentit autorisé à composer librement un uniforme « mexicain » en utilisant l'uniforme des chasseurs à pied de la Garde impériale. Cette tenue était bien connue des Parisiens, familiers non seulement des défilés militaires et des revues mais aussi de la peinture de Salon où l'exactitude des uniformes était un critère absolu. Ainsi Manet se contente d'omettre le liséré jonquille qui caractérise la tunique en drap bleu et le pantalon bleu-gris des chasseurs ; il omet également le pompon et les épaulettes vert foncé, remplace le ceinturon en cuir noir réglementaire par un ceinturon blanc qui ne l'est pas et représente le sabre d'infanterie qui n'est pas celui des chasseurs à pied. En composant une « vérité » approximative, il obéit à des préoccupations de peintre et donne un képi rouge à son officier, ce qui est en dehors de toute réalité française. La différence était cependant trop mince pour ne pas laisser place au soupçon. Zola y a vu la cause des rigueurs de la censure en 1869 :

« Je crois avoir trouvé aujourd'hui le mot de l'énigme, et ce mot est une véritable perle.

En examinant une épreuve de la lithographie incriminée, j'ai remarqué que les soldats fusillant Maximilien portaient un uniforme presque identique à celui de nos troupes. Les artistes fantaisistes donnent aux Mexicains des costumes d'opéra-comique ; M. Manet, qui aime d'amour la vérité, a dessiné les costumes vrais, qui rappellent beaucoup ceux des chasseurs de Vincennes.

Vous comprenez l'effroi et le courroux de messieurs les censeurs. Eh quoi ! un artiste osait leur mettre sous les yeux une ironie si cruelle, la France fusillant Maximilien !

À la place de M. Manet, je regretterais de n'avoir pas eu l'intention de l'épigramme sanglante que la censure a dû lui prêter [68]. »

Le souci de faire vrai ne pouvait être nié ; on le constate dans la version ultime, conservée à Mannheim, avec les portraits des trois victimes. Le visage de l'empereur a été peint d'après une photographie et pour les deux généraux Mejía et Miramón, il fit poser des amis de façon à obtenir un effet subtil de mouvement dramatique à l'instant même de la mort. Le tableau ne se résume pas à une simple question documentaire ; il est évident que la version finale exprime une pensée qui n'était pas présente dans l'esquisse initiale. Tout l'enjeu du tableau consiste à reformuler l'éloquence romantique et lumineuse de Goya et une analyse pourrait montrer comment Manet a su orchestrer la vérité documentaire pour faire de Maximilien, au sens moderne du terme, un fusillé. Ici commence le drame du tableau qui restera pratiquement invisible, montré seulement à quelques amis intimes. Seuls des contemporains informés comme l'artiste pouvaient véritablement juger la portée de l'image, c'est-à-dire en saisir l'actualité. Quand cette réponse n'est pas donnée, toute une part de l'art de Manet semble réduite au silence. Le jugement de Georges Bataille prendrait un relief plus saisissant encore si la critique de 1869 avait pu mesurer l'effet qu'il décrit très bien avec ses mots à lui : « Ce tableau rappelle étrangement l'insensibilisation d'une dent : il s'en dégage une impression d'engourdissement envahissant, comme si un habile praticien avait appliqué comme à l'habitude et consciencieusement ce précepte premier : "Prends l'éloquence et tords-lui le cou [69]." »

Manet n'a mis tant d'énergie et d'acharnement dans ce tableau, qui est son grand tableau d'histoire, que pour finalement rencontrer la censure. Zola a tenté d'expliquer une des raisons de cette décision autoritaire. Sans nul doute, les contemporains en auraient apporté d'autres ; ils les auraient exprimées et c'est cette censure-là, librement acceptée par l'artiste, que la censure officielle a voulu atteindre aussi. *L'Exécution de Maximilien* ne fait que rappeler l'idée que pour Manet un tableau est un événement ; il existe devant un public qui le juge. Ce qui est vrai pour *le Déjeuner sur l'herbe* ou *Olympia* l'est d'autant plus pour un tableau d'histoire. L'image de la mort de Maximilien, dans son principe, a été conçue dans l'émotion de l'actualité et ce qu'elle est devenue au fil des mois avait pour fonction de formuler une histoire au présent. Manet n'éloignait pas l'événement dans un passé récent ; il lui donnait la dimension d'une image et le recréait avec un pouvoir expressif jugé inacceptable et dangereux.

Le Salon de 1868 est pourtant marqué par un retour au libéralisme. L'élection du jury permit à tous les peintres qui avaient eu un tableau reçu aux expositions précédentes de déposer un bulletin dans l'urne. Aux côtés de Baudry, Bida, Pils, Jules Breton, Gleyre, Cabanel, Cabat, Robert-Fleury, Fromentin, Français, Gérome, on vit revenir la personnalité du peintre Daubigny qui, en 1866, avec Corot et quelques autres, avait défendu la jeune école. Bazille avait vu sa *Jeune Fille au piano* refusée, mais il exposait pour la première fois une nature morte. Pissarro eut un paysage admis, Sisley, Berthe Morisot, Lépine, Jongkind, Monet avec *Camille* figuraient à ce Salon où Renoir, Cézanne et Manet étaient absents. En 1867, les refus s'accumulent : Guillemet, Renoir, Bazille, Cézanne. Chez le peintre et marchand Louis Latouche, une pétition réclama à nouveau un Salon des Refusés et les signataires furent sur le point d'ouvrir leur propre exposition quand on leur notifia qu'ils n'obtiendraient pas l'autorisation nécessaire. En 1868 Daubigny, qui avait soutenu le *Portrait de Valabrègue* de Cézanne en 1866 ainsi que les envois de Renoir, put faire entendre son avis auprès de ses collègues peintres et des jurés nommés par l'administration, Alfred Arago, Charles Blanc, Cottier, Théophile Gautier, La Case, Maison. Le *Portrait de Zola* (Musée d'Orsay, Paris) ainsi qu'un tableau montré au Pont de l'Alma sous le titre *Jeune Dame en 1866,* réintitulé *Une jeune femme* (Metropolitan Museum, New York) pour l'occasion, furent acceptés de sorte que Manet trouvait sa place ainsi que Pissarro, Renoir, Bazille, Monet, Berthe Morisot, Degas, Sisley, Boudin. Corot expose *Un matin à Ville-d'Avray* et *le Soir,* et Courbet un tableau qui ranime son réalisme, *l'Aumône d'un mendiant à Ornans.* Castagnary pourra vanter les progrès du naturalisme tout en regrettant de ne pas voir au Salon « la société tout entière ». « C'est un commencement[70] », conclut-il.

Dans ce Salon, les sujets mexicains n'étaient pas éludés, mais c'était *l'Entrée des Français à Mexico* de Beaucé, avec la remise des clefs de la ville par le général Bazaine au maréchal Forey ; c'était *le Siège de Puebla* par Janet-Lange. Gérome, membre du jury, exposait *la Mort du maréchal Ney,* un tableau d'histoire dont le sujet avait été plusieurs fois mis en parallèle avec l'exécution de Maximilien. Dans *l'Artiste* du 1er mai 1868, Marc de Montifaud annonce le tableau de Manet, « un sujet digne du pinceau de Paul Delaroche ou d'Eugène Delacroix ». Manet dut probablement retirer son envoi au dernier moment pour le remplacer par un tableau déjà montré en 1867, également dans son atelier en 1866. Connaissant son désir de toujours montrer du nouveau, l'explication d'un tel envoi vient sans doute du fait qu'il fut pris de court. Ainsi faudrait-il imaginer, de sa part, un Salon pour le moins agressif : d'une part le portrait de son défenseur dans les deux occasions de refus qu'il eut à souffrir, en 1866 et en 1867, et d'autre part un tableau déjà contesté dans son principe en juillet 1867 : *Zola* et *Maximilien.*

Or se produisit le fait notable que le tableau pour lequel Victorine Meurent avait posé déplut beaucoup plus que le portrait de Zola. On trouvait beaucoup de défauts au portrait, mais les éléments du décor intérieur étaient appréciés pour eux-mêmes. Ernest Chesneau, Odilon Redon, Thoré, Marius Chaumelin, à des titres divers, retenaient des qualités de peintre indépendantes du sujet abordé. Zola qui a publié *Thérèse Raquin* en novembre 1867 n'est plus tout à fait le critique débutant qu'il était en 1866 et Théophile Gautier, qui avait si violemment lâché Manet en 1865, publie une sorte d'amende honorable et avoue un changement de situation : « Le chef, le héros du réalisme, est maintenant M. Manet. » Son jugement s'appuie essentiellement sur le portrait où il perçoit une sorte de rupture qui le concerne directement : « Il est probable que les tableaux de Courbet, Manet, Monet et *tutti quanti* renferment des beautés qui nous échappent à nous autres anciennes chevelures romantiques déjà mêlées de fils d'argent, et qui sont particulièrement sensibles aux jeunes gens à vestons courts et à chapeaux écimés[71]. » Gautier rappelle son rôle dans le passé, ses encouragements au sein du jury, il rappelle aussi l'histoire du romantisme, les débuts de Delacroix, de Decamps, de Boulanger, Scheffer, Corot, Rousseau et Ingres qui était accusé « de faire remonter l'art à la barbarie gothique du XVIe siècle ». Mais il ne peut s'empêcher de ressentir, devant Manet et Zola en particulier, un sentiment désagréable : « Suis-je vraiment une ganache, une perruque, un être momifié, un fossile antédiluvien ne comprenant plus rien à son siècle ? »

C'est dans ce mouvement de prise de conscience qu'il aborde le portrait de « l'auteur de *Thérèse Raquin,* admirable étude réaliste du remords » et, précise-t-il aussitôt, « d'une apologie très spécieuse des doctrines et du talent de M. Manet ». On constate alors qu'il est en mesure d'analyser ce que les historiens modernes vont privilégier beaucoup plus tard, la valeur de déclaration contenue dans le portrait : « L'article de Manet doit se trouver parmi ces volumes entrouverts. Un peu en arrière de la table, sont placés dans un passe-partout des dessins que nous croyons cacher une signification mystérieuse et symbolique ; d'abord une gravure de la *Dona Olympia* nue sur son lit avec son chat noir et sa négresse qui cache à moitié une autre gravure représentant *los Borrachos* de Vélasquez, dont l'original est au musée de Madrid ; puis, à côté de la *Dona Olympia,* une gravure sur bois coloriée du Japon, un guerrier ou un seigneur en grand costume. Faut-il voir là la triplicité phénoménale du réalisme : le Japon, Vélasquez et la femme au chat noir, présentés comme source d'inspiration et modèles à suivre ? Nous n'osons pas l'affirmer, mais cette interprétation nous semble assez probable [72]. » L'estampe de Kuniaki II (1835-1888), la gravure d'après Vélasquez de Nanteuil, la curieuse photographie d'*Olympia* reprenant le motif de la boucle de cheveux sur le front qui n'existe que dans la gravure retenaient l'attention dans la perspective générale d'un portrait noir et blanc. Dans *le Charivari,* Louis Leroy expliquait comment l'apôtre de la tache était lui-même devenu une tache.

Le tableau qui relançait le débat était, précisément un de ceux que Zola avait particulièrement défendus dans son article de *la Revue du XIXe siècle :* « Le mouvement de la jeune femme a un charme indicible. Cela serait même trop joli, si le tempérament du peintre ne venait mettre sur cet ensemble l'empreinte de son austérité [73] », écrivait-il alors. Il revenait sur le tableau dans son Salon de *l'Événement illustré* en 1868 pour souligner la qualité de la robe rose : « On n'y distingue pas, il est vrai, le grain de l'étoffe, on ne saurait y compter les trous de l'aiguille ; mais elle se drape admirablement sur un corps vivant ; elle est de la famille de ces linges souples et grassement peints que les maîtres ont jetés sur les épaules de leurs personnages [74]. » Thoré qui lui aussi vit le tableau dans l'atelier, mais au printemps 1866, avait bien marqué l'ambition coloriste et la liberté de la touche : « Ces tons rosés sur fond gris défieraient les plus fins coloristes. Ébauche, c'est vrai, comme est, au Louvre, l'*Île de Cythère* par Watteau [75]. »

La référence est, en elle-même, d'un grand intérêt car elle fait entrer le réalisme de Manet dans une redécouverte du XVIIIe siècle français où les frères Goncourt sont partie prenante. Thoré est cependant trop avancé pour son temps qui ne comprend pas une couleur aussi nouvelle et, dans le scandale de la couleur, l'existence d'une figure dont la laideur effraie : « *Une jeune femme,* écrit Renjarde, vêtue d'un ample peignoir rose, d'une tonalité louche et criarde. Elle est debout à côté d'un perchoir sur lequel joue un perroquet ; la tête est plaquée sur un fond gris ; le ruban de velours noir qui entoure le cou, étrangle littéralement la pauvre femme qui, d'ailleurs, n'a pas de corps sous sa draperie rose ; le bras gauche est paralysé[76]... » Le tableau appelle le souvenir de Courbet (à cause du perroquet) et de Whistler, mais il est surtout critiqué parce qu'il engendre un mouvement de déception ; il n'y a pas, selon Paul Mantz, « dialogue symphonique », « duo » entre la robe rose et le personnage, notamment « les teintes rosées de son visage »[77]. Le conflit éclate, à nouveau, dans et par la couleur. C'est une certaine idée du rose qui est en jeu et par voie de conséquence de la femme. Théophile Gautier a parfaitement exprimé le caractère choquant d'un tableau dont la réalité picturale surgit par rapport à une idée préalable : « Une jeune femme en rose respirant un bouquet de violettes est un sujet gracieux et sur lequel le regard devrait s'arrêter avec plaisir[78]. » Une nouvelle fois, Victorine Meurent empêchait le regard de s'emparer de son image avec plaisir. On la disait jolie et la démarche de Manet semblait incompréhensible : « Cette jeune femme a, dit-on, été peinte d'après un modèle dont la tête est fine, jolie et spirituelle et ornée de la plus riche chevelure vénitienne qu'un coloriste puisse souhaiter[79]. » Le critique constatait une réalité déconcertante : « Sur des traits communs et mal dessinés s'étend une couleur terreuse qui ne représente pas la carnation d'une femme jeune et blonde. La lumière qui devrait pétiller en étincelles d'or dans les cheveux s'y éteint tristement. D'un rose faux et louche, la robe ne laisse pas deviner le corps qu'elle recouvre. Les plis s'y déduisent mal et sont négligemment creusés d'un coup de brosse ; les bâtons du perchoir manquent de perspective, et le perroquet s'y soutient à peine[80]. » Le corps d'Olympia était ici entièrement couvert, mais c'était toujours la même suspicion issue des moyens utilisés par le peintre.

Chapitre VI

Fin d'Empire

Avec le Salon de 1868, Zola le note avec satisfaction, l'art de Manet revient dans la discussion. Le grand public ne rit plus, les peintres expriment leur admiration. Quant aux critiques, l'auteur de *Thérèse Raquin* préfère s'en tenir à l'opinion d'Arsène Houssaye qui présente toutes les qualités requises pour devenir un ami de Manet ; il écrivait dans *l'Artiste* : « Manet serait un artiste hors ligne s'il avait de la main... Ce n'est point assez d'avoir un front qui pense, un œil qui voit : il faut encore avoir une main qui parle [1]. » L'heure du jugement de Mallarmé n'est pas encore venue, mais Zola, avec son tempérament et sa causticité, ne manque pas l'occasion de faire remarquer à propos de son propre portrait et à l'intention de ceux pour qui « la main » consiste à « finir » et, en particulier, à savoir exécuter une main : « Je recommande tout particulièrement la main placée sur un genou du personnage ; c'est une merveille d'exécution. Enfin, voilà donc de la peau, de la peau vraie, sans trompe-l'œil ridicule. Si le portrait entier avait pu être poussé au point où en est cette main, la foule elle-même eût crié au chef-d'œuvre [2]. » Il y a là tout un débat et il n'est pas près de s'éteindre quand on considère *l'Autoportrait,* dit à la palette, où Manet a défini ce qu'il entendait par le rapport entre l'œil et la main mieux que quiconque. Pour l'heure, le peintre sait qu'il a peu de soutien parmi les journalistes. Il n'a pratiquement rien vendu et peut sérieusement se demander si ce qu'il fait n'est pas tout simplement invendable. Les frais qu'il a engagés l'ont conduit sur ce que sa mère lui représente comme « une pente ruineuse [3] ». Pendant ses vacances d'été à Boulogne-sur-Mer, il va faire un bref voyage à Londres dans l'intention d'y exposer l'année suivante. Les « grands projets » du type de *l'Exécution de Maximilien* l'ont, semble-t-il, considérablement échaudé : « Duranty, écrit-il à Fantin (...), s'est trompé sur mes grands projets. Il me voit faisant de grands tableaux. Certes, non. J'ai assez remporté de vestes comme cela. Ce que je veux aujourd'hui, c'est gagner de l'argent ; et, comme je crois, comme vous, qu'il n'y a pas grand-chose à faire dans notre stupide pays, au milieu de cette population d'employés du gouvernement, je veux tenter d'exposer à Londres l'année prochaine [4]. »

En juin, avant son départ, Manet a achevé le *Portrait de Théodore Duret* (Petit Palais, Paris) qui vient sceller une amitié forte et durable. La rencontre remonte au séjour en Espagne où Manet put apprécier le caractère et l'intelligence d'un jeune journaliste dont les avis en matière artistiques lui paraissaient cependant un peu abrupts. Manet fait état d'un « terrible et positif jugement [5] ». En 1867, Duret a publié un essai où il évoque à loisir la personnalité de Manet et, s'il reprend à son compte la critique de son style d'esquisse, il soutient sa personnalité artistique : « M. Manet n'a point réussi complètement dans ce qu'il voulait faire, car ses imperfections en font un artiste encore trop incomplet pour qu'on puisse dès aujourd'hui le placer au rang qu'il a voulu conquérir d'un bond ; mais il ne s'est point non plus cassé le cou [6]. » En 1868, il vient de fonder avec Jules Ferry, Pelletan et Zola un journal d'opposition, *la Tribune française*, où Manet vient parfois bavarder. Ses idées esthétiques évoluent ; le portrait semble même avoir été entrepris pour le convaincre : « Mon cher Manet, je trouve votre bonhomme très crâne. Décidément, c'est de la peinture [7]. » Et pour prouver son dire, il cite la réaction de sa cuisinière : « N'ayant pas vu le cadre, il lui a semblé voir une apparition et un homme vivant. Puis elle a fini par se rassurer et, soyez fier !!! elle m'a dit que ce bonhomme lui paraissait *fort joli.* Elle m'a demandé si c'était un Arabe [8] ? »

L'épisode du portrait de 1868 est surtout important dans la perspective de la monographie que Duret publiera en 1902. Car c'est à cette occasion qu'il fut en mesure de juger et de comprendre la peinture de Manet en interprétant une expérience surprenante : « Le petit portrait devait représenter l'original debout, la main gauche placée dans la poche du gilet, la droite appuyée sur une canne. Le costume est un "complet" gris, se détachant sur fond gris. Le tableau était donc tout entier dans les gris. Mais lorsqu'il eut été peint, que je le considérais comme terminé d'une manière heureuse, je vis cependant que Manet n'en était pas satisfait. Il cherchait à ajouter quelque chose. Un jour que je revins, il me fit remettre dans la pose où il m'avait d'abord tenu, et plaça près de moi un tabouret, qu'il se mit à peindre, avec son dessus d'étoffe grenat. Puis il eut l'idée de prendre un volume broché, qu'il jeta sous le tabouret et peignit de sa couleur vert clair. Il plaça encore, par-dessus le tabouret, un plateau de laque avec une carafe, un verre et un couteau. Tous ces objets constituèrent une addition de nature morte, de tons variés, dans un angle du tableau, qui n'avait aucunement été prévue et que je n'avais pu soupçonner. Mais après il ajouta un objet encore plus inattendu, un citron sur le verre du petit plateau [9]. »

Avec intelligence, Duret va tirer la leçon de cette observation. Tout son prix réside dans le fait que Manet fait poser Duret en personne pour peindre tout autre chose. Zola a, lui aussi, été frappé par cette démarche et il la souligne en 1868 : « Ce qui m'a étonné moi-même a été la conscience extrême de l'artiste. Souvent, quand il traitait un détail secondaire, je voulais quitter la pose, je lui donnais le mauvais conseil d'inventer : "Non, me répondit-il, je ne puis rien faire sans la nature. Je ne sais pas inventer. Tant que j'ai voulu peindre d'après des leçons apprises, je n'ai produit rien qui vaille. Si je vaux quelque chose aujourd'hui, c'est à l'interprétation exacte, à l'analyse fidèle que je le dois [10]." »

Les motifs de nature morte que certains critiques auraient

voulu pouvoir isoler de son œuvre appartenaient en réalité à « sa manière instinctive et comme organique de voir et de sentir[11] ». Duret a parlé aussi « d'une voie ascensionnelle, vers le coloris de plus en plus éclatant et les tons de plus en plus clairs[12] » ; il avait compris ou, du moins, il commençait à comprendre de façon nouvelle ce qu'en 1867 encore il décrivait comme « une manière trop rapide et trop hâtive[13] ». Ayant été en quelque sorte converti lui-même, il rêvait de convertir ses amis et fit une étrange proposition à l'artiste, lui demandant d'effacer sa signature ou de la rendre invisible pour mieux convaincre les gens prévenus : « (...) Vous devriez effacer votre signature dans le clair, sauf à ne pas signer, ou à signer *invisiblement* dans l'ombre. De cette façon, vous me donneriez le temps de faire admirer le tableau et la peinture. Je pourrais dire, selon l'occasion, que c'est un Goya, un Regnault ou un Fortuny. Un Fortuny !!! surtout, ce serait admirable. Puis je découvrirais le pot aux roses et le bourgeois attrapé serait forcé de mordre. Voyez et réfléchissez à l'idée que je vous suggère. Tous les trucs sont bons pour attraper le bourgeois[14]. » Manet réfléchit donc et inversa date et signature, au bout de la canne de Duret, comme si l'inscription était là pour lui tout seul, sous sa garde en quelque sorte. Il n'avait pas voulu plagier Regnault ou Fortuny. Quant à Goya, c'était du pur Manet. De Cognac où il était propriétaire, Duret expédiait 49, rue de Saint-Pétersbourg une caisse de vieille eau-de-vie qualifiée à la fois de « petit souvenir » et de « témoignage de gratitude »[15].

Avec sa famille, Manet fait un long séjour à Boulogne en juillet-août. Le 26 août, il écrit à Fantin : « Je ne pense qu'à revenir à Paris ; car je ne fais rien ici. Décidément deux mois, c'est long[16]. » Curieusement l'information semble exacte, bien que les deux tableaux du prochain Salon aient été mis en relation avec ce séjour d'été de 1868. On peut se demander la raison d'aussi longues vacances. Tabarant parle de fatigue et il est probable que l'artiste ressent les effets de son activité dans les mois précédents. Le sentiment de l'échec le poursuit et sa correspondance porte la marque d'une certaine nervosité ; on a l'impression qu'il écrit sur une table du Guerbois tout en déplorant de ne pas y être : «Je vous envie de pouvoir discuter avec le grand esthéticien Degas sur l'inopportunité d'un art à la portée des classes pauvres et permettant de livrer des tableaux au prix de 13 sols. Je n'ai pu parler peinture avec aucun étranger depuis que je suis ici [17]. » Il n'a pas de mot assez dur pour les récompenses officielles : la Légion d'honneur est un « sale hochet », Millet fait chevalier en août a bien fait de ne pas aller le chercher. Daubigny est un « mufle », son fils n'a pas de talent. Les demoiselles Morisot pourraient « servir la cause de la peinture en épousant chacune un académicien et en mettant la discorde dans le camp de ces gâteux [18] ». C'est là le Manet excessif, versatile, provocant que beaucoup ont connu dans les années qui précèdent la guerre de 1870. Il est allé à Londres sans Degas avec qui il voulait faire le voyage, pour « tâter un peu le terrain de ce côté ». Le séjour l'a enchanté, « Legros a été aimable et très complaisant », « l'excellent Edwards a été charmant », seul contretemps, « Whistler n'était pas à Londres (...) il était en excursion sur un yacht » [19]. A Zola, il exprime le même sentiment : « Il y a quelque chose à faire là-bas pour moi, je crois et je vais le tenter à la saison prochaine [20]. » Il n'a pas cru sentir à Londres « cette espèce de jalousie ridicule qu'il y a chez nous, c'est presque tous des gentlemen ». Dans la même lettre, il demande des nouvelles, par l'entremise de Guillemet, de l'exposition maritime du Havre où en compagnie de Courbet et de Monet il expose du 15 au 30 juillet. Son *Homme mort* obtiendra une médaille d'argent. L'état d'esprit de Manet à cette époque n'est pas un cas isolé. Ses amis connaissent eux aussi les incertitudes et les déceptions. Fantin, son correspondant, qui est avec Duranty et Degas un interlocuteur privilégié au café Guerbois, ne donnera pas suite au projet d'exposer le portrait de Manet à la prochaine exposition de la Royal Academy : « Le portrait de Manet est fait depuis deux ans et je n'ai plus envie de le montrer. J'ai bien changé depuis... », écrit-il à son ami Edwards, le 21 mars 1869. Monet, de son côté, connaît de grandes difficultés dont un amateur du Havre va le tirer de façon providentielle en septembre 1868. Bracquemond informe Manet qu'il se rend à Balleroy faire un tableau. Ce dernier le traite de « veinard[21] ». Duranty lui dit que Degas est en train de devenir « le peintre du *high-life* » ; « C'est son affaire[22] », réplique Manet, dont Duranty semble connaître les ressorts cachés.

Le vacancier désœuvré que nous livre ces lettres permet de comprendre ce que représentait pour lui les stations régulières au café Guerbois, situé au numéro 11 de la Grande-Rue des Batignolles et qui succède dans les habitudes de l'artiste, vers les années 1867-1868, au café de Bade, non loin de Tortoni. Il s'agissait d'un point de rencontres et de discussions où la personnalité de Manet était en mesure de jouer à la fois un rôle de chef de file ou de bande tout en accusant la diversité des points de vue, la singularité de chacun. Au Guerbois, il devenait un étrange personnage, à la fois généreux et cruel, bourgeois et insurgé : « Il était le plus curieux du monde, rappelle Armand Silvestre, accoudé à une table, lançant avec une voix où dominait l'accent de Montmartre, voisin de celui de Belleville, ses propos gouailleurs ; oui, curieux et inoubliable avec ses gants irréprochables et son chapeau écrasant sur la nuque le frisottement éclairci de ses cheveux[23]. » Monet qui y vint parfois se souvient surtout du choc des opinions et d'une perpétuelle agitation d'idées : « On s'y tenait l'esprit en haleine, on s'y encourageait à la recherche désintéressée et sincère, on y faisait des provisions d'enthousiasme qui, pendant des semaines et des semaines, vous soutenaient jusqu'à la mise en forme définitive de l'idée. On en sortait toujours mieux trempé, la volonté plus ferme, la pensée plus nette et plus claire[24]. » Mais pour Manet, qui y était plus assidu, ces séances ont aussi contribué à accentuer ou à aggraver sa tension nerveuse.

Le rythme de son travail n'est plus tout à fait le même

qu'au début des années 1860 ; à la fois plus radical et plus intermittent, il accuse certaines contradictions à l'égard des problèmes qui étaient débattus concernant les orientations du réalisme, le paysage, l'observation des phénomènes lumineux. *Le Balcon* et *le Déjeuner dans l'atelier* semblent répondre de manière triomphante à toutes ces interrogations. Le contraste des tons, le rôle de la lumière, le rapport à la tradition classique, et surtout la composition elle-même font de ces deux tableaux des chefs-d'œuvre auxquels on ne peut imaginer une suite sans bouleversement. Il viendra avec la guerre, mais pendant plusieurs mois, Manet a peut-être vécu plus que jamais dans le sentiment que sa peinture avait atteint une de ses limites et les chefs-d'œuvre ne doivent pas masquer le fait qu'il a moins produit qu'au début des années 1860.

Parmi tous les motifs d'intérêt de la toile intitulée *le Déjeuner* (Bayerische Staatsgemäldesammlungen, Munich) on peut noter le caractère étrange de la pièce qui cumule deux expériences successives, celle des vacances dans deux locations, l'une jusqu'au 17 août, au 2 bis, rue Napoléon, l'autre, à partir de cette date, au 156, rue de Boston, et celle de l'atelier de la rue Guyot. On retrouve dans la toile définitive les natures mortes et notamment des huîtres qui évoquent une inspiration d'été et, d'autre part, des armes prêtées par le peintre Monginot dont la présence peut s'expliquer dans un atelier d'artiste. Le personnage principal, posé par Léon Leenhoff, est lui-même dans une tenue estivale qui peut convenir à un Parisien en vacances, d'autant que derrière lui le personnage féminin en gris a été décrit comme une « servante boulonnaise[25] ». Selon Tabarant, la composition dériverait d'une étude faite sur place, mais, au retour, le peintre aurait, dans un premier temps, voulu situer la scène dans son atelier ainsi qu'une radiographie l'a montré, pour revenir ensuite à une salle à manger plus traditionnelle. Le personnage qui fume un cigare serait le peintre Auguste Rousselin, un ancien de l'atelier Couture qui séjournait chaque année à Boulogne. L'un des résultats de cette curieuse élaboration est que les objets qui sont peints et justifient le titre, loin d'accentuer la cohésion formelle comme dans un intérieur, tendent au contraire à l'empêcher au prix d'une sorte d'énumération : « Il y a des huîtres, il y a un citron, il y a un verre à moitié plein de vin blanc, il y a un bouteille, un petit pot bleu et des tasses de porcelaine blanche. A côté de la table, sur un siège garni de velours rouge, j'aperçois un casque, un yatagan, un grand pistolet dont la crosse est incrustée d'ivoire[26] », déclare Marius Chaumelin. Au Salon de 1869, presque tous les critiques ont été frappés par le caractère disparate des objets, au point que l'ordonnance d'un déjeuner devient problématique. L'esprit positif de Castagnary s'étonne de voir le café servi à côté d'huîtres fraîches : « En regardant ce *Déjeuner,* par exemple, je vois sur une table où le café est servi un citron à moitié pelé et des huîtres fraîches ; ces objets ne marchent guère ensemble[27]. » Théophile Gautier, en vieux romantique, reste davantage intrigué par les armes anciennes : « Pourquoi ces armes sur la table ? Est-ce le déjeuner qui suit ou qui précède un duel[28] ? » On cherche en vain une raison à la présence d'objets hétéroclites qui, selon Castagnary, devraient s'exclure. Toutes ces observations sont importantes dans la mesure où elles visent à affirmer le talent du peintre. Mais c'est précisément son aptitude à tout représenter à titre de nature morte qui est sévèrement critiquée : il n'y a pas d'interprétation, tout est inanimé et arbitraire. On peut détacher les motifs et même isoler dans un personnage une partie de lui-même : « Il y a également, note un critique, un paletot de velours fort intéressant[29] », et l'on sait que Matisse procédera lui aussi à cette logique de l'observation formelle. « Dans ce tableau il y a à boire et à manger. Quelques jolis blancs, de beaux noirs, un bon citron, un pot superbe, des huîtres, et le fameux chat noir pour dessert[30] », conclut Bertall.

De façon concertée, *le Déjeuner* créait un sentiment de dislocation interne qui rompt avec une tradition réaliste, celle de *l'Après-dîner à Ornans* de Courbet, médaille d'or au Salon de 1849, ou bien plus récemment avec *le Cabaret de la mère Anthony* de Renoir, en 1866. Le tableau de Monet peint en 1868, *le Déjeuner* qui sera refusé au Salon de 1870, permettrait lui aussi d'apprécier la disposition ressentie comme illogique des figures. Peu de critiques ont abordé la question de front, mais leur appréciation permet de comprendre un sentiment de rupture entre l'univers des objets et, au premier plan, « un jeune gandin[31] », un « petit crevé[32] » comme on disait, une figure « affligeante » de « jeune Chinois déguisé en Européen »[33]. Un an après *les Bulles de savon,* Léon Leenhoff joue un rôle différent : il est le jeune coursier employé par le père de Degas qui affiche une élégance toute positive. Il ne deviendra jamais le dandy que fut son « parrain » mais, pour l'instant, il incarne un sentiment brutal de mutation. Son chapeau de paille semble désigner le gros casque de la Renaissance, au point que l'on peut penser à une nouvelle formule du tableau de jeunesse, *l'Enfant à l'épée.* Le modèle, lié à la peinture et à l'atelier, définit une autre relation avec le monde extérieur. Il appelle une autre lumière et un autre regard et cette dimension biographique, inscrite dans le tableau à titre de mémoire, est peut-être aussi un élément de dialogue avec *le Balcon* où dans l'ombre, à l'arrière-plan, on reconnaît la reprise de *l'Enfant au plateau,* une des premières apparitions de Léon en costume de page, sous le patronage de Vélasquez. En décembre 1868, Manet a envoyé *l'Enfant à l'épée* et *le Chanteur espagnol* à l'exposition de la Société artistique des Bouches-du-Rhône, à Marseille, dans l'intention de les vendre. Malgré le succès de ces toiles, elles ne seront pas achetées. Cette péripétie ne pouvait que renforcer le sentiment de cohésion que l'artiste devait ressentir à l'égard de son œuvre au moment où l'un de ses principaux modèles devenait un témoin vivant de son évolution.

Les deux mois d'inactivité à Boulogne ne furent pas seulement à l'origine du *Déjeuner* et du *Balcon* pour des raisons en quelque sorte matérielles (Tabarant dit que pour le *Balcon,* Manet se serait souvenu d'un effet de contre-jour), il semble qu'il ait pris la résolution de donner lui aussi dans le *high-life.* Londres paraît l'avoir séduit un peu pour cette raison — il parle de beaux attelages qui auraient pu intéresser

Degas — et à Boulogne même une vie de station élégante était en plein épanouissement. Quand il pense aux « demoiselles Morisot », l'idée de devenir lui aussi « le peintre de la vie moderne » sous cet aspect brillant et distingué peut s'appuyer sur le fait, vérifié par la critique, que Victorine Meurent représentait surtout un obstacle majeur à cet égard. Elle disparaît de son horizon et Berthe Morisot, de ce point de vue, la remplace. Au Salon de 1869, la réaction des contemporains est assez claire : « On ne me croyait qu'un *sous-Courbet,* un apologiste du monde qui ne se lave pas les mains. J'ai voulu prouver que je savais peindre au besoin les gens qui ont du linge. Ainsi, j'ai sur une fine toile de Hollande brossé avec le plus grand soin un habit coupé à la dernière mode. Dix mille tableaux de moi à qui prouvera que mon cocodès au balcon n'a pas le faux col le plus blanc qui soit sorti des mains d'une blanchisseuse de fin. Les dames au premier plan sont aussi d'une propreté irréprochable et le blanc de leurs robes éteint le blanc de la muraille elle-même[34] », est censé déclarer le peintre des Mendiants-Philosophes dans *la Vie Parisienne.* Trêve de guenilles ou de dames en rose jouant les coquettes sans conviction. Berthe Morisot entre dans sa peinture et dans sa vie sur d'autres bases.

En septembre 1868, quand commence le projet du *Balcon,* Manet a fait la connaissance d'Edma et Berthe Morisot au Louvre, grâce à Fantin. Fille du préfet Tiburce Morisot, descendant lointain de Fragonard devenu conseiller à la Cour des comptes, et d'une mère spirituelle qui a son franc-parler, Berthe Morisot n'est plus une débutante ; elle peut se flatter de débuts prometteurs au Salon de 1864. Élève du peintre Guichard et de Corot, elle est en contact avec le milieu artistique éclairé, Daubigny, Guillemet, la duchesse Colonna. Ses parents reçoivent rue Franklin des personnalités qui sont ou seront des familiers du salon Manet, Jules et Charles Ferry, le futur Carolus Duran, Alfred Stevens, très mondain, le docteur Blanche. En 1865, 1866 puis 1867, où Manet a pu admirer sa *Vue de Paris prise des hauteurs du Trocadéro en aval du pont d'Iéna,* elle expose des paysages qui sont remarqués. L'idée du *Balcon* dérive tout naturellement de la nature des relations sociales qui se sont établies dans ce milieu distingué. Fanny Claus, qui posera elle aussi sur le fameux balcon, est une violoniste, amie de Suzanne Manet, fille d'un organiste et chef d'orchestre. Elle épousera le peintre Pierre Prins, ami de Manet. Quant à Antoine Guillemet, il fait partie des amis de Berthe Morisot depuis plusieurs années. C'est une personnalité pleine d'entrain qui a débuté au Salon de 1865 puis connu les refus de 1866 et 1867. Issu d'une famille fortunée d'armateurs de Rouen, ses qualités d'amitié et de sympathie lui assurent une belle position dans l'histoire de la peinture dite impressionniste. Le choix des modèles du *Balcon* est en lui-même un des éléments intéressants du tableau : ces trois artistes composent une société qui est liée à Manet et au salon de Mme Manet, mais il s'agit d'un trio ouvert à des relations qui dépassent le cloisonnement social habituel. Ces jeunes gens sont avant tout des artistes doués de leur liberté de jugement et pourtant ils se présentent à nous comme de simples bourgeois élégants. Manet n'aurait pas pu faire poser Cézanne ou Monet, mais avec Antoine Guillemet, ils ne sont pas exclus de l'horizon de Berthe Morisot. Manet semble transporter sur la toile un morceau de la société qu'il fréquente et dont il apprécie par-dessus tout le charme et l'intelligence, mais c'est au profit d'un singulier pouvoir de cohésion. Chacun accuse une singularité qui lui est personnelle et ce trait semble d'autant plus sensible qu'il s'agit d'un trio à dominante féminine. « Les demoiselles Morisot sont charmantes. C'est fâcheux qu'elles ne soient pas des hommes[35] », écrivait Manet à Fantin, songeant peut-être aux sévères fraternités esthétiques que ce dernier aimait représenter. *Le Balcon* possède une autre portée et pourtant le propos est encore de signifier quelque chose qui se rapproche de la liberté de l'artiste et de l'art, mais dans une position qui suspend toute déclaration.

Personne n'a pu soupçonner un seul instant, en 1869, que la société du *Balcon* eût une quelconque dignité à représenter le ton de distinction et d'élégance du *high-life* contemporain. Les figures ne font qu'y prétendre de façon ridicule. Le ridicule provient du contraste entre les deux femmes, « deux horribles bourgeoises en robe blanche » ; l'une « a de beaux yeux noirs », l'autre « a l'air gauche d'une pensionnaire »[36]. Entre elles, un « gandin[37] », un « Arthur quelconque[38] », un « jeune homme de ceux qui brillent dans les coulisses, au clubs et aux courses[39] ». « Vous verrez qu'on nous dira que M. Manet a voulu traduire la nullité et la bassesse intellectuelle des gandins et des petites demoiselles contemporaines[40] », déclare Henry Fouquier qui semble suspecter un projet digne de Flaubert. Les séances de pose furent longues et nombreuses. Par un privilège qui indique peut-être des séances encore plus nombreuses pour elle, Manet a représenté Berthe Morisot assise. Une esquisse montre qu'à l'origine il avait prévu de donner cette place à la jeune Fanny Claus. Dans une lettre à sa fille Edma, Mme Morisot mère, qui a suivi attentivement toute cette aventure, déclare au mois de mars : « Antonin dit qu'il l'a bien fait poser quinze fois pour le manquer et que Mlle Claus est atroce ; mais que tous deux exténués de poser debout disent : "C'est parfait, il n'y a rien à reprendre." Tout ce monde est amusant, mais réellement peu sérieux. Manet a l'air d'un fou, il s'attend à un succès, puis tout à coup il lui prend des doutes qui le rendent sombre[41]. » L'intention de Manet n'était certainement pas d'aller dans le sens d'une élégance convenue. La cravate bleue, au centre du tableau, qui aujourd'hui étonne par sa hardiesse, fut remarquée. Manet, faut-il le rappeler, était un raffiné en matière vestimentaire, il était célèbre aussi pour l'art avec lequel il choisissait ses cravates. On peut penser que celle de son ami avait été soigneusement sélectionnée : « M. Manet peint et souvent il peint bien tout ce qui lui tombe sous les yeux : un citron, une femme, un couteau, une cravate bleue ou un gandin ; il ne voit que le côté brutal des objets, la valeur d'un plan, l'opposition violente des différentes couleurs[42]. » « Mlle Claus est atroce » : le chapeau, l'expression du visage, le geste des mains en train de boutonner des gants, tout ceci peut s'apprécier par rapport à l'esquisse initiale où la jeune violoniste était évoquée de façon plus gracieuse. Quand à Berthe Morisot, le tableau lui donne une intensité qui, à l'époque, était susceptible d'être interprétée de façon douteuse : « On ne sait pas bien ce que ces honnêtes personnes font à leur balcon[43] », écrit un critique qui distingue une « femme » à côté d'une « jeune fille ». « Je suis plus étrange que laide, avait-elle dit à sa sœur ; il paraît que l'épithète de *femme fatale* a circulé parmi les curieux[44]. »

La référence à Goya fut signalée, en particulier par Théophile Gautier, et la publication en 1867 du livre d'Yriarte sur Goya, comportant une gravure d'après les *Manolas au balcon* et une autre d'après le *Portrait de la duchesse d'Albe,* pouvait permettre de la vérifier. En décembre 1868, Manet avait participé, sur l'invitation de Philippe Burty, à la publication d'un livre illustré, *Sonnets et Eaux-Fortes,* pour lequel il s'était inspiré librement des planches 5 et 15 des *Caprices* de Goya, célébrés par Baudelaire. Mais pour *le Balcon,* les contemporains constataient surtout que Manet s'inspirait des peintres en bâtiment : « Il s'abaisse jusqu'à faire concurrence aux peintres en bâtiment[45]. » Il fait, au sens strict, le portrait d'un balcon. L'effet sur le public était garanti. Pourtant, malgré la vivacité des réactions, on reste loin des cris provoqués dans le passé par *Olympia.* On retrouve cette qualité discordante de la couleur, comme chez Martinet en 1863, mais on y est mieux préparé. « Ses peintures produisent comme toujours l'impression d'un fruit sauvage ou même un peu vert[46] », écrit Berthe Morisot, et *la Gazette de France* déclare de son côté : « La coloration, à la fois blafarde et criarde, produit sur l'œil l'effet de grincement de la scie sur l'oreille[47]. » Le Salon de 1869 vient confirmer la thèse de l'artiste énoncée en 1867 : le public commence à s'habituer et l'opinion commence à changer à son égard. Plusieurs observateurs le remarquent devant des œuvres plus difficiles que celles présentées en 1868. Même Berthe Morisot avoue préférer le portrait de Zola. L'interprétation, ou l'appréciation au sens où nous l'entendons, n'est pour ainsi dire indiquée qu'en creux ; dislocation du lien narratif entre les figures, identification sociale, intensité lumineuse, tout est situé sur le plan d'un désagrément. « Tout est désagréable à regarder[48] » ; « c'est vraiment exaspérant[49] ! ». Pratiquement toutes les qualités de peintre que l'on commençait à reconnaître publiquement chez Manet étaient celles qui soulignaient le caractère incompréhensible de ses compositions. Zola ne s'exprimant pas en 1869, Manet ne pouvait compter sur aucune analyse ferme et décisive. Duranty qui mieux qu'un autre aurait été en mesure de juger le fameux *high-life* de son ami se contente d'une observation timide qui démontre la complexité du jugement dans ces années préimpressionnistes : « Si l'on voyait vite en passant des gens à un balcon, on aurait une impression assez égale à celle du tableau de M. Manet, mais si l'on prolongeait le coup d'œil, l'impression changerait ; les blancs et les verts, par exemple, perdraient de leur valeur, et d'autres colorations en prendraient une nouvelle. C'est un peu là le secret et de la peinture de M. Manet et de l'opposition qu'on lui fait. Il a toujours saisi une impression de la nature plus vite et par conséquent autrement que ses critiques[50]. »

Comme en 1868, le jury du Salon de 1869 fut élu par les artistes ayant été admis précédemment et malgré les refus de Sisley ou de Claude Monet, Renoir, Pissarro, Degas purent exposer ainsi que Puvis de Chavannes ou Gustave Moreau. Regnault avec le *Portrait du général Prim,* Carolus Duran avec la *Femme au gant,* Feyen-Perrin avec les *Vanneuses de Cancale* recueillent le succès dans un Salon qui est marqué par des élections qui sont venues rappeler l'importance de l'opposition républicaine. Le régime s'oriente vers une alternative libérale. Manet persiste cependant dans ses intentions d'exposer une troisième version de *l'Exécution de Maximilien,* ce qui va entraîner une petite campagne déclenchée à son instigation : «Je crois que dire un mot de ce petit acte d'arbitraire ridicule ne serait pas mal[51] », écrit-il à Zola, en janvier, quand l'administration lui refuse l'autorisation de faire imprimer la lithographie évoquant le sujet du tableau. L'affaire se développe au mois de février alors que l'imprimeur Lemercier refuse de rendre la pierre lithographique et demande l'autorisation de l'effacer. « Il importe à tous de connaître quels sont les droits de la préfecture de police sur la pensée d'un auteur ou d'un artiste », peut-on lire dans la *Chronique des Arts,* le 21 février, sous le titre « Une importante question de droit ». L'intérêt de cette « affaire » est évidemment d'éclairer la conduite de l'artiste devant un « acte d'arbitraire » qui se transforme en un acte illégal : « On ne peut détruire un cliché, pierre, etc. sans un jugement, il me semble, et il faut tout au moins la publication qui constitue le délit [52] », a-t-il précisé à Burty, le 18 février. Mais le projet d'un Salon comportant *l'Exécution de Maximilien* associé à l'un des deux tableaux acceptés par le jury reste un témoignage tout aussi déterminant. La jeunesse élégante et parisienne du *Balcon* ou bien les solides valeurs de vacances du *Déjeuner* auraient, mieux que tout commentaire, éclairé « le tragique épisode qui a clos notre intervention au Mexique », pour reprendre les termes de *la Chronique des Arts.* Même en restant sur un plan « exclusivement artistique » comme on y insiste, le sentiment de la réalité contemporaine aurait été profondément modifié. On peut supposer que Manet, davantage encore qu'en 1868 avec son *Zola,* tenait encore un scandale. La composition du *Déjeuner* et celle du *Balcon,* qui comportent des analogies, dans l'esprit de Manet, s'ouvraient sur *l'Exécution de Maximilien.* C'est aussi ce tableau fantôme qui colore un étonnant pouvoir de dialogue avec ce qui demeure invisible et obscur.

Un autre élément explique l'« affaire Maximilien ». L'affiche annonçant le petit livre de Champfleury, *les Chats, histoire, mœurs, observations, anecdotes,* comportant une lithographie de Manet, le *Rendez-vous de chats,* fit son apparition sur les murs de Paris à partir du 17 octobre 1868. Le succès en fut très grand et *la Chronique illustrée* du 25 octobre en publiait une reproduction. Selon Duret, l'idée de « frapper les passants » aurait beaucoup plu à Manet qui se serait « fort diverti à cette fantaisie [53] ». Le motif, sous une forme enjouée, devenait une espèce de commentaire osé du scandale d'*Olympia,* tout en exprimant de manière claire et concise l'esprit du livre. Champfleury avait su définir de façon libre et fuyante une sorte de configuration esthétique dispersée réunissant Hoffmann et Goya, Goya et Hokusai, Delacroix et Baudelaire. Manet traduisait entièrement le « caprice » et la « fantaisie » que Champfleury avait soulignés comme pour définir dans l'histoire un esprit irréductible à tout principe d'imitation matérielle. Après la mort de Théophile Thoré et de Baudelaire, Champfleury offrait de nouveau l'occasion d'une sorte de manifeste esthétique. Ce dernier correspond tout à fait au moment où dans l'atelier pose la joyeuse compagnie du *Balcon*. Le succès du livre, avec deux réimpressions entre octobre et la fin de 1868, conduit d'ailleurs à la publication d'une édition de luxe pour laquelle Manet va associer, dans son eau-forte *le Chat et les fleurs,* un souvenir du *Balcon,* une grille, un cache-pot et un chat qui semble descendu pour l'occasion de son toit. On ne saurait trouver meilleure illustration de cet état d'esprit de libre communication entre une société distinguée et un réalisme de tonalité beaucoup plus âpre.

Une autre planche intitulée *les Chats* qui évoque une page d'album d'Hiroshige, attribuée par Champfleury à Hokusai qui en tire des motifs traités en culs-de-lampe dans son ouvrage, permet par ailleurs de reconnaître un des acteurs du *Déjeuner.* Il y eut donc grâce à Champfleury et à l'occasion de son livre un effet de commentaire qui n'est pas sans importance pour définir, après Vélasquez, le moment où Goya sollicite une compréhension double de la réalité : « Goya, avait écrit Baudelaire, est toujours un grand artiste, souvent effrayant. Il unit à la gaieté, à la jovialité, à la satire espagnole du bon temps de Cervantès, un esprit beaucoup plus moderne, ou du moins qui a été beaucoup plus cherché dans les temps modernes, l'amour de l'insaisissable, le sentiment des contrastes violents, des épouvantements de la nature et des physionomies humaines étrangement animalisées par les circonstances[54]. » A la suite de Maximilien, et de façon moins tragique, Berthe Morisot ou Léon Leenhoff avaient été placés à cette « frontière vague » définie par Baudelaire comme l'art suprême de Goya quand il écrit : « C'est une frontière vague que l'analyste le plus subtil ne saurait pas tracer, tant l'art est à la fois transcendant et naturel[55]. »

L'été 1869 à Boulogne, où il séjourne à l'hôtel Folkestone, sur le port, est important à cause du nombre des tableaux entrepris et surtout peut-être parce que deux d'entre eux, *le Saumon* (Shelburne Museum, Shelburne) et *le Clair de lune sur le port de Boulogne* (Musée d'Orsay, Paris), seront décisifs dans l'avenir professionnel de l'artiste. Il s'est encore désolé de son exposition auprès de Berthe Morisot ; ses espoirs de vente ont été déçus : « Ce pauvre Manet est triste, écrit-elle. Son exposition, comme toujours, est peu goûtée du public, mais c'est pour lui un sujet d'étonnement toujours nouveau. Cependant il m'a dit que je lui portais bonheur et qu'il avait eu une demande d'achat pour le *Balcon.* Je le voudrais pour lui, mais j'ai grand-peur que ses espérances ne soient encore une fois déçues[56]. » En réalité, c'est par la nature morte et le paysage que viendra enfin la chance en la personne de Paul Durand-Ruel. Le 11 janvier 1872, ce dernier remarquera chez Stevens les deux toiles boulonnaises et fera, le lendemain, une entrée retentissante dans la vie de Manet. Ce dernier avait quarante ans et il tenait enfin un marchand.

Clair de lune sur le port de Boulogne s'intègre dans une série de scènes évoquant les aspects contrastés du port de mer. La nuit, le jour brumeux, le soleil séparent la société des vacanciers et des voyageurs qui accueillent le vapeur de Folkestone des femmes de pêcheurs attendant le retour des bateaux. Chaque paysage détermine un rapport différent des personnages avec l'espace ambiant. *Sur la plage* isole les figures dans leur loisir avec un accent caustique, tandis que *la Jetée de Boulogne* éloigne les promeneurs dans un effet de profondeur anonyme qui peut évoquer certains effets perspectifs de Seurat. Une telle approche du site et de la réalité sociale d'un port est d'autant plus remarquable en 1869 qu'elle est précisément celle que Manet ne donne pas à Paris. *La Musique aux Tuileries, les Courses à Longchamp,* la *Vue de l'Exposition universelle, l'Enterrement* restent des témoignages circonscrits, élaborés à des moments de son activité organisés autour de sujets où les valeurs d'observation sociale ne forment qu'un des éléments de l'intérêt. A la veille de la guerre de 1870, Manet s'intéresse toujours de façon prioritaire au portrait. Il y eut donc, dans l'été 1869, une orientation décidée vers une analyse sociale qui annonce l'inspiration générale de l'après-guerre. Et ce sont aussi les paysages de Boulogne qui permettent de comprendre à quel point *le Balcon* est un tableau qui interdit ce qu'il découvre avec tant de conviction. A Boulogne, l'observation saisit son objet à la fois dans l'espace et dans le temps. A Paris ou plutôt au Salon, cette objectivité reste en suspens.

Le bilan du Salon de 1870 où Manet avait exposé le *Portrait d'Éva Gonzalès* (National Gallery, Londres) et la *Leçon de musique* (The Museum of Fine Arts, Boston) fut particulièrement décevant. Le peintre était attaqué comme d'habitude, mais cette fois, les critiques qui auraient pu le soutenir lui indiquaient une carence fondamentale. Castagnary exprimait ainsi la même déception qu'avaient connue d'autres avant lui, Théophile Gautier par exemple. Manet restait désespérément stationnaire ; il n'allait pas dans le sens qu'il semblait indiquer de lui-même, celui de la réalité moderne : « Le hasard a amené sous ma plume le nom de M. Manet et je l'en blâme. Je n'ai rien à dire de ce peintre qui, depuis dix ans, semble avoir pris à tâche de nous montrer à chaque Salon qu'il possède une partie des qualités nécessaires pour faire des tableaux. Ces qualités je ne les nie pas ; mais j'attends les tableaux. Avoir pour mission de fournir selon ses aptitudes et son tempérament une image de la société qui nous environne, et ne voir dans tout cet immense spectacle que soi-même et son entourage, le modèle qui passe à portée, Zacharie Astruc qui veut bien se prêter à jouer de la mandoline sur un canapé vert, ce n'est faire preuve ni de vastes préoccupations intellectuelles ni de puissantes facultés d'observation [57] ! »

La critique pouvait porter. Zacharie est un vieil ami, Manet a déjà peint beaucoup de guitares ; quant à Éva Gonzalès, sa jeune et récente élève, elle pouvait tout simplement démontrer l'absence d'imagination d'un artiste qui, après le

Balcon, referme les persiennes de son atelier pour tourner le dos à la réalité extérieure. Plus mordante encore, parce que plus marquée de sympathie, l'analyse de Duranty. Les deux hommes se sont réconciliés après un duel qui remonte au mois de février 1870. L'affaire eut lieu au café Guerbois à la suite de propos malveillants dont le plus anodin était finalement celui publié dans *Paris-Journal* le 19 février à propos d'une exposition au Cercle de l'Union artistique où Manet avait envoyé un *Chiffonnier* et l'aquarelle d'après les *Anges au tombeau du Christ*: « M. Manet a exposé un philosophe foulant aux pieds des coquilles d'huîtres et une aquarelle reproduisant son Christ soutenu par les anges [58]. » Duranty savait être plus méchant que cela et la fureur de Manet saisit ce prétexte pour éclater dans toute sa violence. « Une rencontre à l'épée a eu lieu aujourd'hui 23 février 1870, dans la forêt de Saint-Germain, vers onze heures du matin, entre MM. Manet et Duranty. Un seul et unique engagement a eu lieu, d'une violence telle que les deux épées ont été faussées. M. Duranty a été blessé au-dessus du sein droit, d'une façon légère, l'épée de son adversaire ayant glissé sur une côte. Devant cette blessure, les témoins ont déclaré que l'honneur était satisfait et qu'il n'y avait pas lieu de continuer le combat [59]. » Le procès-verbal est signé É. Zola et H. Vignaux pour les témoins de Manet, É. Schnerb et P. Lafarge pour ceux de Duranty. Malgré une réconciliation immédiate et l'échange de leurs chaussures sur le pré — réalisme oblige —, la sympathie de Duranty pour Manet restera marquée d'une restriction qui ne sera jamais véritablement levée, même au moment où il publie, en 1876, sa brochure célèbre *la Nouvelle Peinture.* Au Salon, il commence par saluer le mérite d'un peintre qui saisit « l'effet violent de la nature, l'intense cruauté de ses aspects, de ses notes opposées ». Mais il estime que le temps est venu d'aller plus loin : « Il faudrait entrer enfin dans le sentiment *expressif* de la vie moderne, en y apportant la largeur qu'on est capable d'y apporter. Il faudrait se renouveler, laisser là ce personnage, ou ces deux personnages sur fond ardoisé et nu, et s'exciter soi-même en se prenant corps à corps avec le *rassemblement* des figures. Car on dirait vraiment qu'une invisible police surveille ce pinceau hardi et lui interdit la société... Il faut arriver à l'imagerie transcendante, l'imagerie admirablement faite, admirablement *dessinée,* et d'une puissance complète. » Il conclut son avertissement en citant le nom de Courbet et en appelant Manet à triompher de « cette puissance de tonalité qui fait jaillir un tableau d'entre tous les autres » ; il ajoute aussitôt : « Si elle n'est pas soutenue par la volonté d'une pleine exécution, d'un modelé strict, toutes ces taches vives flottent et s'affaissent. Le public s'ébahit et raille, et nous ne savons plus comment nous défendre, nous justifier devant cette accusation "d'aimer les supériorités *incompréhensibles*" d'un homme auquel nous avons souhaité et pronostiqué les triomphes d'un des premiers peintres de ce temps-ci [60]. »

Quand Manet prenait connaissance de ces articles, l'opinion était davantage accaparée par les questions politiques, par le plébiscite organisé par Napoléon III et par l'avenir du régime impérial. Lui-même participe activement à ce climat de réforme en matière artistique en s'associant au projet soutenu par le peintre Jules de la Rochenoire. Ce dernier proposait une liste de candidats différente de la liste officielle et qui devait être soumise aux artiste électeurs. Sur cette liste figuraient Bonvin, Chaplin, Corot, Courbet, Chintreuil, Daubigny, Daumier, Armand Dumaresq, Frère, Amand Gautier, Hédouin, Manet, Millet, Vollon, Ziem. Selon les nouvelles dispositions, tous les artistes récompensés ou décorés pouvaient être appelés à la formation du jury par le vote de tous les anciens exposants. L'enjeu de la réforme passait par la liste jugée la plus libérale. Manet se passionna pour cet affrontement ; il tenta de faire passer dans *le Rappel* et *la Cloche* une note qu'il présentait à Zola, le 12 mars 1870, en ces termes : « Le projet émanant du comité qui présente la liste suivante pour le jury, était absolument libéral. Tous les artistes voteront pour les noms suivants [61]. »

Zola était partisan d'une entière liberté. Il avait souvent attaqué le principe d'un jury électif. C'est pour cette raison que Manet lui écrit en toute hâte qu'il est convoqué à une réunion de cent cinquante artistes : « Les candidats sont invités à venir exprimer leurs idées d'organisation ou de désorganisation artistiques[62]. » Par « désorganisation », il faut entendre la mise en œuvre de cette liberté pour chacun de « montrer » son travail. A quelques jours de là, le 19 mars, les espoirs d'élection s'envolaient avec la constitution de la liste officielle, mais Manet était décidé à une sorte d'appel au peuple :

« Mon cher Rochenoire,

Notre liste n'a aucune chance de passer si nous ne frappons pas un grand coup. A la dernière heure, je serais d'avis de brûler nos vaisseaux en faisant insérer dans toute la presse et en envoyant à domicile à tous les artistes *devant passer devant le jury* l'avis suivant :

Que tous ceux qui craignent le refus votent pour les hommes dont les noms suivent, partisans du droit qu'a chaque artiste de montrer son œuvre, et dans les conditions les plus favorables.

Suivrait la liste des candidats.

Tant pis si ces imbéciles-là ne votent pas pour nous. C'est de bonne guerre et, en somme, ce serait la vérité que nous défendrions[63]. »

Le jury où figuraient Bonnat, Gérome, Comte, Fromentin, Gleyre, Robert-Fleury, Cabanel, Pils, Cabat, Delaunay, Meissonier, Chennevières, Dubufe, Chaplin et Vollon (ces deux derniers remplaçaient Corot et Daubigny) se montrait en fait libéral en acceptant cinq mille quatre cent trente-quatre numéros. Quelques refus, celui de Monet ou celui d'un tableau de Bazille, justifiaient cependant l'activisme de Manet qui pour sa part exposait régulièrement depuis 1868. On le constatera, les Salons républicains ne tarderont pas à renouer avec l'attitude de proscription qui fut effective en 1866 et en 1867. Son attitude en 1870, mais également en février 1869, montre un artiste qui raisonne à partir de principes généraux et qui semble ne plus se satisfaire d'une attitude indulgente ou libérale. Il a bénéficié à plusieurs reprises de la bienveillance de certains jurés, mais il n'a rien fait pour la mériter ou pour l'honorer. Son attitude fut toujours de s'imposer et finalement d'exprimer dans sa peinture ce qui l'exposait à un refus. A considérer son expérience, le combat qu'il mène contre le jury au nom du droit de chaque artiste à montrer son œuvre paraît justifié. Il reste que le débat avec le public demeure plus que jamais virulent et que l'attitude libérale est précisément celle qui a le mieux révélé cet obstacle de fond. Sous la plume de Manet, « montrer son œuvre » implique un rapport de forces avec l'opinion qui s'est déterminée au Salon par rapport à des œuvres conçues pour cet affrontement et il n'est pas sûr que l'enjeu puisse se résumer à la seule question du jury. L'exposition particulière de 1867 l'avait déjà plus ou moins révélé.

En février 1869, Éva Gonzalès devient l'élève de Manet après avoir suivi l'enseignement de Brion et de Chaplin. Elle est la fille d'Emmanuel Gonzalès, journaliste et écrivain, président depuis 1863 de la Société des gens de lettres, et comme Berthe Morisot qui est son aînée de sept ans, elle fréquente un milieu d'artistes : Théodore de Banville, qui laissera un portrait d'elle tout à fait vivant et flatteur, Alfred Stevens, Dumas. Manet qui recherche des modèles acceptant de poser devant lui fait pour elle ce qu'il refusera à d'autres : il devient un maître et surveille son travail dans l'atelier de la rue Guyot. Alfred Stevens qui connaît parfaitement son ami les a présentés, sachant que la jeune fille a la plus vive admiration pour le peintre du *Fifre. L'Enfant de troupe,* qu'elle présentera pour ses débuts au Salon de 1870, recevra les éloges que l'on refusera au portrait exécuté par un professeur qui inquiète les critiques. Tout invite à rapprocher et à comparer Berthe Morisot et Éva Gonzalès, leurs personnalités, leurs relations avec Manet, le rôle qu'elles ont pu jouer l'une et l'autre. Manet lui-même, en faisant successivement leur portrait et par certains propos, s'est prêté à ce jeu. Mais au-delà de deux caractères différents et de deux artistes pour lesquelles une telle rencontre fut décisive, il est clair que Manet interroge une relation esthétique dont ces deux jeunes femmes sont les témoins privilégiés. Ce n'est pas fuir l'élément de charme et de séduction dont le peintre enregistre toute la complexité que de retenir avant tout une image contrastée de son art. Deux regards portés sur lui, deux accents dont il a ressenti également la portée pour lui-même.

Le portrait d'Éva Gonzalès a coûté beaucoup d'efforts à son auteur qui ne l'acheva qu'au début de mars 1870. « Son portrait n'avance toujours pas, écrit Berthe Morisot. Il me dit être à la quarantième séance et la tête est de nouveau effacée[64]. » Cette remarque, comme d'autres du même genre, s'explique par le fait que Manet présente son élève comme un modèle à suivre : « Manet me fait de la morale et m'offre cette éternelle Mlle Gonzalès comme modèle (...) elle sait mener une chose à bien, tandis que moi, je ne suis capable de rien[65]. » Une petite toile (56 sur 46 cm) montre précisément l'élève studieuse dans l'atelier : elle est vue de dos devant un chevalet ; derrière elle, Léon en costume espagnol évoque l'inspiration de sujets comme *la Posada*. Le commentaire semble définir de façon allusive un hommage au type de beauté d'Éva Gonzalès, qui descend par son père d'une famille espagnole (anoblie par Charles Quint) et dont la mère est wallonne. Le grand portrait permet de mieux juger sa personnalité loyale, éveillée, confiante : « La lumière caresse avec joie ces cheveux châtains, magnifiquement relevés sur les tempes et massés au sommet de la tête en larges coques retenues par un haut peigne d'écaille à l'espagnole. Et, riante, elle joue sur un large front, sur lequel de petites boucles de cheveux évaporés jettent des ombres douces, qui fait valoir la blancheur du teint et le velours noir des prunelles. De longs sourcils noirs, étroits, protègent les grands yeux très ouverts, chercheurs, curieux, pénétrants. Il y a une innocence et une loyauté adorables dans ce beau regard de jeune fille, qui va droit devant soi sans hypocrisie et qui ingénument est avide de voir. Le nez droit et arrondi se relève à l'extrémité par des méplats charmants et des narines mutines. La bouche hardiment et gracieusement dessinée et d'une vive couleur de rose s'entrouvre en se retirant, comme par l'espièglerie de l'enfant qui retient son haleine pour voir et pour guetter, et cette bouche curieuse accompagne merveilleusement bien le regard observateur de l'artiste, toujours en éveil[66]. »

L'héroïne du *Balcon,* la rêveuse du *Repos* pouvait apprécier tout ce qui la séparait d'une jeune fille, riche de dons, sur laquelle ne semblaient pas peser les orages ou les chimères. Manet l'avait représentée devant un chevalet, la palette à la main, en train de poser une touche sur la toile. Presque un an de travail pour représenter cette seule touche de peinture, Berthe Morisot ne manquait pas l'occasion de remarques piquantes. Elle ne représentait certainement pas pour Manet cette identité professionnelle qui fait d'Éva Gonzalès une héritière du classicisme français du XVIIIe siècle. Quand elle pose à son tour pour *le Repos,* au début de l'été 1870, la « femme fatale » du *Balcon* abandonne quelque peu son pouvoir de « maja » pour devenir de façon plus émouvante et plus sensible la femme moderne, marquée de spleen et de modernité, incarnant la solitude et la liberté de l'artiste. Ce que Manet voit en elle le concerne directement. Sans faire un rapprochement trop étroit, l'image que donne Degas de son ami Manet écoutant ou n'écoutant pas la musique de piano que lui joue son épouse présente certaines analogies. *Le Repos* (Museum of Art, Providence) répond à une musicalité intérieure, à une fatalité dont Berthe Morisot, au terme d'une époque, devient une vivante incarnation. C'est par elle que le peintre du *Déjeuner sur l'herbe* semble en mesure de capter les éléments diffus d'un avenir. L'heure de Mallarmé, dans le vivant souvenir de Baudelaire, n'est plus éloignée. Mais ce serait trop court que de l'opposer ainsi au bouquet de fleurs que travaille Éva Gonzalès. Car le portrait de cette dernière contient une « morale » qui vaut aussi pour Berthe Morisot. Dans un cadre bourgeois qui exclut le désordre de la rue Guyot évoqué dans la petite esquisse, l'élève peint de façon un peu narquoise un bouquet de fleurs dans son cadre doré. Le caractère apparemment convenu de cette œuvre ne fait que souligner l'absence de fini dans l'exécution ; le style d'ébauche dont elle devient l'interprète est souligné par l'hommage sur le tapis, à ses pieds, d'une pivoine, posée à côté d'une étude signée « Manet » qui s'enroule sur elle-même de manière à dissimuler tout principe d'imitation entre l'objet et sa représentation. Le style d'ébauche du bouquet placé sur le chevalet paraît exprimer l'enjeu de leurs relations. Manet semble déjà connaître les risques encourus par un modèle venu apprendre d'un maître tel que lui cette absence de fini qui lui est reprochée comme une lacune : « Croirait-on que Mlle G..., son élève, dont il a la prétention de nous donner le portrait est, car nous la connaissons, une des jolies femmes de Paris ? Il est vrai que les fleurs qu'elle peint d'une façon distraite, et c'est là son excuse, ne sont pas non plus très attrayantes [67] », écrit le critique du *Pays.*

Berthe Morisot a déjà une longue expérience de cette qualité esthétique dans laquelle s'engage avec confiance sa jeune rivale. Au retour d'un séjour à Lorient où elle a peint des paysages, notamment une marine où elle a fait poser sa sœur et qu'elle offre à Manet, le témoignage qu'elle exprime permet de constater que Manet lui-même semble pris dans une contradiction ; il prétend aimer chez Berthe Morisot ce qu'il ne trouve pas chez Éva Gonzalès, une liberté de la touche que cette dernière ne possède pas, et pourtant il voudrait plus de fini comme si le point équidistant entre ces deux artistes n'était autre que lui-même : « Les Manet sont venus nous voir mardi soir, on a visité l'atelier ; à mon grand étonnement et contentement, j'ai recueilli les plus grands éloges ; il paraît que c'est décidément mieux qu'Éva Gonzalès. Manet est trop franc pour qu'on puisse s'y tromper, je suis sûre que cela lui a beaucoup plu ; seulement, je me souviens de ce que dit Fantin : "Il trouve toujours bien la peinture des gens qu'il aime" ; puis il me parle de finir et j'avoue que je ne comprends pas ce que je puis faire [68]... » A la veille du Salon de 1870, sur le point d'envoyer *la Lecture* et *Jeune femme à sa fenêtre,* Berthe Morisot a fait l'expérience de cette capacité à « finir » particulière à Manet qui, de façon impromptue, reprend sa composition et la transforme, dans une leçon de peinture où il entre aussi une sorte de plaisir destructeur : « Il fait mille plaisanteries, rit comme un fou, me donne la palette, la reprend, enfin à cinq heures du soir, nous avions fait la plus jolie caricature qu'il puisse se voir[69]. »

Le portrait d'Éva Gonzalès prend pour principe une relation pédagogique qui s'est établie dans l'atelier et qui flatte sans doute l'heureux successeur de Chaplin. Il entre cependant beaucoup de sympathie pour l'indépendance d'esprit du modèle et une sorte de curiosité à l'égard d'une interprétation de son art. C'est, en partie, grâce à la personnalité d'Éva Gonzalès que Manet a pu comprendre et sonder la liberté de Berthe Morisot. Après Victorine Meurent, celle-ci entrait dans un processus d'identification avec l'art de Manet au point que son image lui appartient de façon tyrannique.

Le tableau de Bazille, l'*Atelier de la rue de la Condamine*, où figurent Zola, Maître, Monet, Renoir, Bazille et Manet, éclaire lui aussi la position de l'artiste en 1870 : son jugement fait autorité et c'est lui qui s'empare de la silhouette de Bazille pour lui donner un accent longiligne déjà abondamment interprété dans le *Déjeuner sur l'herbe* de Claude Monet. En 1870, son tableau de plein air *Scène d'été* sera refusé et Manet qui va peindre *Au jardin*, l'été, dans la maison de campagne du peintre De Nittis, à Saint-Germain, selon Tabarant, commence lui aussi à vouloir travailler en plein air comme ses amis Bazille, Monet ou Renoir. Toute cette société d'amis se retrouve dans *Un atelier aux Batignolles* où figurent également Scholderer et Zacharie Astruc : Fantin fut récompensé de son audace ; il obtint une médaille avec un tableau dénué de « concessions » qui réunissait les personnalités les plus contestées du réalisme.

En juillet, la guerre surprend donc un peintre dont le dernier Salon est peut-être le plus « conventionnel » de toute sa carrière. *La Leçon de musique* (The Museum of Fine Arts, Boston), qui peut évoquer l'inspiration de Degas vers la même époque, était sévèrement critiqué pour ses tons sombres : « La Guitare dans la Boutique du Charbonnier, par M. Manet, titre Bertall au *Journal amusant.* Cette guitare de M. Manet est toujours la même : variations sur une seule corde, le blanc et le noir. — Oui ou non, nocturne plébiscitaire à deux voix. — Papier blanc sur papier noir, une idée triste qui sent son billet de faire part. — Après ça, charbonnier est maître chez lui[70]. » Dans cette perspective, l'heureuse maternité d'*Au jardin* (Shelburne Museum, Shelburne) semble réagir contre une atmosphère renfermée et le tableau avec Tiburce Morisot, le frère de Berthe, dans le rôle du père, posant d'humeur assez renfrognée derrière une jeune mère qui n'est pas forcément sa sœur Edma, retient aussi l'attention de façon un peu arbitraire parce qu'il présente assez bien le caractère d'un tableau d'avant-guerre. Dans une autre circonstance, on considérerait la composition de façon différente. *Le Repos* représente aussi une alternative au portrait du Salon, mais le moment lui donne aussi une valeur complexe. Si on ajoute encore à ces références une des natures mortes les plus précieuses de sa carrière, *la Brioche,* on peut considérer que la guerre surprend un peintre capable de saisir pleinement autour de lui, dans la société bourgeoise qu'il fréquente, des valeurs de stabilité et de mutation. Le prix de cette existence organisée et inquiète à la fois s'exprime tout particulièrement dans un tableau que l'on date vers 1867-1868. Il représente Mme Manet au piano dans l'appartement du 49, rue de Saint-Pétersbourg et, à travers ses talents de musicienne, les relations qui se sont nouées entre artistes grâce à la musique. Le goût pour la musique romantique explique certaines affinités dans le salon des Lejosne ou chez Mme Paul Meurice. Le petit format du tableau ne doit pas faire illusion ; il suggère davantage une forme musicale qu'une scène intimiste et c'est sur le plan d'un équilibre de l'interprétation, évoqué par la juxtaposition entre les boiseries claires à panneaux rectangulaires du fond et la profondeur d'un miroir où se reflète la forme indistincte d'une pendule, que l'attention se dirige. L'interprète appartient à cette harmonie intérieure qui condense la structure régulière et l'objet virtuel, perdu dans une glace et qui symbolise la durée. Telle est l'image que Manet a voulu donner de sa vie privée à un moment où il cherchait à établir un lien plus immédiat entre son atelier et la vie moderne. L'idée que cette dernière puisse exister en dehors d'un lien social dont la musique de piano résume le caractère le plus objectif est une idée qui semble lui faire violence. Le romantisme de Manet s'exprime une nouvelle fois et notamment par sa capacité à faire entrer en résonance son univers et la société tout entière. Elle est trop peu visible au gré de certains, mais elle existe en puissance parce qu'elle expose l'artiste à une universalité qu'il ne peut évoquer que par défaut.

Chapitre VII

La guerre et l'après-guerre

La guerre de 1870, le siège de Paris, la guerre civile, les premiers mois de la paix retrouvée représentent dans la vie de Manet, comme dans l'existence de beaucoup de ses contemporains, une épreuve. Cette expérience, Manet a voulu la vivre en ne quittant pas la capitale et en participant à sa défense. Il a aussi tenu une correspondance avec sa famille réfugiée à Oloron-Sainte-Marie, dans les Basses-Pyrénées, qui, à proprement parler, n'est qu'un document parmi d'autres si on la considère comme un simple document historique, mais dont l'intérêt devient plus considérable si on essaie d'y définir le regard du peintre sur l'événement en cours. Dans les longues semaines de l'automne et de l'hiver 1870, il devient possible d'évaluer sur le vif ce que Manet retient par l'écriture, ce qu'il veut voir et transmettre. Son caractère se révèle pleinement, mais ce n'est pas le seul motif d'intérêt, car les lettres du siège de Paris sont aussi essentielles pour essayer de comprendre la portée d'un événement qui est au cœur de l'évolution esthétique de Manet. Sa peinture entre dans une phase nouvelle et c'est elle, de façon décisive, qui va tirer les leçons politiques, morales, sociales d'un épisode qui reste présent jusque dans les derniers tableaux, réalisés quelques mois avant sa mort en 1883.

Quelques jours seulement séparent la déclaration de guerre de l'annonce des premières défaites, Wissembourg le

4 août, Reichshoffen, Frœschwiller et Forbach le 6 août. Le peintre était à la campagne chez les De Nittis ; il fréquentait, comme le rappelle Proust, le pianiste Delaborde et le peintre Heilbuth qui a exposé au Salon *Au bord de l'eau.* Il quitte les préoccupations de l'impressionnisme naissant pour rentrer à Paris où son humeur devient brusquement sombre. Il perd toute sa gouaille du Guerbois et ne supporte ni les critiques contre l'armée, ni la discussion de sa propre peinture. L'anecdote racontée par Proust donne le sentiment d'une curieuse assimilation à l'heure de la patrie en danger ; même s'il convient de faire la part de l'exaltation, l'événement est vécu sur un plan à la fois patriotique et personnel : « Très patriote, nous dit Proust, il était devenu sombre, taciturne. Rompant avec son mutisme, il eut cependant un soir avec Mazerolle une discussion qui faillit tourner mal. Il n'admettait pas que l'on discutât ce que faisait l'armée. Les soldats surtout qui n'étaient que des victimes devaient être respectés. Si la mauvaise politique de l'Empire était cause du mal, il fallait se débarrasser de l'Empire, mais ne pas insulter l'armée. Gambetta approuvait, mais Mazerolle ayant cru devoir faire, au cours de la discussion, une allusion malséante à la peinture de Manet qui n'avait pas parlé de celle de Mazerolle, Manet s'emporta. Il fallut l'intervention de Gambetta pour que Mazerolle retirât ce qu'il avait dit de blessant, ce qu'il fit d'ailleurs de bonne grâce. Ce brave Emmanuel Chabrier voulait mettre la scène en musique [1]. »

On voit donc l'artiste participer aux discussions animées des républicains à la veille de la chute de l'Empire et devenir tout naturellement l'homme qu'il va être pendant plusieurs mois, un mélange de patriote, de témoin, de soldat, d'homme politique et de peintre. Après Sedan et la proclamation de la république, sa famille quitte l'appartement de la rue de Saint-Pétersbourg où il se retrouve seul et, le 16 septembre, dans le climat de débâcle et d'inquiétude qui s'empare de la capitale, il ferme son atelier de la rue Guyot et déménage dans la cave de son ami Duret treize tableaux : « Mon cher Duret, je vous envoie les tableaux que vous avez l'obligeance de me mettre à l'abri pendant le siège. En voici la liste : *Olympia*, le *Déjeuner*, le *Joueur de guitare*, le *Balcon*, l'*Enfant à l'épée, Lola de Valence, Clair de lune, Liseuse, Lapin, Nature morte, Danseuse espagnole, Fruits, Mlle B.*» Le post-scriptum montre qu'il destine à Duret, au cas où il serait tué, un tableau pris parmi ceux qui ont une valeur particulière de gravité ou de sincérité : « Au cas où je serais tué, je vous donne *à votre choix* le *Clair de lune* ou la *Liseuse*. Vous pourrez demander si vous préférez l'*Enfant aux bulles de savon*[2]. » Dans sa réponse, Duret enregistre le dépôt et précise qu'il possède de sa main son portrait et le *Torero saluant* dont il doit le prix d'achat, soit 1 200 francs.

Ces dispositions donnent le ton de lucidité par lequel le peintre s'apprêtait à vivre ce qu'il appelle, le 10 septembre, dans une lettre à Éva Gonzalès réfugiée à Dieppe, « quelque chose d'épouvantable » : « Je crois que nous, malheureux Parisiens, nous allons assister en acteurs à quelque chose d'épouvantable — c'est la mort, l'incendie, le pillage, le carnage si l'Europe n'arrive pas à temps pour s'interposer[3]. » Certes, Manet aura des mots assez durs pour ses amis qui prennent la résolution de fuir Paris, mais devant ses amies et surtout devant Berthe Morisot, il laisse libre cours à ses angoisses : « Vous serez bien avancée quand vous serez blessée aux jambes ou défigurée[4] ! » lui dit-il pour l'inciter à quitter Passy. Au début du mois de septembre, Manet écrit comme un témoin engagé, résolu et qui oublie ses craintes les plus justifiées dans le spectacle d'un vaste camp retranché : « Paris a dans ce moment un aspect militaire étonnant. On fait l'exercice dans toutes les rues. Je crois qu'on se défendra carrément[5]. » Le 15 septembre, la journée a été pour lui plus déprimante : ce n'est que le début et déjà « la maison » lui semble bien triste. Il est allé avec son frère Eugène à une réunion où il a pu prendre conscience des sentiments populaires à l'égard de ceux qui ont eu les moyens de fuir : « J'ai été ce soir avec Eugène à la réunion de Belleville et on a proclamé les noms des gens absents et proposé d'afficher leurs noms dans Paris et de confisquer leurs biens au profit de la nation. » Le ton est assez redoutable, mais dès la phrase suivante le désarroi et le scepticisme se laissent deviner : « Nous passons ainsi généralement notre soirée. Hier, nous étions allés avec Degas et Eugène aux Folies-Bergère, à une réunion publique. Nous y avons entendu le général Cluseret. » L'explication de cette lettre est sans doute dans la description de la visite à Gennevilliers avec son second frère Gustave ; ce qu'il a vu est déjà un paysage de guerre et de désolation : « Je suis allé ce matin avec Gustave à Gennevilliers et nous sommes revenus par Asnières. C'est vraiment triste à voir. Tout le monde est parti. On a abattu tous les arbres ; on brûle tout ; des meubles brûlent dans les champs ; les pillards cherchent les pommes de terre qu'on n'a pas enlevées. Des camps retranchés ; partout, les mobiles. Enfin on attend ; on ne parle plus que chassepots et revolvers. Je crois qu'on est prêt à se défendre énergiquement[6]. »

Le passage constant du témoignage personnel, avec ses observations propres, à l'analyse lucide de la situation générale qui constitue le ton de fermeté de ces lettres, implique une participation de chaque instant qui semble incompatible avec l'activité détachée d'un peintre. Seule l'écriture peut suivre le rythme des combats qui commence à se préciser : « On a tiré avant-hier, écrit-il le 21 septembre, 25 000 coups de canon sur l'ennemi, ce qui lui a occasionné des pertes assez considérables. Malheureusement la ligne et les zouaves se sont conduits comme des lâches et ont crié sauve qui peut, ce qui a jeté la panique et a permis aux Prussiens de prendre des positions formidables. L'armée est maintenant refoulée entre les forts et l'enceinte. De tous côtés on voit des incendies et on entend le canon. Je crois que les Prussiens sont destinés à laisser beaucoup de monde par terre avant d'arriver sous nos murs[7]. » Quelques jours avant, le 17 septembre, Manet a compris que ces « sacrés Prussiens » ont « le génie de la guerre » ; il ne croit déjà plus à la possibilité d'une sortie : « Nous ne sommes pas en force pour aller les attaquer à dix lieues. » Il pense à sa sécurité, à la nécessité de posséder un revolver personnel : « Nous voudrions bien nous payer chacun un bon revolver ; car c'est l'arme essentielle en cas de surprise. » Il craint les espions et il répète dans la même lettre : « Il faut absolument que nous sacrifiions chacun cent francs pour avoir un bon revolver. Il y va de la sûreté personnelle[8]. » C'est lui visiblement qui prend en charge le destin de ses deux frères : « Je vais faire confectionner pour chacun de nous un pare-balles. Cela se fait avec deux cents feuilles de papier de soie superposées[9]. »

Au fil des jours et des semaines, le caractère inéluctable de l'investissement apparaît au travers des restrictions de nourriture et de charbon, au travers des échecs militaires, mais le pire semble être l'attente et l'ennui : « La vie (...) est assommante », écrit-il. « Paris est mortellement triste. » « L'état dans lequel nous nous trouvons est tellement ennuyeux qu'on n'éprouve le besoin de voir personne. C'est toujours les mêmes conversations, les mêmes illusions. Les soirées sont dures à passer. Le café Guerbois est ma seule ressource, et cela devient bien monotone », dit-il le 23 novembre[10]. Au début Manet, ainsi que Degas, est dans l'artillerie « canonnier volontaire ». Il n'est pas mécontent de son sort : « On est, dans ma batterie, plein d'égards et de politesse pour moi[11]. » Comme au temps de sa jeunesse, il trouve l'uniforme seyant : « Je voudrais que tu me voies avec ma grande capote d'artilleur : excellent vêtement, indispensable pour le service[12]. » Il pense encore à la peinture : « Mon sac de soldat est, en même temps, pourvu de tout ce qu'il faut pour peindre, et je vais commencer bientôt à faire quelques études d'après nature. Ce sera des souvenirs qui auront quelque jour du prix[13]. »

Bien vite cependant, ces heureuses dispositions vont changer ; la pluie, le froid, la « boue jusqu'aux chevilles » commencent à avoir raison du patriote qui n'hésite pas à déclarer qu'il donnerait l'Alsace et la Lorraine pour être auprès de son épouse. Il participe à la sortie du Bourget, mais la bataille lui inspire une réflexion morose : les prisonniers allemands sont très jeunes et pas mécontents, « la guerre est finie pour eux[14] ». On pourrait multiplier les indications qui prouvent à quel point Manet vit une situation avec des dispositions changeantes et multiples. Il est à la fois résolu et découragé, ironique et mélancolique, guerrier et défaitiste, préoccupé de détails matériels, soucieux de ne pas inquiéter et inquiétant comme malgré lui. En cela, son écriture est à la mesure de l'événement; elle donne parfaitement l'idée de ce qui s'est passé. Ce résultat est dû principalement à la capacité que possède Manet de vivre des sentiments contradictoires et d'exprimer de façon parfois comique ce que cette contradiction contient de dramatique. L'un de ses grands soucis est d'être informé, de voir, d'agir. Mais quand il constate l'échec militaire et la rigueur de l'hiver, il demande à entrer dans l'état-major, ce qui a lieu en décembre; il a alors une phrase révélatrice: «Je quitte l'artillerie pour entrer dans l'état-major. Le premier métier était trop dur. Aussi tranquillise-toi, je suis en sûreté tout en pouvant tout voir [15].» Déjà, le 23 octobre, il écrit avoir fait une démarche qui n'a pas abouti: «Je le regrette, cela m'aurait mis à même d'assister à toutes les opérations [16].»

Tout voir signifie que Manet est un lieutenant de l'état-major de la Garde nationale et qu'il est à cheval; il inspecte les positions et il a une vue d'officier sur la situation, après «la bacchanale» du Bourget où comme il a dit «les obus vous passent sur la tête de tous les côtés [17]». Or ce désir d'avoir une conscience exacte et complète, ce désir de comprendre, représente probablement une indication importante pour apprécier le fait que Manet n'ait laissé que très peu de documents graphiques sur ce qu'il voyait. On cite souvent l'anecdote de Meissonier laissant traîner ses croquis sous les yeux inattentifs de son subordonné pendant les réunions de l'état-major qui avaient lieu dans le salon du rez-de-chaussée de l'Élysée. L'anecdote est présentée par Duret comme illustrant l'opposition irréductible de deux pôles de l'art. Manet «qui avait la vieille urbanité française dans les moelles» aurait été froissé par «le formalisme poli» du colonel Meissonier à son égard. Ce dernier affectait de ne pas savoir qu'il fût peintre. Tout ceci est fort possible, mais la scène décrite par Proust indique peut-être aussi que pour Manet l'heure n'était pas aux croquis. A cause du désarroi et de la souffrance morale exprimés dans les lettres, la relation de Manet à son art était suspendue ; il admirait Constantin Guys mais le siège de Paris montre toute la différence entre « le peintre de la vie moderne » et lui. Pour Manet, la guerre n'était pas un sujet de peinture et son expérience qui fut très complète n'aboutit qu'à quelques images. L'essentiel sera formulé d'une autre manière.

La Queue devant la boucherie résume ce que tous les témoins ont décrit, la peur des privations, l'attente dans le froid et la pluie, la tristesse de Paris. Les grands parapluies qui semblent monter à l'assaut de la boutique donnent une valeur saisissante à la baïonnette qui émerge comme un signe dérisoire. « Il y a, à Paris, maintenant, des boucheries de chats, chiens et rats », écrit le 19 novembre le peintre d'*Olympia* qui ajoute aussitôt : « Nous ne mangeons plus que du cheval, quand nous pouvons en avoir [18]. » Dès le 30 septembre, il notait la raréfaction de la viande : « Les bouchers n'ouvrent plus que trois fois dans la semaine, et l'on fait queue à leur porte depuis quatre heures du matin, et les derniers n'ont rien [19]. » Manet fait preuve d'un certain stoïcisme dans l'évocation de la situation : « Plus de gaz ; du pain noir, et le canon toute la journée et toute la nuit [20] », note-t-il le 15 janvier. L'estampe fut gravée après le siège, en 1871, quand parut dans la presse illustrée toute une série de témoignages sur la guerre. Son sujet porte sur une image popularisée à l'extrême et c'est dans ce cadre de la mémoire collective que Manet a placé son invention formelle.

Le 28 janvier, Manet accueille la capitulation avec soulagement : « C'est fini... on mourait de faim ici... il faut vraiment avoir passé par où nous avons passé pour savoir ce que c'est [21]. » Quelques jours auparavant, un M. Manet avait été tué, le nom avait paru dans une liste publiée dans la presse et le « vrai » Manet s'était empressé de rassurer son épouse. Ce n'est que le 12 février qu'il peut quitter Paris pour Oloron où sa famille le retrouve « bien changé [22] ».

L'ex-officier d'état-major, maigre comme un clou, reprend vie aussitôt et, en particulier, comme le note Suzanne Manet dans une lettre à Éva Gonzalès, grâce à la peinture : « Mon mari s'est remis avec joie à peindre, il travaille sur notre balcon, où il a une vue superbe [23]. » Le tableau représente Léon Koëlla en manteau et chapeau accoudé sur le balcon de la maison de M. Lailhacar. Le paysage du faubourg Sainte-Croix s'encadre dans la grande baie ; on sent partout une grande tranquillité, de la lumière, mais aussi, à cause de ce touriste hors saison désœuvré, un vague sentiment d'inertie. Un chat fait sa toilette et celui-ci n'a rien à craindre ; on ne le mangera pas. Après les semaines les plus tristes de son existence, le peintre traduit l'identité d'un lieu de paix où cependant il exprime un sentiment de vide et de silence.

Dès le 21 février, semble-t-il, la famille Manet gagne Bordeaux où l'Assemblée nationale, élue le 8 février, est venue siéger pour la première fois le 12. Les préoccupations de l'artiste semblent de deux ordres étroitement mêlés : participer au débat politique et renouer le plus vite possible avec une activité et des projets. Dans une lettre à Bracquemond du 18 mars, on constate qu'il se préoccupe de participer à l'Exposition internationale de Londres en faisant valoir des besoins financiers : « Cette sacrée guerre m'a ruiné pour quelques années [24]. » Il rencontre aussi son ami Balleroy, député du Calvados, grâce auquel il assiste à une réunion parlementaire. Ses opinions républicaines s'expriment avec violence, en particulier à l'encontre de Thiers, nouveau chef de l'exécutif qui a différé la proclamation de la République : «Je ne pensais pas que la France puisse se faire représenter par des gens aussi gâteux, sans excepter ce petit Thiers qui j'espère va crever un jour à la tribune et nous débarrasser de sa vieille petite personne [25]. » Dans ce climat d'agitation et de passion dramatique où Thiers déploie, comme Manet l'a constaté, une activité prodigieuse, il est fort probable que l'ami de Zola et de Gambetta a suivi les délibérations autour du traité de paix, puis l'annonce des premiers troubles à Paris. Ce sont ces journées racontées par Zola et par beaucoup d'autres qui donnent alors au tableau de Manet une portée de témoignage qui le met à part dans les « marines » que le peintre affectionne pendant l'été. L'animation du quai, le rassemblement des gréements, la flèche de la cathédrale Saint-André font du *Port de Bordeaux* un grand paysage qui tente de surmonter le sentiment de la défaite et de la discorde. Manet ne cherche pas comme à Boulogne une composition originale ; il compose, dans la tradition héritée du XVIIIe siècle, une image qui contient un élément civique et moral. En inscrivant en bas à gauche le seul nom de Bordeaux il semble vouloir assimiler le lieu à une histoire en cours, comme s'il s'agissait d'un événement. « Gambetta s'extasiait devant ce tableau, qui lui rappelait les dernières heures de la défense. Manet voulut le lui offrir [26]. » Le tableau était largement conçu comme une réponse dont le peintre avait trouvé les éléments essentiels dans la fidélité à sa propre peinture. L'œuvre établit un dialogue avec les paysages de Paris, les marines de Boulogne, mais son ampleur dépasse le plan événementiel des petits paysages du siège. Gambetta refusa l'offre de Manet : « " Non, mon ami, dit Gambetta, je ne suis pas assez riche pour l'acheter et je ne saurais l'accepter. Je n'ai accepté qu'un tableau, l'*Alsacienne* de Henner. Et cette toile remplit tout mon petit appartement de la rue Montaigne, elle l'agrandit même." Manet n'insista pas [27]. » L'épisode raconté par Proust illustre à sa manière le rapport du peintre à l'histoire : sa peinture était peut-être républicaine par essence, elle avait le défaut de ne pas être allégorique et de ne pas désigner de façon objective une définition stricte de l'ordre politique ou moral. Entre Manet et Henner, entre deux frontières, Gambetta avait choisi.

En mars, Manet a loué une petite villa à Arcachon, le Chalet-Servanti, 41, avenue Sainte-Marie, avec vue sur le bassin. Plusieurs paysages datent de ce séjour, des œuvres peu accentuées, lointaines. L'esprit du peintre est ailleurs et quand on lit la missive qu'il envoie à Bracquemond, le 21 mars, on comprend que l'insurrection parisienne du 18 est venue précipiter ses inquiétudes quant à l'avenir d'une république. Il se lance dans une diatribe contre les « gens qui vont tuer dans l'opinion publique l'idée juste qui commençait à s'y faire que le seul gouvernement des honnêtes gens, des gens tranquilles, intelligents était la république ». Il ajoute : « Nous pouvons par cette forme seule nous relever aux yeux de l'Europe de nos épouvantables désastres. » Son analyse, comme souvent chez lui, conjugue la violence contre « des hommes de parti, des ambitieux » et une appréciation plus nuancée, plus approfondie. On en a un exemple ici quand il écrit : « Il faut connaître la province pour se douter de sa haine de Paris. Ç'a été une grande faute de la part de Thiers et de l'Assemblée de ne pas se transporter à Paris aussitôt l'évacuation, il devait s'ensuivre les tristes émeutes qui affligent aujourd'hui et dégoûtent tous les cœurs vraiment français. » Sa lettre se termine par l'inquiétude qui le poursuit concernant sa carrière : « Comme toutes ces sanglantes farces sont favorables aux arts [28] ! » Malgré une lettre de Fantin, il affirme n'avoir aucune envie de rentrer à Paris. Ces documents montrent, une nouvelle fois, combien sa peinture exprime sa sensibilité du moment, combien elle est fondamentalement liée à l'expérience vécue.

En effet, dans *Intérieur à Arcachon* (Sterling and Francine Clark Art Institute, Williamstown), le tableau le plus intéressant du séjour, on perçoit une atmosphère de vacances avec Suzanne Manet et Léon de part et d'autre d'une fenêtre ouverte sur l'espace maritime. Mais cette ouverture ne comporte aucun appel convaincant et il est même possible de remarquer que le tableau recompose l'image familiale en y intégrant l'absence du peintre. Par un effet curieux, la scène par laquelle Manet évoque le mieux l'heureuse conclusion de la guerre est aussi celle qui affirme le plus une valeur de séparation. Manet renonce au regard de face qu'il privilégie d'habitude et l'on croit comprendre que son univers ne s'est pas reconstitué entièrement. Pendant l'hiver, il s'est longuement plaint de la solitude en regrettant la chaleur du foyer familial. Sur un ton de complicité conjugale, les protestations du bon époux permettent de juger de la dimension de liberté que lui laissait son mariage : « Adieu, ma chère Suzanne, j'ai ton portrait pendu dans tous les coins de ma chambre. Je te vois donc matin et soir. A bientôt. Comme j'aspire à pouvoir rester au coin du feu à la maison ! Cela ne m'est pas arrivé depuis trois mois[29]. » Le 15 janvier, les Prussiens lui arrachent une résolution de sagesse plus précise encore, mais comme les cafés sont fermés, elle ne vaut à peu près rien : « Ma chère Suzanne, comme le temps me paraît long, et comme je passerais de bonnes soirées près de toi maintenant, sans penser à aller me promener. Tu n'as pas idée comme Paris est triste[30]. » Quelques jours auparavant, il avait eu un sursaut d'affectueuse ironie : « Si au moins je savais que tu te portes bien, que tu ne manques de rien, car je t'ai tant habituée à te dorloter et à te soigner que je dois te manquer bien souvent, pour ne pas dire à tous les instants[31]. »

Intérieur à Arcachon traduit l'intensité des sentiments qui lient le peintre à sa famille, à condition d'y inclure et d'y maintenir une anxiété, presque une absence qui ne peut être vécue de façon harmonieuse qu'à Paris, dans l'univers qui est le sien et que la guerre civile met en péril. Un dernier détail permet peut-être de mesurer ce que représentait Suzanne Manet dans la vie parisienne du peintre. En janvier 1871, quand il est grippé et qu'il s'ennuie mortellement, Manet dit s'être amusé un soir à faire un portrait miniature sur ivoire d'après une photographie de son épouse. Quelques semaines avant de mourir, en 1883, il essaiera encore la miniature alors qu'il est alité et sans forces. Cet infime témoignage démontre peut-être l'enjeu réel du siège de Paris pour Manet. Il défendait l'univers qui rendait possible sa peinture.

Après Arcachon, il semble que Manet ait eu le projet de séjourner dans la première quinzaine d'avril à Bordeaux pour revenir ensuite à Paris. La proclamation de la Commune, le 28 mars, l'oblige à retarder son retour en suivant la côte par Royan, Rochefort, Saint-Nazaire, Le Pouliguen où il aurait séjourné un mois : « Là, il n'a pas peint, déclare Léon Leenhoff. Nous attendions toujours la fin de la Commune. Nous sommes restés huit jours à Tours. Puis nous sommes rentrés à Paris [32]. » Selon Moreau-Nélaton, il aurait rencontré au Pouliguen le romancier Adolphe Belot et le compositeur Laurent de Rillé pour des parties de pêche. Comme beaucoup de Parisiens, il semble que Manet soit revenu à Paris dès que possible, après la semaine sanglante du 22 au 28 mai 1871. Une lettre de Mme Morisot à sa fille Berthe confirme la présence de Manet dans les rues, en compagnie de celui avec qui il pouvait le mieux vivre ces instants, Degas, et dans un état d'esprit qui ne laisse planer aucun doute sur leurs sentiments : « C'est à ne pas croire à de pareilles folies, on se frotte les yeux se demandant si on est bien éveillé... Tiburce a rencontré deux communeux au moment où on les fusille tous, Manet et Degas ! Encore à présent, ils blâment les moyens énergiques de la répression. Je les crois fous, et toi [33] ? »

Le 10 juin, Manet écrit de façon vague à Berthe Morisot : « Nous sommes rentrés à Paris depuis quelques jours [34]. » Selon Tabarant, il aurait réussi à prendre un train à Tours après huit jours de démarches pour entrer dans le Paris de la « Commune agonisante ». Son désir est sans doute de veiller au sort de ses biens et de ses tableaux, mais il ne faut pas sous-estimer le besoin de « voir » et d'être physiquement présent. Le 17 avril, il avait été élu à son insu parmi les membres de la Fédération des artistes. Le *Journal officiel de la Commune* du 21 avril en publiait la liste : Bonvin, Corot, Courbet, Daumier, Arnaud-Durbec, Hippolyte Dubois, Feyen-Perrin, Amand Gautier, Gluck, Jules Héreau, Lançon, Eugène Leroux, Manet, Millet, Ouleway, Picchio. A la fin de mai et au début de juin, l'artiste ignore toute prudence ; il ne juge que ce qu'il voit et rassemble l'émotion qui le conduira à élaborer deux lithographies, *la Barricade* et *Guerre civile*. Son atelier de la rue Guyot ayant souffert de dommages, il dispose d'une pièce au 51, rue de Saint-Pétersbourg, qui lui sert provisoirement. L'actualité politique accapare son esprit et il a l'idée de faire un portrait de Gambetta qui vient d'être élu en juillet à l'Assemblée nationale. Il se rend souvent à Versailles en compagnie d'Antonin Proust par le train et prend des notes sur un carnet pendant les séances parlementaires, rêvant de faire le portrait du député à la tribune. C'est la formule qu'il adoptera pour le portrait de *Clemenceau* en 1879-1880. A cette date, la République appartient aux républicains et le destin de Clemenceau ne fait que commencer. Dans le climat de Versailles en juillet-août 1871, quand la droite conservatrice interrompt Gambetta aux cris de « Dictateur ! », faire son portrait et éventuellement l'exposer au Salon représentait de la part de Manet un engagement politique qui pouvait lui nuire. Selon Proust, qui reste imprécis, le projet n'aurait pu être mené à bien à cause des exigences de pose de l'artiste. Manet serait revenu sur son idée à plusieurs reprises, rue de Saint-Pétersbourg, donc à partir de juillet 1872, et même rue d'Amsterdam, à partir de 1879. Découragé, il se serait écrié : « C'en est encore un qui est voué à Bonnat[35] ! » Manet avait une « vive sympathie[36] » pour Gambetta, mais il convient de rapporter son admiration aux heures de la Défense nationale et aux moments difficiles de l'idée républicaine. Manet aurait voulu s'associer à son combat politique et Proust n'hésite pas à écrire que les bonnes relations entre le peintre et Gambetta ont contribué à l'animosité qui s'est révélée sous Mac-Mahon plus durement que sous l'Empire.

L'état d'esprit de Manet dans l'été 1871 semble accuser le choc des expériences récentes. Sa nervosité est extrême, notamment à propos de Courbet. Arrêté le 7 juin, Courbet comparaît devant le conseil de guerre le 14 août. Au lieu de s'associer au mouvement de sympathie en sa faveur, on voit Manet le juger sans nuances, le traiter de lâche : « Vous me parlez de Courbet, écrit-il à Duret. Il s'est conduit comme un lâche devant le Conseil de guerre et n'est digne maintenant d'aucun intérêt[37]. » Le fait de n'avoir pas vécu l'insurrection lui donne une assurance démesurée. Il ne retient que le déchaînement de haine final et ceci le conduit à ce que Tabarant appelle une dépression nerveuse.

En août, il se rend à Boulogne-sur-Mer où il peint *la Partie de croquet*. La pelouse du casino devant la mer rassemble Paul Roudier, un ami d'enfance, Jeanne Gonzalès, sœur d'Éva, qui fait également de la peinture, Léon Leenhoff, Suzanne son épouse. Le jeu de société dans sa simplicité et sa franchise semble annuler toute idée d'affrontement et le tableau semble dire que rien d'essentiel n'a été détruit. Ce sont dans les mois qui suivent, à une date qu'il n'est pas possible de préciser avec certitude, qu'il va donner le témoignage historique le plus direct qui soit de la guerre civile. Ses deux lithographies sont cependant des preuves évidentes du caractère savant par lequel il a voulu faire passer sa réaction visuelle. On peut suivre le lien direct qui existe entre *la Barricade* et la lithographie de *l'Exécution de Maximilien* et le rapport entre *l'Homme mort* et *Guerre civile*. Le processus de formalisation est cependant à la mesure de l'expérience physique et morale impliquée par le sujet. Manet, en effet, ne s'est pas contenté d'être présent dans le Paris de la répression, ni de suivre les séances des conseils de guerre, il a aussi assisté à l'une des exécutions les plus chargées de symbole, celle de Rossel, Bourgeois et Ferré, le 28 novembre 1871. Le souvenir de cette triste expédition au camp de Satory fut raconté par l'un de ses compagnons, en mars 1880. Le procès de Louis-Nathaniel Rossel, délégué à la guerre de la Commune, s'était ouvert le 8 septembre et la condamnation à mort d'un officier dont l'intelligence, le patriotisme, la dignité morale étaient apparus au cours des débats émut l'opinion. La condamnation fut confirmée après un second procès qui s'ouvrit le 7 octobre et la grâce refusée le 24 novembre. En compagnie de Charles Flor et de deux peintres de batailles, Émile Bayard et Henry Dupray qui sera son voisin rue d'Amsterdam, Manet assiste au petit jour au cérémonial d'une exécution comme s'il tenait à se pénétrer d'une image qu'il a déjà imaginée en 1867 : « Nous fûmes donc à Versailles, d'où nous partîmes au point du jour pour Satory. Là, nous eûmes le spectacle terrible d'une triple exécution militaire que mes trois compagnons regardèrent à peine, avec un effroi mal dissimulé. Ils détournèrent la tête pendant la minute fatale, refusant la vision des suppliciés sanglants précipités par les balles dans le tonnerre et la fumée des chassepots. Et tout aussitôt, ils oublièrent ; et tout aussitôt, ils admirèrent.

Ce devait être pour ces peintres, épris de sujets militaires, un spectacle émouvant que celui du camp de Satory à cette heure. Le plateau était entouré d'un vaste carré de troupes formé par quatre ou cinq régiments. En vertu du règlement qui exige qu'à toute exécution militaire assistent des détachements de chaque arme, le carré comptait des fantassins, des cavaliers, des artilleurs, des chasseurs à pied en costumes sombres, des pantalons rouges, des dolmans bleus, des cuirasses brillantes, des casques dorés à longues chevelures noires. Il était environ six heures du matin. L'aurore estompait les valeurs, et cet immense tableau, grandeur nature, détachait très nettement ses silhouettes et ses profils sur le fond mat du brouillard ondulant dans la vallée. On eût dit une petite armée rangée en bataille.

A un signal, ces troupes s'ébranlèrent, formèrent leurs rangs et se mirent en marche pour le défilé. Suivant la coutume, les régiments, musique en tête, se succédèrent devant les cadavres. Le premier supplicié était un officier de génie, le ministre de la guerre de l'insurrection des communalistes, Louis-Nathaniel Rossel. Le second était un simple soldat de deuxième classe, nommé Bourgeois. Le troisième avait nom Ferré. Les soldats en défilant considéraient sans trop d'émotion Rossel et Ferré, tous deux couverts de vêtements bourgeois. Mais le petit soldat les laissait tremblants ; c'est que cet enfant était des leurs, un de leurs frères [38]. »

Le peintre du *Fifre* a donc fait l'expérience qui pouvait l'inciter à fondre en une seule image le ressort dramatique de la peinture d'histoire et une scène contemporaine. L'exécution de Rossel pouvait l'inciter à convertir la formule de *l'Exécution de Maximilien* en une scène de la répression. Le lavis d'encre de Chine rehaussé d'aquarelle intitulé *la Barricade* (Szépmüvészeti Múzeum, Budapest) représente une des scènes les plus violentes de l'œuvre de Manet. Pensait-il à une toile de Salon sur ce thème ? Voulait-il développer l'idée contenue dans *l'Exécution* ? L'histoire l'avait plus que jamais rapproché de Goya : cette fois les uniformes étaient bien français.

A la fin de l'année 1871, Manet sait qu'un Salon sera organisé en 1872, mais aucune œuvre ne semble avoir été entreprise dans cette perspective. Son atelier du 51, rue de Saint-Pétersbourg ne crée pas des conditions de travail favorables et les ennuis financiers l'empêchent de faire des projets. Alfred Stevens qui s'est engagé dans la Garde nationale en 1870 est plus que jamais son ami. En 1869, il a fait en sorte que Manet puisse exposer au Salon des Beaux-Arts de Bruxelles le *Clair de lune sur le port de Boulogne;* ses relations mondaines sont étendues et c'est un peu auprès de lui que Manet a pu observer une intéressante communication entre le monde et le demi-monde dont il ne va tarder à donner une interprétation personnelle. Stevens possède une maison avec jardin, rue des Martyrs, et, dans ce cadre luxueux, il accepte de mettre en valeur le *Saumon* et le *Clair de lune.*

L'affaire semble avoir été préparée pour une visite du marchand Durand-Ruel qui depuis quelques mois déploie une grande activité. A Londres, où il a exposé de la peinture française, il est entré en contact avec Pissarro et Monet ; à son retour, il entre en relation avec Renoir, Sisley, Degas. Le 11 janvier, il fait l'acquisition pour 1 600 francs des deux tableaux que Stevens cherchait à placer et se rend le lendemain chez Manet. Il trouve là vingt-trois toiles qu'il acquiert pour le prix convenu de 35 000 francs ; dans cette liste impressionnante on trouve, selon les indications du carnet de l'artiste, « *Quatre philosophes* — le *Buveur d'absinthe* et le *Chiffonnier* sont ainsi associés aux deux *Mendiants-Philosophes* —, *Une femme en costume de majo toréador, Gamin, Fifre, Rouvière, Femme perroquet, Chanteuse des rues, Majo, Christ et les anges, le Repos (B.M), Liseur, le Ballet espagnol, Combat de taureaux, Bordeaux, Plage (Boulogne), Fleurs (Pivoines), Boulogne (jetée), Port de Boulogne (Clair de lune), Nature morte (Saumon), Joueur de guitare, Homme mort*[39] ». La nouvelle d'une acquisition aussi massive ne tarde pas à se répandre et les frères Hecht, qui comptent parmi les premiers amateurs de l'impressionnisme, se dépêchent de donner suite à leur projet d'acquisition des *Bulles de savon :* « Êtes-vous définitivement installé quelque part ? Où et quand vous rencontre-t-on ? (...) Notre ami commun Duret nous avait, au moment de la guerre, fixé de votre part le prix de 500 francs pour le *Garçon aux bulles de savon,* qui nous avait tant plu. Si vous êtes toujours dans les mêmes dispositions, nous vous serons très reconnaissants de nous réserver ce tableau[40] », lui écrivent-ils le 12 janvier 1872. Quelques jours plus tard, Durand-Ruel fait un second choix parmi des tableaux que Manet avait entreposés chez des amis, la *Musique aux Tuileries,* le *Départ d'un steamer,* l'*Estacade de Boulogne,* « une autre *Estacade* », comme il dit, « le tout pour 16 000 francs[41] ». Manet voit donc se lever un des soucis les plus tenaces des dernières années ; il entre dans le marché de l'art, des amateurs importants vont se déclarer, et cette question est loin d'être secondaire car elle soutient le rythme de son travail. Il peut désormais envisager une installation confortable et centrer plus encore son activité autour du monde qui devient le sien. La nouvelle parut incroyable ; Manet lui-même l'avait présentée de manière théâtrale comme un coup d'éclat. Elle contribua à durcir le clivage entre adversaires et partisans. *L'Opinion nationale* souligne par exemple le retournement qui est en train de s'opérer. Manet vient de franchir un obstacle : « Ceci tient du prodige et je n'hésite pas cependant à l'affirmer : un de nos plus grands marchands de tableaux vient d'acheter pour 50 000 francs de toiles à M. Manet. De toiles peintes, s'il vous plaît, et par M. Manet lui-même, car il ne s'agit ni d'une batiste exceptionnellement fine, ni des œuvres d'un autre peintre. Ce sont des tableaux de M. Manet qui ont été achetés ce prix-là, et il n'y en avait pas tant de douzaines qu'on pourrait le croire. Et pourquoi pas ? Conspuée par les bourgeois et bloquée par la critique, la peinture de M. Manet avait depuis longtemps pour elle l'opinion des gens de métier (...) il ne faut pas oublier que Baudelaire, qui était un artiste d'une admirable perspicacité, trouvait beaucoup de talent à M. Manet... Le temps n'est pas loin où plus de curiosité s'attachera à un Manet qu'à un Ary Scheffer[42]. » Pour marquer l'événement, Durand-Ruel exposa aussitôt quelques tableaux rue Laffitte : *l'Homme mort, Clair de lune,* le *Saumon.* L'accueil ne fut pas défavorable.

L'ouverture du Salon, qui eut lieu le 11 mai, fut en 1872 un événement très attendu. Le public et le gouvernement voyaient dans la réouverture de l'Exposition annuelle un signe de vitalité et de stabilité retrouvées. Thiers avait cependant veillé à ne pas compromettre sa politique à l'égard des vainqueurs en n'admettant pas les tableaux de batailles. Le ministre de l'Instruction publique et des Beaux-Arts, Jules Simon, avait chargé Charles Blanc d'une mission de surveillance spéciale à cet égard. Le jury, élu par les seuls artistes récompensés et qui comprenait Baudry, Bonnat, Pils, Brion, Meissonier, Breton, se montra particulièrement vigilant. Pissarro, Sisley, Renoir, Guillaumin, Monet sont absents d'un Salon où figurent *Un coin de table* de Fantin, l'*Indolence* d'Éva Gonzalès, l'*Espérance* de Puvis de Chavannes, le *Damoclès* de Couture. Cette attitude de rigueur sera critiquée. Jules Simon apparaît moins libéral que Maurice Richard sous Émile Ollivier ou Nieuwerkerke. La mise à l'écart de Courbet engendre une polémique : sa *Femme nue* sera montrée chez le marchand Ottoz et les *Pommes rouges,* tableau daté de Sainte-Pélagie, chez Durand-Ruel. Dans ce contexte de controverses et de retour à l'ordre, il est remarquable de constater le succès de Manet qui expose le tableau montré en 1864 chez Cadart ainsi qu'en 1867, le *Combat naval.* Il s'agissait pourtant d'un tableau de bataille mais personne n'a voulu y voir autre chose qu'une marine d'une étonnante originalité de conception.

Albert Wolff, de retour en France, reprenait sa collaboration au *Figaro* pour faire le point sur Manet : « Les personnes qui ne connaissent M. Manet que par ses expositions se figurent généralement que le peintre de l'*Alabama* est une sorte de Cabrion qui fait des niches aux concierges. On se le représente avec une abondante chevelure, un béret rouge, une vareuse, un pantalon à la hussarde et un brûle-gueule. En réalité, M. Manet (visible, pour les étrangers, à Tortoni, chaque soir, de 5 à 6 heures ; inutile de se munir d'un passeport), M. Manet est un homme du monde au sourire fin et ironique. Tout dernièrement le bruit s'est répandu dans Paris que M. Durand-Ruel venait d'acheter à M. Manet pour 40 000 francs de toiles à la fois. Mettons 39 999 et n'en parlons plus. » Il rappelle l'exposition de *l'Homme mort* rue Laffitte en précisant que le commis de Durand-Ruel mystifie les visiteurs en présentant la toile comme un Vélasquez : « Pour peu que l'on se connût un peu en peinture, on voyait sans peine que Vélasquez n'aurait jamais fait ces mains abominables. » Wolff consent à signaler des qualités de premier ordre, mais le peintre ne fait, selon lui, que des « études ». Sa marine attire la foule comme une chose extravagante : « Le peuple souverain attend que l'heure sonne et que le bateau commence à se balancer avec une vitesse de deux mouvements à la seconde[43]. »

Les caricatures vont en effet s'emparer de l'étonnante composition qui renversait le rapport habituel, en pareil cas, du premier plan avec l'horizon : « Une mer très lourde débordant sur le haut du cadre, écrit Louis Leroy, et deux petits bateaux qui ressemblent à des navires de guerre comme les youyous de Bougival ressemblent à des vaisseaux à trois ponts[44]. » Le *Combat naval* était accroché très en hauteur, ce qui accentuait un effet décrit en ces termes par *le Journal amusant* : « Sans se préoccuper des lois vulgaires et bourgeoises de la perspective, M. Manet a eu l'ingénieuse idée de nous donner une coupe verticale de l'océan, de sorte que nous pouvons lire sur la physionomie des poissons leurs impressions pendant le combat qui a lieu sur leurs têtes[45]. »

Duranty, revenant sur ses restrictions de 1870, saluait au contraire la mise en page hardie qui à ses yeux constitue une des définitions de la « nouvelle peinture » : « La mer, vue de bas et qui par conséquent monte et se raccourcit parce que ses flots sont agités, la mer robuste et si mouvante où M. Manet a placé deux navires qui se canonnent, en soi-même morceau restreint, fragment pour ainsi dire, montre la puissante et spéciale tonalité par laquelle le peintre se met toujours en dehors de tous les autres[46]. »

Le fait saillant du Salon est marqué par l'intervention de personnalités qui se sont regroupées autour d'une nouvelle revue, *la Renaissance littéraire et artistique ;* une large place y est faite à la défense de Manet au moment même où Fantin, dans le *Coin de table,* regroupe Verlaine, Rimbaud, Léon Valade, Ernest d'Hervilly, Camille Pelletan, Elzéar Bonnier, Émile Blémont, Jean Aicard. Tout un milieu littéraire se regroupe auquel participent Mallarmé ou Théodore de Banville. Le réalisme du *Combat naval* servait en quelque sorte de point de ralliement : « On crie de toutes parts : "Trouvez l'idéal moderne ! Représentez telle qu'elle est la vie moderne !" et pour avoir osé nous montrer tels qu'ils sont le *Kearsage et l'Alabama,* dans leur laideur réglementaire qui ne manque ni d'effet ni de grandeur, M. Manet a été plus maltraité que s'il eût commis un crime[47]. » Zola le constate également de son côté : « La situation d'Édouard Manet a bien changé devant le public[48]. » Il dispose de l'appui du milieu parnassien et en attendant de faire le portrait de Nina de Callias, il reçoit l'hommage enthousiaste de Barbey d'Aurevilly qui salue le romantisme de sa vision : « S'il y a un retors et un *roué* d'art, c'est M. Manet, et voilà qu'en faisant son tableau — un tableau de guerre et d'abordage, qu'il a conçu et réalisé avec la rétorsion d'un homme qui veut, par toutes voies, échapper à l'affreux poncif qui nous submerge — c'est ce qu'il y a de plus naturel, de plus primitif, de plus à portée de tout pinceau, depuis que le monde est monde, que M. Manet a le mieux exprimé dans son tableau du *Kearsage et de l'Alabama*[49]. » Avec un tableau vieux de huit ans, Manet avait su répondre à la situation de 1872. Le phénomène est curieux à observer car il prépare le succès plus considérable de l'année 1873. En 1872, le tableau de mer avait probablement la capacité, en restant dans le cadre d'une marine, de donner forme au désir de renouvellement qui s'imposait. Les critiques républicains l'affirment nettement, mais également des personnalités conservatrices comme Dubosc de Pesquidoux, qui écrit dans le journal royaliste *l'Union*: « Quoi ! toujours les mêmes frivolités, les mêmes platitudes, et la France agonise ! Toujours des Vénus, des Phryné, des scènes mythologiques ou érotiques, de petits paysages et de petits bonshommes, et nous sortons de la Commune, et le Prussien nous tient encore !... Les plus effroyables catastrophes qui aient jamais frappé une nation auront passé sur nous et nulle œuvre plastique ne restera peut-être pour en perpétuer l'amertume, le désir de vengeance et la soif de régénération ! Au milieu de tant de ruines, nous nous occupons encore de sornettes ! Comme des enfants oublieux ou insensibles, nous jouons avec des hochets, ne songeant pas plus au passé qu'à l'avenir. De tous nos signes de décadence, celui-là n'est pas le moins frappant ni le moins attristant [50]. »

De son côté, Philippe Burty faisait une analyse dont le principe est identique : « Le Salon qui vient de s'ouvrir est marqué au double sceau de l'ennui et de la sénilité... Ce Salon ne fait pressentir rien de nouveau, rien de jeune, rien de rassurant pour l'avenir. On y sent bien qu'un vieux monde de traditions classiques et de recettes d'art s'écroule. Mais on constate avec effroi que les survivants de cet irréparable effondrement en gardent jalousement les ruines [51]. » Enfin Banville, pensant au tableau de Protais : « L'implacable guerre tue les hommes par centaines de milliers, mais respecte tous les poncifs, et ne tue pas un seul lieu commun. Aussi n'étonnerai-je personne en disant qu'il y a au Salon de 1872 beaucoup d'Alsace personnifiées et la chose était fatale, car c'est une mauvaise idée qui vient naturellement [52]. » Ces déclarations ainsi que d'autres permettent de penser que la situation politique allait avoir une incidence directe sur l'art de Manet et la peinture de ses amis. Mais en 1872 le *Combat naval* proposait un effet de recul et de transposition que n'aurait certainement pas provoqué un éventuel portrait de Gambetta ou une éventuelle *Barricade.*

Chapitre VIII

L'atelier, rue de Saint-Pétersbourg

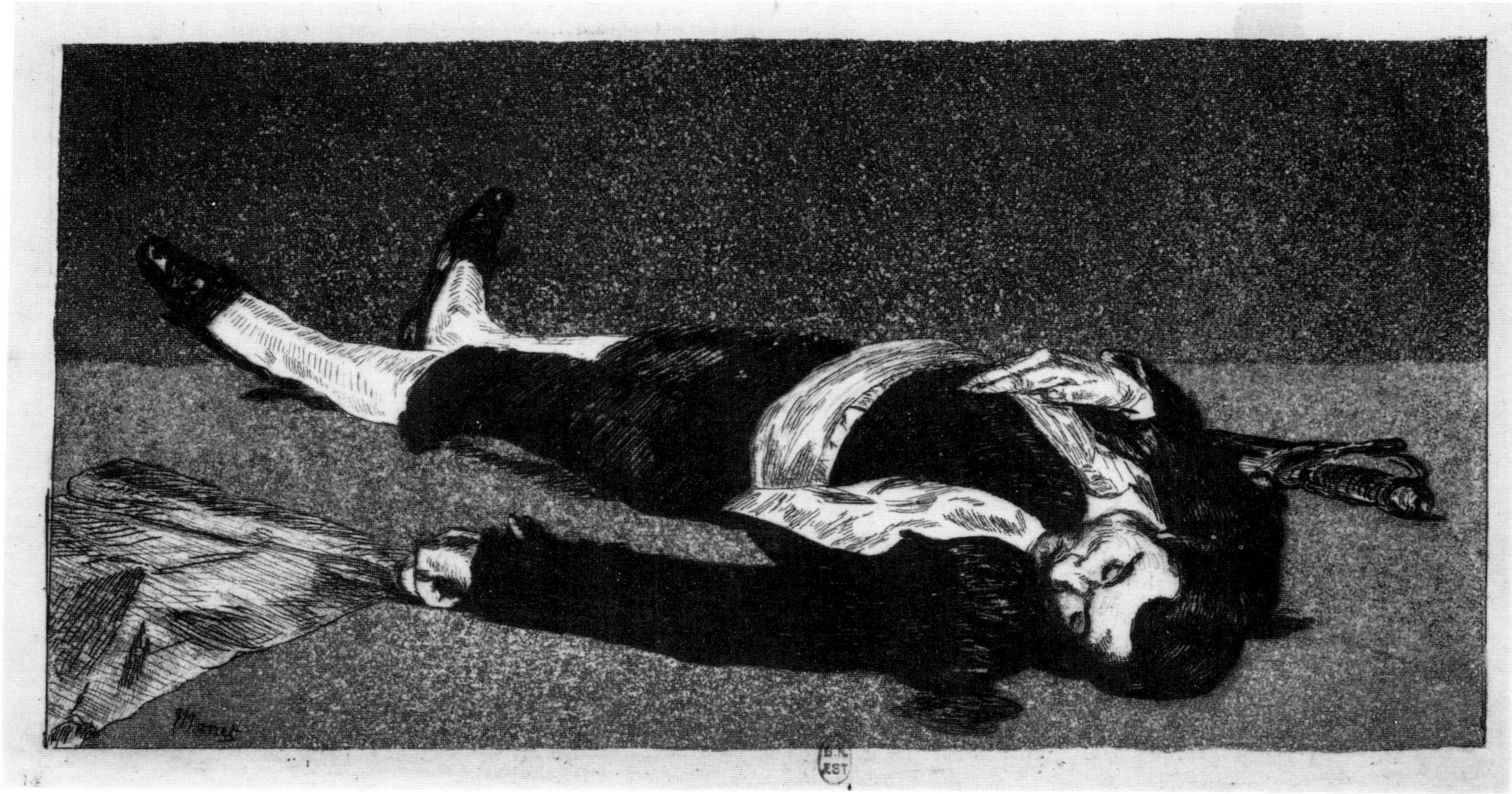

Manet, *Le torero mort,*
eau-forte et aquatinte, 1867-1868, 3e état.

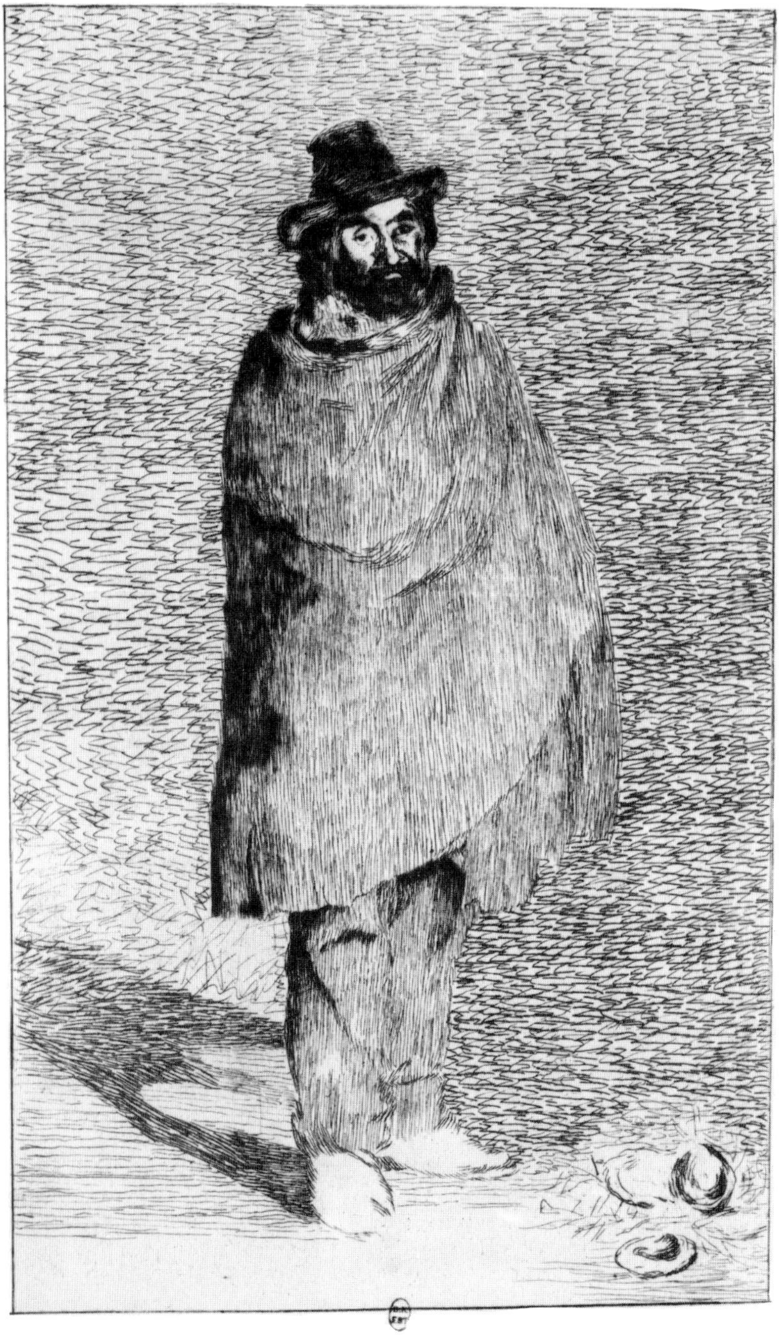

Manet, *Philosophe,*
eau-forte et pointe sèche, 1865-1866.

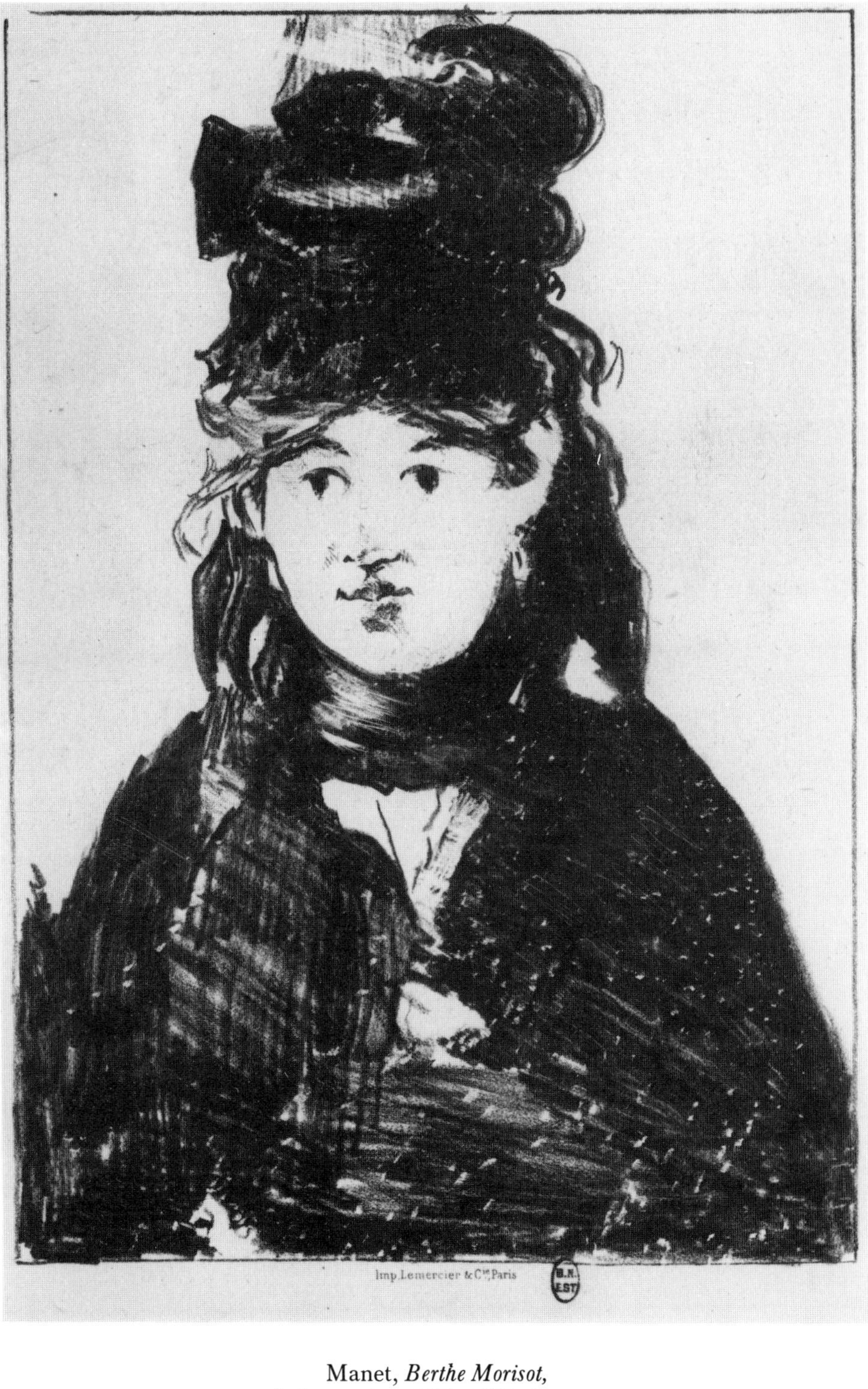

Manet, *Berthe Morisot,*
lithographie, 1872-1874, 2e état.

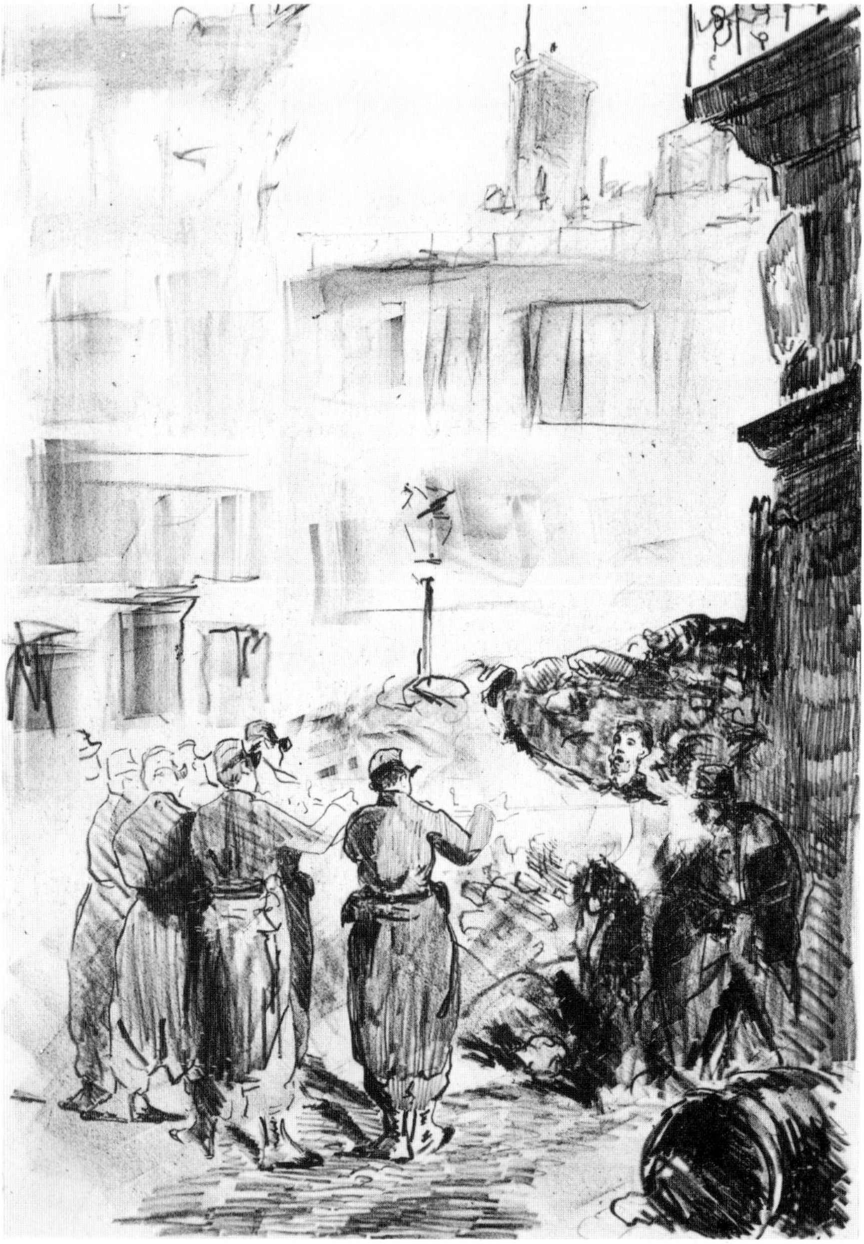

Manet, *La barricade,*
lithographie, 1871-1872 (?).

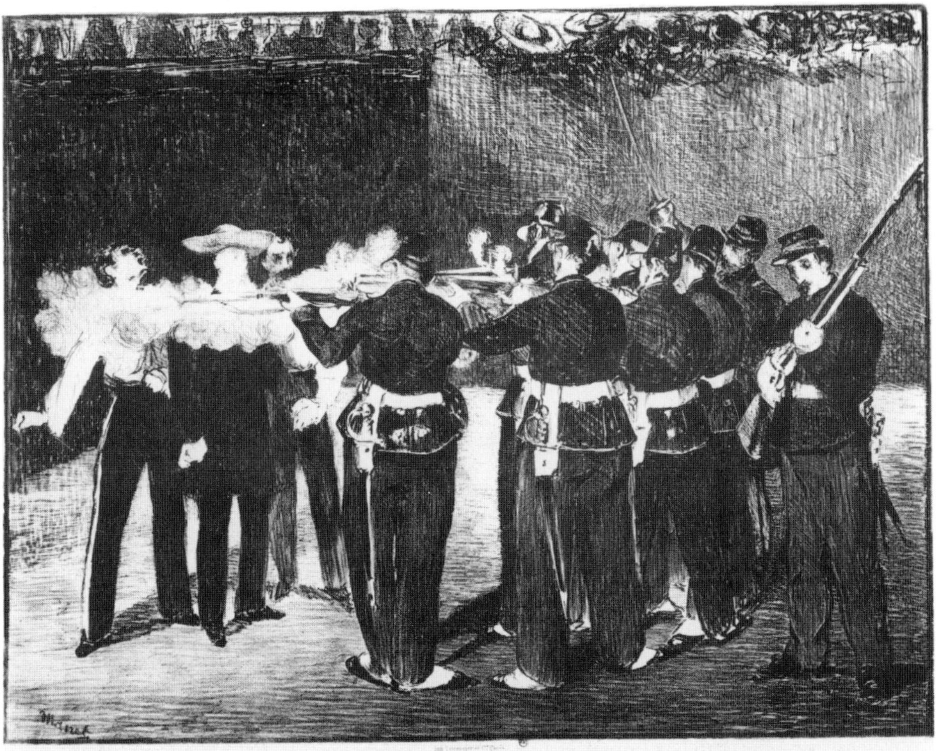

Manet, *L'exécution de Maximilien,*
lithographie, 1868, 2e état.

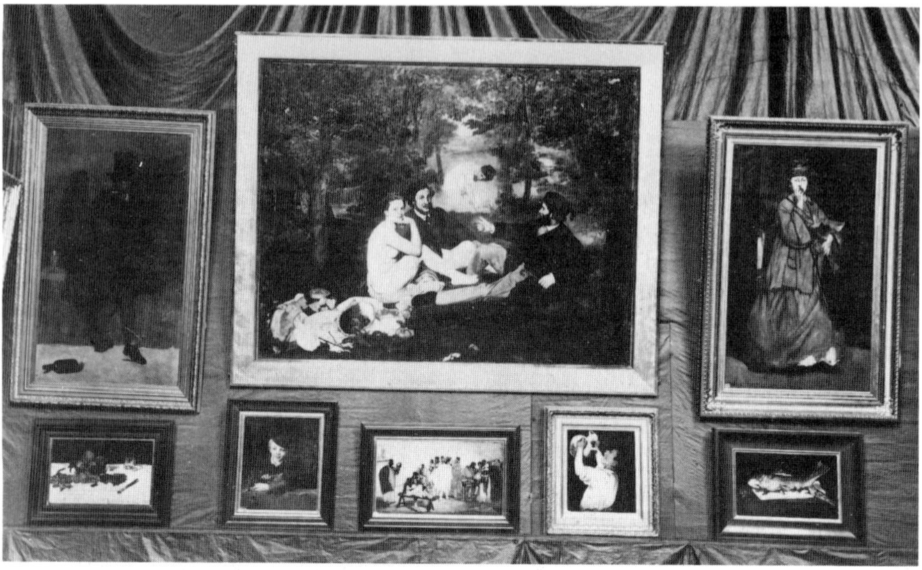

Photographies de l'accrochage lors de l'exposition de 1884
à l'Ecole des Beaux-Arts.

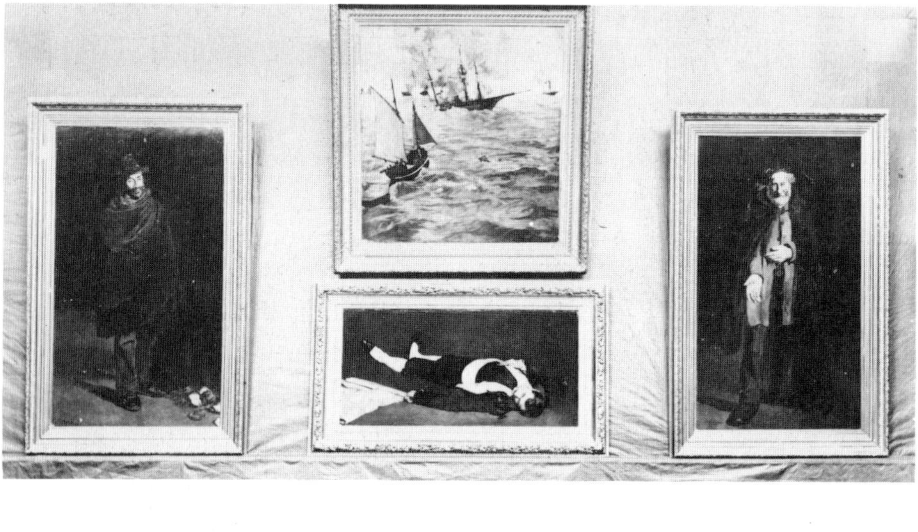

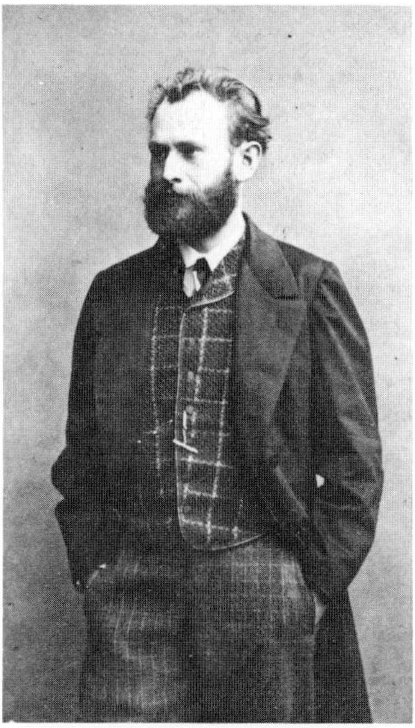
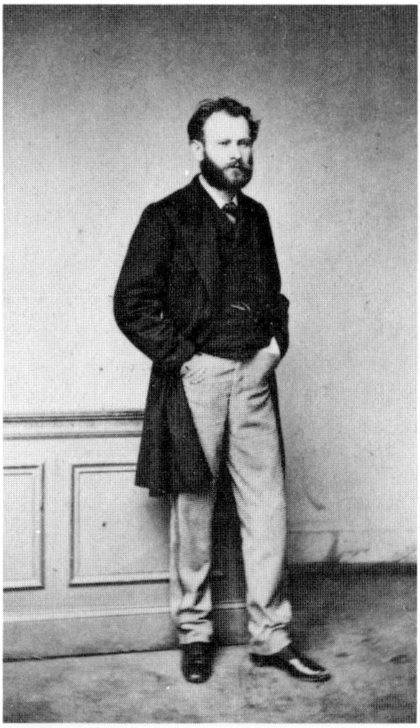
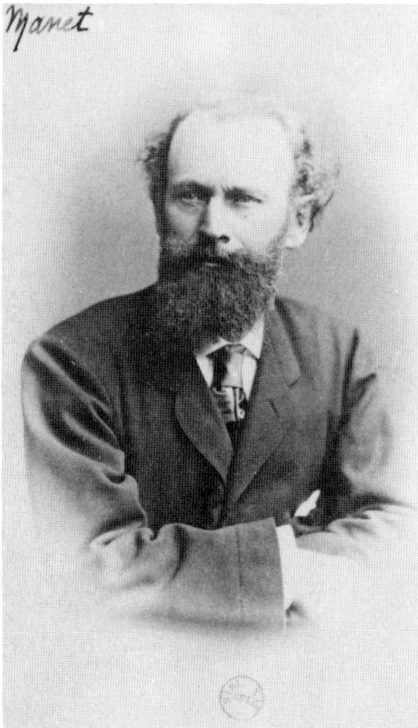

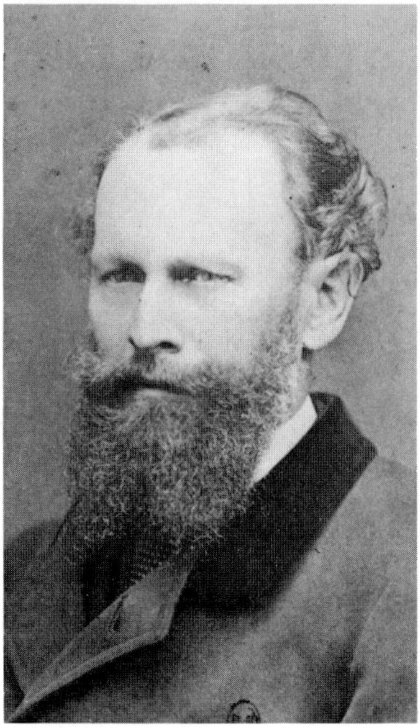

Edouard Manet, photographies par Carjat, Franck, Reutlinger et Lopez.

ex libris

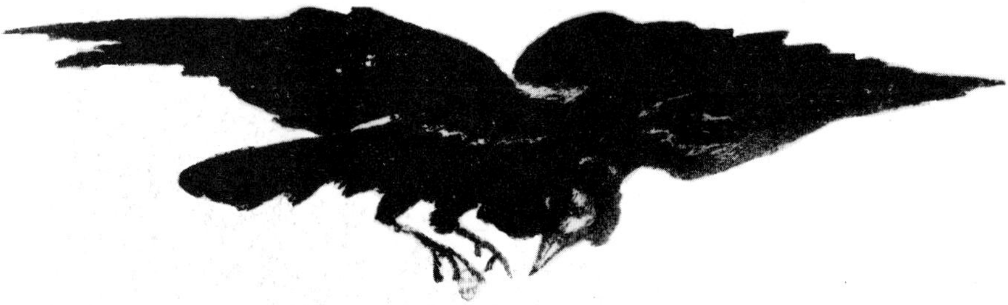

Manet, *Le corbeau, ailes déployées,* autographie, 1875,
illustration pour *Le Corbeau The Raven poème par Edgar Poe traduction française de Stéphane Mallarmé,*
Paris, Richard Lesclide, 1875.

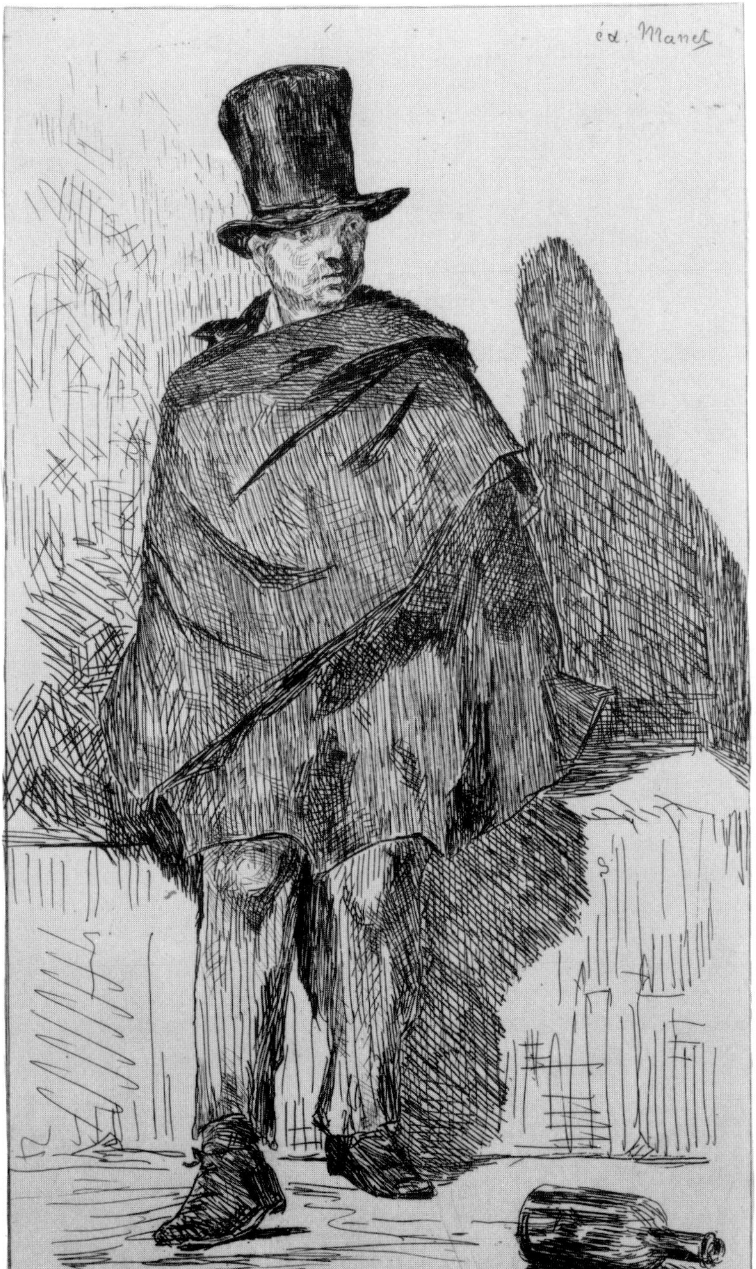

Manet, *Le buveur d'absinthe,*
eau-forte et aquatinte, 1867-1868 ou 1874 (?), 2e état.

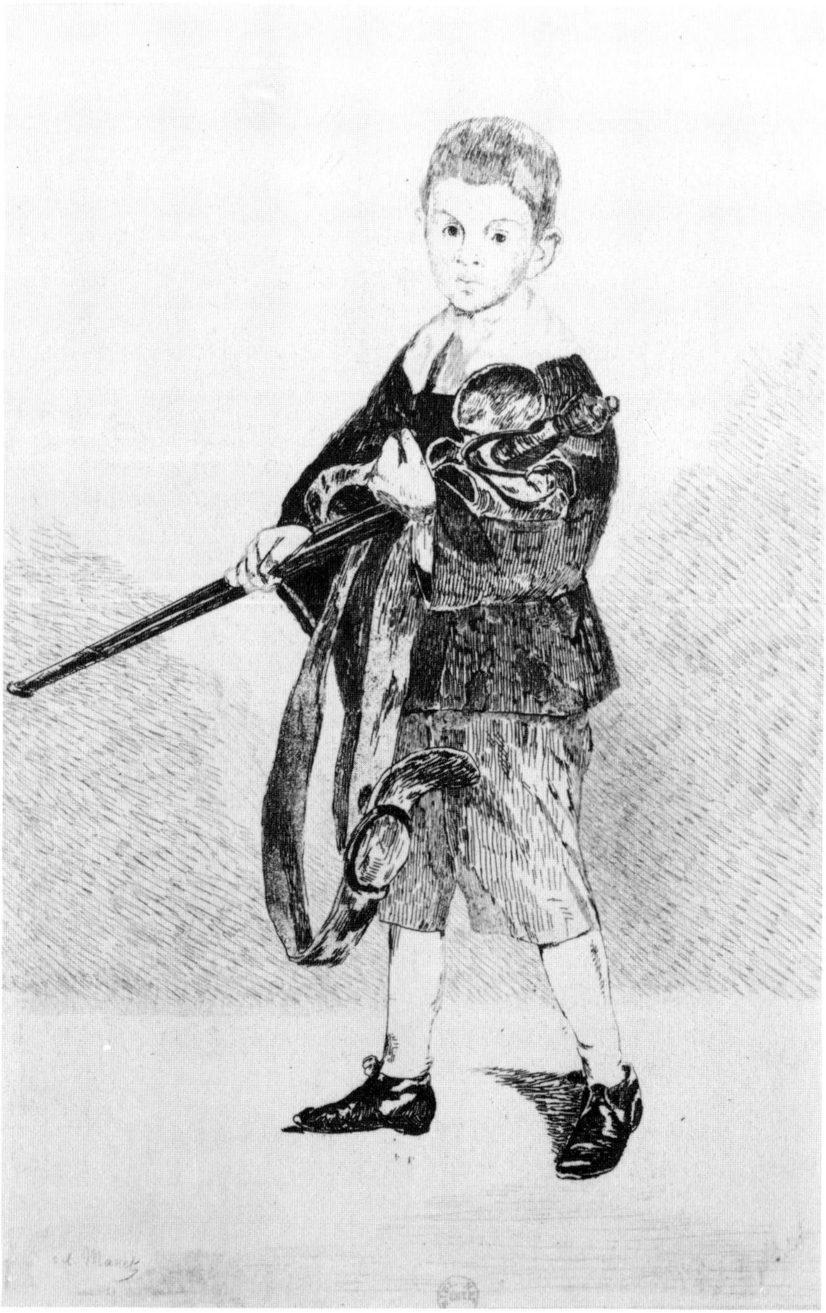

Manet, *L'enfant à l'épée tourné à gauche*, eau-forte et aquatinte, 1862, 3e état.

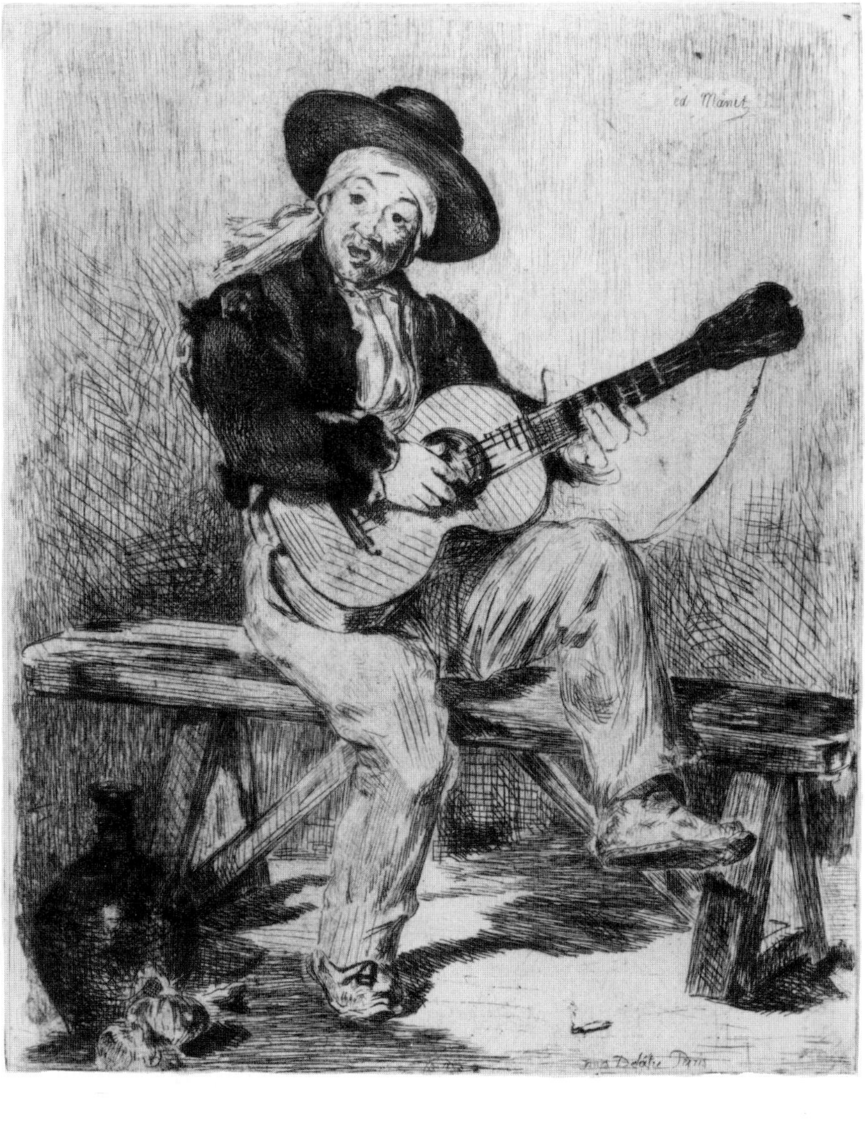

Manet, *Le chanteur espagnol,*
eau-forte, 1861-1862, 5e état.

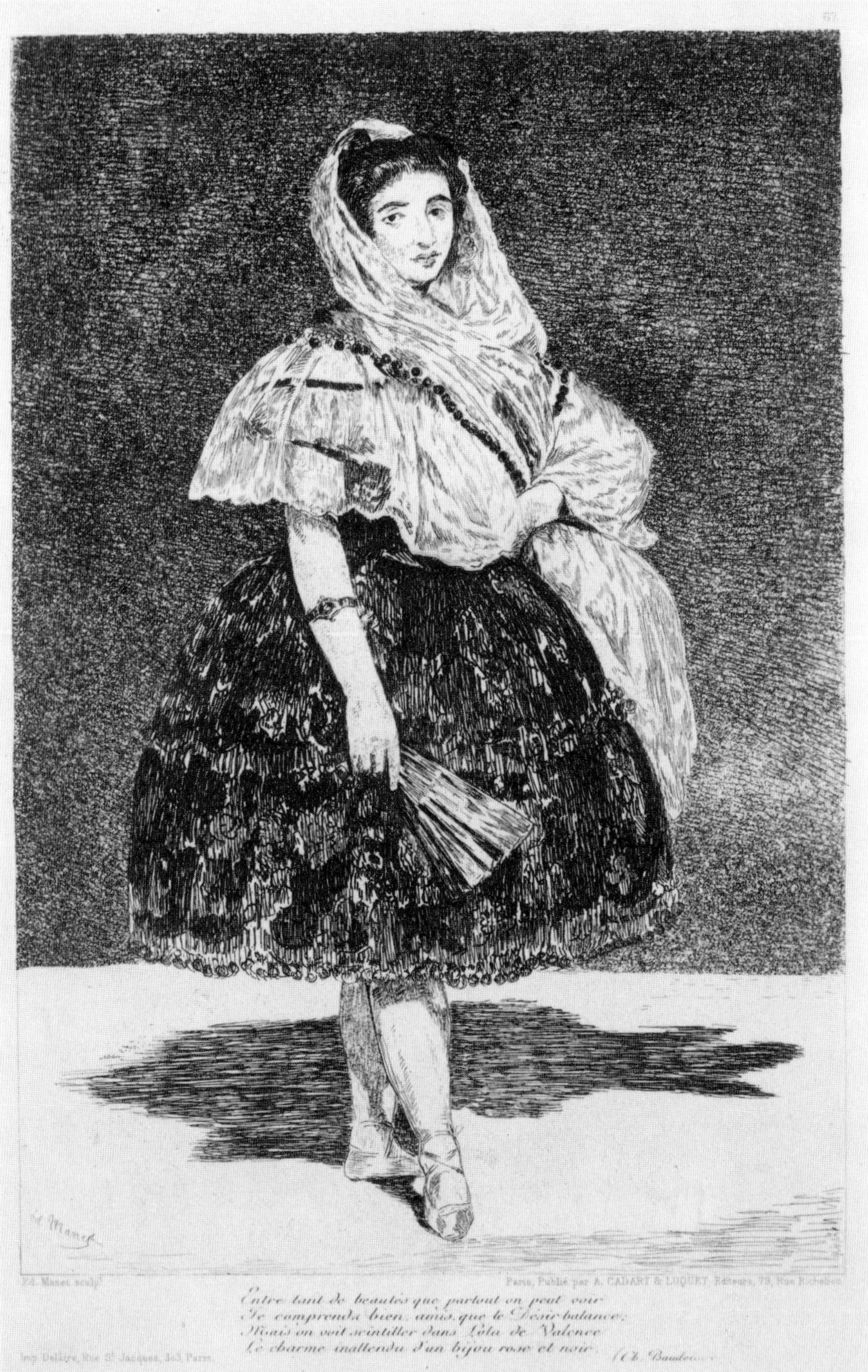

Manet, *Lola de Valence,*
eau-forte et aquatinte, 1863, 5e état.

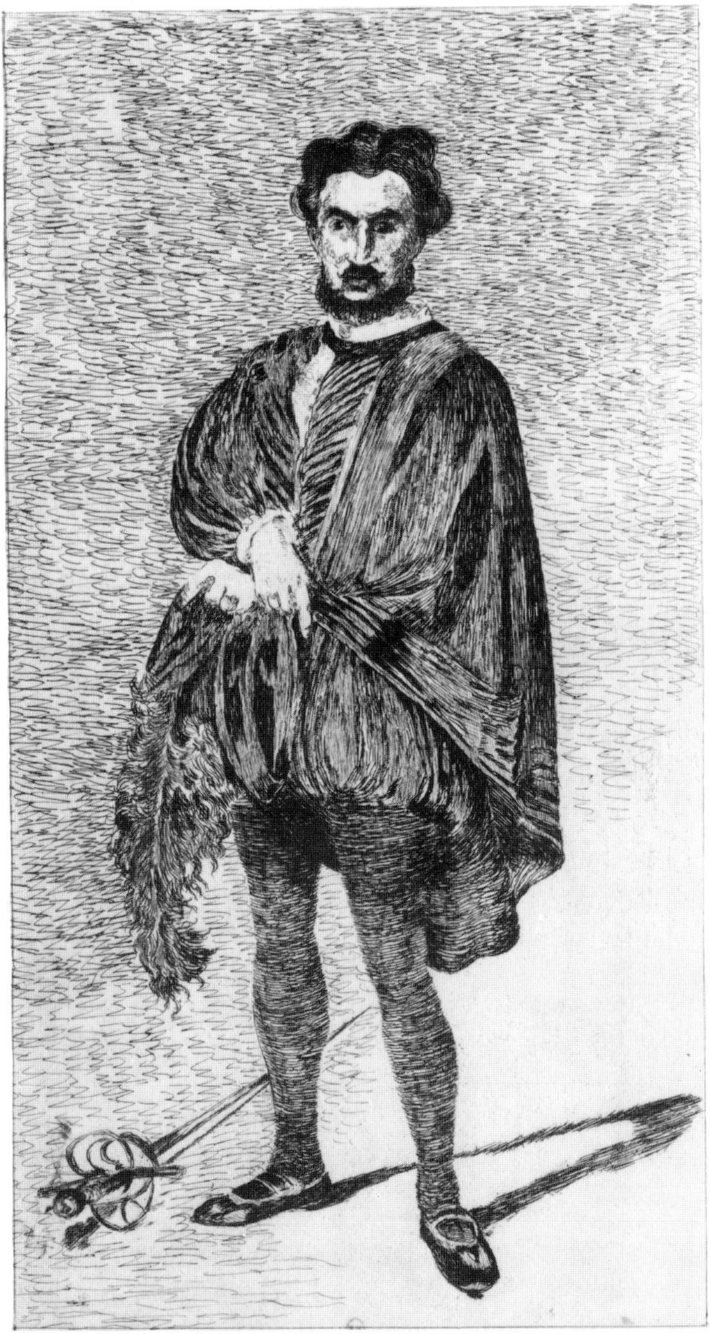

Manet, *L'acteur tragique* (Rouvière dans le rôle d'Hamlet), eau-forte, 1865-1866, 1er état.

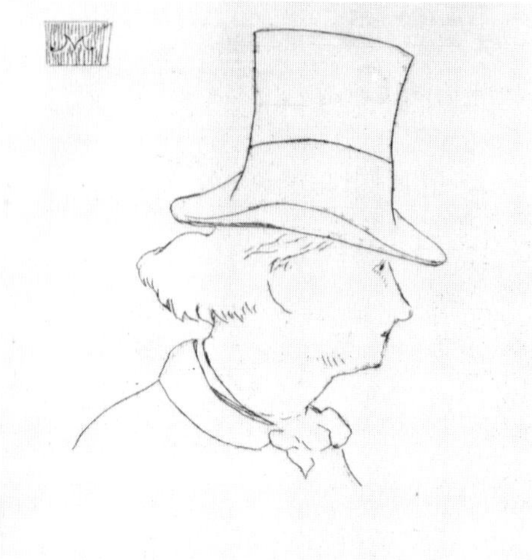

Manet, *Baudelaire de profil en chapeau,*
eau-forte, 1867-1868, 2ᵉ état.

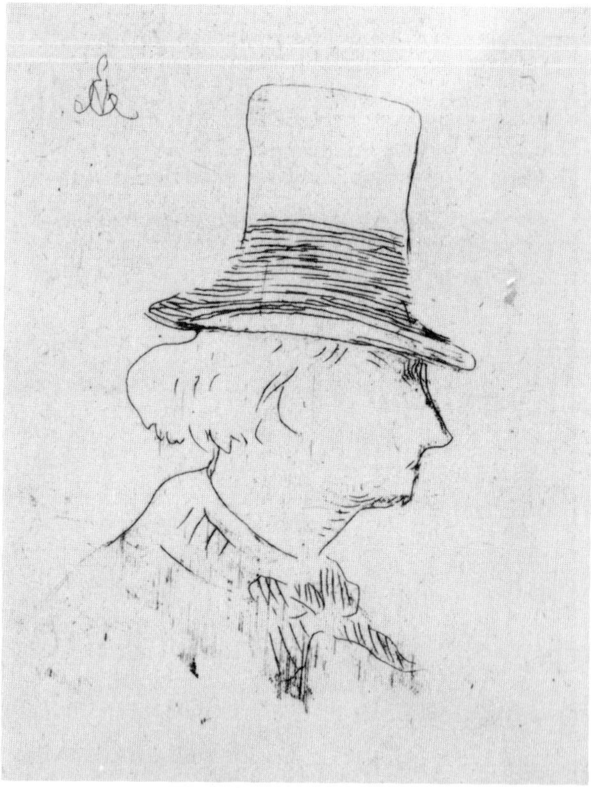

Manet, *Baudelaire de profil en chapeau,*
eau-forte, 1862 ou 1867-1868 (?), 1ᵉʳ état.

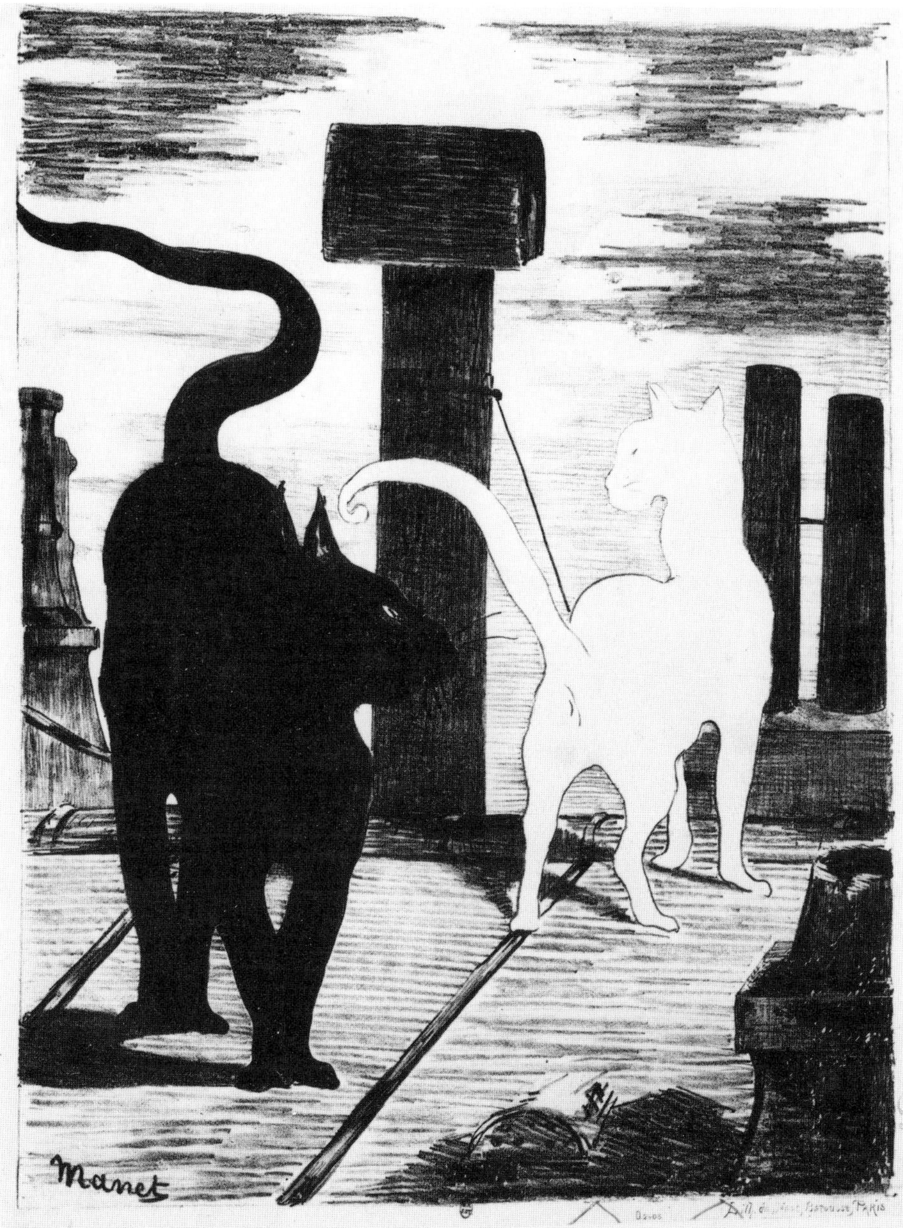

Manet, *Rendez-vous de chats,*
lithographie, 1868, 2e état.

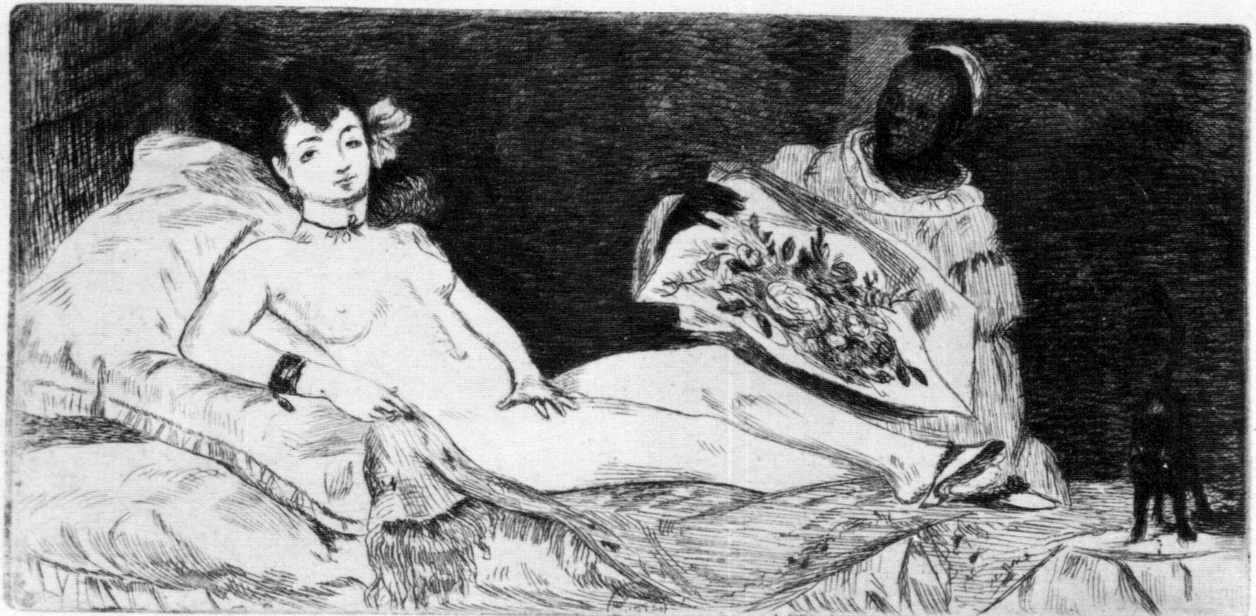

Manet, *Olympia*,
eau-forte et aquatinte, 1867, 6e état.

En juillet 1872, Manet s'installe dans un atelier qu'il vient de louer tout près de chez lui, au 4 de la même rue, dans un immeuble confortable. Tous les matins ou presque la légère pente de la rue de Saint-Pétersbourg portera ainsi les pas de l'artiste vers une grande pièce, située au rez-de-chaussée et qui s'ouvre par quatre larges baies sur la rue Mosnier. Manet est là tout près du pont de l'Europe et de la tranchée de la gare Saint-Lazare dont il entend le bruit lointain et perçoit les roulements qui parlent à son imagination de voyageur. Dans cette ancienne salle d'armes, il va travailler six années et dans des conditions qui transformeront sa peinture. Désormais, il est « en plein Paris » ; il peut recevoir la société distinguée qui ne serait pas venue rue Guyot et il va tout faire pour tirer le meilleur parti de sa position. En juin, pour saluer le retour des jours meilleurs, il est allé avec son épouse passer quelques jours en Hollande. Il est encore attiré par la peinture des musées et particulièrement par l'œuvre de Frans Hals, exposée dans le nouveau musée de Haarlem qu'il visite en compagnie de son beau-frère Ferdinand Leenhoff. Il parcourt également les salles du Rijksmuseum d'Amsterdam, mais cette fois le paysage hollandais le sollicite sous une autre forme. Son admiration pour Jongkind, l'intérêt qu'il porte à l'évolution récente de Claude Monet et aux questions du plein air contribuent à la valeur de sa *Vue de Hollande*.

A son retour, il ne va pas tarder à se mettre au travail et, au début du mois de novembre, Philippe Burty pourra contempler un tableau « pas complètement terminé » où il retrouve l'inspiration moderne qu'il apprécie, « le mouvement, le soleil, l'air clair, les reflets [1] » ; il s'agit du *Chemin de fer* par lequel Manet semble s'associer à la découverte d'une réalité nouvelle. Pourtant il habite le quartier depuis toujours. De même, il termine en octobre un tableau que lui a commandé un amateur de sport et de course ; il y intègre une référence à Géricault, dont le tableau *Courses à Epsom* a été acheté par le Louvre en 1866, et un hommage à Degas à qui il reconnaissait volontiers une compétence particulière dans le domaine du turf. Le tableau est loin d'avoir la hardiesse de sa composition initiale de 1864. En revanche, Berthe Morisot est de retour dans sa peinture avec un éclat étonnant. Bien que le moment précis où il peint son portrait dit au bouquet de violettes ne soit pas connu avec une absolue certitude, on a l'impression que c'est elle la fée ou le démon du nouvel atelier. L'emprise du regard est plus directe, le caractère de liberté et de charme agit comme une apparition. D'autres toiles poursuivent sans l'épuiser ce jeu passionné : *Berthe Morisot au soulier rose, Berthe Morisot à l'éventail.* A l'évidence les rigueurs du siège sont oubliées et Manet identifie en Berthe Morisot l'essence même des valeurs vers lesquelles il se tourne. Qu'il y ait dans leurs relations un élément presque dévorant et destructeur, on le constate avec le portrait qu'il fait de son amie en deuil peu après la mort douloureuse, le 29 janvier 1874, de son père Tiburce Morisot, et ce n'est qu'au moment où, après avoir participé à la première exposition des impressionnistes, elle épouse son frère Eugène, en décembre 1874, que l'on retrouve une image plus distante et plus conforme au charme intimidant longuement disséqué par Mallarmé. Le pouvoir de Berthe Morisot sur Manet comporte un aspect secret et évident à la fois par où s'exprime toute la détermination sociale de son art et de sa personnalité. Elle était une sorte d'incarnation lumineuse de ce « centre » où sa peinture est désormais placée. L'héroïne du *Balcon* lui donnait une espèce d'évidence.

Le Bon Bock constitue une étape importante dans la vie de Manet parce que le tableau, aujourd'hui à Philadelphie, eut un grand succès au Salon de 1873 et que ce succès représente, tout autant que le succès de scandale de certains tableaux antérieurs, la dimension que le peintre veut obtenir en exposant au Salon officiel. Le jury s'était montré sévère à l'égard de nombreux peintres, Jongkind, Desgoffes, Karl Daubigny, Pissarro, Renoir, Sisley, Guillaumin, Quost, Lépine, Amand Gautier, Lançon, Éva Gonzalès. Une exposition des refusés s'organisa dans un baraquement derrière le Palais de l'Industrie et le mouvement qui va aboutir à l'exposition des « impressionnistes » l'année suivante est en cours. Dans le même temps, Manet pouvait croire que son heure était venue. La gloire du *Bon Bock* n'est plus tout à fait aujourd'hui à la hauteur de sa réputation passée. On lui a préféré des œuvres plus fortes, plus contestées et il est permis de penser que le tableau reste un peu victime de son succès.

En effet, quand on considère avec attention les motifs pour lesquels le tableau fut apprécié, on y découvre des éléments de la sensibilité nationale qui, à bien des égards, éclairent le phénomène social du succès en des termes inattendus : ce que représente le sujet du tableau est au moins aussi important que l'art de Manet à proprement parler. Avec *le Bon Bock,* Manet désignait dans l'opinion publique une valeur tributaire de la situation morale et politique du pays tout entier. Au cours des années, cette réponse historique a baissé d'intensité, elle a même fini par être à peu près oubliée. Elle reste pourtant un document essentiel pour comprendre le rapport de Manet avec le monde contemporain.

Revoyant le tableau à Paris, en 1923, cinquante ans plus tard, Théodore Duret écrivait : « Ce *Bon Bock* d'aspect réjoui représente, dans sa plénitude, la joie de vivre. On y trouve l'expression naïve du plaisir d'exister. *Le Bon Bock* a toujours porté la joie avec lui. Il vous sourit, et on lui sourit.

On lui sait gré de vous amener un moment à oublier que la vie est remplie d'amertume[2]. » En 1873, les contemporains étaient en mesure de juger de façon plus concrète le « bonheur » du buveur de bière, comme en témoigne cette description d'Alexandre Pothey : « Vêtu de noir, coiffé d'un bonnet de laine, carrément assis sur son siège, l'abdomen gonflé par la boisson, tel se présente le buveur de M. Manet. Les coquetteries de la tenue lui importent peu, à ce gros père, déjà grisonnant, à la trogne rougeaude, à l'œil émerillonné ; ses cheveux ne connaissent pas le peigne, sa barbe s'en va de çà de là, sa cravate est mise de guingois, et son gilet est à la six-quatre-deux. Ce qu'il aime, c'est cette bonne pipe en terre blanche où pétille le tabac salpêtré de l'État, car la fumée altère, et c'est alors le moment de se tonifier les muqueuses avec un bon bock chéri, à moitié vide, qui a des reflets si dorés. Après celui-ci un autre, puis vingt autres ; la terre est bonne et le houblon ne manque pas[3]. »

Le modèle qui posa ainsi dans l'atelier, assis à une table de café, n'était pas un inconnu. Il faisait partie des artistes qui fréquentaient le café Guerbois ; on le voyait régulièrement au Salon et Manet le connaissait depuis longtemps. Graveur-lithographe de son état, Émile Bellot est surtout passé à la postérité grâce à Manet, mais Philippe Burty a tenu à souligner la vérité sociale du portrait, inscrite dans le réalisme physique de la pose : « C'est un type. Un homme gros, ou plutôt "abdominous" ainsi que disent les Anglais, court, fleuri, simple de mœurs, tranquille et philosophe. Il est assis, fume sa pipe avec méthode et entrecoupe sa sieste de quelques gorgées de bière blonde. C'est un tempérament et, nous le répétons, un type. Tout est en accord, le geste, la placidité du regard, la barbe longue, la cravate lâche et le bonnet de fourrure. Le hasard nous a fait savoir que c'est le portrait d'un artiste, d'un graveur. Nous l'aurions deviné. C'est un homme qui se repose d'un travail qui ne l'a point ennuyé[4]. » Bellot avait donné quatre-vingts séances de pose et le tableau était achevé au début de l'année 1873 ; l'auteur avait pu donner toute sa mesure à travers ce portrait. « C'est un portrait », déclare nettement Théophile Silvestre, le grand critique réaliste, qui se souvient d'avoir rencontré le modèle « au café du jardin vitré de l'Exposition de Sculpture ». Mais, malgré des qualités, la ressemblance reste « pataude » : « L'original, d'humeur beaucoup plus vive et plus brusque, est un type de rondeur physique et morale (...) On sent bien toute sa béatitude d'estaminet [5]. » Comme le suggère le titre, l'intention du peintre avait été d'exprimer un sentiment de satisfaction à travers un « tempérament » et chacun déclinait cette heureuse rencontre du *Bon Bock.*

Dans ce cadre général, plusieurs critiques glissent une explication devant une telle béatitude. Paul Mantz voit un homme qui prend du champ par rapport à la politique : « Aux temps troublés où nous sommes, ce placide buveur symbolise l'éternelle sérénité. Il est si indifférent aux constitutions qu'on élabore ; sa joue en fleur et son embonpoint disent si bien qu'il ne connaît pas la mélancolie et son vêtement le gêne si peu [6]. » Le jour même où cet article est publié dans *le Temps,* l'Assemblée nationale a voté la chute de Thiers, une date qui marque avec l'avènement de l'« ordre moral » le début d'une période troublée dont sortira, après le 16 mai 1877, la République des républicains. Le 27 avril, l'élection de Barodet, par 180 000 voix contre 135 000 à Rémusat, avait inquiété les conservateurs et Richard Lesclide cite ce mot entendu devant la toile de Manet : « Je parie que ce gros homme a voté pour Barodet ! » Mais c'est pour aussitôt s'inscrire en faux contre une telle supposition : « Le magnifique ivrogne qui décore notre première page — si le mot ivrogne ne déroge pas en s'appliquant à un buveur de bière — n'a rien de véhément ni de sinistre. Il est rayonnant et majestueux ; sa barbe flotte en éventail ; un bonnet à la russe couvre son large front (...) Je suis tenté de tendre la main à cette figure qui me sourit dans le cadre qui lui sert de fenêtre [7]. » L'ombre des idées républicaines est donc écartée au profit d'une fraternité apolitique qui semble particulièrement importante. Un critique royaliste comme Dubosc de Pesquidoux fait à peu près la même analyse ; certes le tableau est un « défi au bon ton » mais au moins le personnage du fumeur réaliste n'a plus l'air de croire aux idées dangereuses : « C'est un épicurien d'estaminet, gros, rouge, jovial, et qui ne croit plus guère en ce monde qu'à sa pipe et à son bock[8]. » *Le Petit Journal* reprend cette argumentation ; *le Bon Bock* incarne un homme nouveau que les épreuves ont façonné et instruit : « Il pourrait s'appeler *Monsieur tout le monde. Monsieur tout le monde* n'a pas écrit *Graziella,* les *Méditations* ou les *Nuits,* mais les insultes des partis ne le poursuivront jamais ; il prendra son bock ou ses deux bocks en fumant sa pipe, mais jamais il ne cherchera dans l'ivresse un idéal envolé[9]. » Pour le républicain Carjat, le photographe et l'ancien rédacteur en chef du *Boulevard,* l'ami de Courbet, de Corot et de David d'Angers, le personnage du *Bon Bock* incarne une santé qui prend la forme d'une résistance passive et caustique devant les événements :

Heureux homme ! Il a vu les tristesses du siège ;
Le caban sur le dos, sous l'obus et la neige,
Il a fait vaillamment son devoir au rempart ;
De nos cinq milliards il a payé sa part ;

Il a vu la Commune et ses sombres batailles ;
Il lit depuis trois ans les sermons de Versailles,
Et tous les jours, automne, hiver, printemps, été,
Il boit, mange et digère avec sérénité[10].

Le réalisme du tableau pouvait satisfaire les opinions les plus opposées sur le plan politique et on observe que ces mêmes opinions sont pour beauoup dans le sentiment de sympathie éprouvé pour Bellot. Soudain le personnage de brasserie n'a plus le caractère dangereux qu'il aurait eu quelques années plus tôt. Manet exprimait un brutal changement des valeurs comme si son réalisme devenait, en lui-même, une réponse à l'expérience douloureuse de la division politique et sociale.

Il se trouvait néanmoins beaucoup de critiques pour déplorer le style de l'exécution : « Quelle touche heurtée, plate, confuse, incertaine ! Quel mélange criard et grossier de charbon de bois et de brique pilée [11] », écrit *la Revue des Deux Mondes,* mais en général on jugeait que Manet s'était assagi : « Cette année, M. Manet a mis de l'eau dans son bock [12] » ; la formule de Wolff semble résumer la situation. Même en restant sur le plan du style, on peut à nouveau sentir l'enjeu de valeurs morales sinon politiques. L'inspiration flamande et hollandaise n'avait, en effet, pas manqué d'être soulevée : « Ah ! le brave compagnon, le joyeux philosophe ! Comme Frans Hals et Brauwer auraient aimé à trinquer avec lui ! Et comme on lui eût fait fête dans la brasserie de Jan Steen ! [13] », déclare Marius Chaumelin. Manet avait visité le musée de Haarlem lors de son récent voyage en Hollande et il est évident que l'esprit de la composition dérive de cette expérience. « Il boit de la bière de Haarlem » : le mot de Stevens est tout à fait digne de ceux de Manet qui répliqua aussitôt par une remarque impertinente à propos d'un tableau de son ami, exposé rue Laffitte. Ces passes d'armes étaient monnaie courante ; il est plus important de relever, à cette occasion, que la référence à Frans Hals concerne à la fois la vivacité expressive du baroque et le sentiment d'intégrité civique et nationale qui se manifeste chez tous ces bourgeois de Haarlem. Manet souhaitait probablement trouver dans son buveur du Guerbois une équivalence avec les représentants d'une cité libre, indépendante, solidaire. Bellot n'était pas un Hollandais à Paris mais un Parisien aussi heureux chez lui qu'un joyeux buveur hollandais. Une certaine image nationale passe donc, en 1873, par la référence stylistique et Jules Claretie, qui souligne la différence avec le *Buveur d'absinthe* des débuts, ne peut s'empêcher, lui aussi, d'insérer dans son commentaire une interprétation qui vient renforcer le pouvoir de suggestion du *Bon Bock :* « L'heureux homme que ce ventripotent buveur ! Il est de la famille des *Borrachos* de Vélasquez, mais, grisonnant et coiffé d'un bonnet fourré, ce doit être un bon philosophe et bon patriote d'Alsace qui déguste sans bruit son tabac et son houblon [14]. »

Il est donc possible de relever une série de jugements qui

laissent à chacun une liberté d'appréciation. L'épicurisme du personnage lève l'obstacle des clivages et des affontements partisans pour finalement désigner, à un autre niveau, une intégrité de l'individu tout entier. Celui-ci tout en possédant la réalité d'un « type » physique et social devient sans bruit, pacifiquement, mais aussi avec une dose de « philosophie » réfractaire à toute domination, une image de la sensibilité nationale. En 1873, *le Bon Bock* révélait des valeurs de cohésion sociale qui semblent indiquer chez Manet un besoin de réponse à l'expérience du passé. Le succès dans ces conditions est un phénomène presque aussi intéressant que le scandale d'*Olympia* en 1865. Le peintre avait trouvé l'image qu'une situation historique était en mesure d'interroger et de comprendre. La vérité du tableau n'est certainement pas diminuée par toute l'idéologie implicite que les contemporains ont exprimée dans la « joie de vivre » du *Bon Bock.* Manet donne ainsi à nouveau une image qui joue sur la mémoire et l'oubli, sur la métamorphose et la division des valeurs, sur l'essence même des valeurs. Un critique osa poser cette question, fort désagréable en ces temps de susceptibilité nationale : « Qu'importe à ce buveur de chopes ? Rien ne saurait émouvoir sa bonne face, hormis la loi qui prohiberait, en France, les bières du nouvel empire d'Allemagne [15]. » On le constate peut-être, *le Bon Bock* était l'occasion d'une prise de conscience et chacun pouvait y répondre. Était-ce vraiment de la liberté ou un effet passager du bon bock ? Manet ne le dit pas et les spectateurs du Salon ne tenaient sans doute pas à le savoir.

Manet avait été très occupé en novembre et décembre 1872, à la suite du *Chemin de fer* qu'il n'achèvera pas pour le prochain Salon, le réservant pour l'année suivante. Afin de compléter son envoi, il choisit le portrait peint au début de l'été 1870, dans un esprit de confrontation avec son envoi au Salon, le *Portrait d'Éva Gonzalès. Le Repos* — tel est le titre du livret — appartenait à Durand-Ruel qui le prêta pour l'exposition. La radiographie a montré que la figure était primitivement dans une position plus redressée et qu'une bande de toile a été ajoutée en haut pour donner son importance à la gravure encadrée au mur. Ces corrections ont-elles été faites en vue du Salon ? Théodore Duret qui eut le tableau en garde pendant la guerre le décrit tel qu'il fut exposé en insistant sur le charme d'une jeune femme « en partie assise, en partie étendue sur un divan [16] ». Étant donné l'importance que revêt le changement de pose — ce que vont révéler pleinement les critiques —, il paraît difficile que l'artiste ait pu reprendre la composition sans disposer du modèle. Manet choisit d'exposer un tableau qu'il n'a pas voulu montrer avec *le Combat naval* en 1872 et qui rappelle à la fois le décor de l'atelier de Berthe Morisot et son travail dans l'atelier de la rue Guyot. Tout un climat de l'immédiate avant-guerre qui semble rattaché au dialogue existant à partir de 1871 et qui aboutit, en 1872, à l'hommage du petit panneau intitulé *le Bouquet de violettes.* De façon plus directe, le public va ressentir un contraste violent avec *le Bon Bock.* Dans quelle mesure Manet a-t-il voulu soumettre la « rêverie » de son amie — le terme a valeur de titre pour Mallarmé dans son texte sur l'impressionnisme en 1876 — à la rude santé de son vieux Gaulois ? A-t-il eu le sentiment d'un contraste nécessaire ? La réponse du Salon fut, en tout cas, parfaitement explicite à cet égard.

« Mais pourquoi expose-t-il en même temps cette femme fatiguée, dépeignée, assise sur un divan lie-de-vin, et qui est désignée au livret : *le Repos*[17] ? », se demande Alexandre Pothey. « On ne saurait prendre au sérieux la raide figure de femme en robe blanche, jetée plutôt qu'assise, et pourtant plus assise que couchée sur une causeuse[18]. » Comme Stephan Renal, Duvergier de Hauranne ressent toute l'incorrection de cette figure féminine : « Sa toile, intitulée *le Repos,* qui représente une femme vêtue de blanc et renversée sur un sofa, est un chaos qui défie toute description ; il faut avoir la foi pour essayer de démêler les bonnes intentions qui peuvent se cacher sous ce barbouillage malpropre et barbare[19]. » Pour le réaliste Théophile Silvestre, l'effet est tout aussi inconvenant : « Créature morne, chétive, et chétivement habillée, ses bras étiques sentent le fil de fer, sa robe fait lourd paquet en retombant le long de sa cuisse droite, et de son visage nerveux et maussade à son petit pied, elle est on ne peut plus sèche, souffrante et de mauvaise humeur. Sa pose n'a pas grand-chose d'expressif ni d'élégant. A peine est-elle convenable[20]. »

Berthe Morisot, qui n'était pas mariée et dont l'admiration pour Manet était connue, pouvait apprécier la portée de ces différents commentaires. D'autres étaient plus désagréables encore : « Elle a l'air d'un cadavre qui attend qu'on lui rende les derniers devoirs[21]. » « Sa femme assise sur un canapé d'hôtel garni n'a ni forme ni couleur. C'est une ébauche grossière faite pour repousser le regard[22]. » Marius Chaumelin va même jusqu'à évoquer une crise d'épilepsie : « La peinture nous montre une femme maigre, en robe de jaconas blanc à fleurs, placée sur un canapé grenat, et qui vient d'être atteinte d'une attaque d'épilepsie. La malheureuse se roidit en vain contre l'horrible mal : ses yeux se tordent, ses bras s'écartent, l'une de ses mains lâche un mouchoir de poche, l'autre se cramponne au bras du canapé, le long duquel le corps inerte glisse[23]... »

Dans ce contexte et sur ce fond de réprobation, le jugement de Théodore de Banville se détache avec éclat ; il vient saluer « un caractère intense de *modernité* » qui place le tableau dans une qualité de spleen digne du poète des *Fleurs du mal.* Banville voit « une pose à la fois tourmentée et familière », une femme « vêtue d'une robe de mousseline blanche mouchetée, les cheveux dans les yeux, inquiète, de quoi ? de la vie sans doute[24] ». De façon aussi intuitive, Paul Mantz avouait la distinction de ce qu'il appelle une « étude », à cause notamment de cette main posée sur le divan qui lui évoque « les touches d'un clavier imaginaire[25] ». La mélancolie moderne, la liberté de cette femme, le charme de sa solitude d'artiste ont été reconnus par quelques-uns et Berthe Morisot incarne ici l'essentiel des valeurs qui rapprochent Manet de Baudelaire : « Quel est celui de nous qui n'a pas, dans ses jours d'ambition, rêvé le miracle d'une prose poétique, musicale sans rythme et sans rime, assez souple et assez heurtée pour s'adapter aux mouvements lyriques de l'âme, aux ondulations de la rêverie, aux soubresauts de la conscience[26] ? » Berthe Morisot donne à ce vœu des *Petits Poèmes en prose* une réalité soudaine ; quelques années avant elle, Victorine Meurent réveillait le sentiment de la beauté contenu dans *les Fleurs du mal.* Désormais le culte de Baudelaire passe par Mallarmé et Berthe Morisot permet de l'apprécier.

Il n'y a cependant chez Manet aucune intention « poétique », aucune célébration, car en associant *le Repos* au *Bon Bock* il proposait aux caricaturistes un couple dont ils allaient faire leur bonheur. Berthe Morisot devient « La Muse de la Courtille » : « Cette maritorne en jupe blanche, vautrée sur un canapé, a l'air de cuver son vin. » Elle est associée à un chiffonnier : « Une dame se repose après avoir ramoné elle-même sa cheminée[27]. » *Le Charivari* offrait une place de choix à Manet dans les débats grotesques imaginés par Louis Leroy en guise de commentaire du Salon. Ce qui amène Ernest Chesneau à se poser une question qui mérite d'être retenue : « Si l'on rit encore devant les Manet de 1873, c'est que le peintre a voulu qu'il en fût ainsi. » Il se lance alors dans une comparaison parodique qu'il situe, en quelque sorte, dans la logique de l'auteur lui-même. Chesneau est devenu un partisan convaincu de la peinture de Manet et son point de vue caricatural consolide si l'on veut l'analyse baudelairienne de Théodore de Banville. Voici cette page : « M. Bonbock grisonne, Madame est jeune. Monsieur est gros, gras, replet, haut en couleur ; Madame est mince, fluette et pâle. Monsieur est un ancien commis voyageur en vins, il s'est établi à son compte et amasse une petite fortune ; Madame a été élevée à Écouen et rêve d'Almanzor. Monsieur est commun, Madame a horreur de tout ce qui est vulgaire. Monsieur sort dès le matin pour ses affaires et ne rentre que fort tard pour dîner et se coucher ; Madame garde le logis tout le jour. Monsieur est taillé à rendre sa femme heureuse, Madame ne dédaigne aucun bonheur, mais ses aspirations “idéales” ne sont point satisfaites.

Monsieur aime Madame, Madame n'aime pas Monsieur. C'est que M. Bonbock ronfle, porte de la flanelle, lit *le Cor-*

saire et Pigault-Lebrun, joue du cor, chante Pierre Dupont, aime les propos salés, la franche gaudriole, le billard, la pipe, la bonne chère, la fine champagne, et va au café boire de la bière. Tandis que Madame ne boit que de l'eau, ne touche aux viandes que du bout des dents, ne se nourrit que de pâtisseries et de bonbons, soupire *le Lac* de Niedermeyter, joue les *Romances sans paroles* de Mendelssohn, a peur dans la foule, se croit partout suivie, lit Feydeau, Octave Feuillet, Gustave Droz, *la Vie parisienne,* soigne son linge de corps, se parfume, couche avec des gants et dort comme un oiseau.

Madame a des ardeurs de cerveau inassouvies, des nerfs, et s'ennuie à mourir. Monsieur, bon vivant, sans soucis, riche de sang et riche en muscles, trouve la vie une douce chose.

Heureux homme ! Pauvre petite créature [28] ! »

Ce texte est injuste pour Berthe Morisot qui lit Darwin et non Octave Feuillet, écoute Wagner ou Liszt, pose pour Manet et lit *Madame Bovary.* On retiendra cependant dans ce couple mal assorti une caractéristique sociale. Berthe Morisot appartient à la bourgeoisie parisienne dont les attaches remontent à la fin du XVIIIe siècle et à l'Empire. Le graveur Bellot évoque le peuple des artisans, commerçants, petits bourgeois qui ont payé leur part dans la répression de la Commune. Le buveur de bière semble digérer heureusement le passé et attendre tranquillement l'heure du pays réel. Manet avait une admiration particulière pour le portrait de Louis-François Bertin qui définissait à ses yeux « le type de la bourgeoisie de 1830 ». Sans comparer le chef-d'œuvre d'Ingres, daté de 1832, au tableau de 1873, il convient pourtant de souligner, dans l'un et l'autre cas, une évaluation sociale d'une remarquable puissance aux lendemains de troubles révolutionnaires. Dans cette perspective, on peut se contenter d'observer que la « modernité » du *Repos* apporte sa dimension propre à la « philosophie » du *Bon Bock.*

Malgré ces critiques, au printemps 1873, Manet pouvait avoir le sentiment de la réussite. Il voyait son tableau reproduit par la gravure ou la photographie et Armand Silvestre citait son exemple dans l'introduction qu'il rédigeait pour un catalogue en trois volumes de la collection Durand-Ruel : « Le moment est venu pour le public d'être convaincu, enthousiaste ou révolté, mais non ébahi ; Manet appartient encore à la discussion, mais plus à l'ahurissement[29]. »

Ce dernier pouvait encore penser qu'il montrait l'exemple à ceux qui subissaient toujours les rigueurs du jury. On l'imagine à cette époque très attentif à sa nouvelle gloire, lisant la presse dans le détail. En effet, Eugène Montrosier rapporte l'anecdote suivante : « Dans mon dernier article (*Musée des Deux Mondes,* 15 juillet 1873) on me fait dire à propos du *Bon Bock* de Manet : il y a marchand à 120 000 francs. Il faut lire : il y a marchand à 12 000. Je n'aurais pas rectifié cette erreur si Manet n'était venu, armé de mon article, me sommer de lui donner le nom du fou offrant 120 000 francs du tableau susnommé[30]. » La mise au point qui paraît dans le numéro du 1er juillet permet d'entrevoir l'ivresse du peintre qui s'assimile déjà à Meissonier ou Bouguereau. Cependant l'attitude de Manet semble avoir été beaucoup plus inquiète et plus nuancée. Il savait que l'idée d'une exposition indépendante était à nouveau discutée par ses amis. Paul Alexis s'en faisait l'écho dans un article de *l'Avenir national* et publiait une lettre de Claude Monet, évoquant autour de lui « ce groupe de naturalistes ayant la juste ambition de peindre la nature et la vie dans leur large réalité[31] ». Alexis, qui saluait les envois de Manet au Salon, précisait par ailleurs que l'association ne serait pas « une chapelle » : « Ils ne veulent unir que les intérêts et non des systèmes[32]. » Le succès du *Bon Bock* venait aggraver la divergence d'appréciation entre les futurs impressionnistes et Manet. Le terme de « lâcheur » a pu exprimer le sentiment des uns et des autres.

En juillet, vraisemblablement à la fin du mois, Manet quitte Paris pour des vacances au bord de la mer, à Berck. Il a loué un pavillon dans cette station réputée pour son iode marin. La veille du départ, il envoie un mot à Zola qui est passé à l'atelier pendant son absence et lui portait l'édition de *Thérèse Raquin* pour le théâtre. La pièce avait été donnée au théâtre de la Renaissance au début du mois et la mise en scène a fait sensation. Manet, qui précise qu'il n'a pas encore fait sa malle — le voyage a lieu par chemin de fer jusqu'à Étaples, puis en voiture jusqu'à Berck —, le félicite pour la préface : « Elle est écrite de main de maître [33]. » L'intérêt de Manet s'explique aisément : dans cette préface, Zola annonce « un drame que Molière aurait pu écrire », c'est-à-dire le naturalisme au théâtre et il est vrai que le style en est très décidé, direct, sans pose ni prétention. Fin avril, un autre billet de Manet remercie Zola pour *le Ventre de Paris* qu'il appelle tout simplement *le Ventre.* Ce livre, paru chez Charpentier le 19 avril 1873, est l'un de ceux qui vont marquer le peintre puisqu'il aura le projet, en 1879, de peindre pour l'Hôtel de Ville une composition sur les Halles. Dès la première lecture, le motif l'a frappé et il écrit que le livre « exhale des parfums de primeurs [34] ».

Les vacances à Berck sont les dernières passées à travailler au bord de la mer avec sa famille. Ces séjours ont toujours beaucoup compté pour lui, pour son équilibre et son inspiration. Manet est entré maintenant dans la quarantaine et, pour de multiples raisons, le paysage maritime de sa jeunesse va devenir une pensée, une dimension présente dans son esprit, mais l'expérience s'achève pour l'essentiel en 1873. Son activité à Berck est très intense et l'on retrouve les thèmes de son observation antérieure. On peut noter cependant un accent particulier, à la fois tonique et mélancolique, qui s'exprime, par exemple, avec la composition intitulée *Sur la plage* (Musée d'Orsay, Paris). L'univers familial — son épouse et son frère Eugène — est évoqué dans un cadre resserré qui le sépare de la vue plus lointaine mais plus provocante de jeunes femmes en costume de bain. Le même sentiment contrasté pénètre l'espace des *Hirondelles* (Fondation E.G. Bührle, Zurich) ; la liberté contenue dans l'espace du tableau implique l'inertie du motif. L'intérêt pour les choses de la mer se marque en outre par une série de toiles évoquant le travail des marins. *Pêcheurs en mer* permet ainsi de constater que le peintre a cherché un nouveau point de vue, différent du regard qu'un vacancier peut porter autour de lui en se promenant. Selon Duret, Manet aurait embarqué à bord d'un sardinier pour constater à sa grande surprise qu'il subissait les effets du mal de mer. Le tableau est conçu comme une expérience partagée avec celle des pêcheurs. On est en mer et, l'année suivante, Manet donnera *En bateau.* Les deux tableaux, à un an de distance l'un de l'autre, permettent de saisir les éléments d'une évolution rapide. Car *Pêcheurs en mer* semble déterminé par une intention réaliste qui peut être reconnue dans la mise en page évoquant les gravures paraissant dans la presse illustrée, en particulier une image de pêcheurs publiée dans *l'Illustration* le 22 janvier 1870. Un an plus tard, l'impressionnisme des canotiers d'*En bateau* n'autorisera plus ce genre de rapprochement.

On a donc, à Berck, un peintre qui semble développer son inspiration ancienne en observant la vie d'un petit port de mer, mais sans l'ambition de l'été 1869 à Boulogne. Quand on considère le motif intitulé *Marée montante,* un sentiment âpre et désolé s'impose à l'esprit. Un canot vide subit le flot ; le paysage exprime toute l'austérité de certaines natures mortes. Il faudra attendre plusieurs années pour voir reparaître un esquif comparable, ce sera la barque de l'évasion de Rochefort. L'expérience de l'océan aura changé, mais déjà Berck ne représente plus le charme du passé.

L'homme qui rentre à Paris en septembre est un homme en vue, heureux de retrouver ses habitudes et ses amis. La pensée du prochain Salon ne le préoccupe pas outre mesure car il a un tableau déjà bien avancé à l'automne 1872, *le Chemin de fer.* Il est probable qu'il le met au point en profitant de la lumière de cette fin d'été, car on voit reparaître

Victorine Meurent dans un tableau qui évoque le climat de nonchalance et d'amitié qui semble lui avoir manqué au bord de la mer. *La Partie de croquet à Paris* (Stadelsches Kunstinstitut, Francfort-sur-le-Main) évoque un sujet traité en 1871 à Boulogne, mais les circonstances sont assez différentes. Le jardin verdoyant est celui de son ami Alfred Stevens avec qui il venait d'échanger quelques piques sans gravité. On est tout simplement à Batignolles dans le quartier des artistes ; Paul Roudier est encore associé à cet agréable jeu de société. Cette fois pourtant l'intérêt de la partie en cours semble davantage centré sur les deux personnages féminins, Victorine Meurent qui porte la robe bleue du *Chemin de fer* et Alice Legouvé qui plus tard posera pour *le Linge*. Visiblement l'artiste recompose un climat de vacances, au centre même de ses intérêts ou de ses projets, et Stevens qui fut l'ami des deux modèles de Manet et que l'on voit assis dans l'herbe de dos annonce, si l'on peut parler ainsi, les valeurs que Manet s'apprête à formuler sur un tout autre niveau d'ambition avec Claude Monet à Argenteuil. Le tableau est donc une œuvre intéressante parce qu'il possède, comme assez souvent chez Manet, une mémoire biographique ou esthétique qui prépare un développement en cours.

Autre témoignage qui va dans le même sens et qui confirme l'état d'esprit d'un peintre que le succès a libéré d'une échéance avec le public parisien : le portrait de Mlle Marguerite de Conflans. Plusieurs esquisses ont été réalisées de cette jeune fille qui appartient à une famille liée d'amitié avec celle de Manet. L'une de ces toiles est datée de 1873, signée sur l'accoudoir du canapé où se tient le modèle vêtu d'un déshabillé blanc. A la suite d'Éva Gonzalès ou de Berthe Morisot, le peintre semble heureux de pouvoir disposer d'un modèle issu d'un bon milieu et qui possède l'éclat de la jeunesse. La future Mme d'Angély avait alors dix-sept ans environ et l'on sait le désir éprouvé par Manet de peindre des femmes élégantes, provenant de son milieu, la bourgeoisie. L'attirance qu'il éprouve à l'automne 1873 s'explique en partie par la difficulté rencontrée depuis l'épisode du portrait de Mme Brunet en 1860. Il faudra attendre la fin des années soixante-dix et la rencontre avec Isabelle Lemonnier pour retrouver un épisode un peu similaire. Sous le titre *la Jeune fille en blanc,* un portrait de Marguerite de Conflans qui sera remarqué lors de la vente de février 1884, on peut constater une pose qui évoque celle du portrait de Nina de Callias que Manet entreprendra au cours de l'hiver. Les deux toiles ne sont pas forcément contemporaines, mais le rapprochement montre de façon assez claire que l'artiste n'était pas déterminé étroitement par le statut social du modèle puisqu'il a finalement évoqué une jeune fille dans l'attitude d'une femme bohème et connue pour sa liberté. Peut-être a-t-il joué délibérément sur ce glissement entre la « candeur » d'une excentrique et la « séduction » d'une quasi-adolescente ? A tout prendre, l'épisode semble donner raison à ceux qui posaient cette question : feriez-vous poser votre épouse devant ce M. Manet ? Il y avait toujours un risque.

S'il existe certains indices permettant d'apprécier un sentiment d'évolution au cours des mois qui précèdent l'été 1874, à bien des égards décisif, la fin de l'année 1873 voit la réalisation d'un pur chef-d'œuvre, étincelant de vie et de maîtrise, et auquel Mallarmé s'est associé par un texte d'une qualité comparable à certaine page de Baudelaire dans *le Peintre de la vie moderne.* Environ dix ans plus tard, Manet donne une image qui répond à la « modernité » de *la Musique aux Tuileries,* et à un moment particulièrement chargé de valeurs comme on peut l'entrevoir.

Le tableau, une toile de 20 (60 sur 73 cm) aujourd'hui à la National Gallery de Washington après avoir figuré dans la collection Havemeyer, fut longuement élaboré au cours de l'année. Le projet semble avoir pris forme au moment des bals masqués de la mi-carême, le 20 mars, puis le 30 mars, lors du bal des Artistes, particulièrement brillant cette année-là. Manet y aurait assisté et, à partir de notations précises, aurait cherché une composition évoquant la foule d'une nuit de fête dans les couloirs de l'Opéra : deux études à l'huile indiquent bien qu'il avait, dès l'origine, le projet d'évoquer le couloir de l'Opéra de la rue Le Peletier et non le spectacle que pouvait présenter la salle envahie par les masques. Un événement va précipiter la réalisation du tableau et son achèvement au début du mois de novembre 1873, car dans la nuit du 28 au 29 octobre un terrible incendie détruisait entièrement le théâtre de la rue Le Peletier, ruinant ainsi une des plus belles salles de spectacle de Paris dont l'histoire reste associée à celle de tout l'opéra romantique. Inauguré le 16 août 1821, l'édifice avait été construit par l'architecte Debret pour remplacer la salle de la rue Richelieu où avait été assassiné le duc de Berry, le 13 février 1820.

Le lieu était particulièrement célèbre et populaire à cause des bals de la mi-carême, qui étaient devenus sous la monarchie de Juillet puis sous l'Empire une véritable institution de la vie parisienne. Le mélange des milieux, la liberté du langage, le travestissement général, le spectacle et la qualité de la danse faisaient de ces nuits des événements considérables dont quelques règlement timides essayaient de contenir la frénésie, comme par exemple l'interdiction pour les masques d'entrer au foyer. Manet n'a certainement pas attendu l'année 1873 pour découvrir cet univers fréquenté par les artistes et l'idée d'un tableau sur ce thème lui a peut-être été suggérée par l'engouement remarqué des Parisiens pour l'opéra après la guerre. C'est aussi le moment où les Goncourt font paraître leur livre sur Gavarni, dont les dessins sur le carnaval sont célèbres. Mais la raison principale a été donnée par Théodore Duret qui a expliqué la composition de la toile à partir du nouvel atelier. Manet pouvait y faire venir ses modèles « pris parmi les hommes du monde » : « Ils durent venir, par groupes de deux ou trois ou isolément, en habit noir et en cravate blanche, poser dans son atelier. Il fit entrer ainsi dans son assemblage : Chabrier le compositeur de musique, Roudier un ami de collège, Albert Hecht un des premiers amateurs qui eût acheté sa peinture, Guillaudin et André deux jeunes peintres, un colonel en retraite, etc. » L'identification des visages pose aujourd'hui encore quelques difficultés et ce n'est pas seulement un effet de notre ignorance mais le résultat d'une certaine volonté de faire vrai : « Il m'utilisa personnellement, rappelle Duret, en me prenant une part du chapeau, une oreille et une joue avec de la barbe. Cette moitié de visage ne pourrait être aujourd'hui reconnue et recevoir un nom, mais, au moment où il la peignait, il trouvait qu'elle animait la scène pour sa part et qu'elle était très ressemblante[35]. »

Le souci de réalisme se marque encore dans la question que posait Manet : « Comment mettez-vous votre chapeau, sans y penser et dans vos moments d'abandon ? eh bien ! en posant, mettez-le ainsi et non pas avec apprêt[36]. » Tous les visiteurs de l'atelier ont pu identifier le lieu : il s'agissait du pourtour derrière les loges et cette indication matérielle permettait à chacun de comprendre la scène. Elle fut longuement décrite dans la chronique de Fervacques au *Figaro,* le 25 décembre 1873, comme si elle évoquait pour les lecteurs une expérience partagée : « Voilà bien le tableau exact. Entre les colonnes épaisses, le mur des loges où les gommeux sont collés, en espalier, et les entrées du foyer séparées par les légendaires tablettes de velours rouge, un flot d'habits noirs taché çà et là d'une pierrette ou d'une débardeuse ondule sans s'avancer. Des dominos discrets, à la figure masquée par la quadruple barbe de dentelle, circulent au milieu de cet océan humain, pressés, bousculés, serrés de près, auscultés par cent mains indiscrètes. Les pauvrettes passent la douane de ce cap périlleux, laissant ici un fragment de dentelle, là une branche de lilas blanc de leur bouquet, qui jaunit sous les exhalaisons délétères du gaz et sous l'âcre odeur humaine qui s'épand en effluves lourds et pesants.

Les groupes se forment dans les attitudes les plus diverses. Gavroche effronté, fleur du ruisseau poussée entre deux pavés, et pourtant belle comme les plus pures statues antiques, — mystère inexpliqué et inexplicable, — une fille décolletée jusqu'au sixième commandement de Dieu, pantalonnée d'un morceau de velours rouge grand comme la main, avec beaucoup de boutons, il est vrai, et coiffée d'un bonnet de police fiché à quarante-cinq degrés sur sa tignasse poudrée, tient tête à un groupe de railleurs à cravate blanche. Ils sont là tous, l'œil allumé par les truffes et le Corton du dîner, la lèvre humide, l'œil sensuel, avec des chaînes d'or épaisses au gilet et des bagues aux doigts. Le chapeau est incliné en arrière d'un air vainqueur : ils sont riches, cela se voit ; ils ont des louis plein leurs poches et ils sont venus pour s'amuser. Et ils s'amusent. Ils tutoieraient leur sœur si elle passait par là [37]. » Manet avait représenté l'espace de communication entre le foyer et les loges qui donnait sur l'espace de la salle rehaussée pour l'occasion par un faux plancher ; au-dessus, le balcon des deuxièmes loges permet d'obtenir un effet de rythme original qui pouvait évoquer le souvenir de la mise en scène d'*Henriette Maréchal* à l'acte I, drame en trois actes créé le 5 décembre 1865 au Théâtre-Français et qui fut à l'origine d'un mémorable chahut. Le réalisme de Manet en 1873 semble reprendre à son compte celui des Goncourt et le point de vue choisi possède dans ces conditions une mémoire esthétique qui recentre l'intérêt de la scène en évitant la dispersion presque infinie du dessin de Gavarni.

Le Bal à l'Opéra était donc, en novembre 1873, un tableau dont on parlait et c'est précisément à ce moment-là que le chanteur Jean-Baptiste Faure, qui avait vendu en juin une collection où figuraient des œuvres de Corot, Delacroix, Théodore Rousseau, Troyon, Millet, Jules Dupré, Ribot, dans des conditions assez peu avantageuses, vint dans l'atelier avec l'intention d'acquérir des tableaux de Manet pour lequel il avait éprouvé une « prédilection subite et intuitive [38] », comme il l'écrira plus tard. Il retint *Lola de Valence* (2 500 fr.), *le Déjeuner* (4 000 fr.), *le Bon Bock* (6 000 fr.), *Pêcheurs en mer* (2 000 fr.) ainsi que *le Bal masqué à l'Opéra,* sujet qui ne pouvait manquer de l'intéresser et qu'il eut pour le prix important de 6 000 francs, qui indique nettement que Manet pensait détenir une œuvre digne du plus grand succès.

On sait ce qu'il advint. Philippe de Chennevières, successeur de Charles Blanc à la direction des Beaux-Arts, avait fait porter de deux à trois le nombre des envois et Manet avait présenté *les Hirondelles,* prêté par Albert Hecht, *le Chemin de fer* et *le Bal masqué à l'Opéra,* prêtés par Faure. Dans la section des dessins, il envoyait l'aquarelle du *Polichinelle.* Le jury accepta le *Chemin de fer* ainsi que l'aquarelle. On vit alors paraître dans la presse plusieurs textes de protestation, dont le plus remarquable signé par un nouvel ami, rencontré l'année précédente, Stéphane Mallarmé. Le ton en était tout à fait cinglant, car Mallarmé s'était attaché à montrer la valeur coloriste du *Bal* à l'exclusion de tout caractère provocant : « Rien donc de désordonné et de scandaleux quant à la peinture, et qui veuille comme sortir de la toile : mais, au contraire, la noble tentative d'y faire tenir, par de purs moyens demandés à cet art, toute vision du monde contemporain [39] », écrivait-il. Avec son ironie particulière, Mallarmé s'était appliqué à démonter le rôle moral du jury auquel il lançait : « Gagner quelques années sur M. Manet : triste politique ! » Son article « le Jury de peinture pour 1874 et M. Manet » parut le 12 avril dans *la Renaissance artistique et littéraire,* mais Manet eut aussi un autre défenseur d'un calibre différent, le journaliste Albert Wolff qui, le 15 avril, consacrait au peintre une longue étude dans le journal *le Gaulois.* Ses arguments n'avaient aucun rapport avec ceux de Mallarmé ; il disait en substance : l'homme est délicieux, sa peinture est pleine de défauts, mais elle est intéressante ; on peut l'exposer au Salon quand un critique tel que moi veille sur ses « qualités ». L'amitié entre Manet et Mallarmé se développe dès l'origine sur un plan esthétique commun : « Mon cher ami, merci, lui répond Manet. Si j'avais quelques défenseurs comme vous, je me f... absolument du jury [40]. » Or on voit, dans le même temps, se développer des relations avec Wolff dont Manet va tenter de tirer tout le parti possible. En particulier, il essaiera, en 1876, lors de son exposition dans l'atelier, d'utiliser l'image publique que Wolff, en 1874 comme en 1872, diffuse dans le grand public : « Devant Tortoni, au milieu d'un bouquet de journalistes, de 5 à 6 heures, on peut voir M. Manet. C'est une des gloires du café, une des illustrations du perron ; s'il manque un jour, le maître de l'établissement se dit : "Mauvaise journée ! mon grand peintre me manque." Sur le seuil de la porte, Ernest Verdier, le propriétaire de la Maison-Dorée, contemple d'un œil jaloux le client du voisin en murmurant : "Pourquoi ne vient-il pas dîner dans mon établissement ?" Le monsieur qui passe avec sa femme s'arrête, lui montre le consommateur blond de Tortoni et lui dit : "Tiens, Euphrasie, voilà monsieur Manet." Ce à quoi la femme répond : "Pas possible ! je me l'étais figuré avec une vareuse rouge, un béret et une pipe culottée."

Eh bien ! non, madame ! M. Manet ne se promène point avec une casquette de loutre, comme l'homme du *Bon Bock ;* c'est bien l'élégant cavalier que vous avez sous les yeux, d'une taille juste assez élevée pour que le peintre ne soit ni trop grand ni trop petit. Tenue irréprochable comme vous voyez ; spécialité de cravates étonnantes. La tête est à la fois énergique et douce ; les yeux d'un bleu limpide comme la Méditerranée quand il fait du soleil ; barbe et chevelure blondes ; le teint d'une tonalité fine qui tenterait un coloriste. Vélasquez l'eût prié de poser dans son atelier. Tel, Madame, est M. Manet ; et pour vous édifier complètement sur sa personne, j'ajouterai que c'est un charmant garçon, de mœurs très douces sous des dehors cassants, un parfait *gentleman* en un mot, dont on aimerait à admirer la peinture de haut en bas, de long en large, en bloc, sans réserve, et à qui l'on voudrait pouvoir assigner dans les arts contemporains la place qu'il y ambitionne. Mais... C'est qu'en parlant du talent de M. Manet il vous vient tout naturellement une quantité considérable de *mais* sous la plume [41]. »

Selon Wolff, Manet n'a que les qualités que la nature lui a données : « On a dit jadis pour peindre le caractère de je ne sais plus quel personnage : "C'est un diamant brut enchâssé dans du plomb." L'art de M. Manet n'est pas autre chose : il est à l'état brut, primitif ; la pensée qui l'anime n'en a pas arrondi les angles, la fantaisie, qui est l'essence de toute œuvre d'art, ne l'a pas poli. » Wolff reconnaît que si le matérialisme de Manet venait à triompher, « la France devrait à jamais fermer le livre d'or de son école et porter le deuil de sa gloire artistique » ; il manifeste ainsi toute son antipathie mais en gardant de l'intérêt pour une personnalité qui reste dans ses égarements plus intéressante que « les moutons de Panurge de la peinture[42] ».

Pendant l'automne 1873, Manet suivit les séances du procès Bazaine devant le conseil de guerre réuni à Versailles au Grand Trianon. Il prit des croquis et fit un portrait du maréchal qui passa dans la vente de février 1884. Le procès passionnait l'opinion et il est probable que Manet pensait à un tableau qui lui donnerait l'occasion d'exprimer sur la défaite un sentiment objectif. En effet, Antonin Proust qui l'accompagnait a fait état de sa déception devant « l'indifférence de l'accusé ». « Il aurait voulu voir, écrit-il, un homme confessant hardiment les projets qu'il avait eus et faisant tête à l'accusation[43]. » On retrouve ici de façon assez inattendue l'attention du peintre devant l'homme seul, devant la victime. Mais Bazaine est loin d'être le héros espéré. Manet n'a pas trouvé la personnalité qui lui aurait permis d'évoquer le passé récent ; il lui faudra attendre 1880 pour que le journaliste Henri Rochefort devienne enfin la figure de ces années de lutte et de dangers. La fin de 1873 montre donc que le peintre du *Bal masqué à l'Opéra,* loin d'être l'interprète d'un sentiment d'oubli de la réalité contemporaine, continuait à chercher la forme d'un sujet donnant au sentiment de la défaite une capacité expressive. Il se contentera, si l'on peut dire, de publier le 20 février 1874 deux lithographies qui se répondent mystérieusement, *le Gamin* et *Guerre civile.*

En janvier 1874, Manet acheva le *Portrait de Nina de Callias* (Musée d'Orsay, Paris). Il avait sans doute l'intention d'exposer le tableau au prochain Salon quand une lettre d'Hector de Callias l'informa que ce dernier s'opposait formellement à ce que son nom pût être associé à celui de son ancienne épouse. Le tableau restera dans l'atelier. Marie-Anne Gaillard, dite Nina de Villard, était une personnalité brillante, fantasque, très douée et séduisante. Les noms les plus illustres sont venus graviter autour d'elle. A la fin de l'Empire, son appartement de la rue Chaptal était le rendez-vous des parnassiens, des réalistes et des opposants républicains. Après quelques mois d'exil prudent à Genève, Nina de Callias revient à Paris pour s'installer assez vite au 82, rue des Moines, dans un petit hôtel particulier qui devint le lieu de réunion favori de la bohème contemporaine. « C'était l'instant, écrivit Gustave Kahn, où tout le Parnasse se rencontrait avec toute la bohème[44]. » L'occasion du portrait repose sur la rencontre avec le poète Charles Cros qui avait publié en avril 1873 *le Coffret de Santal* dont une pièce était dédiée à Manet. Dans *la Revue du monde nouveau* du 15 février 1874, Cros publia un sonnet intitulé « Scène d'atelier » qui évoque de façon précieuse la méthode du peintre devant un modèle. Le feu de la conversation vise à « surprendre » la vérité de l'individu dont l'artiste cherche à faire tomber un visage concerté, composé. Mais Cros n'est pas seulement un témoin intelligent, il est aussi un adorateur passionné de Nina de Callias et son observation « dans l'atelier » est d'autant plus précieuse quand on sait à quel point le poète a cédé devant l'enchanteresse, la magicienne. Manet enregistre dans la pose et le vêtement le jeu d'un personnage avec lui-même ; on sent qu'il a voulu entrer dans le sortilège de cette passion qui réveille le souvenir de la maîtresse de Baudelaire, d'*Olympia* et jusqu'au regard de Berthe Morisot.

Au moment du Salon de 1874, Manet se trouve très exactement dans la situation qu'il a voulu créer ; il est à la fois refusé puique deux de ses envois ont été écartés et admis avec *le Chemin de fer*. Il fait figure de victime mais il refuse de suivre ses amis sur la voie d'une exposition indépendante. Il préfère rester soumis au jugement du public et de la presse plutôt que de définir autour de sa peinture un espace esthétique réservé. Le débat avec Degas tourne autour de ce principe : il ne pense pas que l'affirmation de la peinture réaliste implique un Salon réaliste. L'argumentation contraire, défendue par Degas, considère l'élément polémique comme un phénomène sans conséquence positive. Pour Manet, au contraire, l'affrontement esthétique fait partie de l'œuvre de façon décisive : « Le mouvement réaliste n'a plus besoin de lutter avec d'autres, écrit Degas à Tissot. Il *est,* il *existe,* il doit *se montrer à part.* Il doit *y avoir un Salon réaliste.* Manet ne comprend pas ça. Je le crois, décidément, beaucoup plus vaniteux qu'intelligent[45]. » Les réticences de Manet tenaient aussi à l'idée sociale qu'il se faisait de son rôle de peintre et les réserves exprimées çà et là à l'égard de Cézanne montrent qu'il redoutait d'être pris dans une image de peintre bohème et excentrique. Le portrait de Wolff était exact parce que le journaliste avait très bien senti la volontaire dépendance de Manet à son égard.

Le Chemin de fer vint illustrer de façon abrupte le caractère provocateur du réalisme de Manet. Le tableau parut étrange, indéchiffrable ; on ne comprenait pas le titre : « Le *Chemin de fer* (pourquoi le chemin de fer ?) représente une dame vêtue en toile bleue qui présente au public une étrange tête inachevée[46] », écrit *la Gazette de France.* « *En chemin de fer*[47] », réécrit Dubosc de Pesquidoux, comme si les figures étaient installées dans un wagon. « *La Grille du chemin de fer*[48] », écrira quelques années plus tard, dans un souci de précision réaliste, le critique Paul Alexis. Le tableau n'est pas moins déroutant au niveau de ses figures : « Une mère et son enfant[49] », « les deux petites filles[50] », une « gouvernante anglaise[51] » : la physionomie de Victorine Meurent n'atténue pas le choc d'un portrait vu de dos, celui de la petite fille. Tous ces éléments appelaient une conversion de l'expérience commune à la forme nouvelle de la composition : « Le *Chemin de fer,* explique Philippe Burty, titre énigmatique pour le spectateur s'il ne devine pas tout d'abord que la fumée blanche qui floconne derrière les barreaux du square est vomie par un train[52]. » Plusieurs témoignages montrent que le tableau était perçu dans le cadre d'une sociologie contemporaine assez précise, mais qu'il était surtout ressenti comme « anti-artistique ». Les caricatures ne se privaient d'ailleurs pas d'insister sur le caractère fautif de la composition : « En prison pour avoir manqué au respect qu'on doit au public[53] », dit la légende du dessin de Cham au *Monde illustré.* Les défenseurs assez nombreux du tableau, Duranty, Chesneau, Armand Silvestre, Castagnary,

Philippe Burty, soulignaient de leur côté l'impression d'instantané, le plein air, un sujet pris dans la vie moderne. En restreignant les envois de Manet, le jury avait finalement accentué le caractère « impressionniste » du *Chemin de fer*. Manet restait le « chef de file » qui déclarait chez Caillebotte : « Je n'exposerai jamais dans la baraque à côté ; j'entre au Salon par la grande porte, et lutte avec tous [54]. »

S'il fallait trouver cependant une preuve de l'importance que revêtait dans l'esprit de Manet l'exposition du boulevard des Capucines, on la découvrirait facilement lors du séjour d'été à Gennevilliers, dans la maison familiale de la rue Croix-des-Vignes, non loin d'Argenteuil, sur l'autre rive de la Seine. Claude Monet y est installé, depuis l'hiver 1871 et son retour d'Angleterre, dans une maison avec jardin située 2, rue Pierre-Guienne ; il y a entrepris une série de paysages qui font de ce bord de Seine un site impressionniste exceptionnel. Manet donne le sentiment de vouloir réagir en soumettant sa peinture à une forme d'expérience. Depuis l'époque du *Déjeuner sur l'herbe,* Manet et Monet ont suivi chacun leur voie, mais l'exposition chez Nadar vient de relancer la comparaison entre les deux réalistes. Le texte publié par Marc de Montifaud dans *l'Artiste* n'a pas dû passer totalement inaperçu : « M. Monet s'affirme, pendant que son quasi-homonyme reste stationnaire. D'un talent plus souple, s'il n'a pas des brutalités de génie, il se rapproche directement des maîtres, par ses gammes franches et carrées, par sa recherche constante du ton local et sa solidité de main. S'il n'agrandit pas les défauts de l'auteur d'*Olympia,* posant comme lui les teintes à côté les unes des autres, en les reliant seulement par des valeurs, il pourra bien l'emporter sur son terrible adversaire. Pour le moment, on voit qu'il lui dispute énergiquement la place. Tout en ne paraissant pas apporter dans son œuvre une correction aussi hautaine que lui, Claude Monet a su en garder les audaces. Ses oppositions ne sont peut-être pas aussi frappantes, mais le son est plaqué avec la même justesse. Moins âpres de contact que Manet, ses notes chantent dans un fond clair et lumineux. Sans poursuivre la nécessité d'effaroucher le public pour réussir le lendemain, je ne crois pas qu'il lui fasse de concession. Si l'un s'inquiète peu d'être ou non un plagiaire, s'il se moque de la composition, l'autre saura fondre entre eux des éléments disparates, et trouver le secret de les rallier par une sorte de lien harmonieux : l'un conserve toujours une grande rudesse de touche qui est l'excès dans la force, ce dont il ne faut peut-être pas le blâmer ; mais l'autre inclinera vers une certaine naïveté qui pourra lui faire rencontrer sur son chemin ce que Manet n'y coudoiera jamais : la grâce [55]. »

Manet, en allant peindre aux côtés de Claude Monet, ne va peut-être pas chercher à acquérir cette « grâce » qui, selon le journaliste, lui fait totalement défaut. Mais il est évident qu'il ressent le besoin d'une analyse de l'impressionnisme et d'un point de vue qui remette en cause cette âpreté de vision encore si sensible dans *le Chemin de fer. Claude Monet dans son atelier* (Bayerische Staatsgemäldesammlungen, Munich) conjugue parfaitement le mouvement de la sympathie avec l'observation d'une embarcation curieuse ; le peintre en chapeau de paille, la cabine et l'auvent de toile à rayures, le paysage aquatique créent les conditions d'un travail intense dont le tableau cherche à atteindre le foyer intérieur. Le portrait devient la preuve d'une aventure à laquelle Manet s'associe par les valeurs qu'il y découvre. Toute l'enveloppe atmosphérique qui correspond à l'un des sites préférés de Monet est recentrée par rapport à la pose du peintre. La mise en évidence du point de vue permet de prendre conscience que le plein air est aussi un équilibre qui engage toute une vie. Ainsi, le portrait de Camille, son épouse, qui est vue de face, dans l'espace qui sépare le peintre de son tableau, ajoute à l'immersion physique dans le paysage une dimension vitale qui la complète. Manet n'a pas seulement voulu comprendre l'esthétique du plein air, il y a vu surtout une conviction et une liberté qui héroïsent cet atelier d'un type nouveau et réinventent l'expérience esthétique de la lumière.

Malgré l'intensité du plein air et l'exemple de Monet, il semble difficile à Manet d'oublier le pouvoir d'un regard, la présence d'un vivant témoin. Quand on considère la *Famille Monet au jardin,* on constate que Camille veille sur l'espace du jardin dont Claude Monet devient le jardinier. Le moment est chargé de toute l'expérience de cette famille. On sait que ce jour-là Renoir vint à Argenteuil et qu'il s'associa à la séance de peinture. Son tableau reprend de façon exacte la pose de Camille et de son fils, mais le cadrage est différent ; Monet n'y apparaît pas et la comparaison permet de comprendre en partie la vision de Manet qui cherche à atteindre des pôles de la sensibilité pour les mettre en relation. On s'est beaucoup interrogé sur le sens d'un propos rapporté par Monet à Marc Elder. Pendant la séance, Manet aurait dit à l'oreille de Monet : « Il n'a aucun talent, ce garçon-là ! Vous qui êtes son ami, dites-lui donc de renoncer à la peinture [56] ! » Le mot est peut-être ironique. Manet aimait beaucoup Renoir. Mais Monet connaissait trop Manet pour se méprendre à ce point. S'il en est bien ainsi, la réaction révèlerait une des sautes d'humeur de Manet dont l'explication pourrait résider peut-être dans l'expérience impressionniste en cours. Manet constate l'interprétation heureuse de Renoir qui contredit le sentiment plus énigmatique qu'il tente de donner. Ce mince épisode suggère une sorte de conflit dans l'amitié qui lie les trois protagonistes de cette histoire, mais il s'agit d'un enjeu esthétique profond où Manet tente de mesurer le regard qu'il porte sur la nouvelle peinture.

L'expérience d'Argenteuil aurait dû aboutir à un grand portrait de Claude et Camille Monet dans le bateau-atelier. Une esquisse montre que le souvenir de certains portraits de couple de l'époque baroque n'était pas absent de ce projet ambitieux. Quand on pense à la lointaine composition de jeunesse intitulée *la Pêche,* avec son mélange de références éclectiques et de travestissement, l'idée d'un portrait du couple impressionniste entraîne avec elle certaines des ambitions anciennes de l'artiste. Il était donc sur le point d'aboutir à une image de l'artiste indépendant, mais il dut y renoncer devant les contraintes que la pose n'aurait pas manqué d'imposer au travail de son ami. Il songe alors à une autre solution et demande à son beau-frère Rudolf Leenhoff de venir poser avec un modèle professionnel, un couple de canotiers. La transformation du projet semble complète : Argenteuil redevient le rendez-vous du canotage ; le couple marié et engagé par le destin de la peinture devient un couple de rencontres ; le plein air change de valeur. Au prix de cette mutation, Manet invente une image qui déplace l'objet de sa relation avec Monet. Avec *Argenteuil* (Musée de Tournai), une toile qui provoquera au Salon de 1875 une réaction presque aussi violente qu'*Olympia* dix ans auparavant, Manet représente largement ce que le paysage de Monet ne montre pas et cet aboutissement semble résulter d'une analyse sincère et approfondie des buts et des moyens de l'impressionnisme.

Si l'on s'en tient aux faits, on pourrait dire que Manet est allé chercher chez Monet les éléments d'un nouveau scandale ; il est allé aussi retremper son art à la source la plus pure de son inspiration. Le déchaînement de la presse fut à la mesure du succès de 1873. Les canotiers d'*Argenteuil* libéraient une extraordinaire charge d'exaspération. « Au total, rien ne manque à l'exposition de peinture des Champs-Élysées, pas même les facéties de M. Manet. Sa toile intitulée *Argenteuil :* un canotier et une canotière, servis en grandeur naturelle au public, et dans la facture habituelle du peintre, ni plus faite, ni plus étudiée que de coutume. Les têtes et les costumes ont de l'aspect et du mordant, c'est tout. Derrière les personnages, un fleuve d'indigo, massif comme un lingot, droit comme une muraille. Au fond, une vue ou plutôt une marmelade du village d'Argenteuil ; pas une ligne, pas un plan, pas une forme réalisée... Des débuts — qui datent déjà de loin — M. Manet n'a pas fait un pas. Adieu donc au maître rêvé. L'artiste est passé à l'état d'étudiant de vingtième année [57]. »

Le bleu de la Seine, la grossièreté des figures excitent la verve des uns et des autres. *L'Univers illustré* parle de « métamorphose de la Seine en muraille de faïence gros bleu [58] » et *le Journal amusant* s'interroge en ces termes :

« La chanson demande :

Maman, les p'tits bateaux
Qui vont sur l'eau
Ont-ils des jambes ?

Je ne sais si le canot de M. Manet en a, mais il lui en faudrait de fameuses pour pouvoir marcher dans cette pâte bleue que le peintre voudrait nous faire prendre pour de l'eau [59]. » La montée en puissance de la couleur implique la référence au « petit bleu » d'Argenteuil : « Nous remercions de tout cœur M. Manet d'avoir jeté une note gaie dans ce Salon un peu triste. Rien de plus réjouissant que ce canotier et cette canotière. Gris tous deux et s'enlevant prestement sur le petit bleu qui, suivant la tradition, coule à Argenteuil. On admire le fond, exécuté par le fils de la maison, âgé de quatre ans, qui a du goût pour le paysage [60]. » La facture met en cause une sociologie grossière : « Il nous montre, écrit Marius Chaumelin, un garçon boucher... aux bras rougeauds, au profil épaté, qui canote sur un fleuve d'indigo et se retourne de l'air d'un marsouin amoureux vers une donzelle horriblement fagotée et horriblement maussade, assise à ses côtés [61]. » Pour le journaliste du *Tintamarre,* qui n'a certainement pas le même point de vue que Théophile Thoré en 1866, le tableau est une grotesque parodie d'un *Embarquement pour Cythère :*

Ils ont quitté tous deux la fête et la bagarre.
Il a les bras bronzés de hâle et de goudron ;
Sous le tissu rayé de l'étroit bourgeron,
Le galbe vigoureux de son torse se carre.

Elle en robe d'indienne, un chapeau sur le front,
Semble écouter, naïve, une histoire bizarre.
Où vont-ils ? A Cythère, et l'amour à la barre
Laisse dans le canot reposer l'aviron.

Dans le fond, Bougival-la-cascadeuse étale,
Sous un ciel éclatant de pompe orientale,
Ses arbres et ses toits grands comme des joujoux,

Au bord de flots si bleus qu'on croit voir une rive
Exotique, un pays peuplé de sapajous.
Et l'on comprend alors que ce couple en arrive[62].

« Succès de rire à rendre jaloux Hyacinthe et Lassouche[63] », écrit Adrien Dézamy ; « une mystification[64] » selon Thémines, « une banqueroute[65] » pour Gaillardin, « un immense puff[66] » pour Émile Cardon. « C'est un scandale[67] », déclare Fillonneau ; « il faut tirer l'échelle après cela[68] », reprend le baron Schop. « Il ne faut point se le dissimuler, il y a tous les ans une question Manet, tout comme il y a une question d'Orient ou d'Alsace-Lorraine[69]. » On le constate, il y eut véritablement un mouvement d'opinion considérable. Manet était redevenu « l'inacceptable Manet » qu'il était en 1865.

Parmi les motifs d'indignation figurait la trivialité du sujet. Les mœurs du canotage ont été souvent décrites et Duret a rappelé que Manet les avait scrupuleusement respectées : « Les canotiers venaient de mondes différents, mais les femmes qu'ils emmenaient avec eux n'appartenaient qu'à la classe des femmes de plaisir de moyenne condition. Celle de l'*Argenteuil* est de cet ordre. Or comme Manet, serrant la vie d'aussi près que possible, ne mettait jamais sur le visage d'un être autre chose que ce que sa nature comportait, il a représenté cette femme du canotage, avec sa figure banale, assise oisive et paresseuse. Il a bien rendu la grue que l'observation de la vie lui offrait[70]. » Le modèle professionnel qui posa s'est d'ailleurs souvenu des longues séances que lui réclamait Manet, mais elle ne s'est pas exprimée sur la vérité qu'elle incarnait peut-être à son insu. Cette valeur d'apathie, au centre ou au cœur d'un plein air impressionniste, constitue la grande originalité de Manet quand on le compare à Renoir. Il est assez intéressant de remarquer que le caractère insignifiant de deux personnages « posant pour ne rien dire » a été souligné, même si c'est dans le cours d'une critique de « cette grotesque toile peinte à la diable » : « Voyez, en effet, écrit Théophile Véron, comme ce canotier, trivial au possible, est vrai de ton avec sa vareuse blanche zébrée de bleu, comme il est posé simplement, naturellement auprès de cette femme froide dont le type à demi vulgaire, à demi distingué, reste indécis puisque ses yeux ne sont pas même ébauchés ! Comme cette femme bizarre d'on ne sait quel monde, qui n'est en tout cas qu'à moitié du monde interlope, car elle a une apparence honnête et modeste, comme cette personne bigarrée de costume est insignifiante et neutre d'expression ! Voici les deux personnages assis dans un canot et posant pour ne rien dire, ou plutôt pour montrer avec quelle transparence et quelle franche qualité de ton M. Manet jette une impression fugitive[71]. »

Tous les éléments formels du tableau conduisent vers le dialogue paradoxal des deux figures ; la lumière d'Argenteuil dévoile l'incertitude, l'indistinction des sentiments. Un état d'ébauche qui mêle vulgarité et distinction, froideur et chaleur. Cette absence « morale » qui fait la vérité obscure de cette partie de campagne contribuait beaucoup à l'intensité du choc visuel. Paul Mantz fut l'un des analystes les plus intéressants de ce phénomène qui déchaînait les plaisanteries. En effet, il rapporte le bleu intense de la Seine non plus à une définition matérielle de la couleur, mais à un rapport optique entre les tons contrastés. Selon lui, Manet a lu Chevreul et Charles Blanc et, partant de l'expérience solaire, le peintre a « poussé son bleu jusqu'au paroxysme[72] ». Il a procédé comme les vendeuses d'oranges qui tapissent leurs boîtes de papier bleu. Sa démarche est peut-être fautive, mais elle n'est pas infondée. Pour la critique académique, au contraire, l'expérience de la couleur doit répondre à une définition physique : « Jamais la Méditerranée, écrit Jules Claretie, dont la magnifique couleur est due aux détritus qui se décomposent dans ses eaux, n'a été aussi radicalement bleue que M. Manet nous peint la Seine. Il n'y a que les impressionnistes pour habiller ainsi la vérité[73]. »

Manet eut ses défenseurs. Castagnary en particulier relança la comparaison avec Cabanel en des termes destinés à frapper l'opinion publique : « Le jour où l'on voudra écrire les évolutions ou déviations de la peinture française au XIXe siècle, on pourra négliger M. Cabanel, on devra tenir compte de M. Manet. » Il ajoutait : « Les canotiers d'Argenteuil valent bien Thamar chez Absalon ; en tous cas, ils nous intéressent davantage[74]. » Comme le souligne Émile Zola, qui reprenait pour *le Messager de l'Europe* sa plume de critique d'art, Cabanel est le génie d'une peinture d'histoire « embellie par la fantaisie ». Tous les honneurs officiels lui sont échus. Le parallèle avec Manet lui semble convaincant. Cabanel a rénové le style académique, « il sait être original avec discrétion ». Manet est un réaliste, un positiviste, mais surtout il a « créé une nouvelle forme pour le sujet nouveau, et c'est cette nouvelle forme qui effarouche tout le monde[75] ». Manet était aussi défendu par les articles très engagés d'Ernest Chesneau ou de Camille Pelletan. Le Salon avait donc à nouveau joué pleinement son rôle. La « question Manet » était posée dans toute son ampleur. Le jury avait accepté, sur l'insistance de Carolus Duran qui était l'ami de Manet, d'exposer *Argenteuil,* préférant recueillir le verdict populaire plutôt que de s'exposer à une campagne de presse. Mais pour le peintre, l'expérience de l'impressionnisme était devenue plus que jamais l'épreuve de sa peinture et les mêmes problèmes se posaient à nouveau. Philippe Burty, qui venait de rédiger une préface au catalogue de la vente des impressionnistes du 24 mars 1875, revenait à la charge ; exposer au Salon était certainement un acte de courage susceptible de faire évoluer le goût du public, mais, ce faisant, Manet abandonnait ses amis et gaspillait ses forces : « Il serait utile que M. Manet combattît le bon combat sur un terrain choisi par lui, en compagnie de tout un groupe dont il a été en principe un des entraîneurs, qu'il n'a pas le droit d'abandonner à la porte de cette Exposition, où il n'entre que par terreur du bruit que ferait le refus absolu de ses œuvres, mais non par estime[76]. »

En décembre 1873, Fervacques, en visite dans l'atelier, mentionne parmi les tableaux un « exquis Polichinelle, crânement campé » et il voit Manet en train de peindre une aquarelle sur le même motif, mais posé différemment. Le personnage, pris dans la foule du *Bal masqué,* possédait aux yeux de Manet une valeur toute particulière. L'aquarelle sera exposée au Salon de 1874 et il reprendra à nouveau son personnage pour une lithographie en couleurs enregistrée au dépôt légal le 16 juin 1874. Eugène Montrosier, rédacteur du *Journal des Deux Mondes,* proposait d'en acheter les droits que Manet fixait à deux mille francs. Selon Rançon, le neveu de l'imprimeur Lemercier, les épreuves du grand tirage furent détruites par la police. On aurait vu une ressemblance entre le personnage posé par le peintre Edmond André et le maréchal Mac-Mahon, surnommé « Maréchal Bâton ». Le succès de la lithographie de Manet, notamment dans les milieux littéraires, ne s'explique pas de façon aussi étroite. On le constate avec les vers que l'auteur réclamait à ses amis poètes, Polichinelle était un personnage populaire, tout à fait digne de l'inspiration caustique des parnassiens ; il affirmait, à l'époque de l'ordre moral, une liberté pleine de menaces :

Il est laid, doublement bossu, canaille, ivrogne,
Il se moque pas mal de l'ordre social,
Des sergents, de la mort au baiser glacial
Et du diable. Pourtant nous l'aimons car il cogne.

Bossu du nez, bossu du dos, bossu du torse,
Recevant la police à grands coups de bâton,
Il est très immoral. Pourquoi l'adore-t-on ?
C'est qu'au fond l'homme pur préfère au droit la force.

Sur qui va-t-il taper, monsieur Polichinelle ?
Le goût est étranglé ; tous les diables ont fui ;
Il a même tué la camarde éternelle...
Mais il reste là-bas ce grand louche, l'ennui[77].

Le commentaire de Charles Cros éclaire assez crûment la valeur de l'image. Mallarmé proposait une interprétation plus symboliste :

Polichinelle danse avec deux bosses, mais
L'une vise le sol et l'autre l'Empyrée :
Par ce double désir âme juste inspirée,
Vois le qui toujours tombe et surgit à jamais[78].

Manet choisit finalement le distique de Théodore de Banville et l'on comprend assez bien pourquoi. De façon concise, Banville, à la manière de Baudelaire devant *Lola de Valence,* se contente d'identifier un regard et dans cette « prunelle » toute la puissance du personnage. Manet a choisi en quelque sorte le texte le moins chargé d'explication ; c'est une indication importante pour saisir le rapport de l'image avec des interprétations qu'elle ne décourage cependant pas :

Féroce et rose avec du feu dans sa prunelle,
Effronté, saoul, divin, c'est lui Polichinelle[79] !

Théodore de Banville, qui a souvent défendu Manet dans ses comptes rendus du *National,* est une personnalité importante de la vie littéraire. Pour Manet, il représente non seulement le poète du Parnasse, le contemporain de Théophile Gautier ou de Baudelaire, mais aussi le chroniqueur de la vie contemporaine, l'auteur des *Camées parisiens.* L'intérêt de Manet pour la poésie qui est un des caractères fonciers de sa personnalité se manifeste alors dans un projet dont l'originalité apparaîtrait d'autant mieux dans une histoire générale de l'illustration : « Cher Monsieur, écrit Manet à Banville sur le point de publier ses *Ballades,* j'ai envie de faire, pour le livre des *Ballades,* "l'Assembleur de rimes Banville" à sa table, écrivant et fumant une cigarette. Dans la fumée qui s'en ira en spirales, j'indiquerai par de petites figures les principales pièces du livre. Si cela vous va, j'irai faire un croquis chez vous, à votre heure, et le jour que vous voudrez. Sympathies et amitiés. Éd. Manet[80] ».

Banville était un célèbre fumeur de cigarettes qui a laissé quelques textes sur le sujet. Mais le projet est surtout intéressant parce qu'il se situe entre le portrait de Zola à sa table de travail et le futur portrait de Mallarmé, rêvant, le cigare à la main, dans l'atelier. L'illustration repose cependant sur des principes différents de ceux du portrait et l'on constate ici une recherche formelle tirant parti de l'impressionnisme et qui semble rivaliser avec l'inventivité d'un Bracquemond, présent à l'exposition du boulevard des Capucines avec une série d'eaux-fortes. Manet laisse le projet inachevé au début du mois d'août. « Tout arrive », la devise de son papier à lettres, lui sert à annoncer la nouvelle : « *Tout arrive,* même de manquer la gravure à l'eau-forte qu'on désirerait le plus réussir. Je suis désolé et honteux, mais forcé de partir ces jours-ci. Il me serait impossible d'être prêt pour le mois de septembre. Je dois donc renoncer pour le moment à l'honneur et au plaisir que j'aurais eu à faire quelque chose pour un de vos livres [81]. »

Manet est également attentif à l'actualité théâtrale ou plutôt, comme l'a montré *le Bal masqué* dans son rapport à la mise en scène des Goncourt de 1865, à toute tentative réaliste portée à la scène. Un billet du début de mars 1874 le montre désireux d'obtenir un fauteuil pour la première du *Candidat,* comédie de Flaubert donnée au théâtre du Vaudeville le 11 mars et qui sera retirée après quatre représentations. Toujours la même année, au printemps, Manet assiste au spectacle du cirque Fernando qui s'est installé sous un chapiteau de toile à l'angle du boulevard Rochechouart et de la rue des Martyrs. Fernando, avec son célèbre clown Medrano, surnommé Boum-Boum, connaît un grand succès dans le quartier des Batignolles et notamment auprès des artistes. Alfred Stevens est un passionné de cirque et quand Fernando fera construire par l'architecte Gridaine, l'année suivante, un cirque en dur, Manet et ses amis continueront d'y aller. Contrairement à Degas ou à Renoir et bien qu'il ait représenté des saltimbanques ou des montreurs d'ours vers 1862, Manet ne va pas représenter directement le spectacle du cirque, mais dans le *Bar aux Folies-Bergère* il évoquera un numéro de trapèze qui montre que cette inspiration ne lui est pas étrangère.

Mallarmé partage ses goûts pour le spectacle populaire.

Leurs relations se sont beaucoup développées au cours de l'année et la lecture de *la Dernière Mode,* journal dont Mallarmé est le rédacteur omniscient entre septembre et décembre 1874, dut enchanter le peintre du *Chemin de fer.* A bien des égards, l'esthétique de Mallarmé soutient plusieurs tableaux de Manet, ses portraits de Parisiennes élégantes ou encore le boudoir de *Nana.* On imagine bien des conversations dans l'atelier quand le professeur d'anglais au lycée Fontanes fait une halte, rue de Saint-Pétersbourg, avant de regagner son appartement rue de Rome. En particulier, au début du mois de novembre 1874, on voit Mallarmé féliciter Zola pour *les Héritiers Rabourdin,* comédie en trois actes donnée au théâtre de Cluny ; il lui suggère de prendre les critiques hostiles au pied de la lettre et de pousser le réalisme populaire jusqu'à son terme : « Quant à moi, qui admire une affiche, dessinée et coloriée comme plus d'une, à l'égal d'un plafond ou d'une apothéose, je ne connais pas un point de vue en art qui soit inférieur à un autre ; et je jouis partout ainsi qu'il sied. Que notre ami Manet peigne la toile de parade destinée à la baraque, qui ferait un cadre excellent aux *Héritiers :* toute la presse irait les applaudir et les y *découvrir*[82]. »

Manet reste un peintre de Salon, mais les conversations avec Mallarmé, en dehors de la substance même de l'actualité parisienne, devaient porter sur des formes nouvelles de la représentation, et l'illustration pour *le Corbeau* témoigne de la recherche d'un nouvelle harmonie entre le texte et l'image. *Le Corbeau,* poème d'Edgar Poe traduit par Stéphane Mallarmé, illustré de cinq dessins de Manet, fut achevé d'imprimer le 20 mai 1875. Tiré à 240 exemplaires, le volume fut l'objet des soins attentifs de Mallarmé et de son « collaborateur », ainsi qu'il désigne son ami. Sur l'affiche, ornée du célèbre profil, le nom de Manet et celui de Poe sont dans un corps plus important que celui du traducteur. L'image — le « buste » du corbeau —, sous le titre en gras, devient en elle-même une traduction visuelle immédiate. Richard Lesclide s'acquitta de sa tâche d'éditeur en suivant docilement les indications de Manet qui était son ami depuis plusieurs années. Rédacteur avec Émile Blémont et Jean Aicard de *la Renaissance littéraire et artistique* (1872), directeur de *Paris à l'eau-forte* (1873-1876), Lesclide fait partie des défenseurs de la peinture de Manet dans le milieu de Nina de Callias. Naïvement guidé par les autographies et l'esprit du sujet, il croit bien faire en utilisant de la soie noire au dos du carton. Manet y voit avec effroi un contresens malheureux : « Je suis très effrayé, lui écrit-il précipitamment, de la soie noire que vous avez l'intention de mettre au dos du carton. Cela aura l'air d'un billet de faire-part. Un parchemin, un papier vert ou jaune tendre, se rapprochant du ton de la couverture : voilà ce qu'il faut[83]. »

L'affiche annonçait la traduction en prose face aux vers d'Edgar Poe avec, au choix, des illustrations sur hollande ou sur chine, couverture et ex-libris en parchemin, au prix de 25 francs. Le 27 mai, Manet invitait Mallarmé à passer signer les exemplaires d'auteur à l'atelier. On est alors au plus fort de la discussion d'*Argenteuil*. Le moment est-il opportun pour une publication aussi originale ? Mallarmé sollicite Léon Cladel (1835-1892) qui est un collaborateur de *Paris à l'eau-forte*, un habitué du Guerbois, un baudelairien. Il voudrait obtenir une « réclame » dans la chronique du *Figaro*, signée le Masque de Fer : « Il nous faudrait, à cette place-là du *Figaro*, une réclame au premier jour pour *le Corbeau :* présentant cette publication comme la chose à la mode, parisienne, etc. Un tel entrefilet, mondain et qui pourrait cependant louer un peu la traduction et beaucoup les dessins (chose importante à cause de l'affaire Lemerre) est plus précieux qu'un article de bibliographie ou d'art, au point de vue de la vente[84]. » Même démarche, le 5 juin, auprès du critique Jules Claretie qui s'intéresse à la nouvelle peinture et surtout à Degas. Son compte rendu est l'un des rares à souligner l'étape franchie par rapport à l'illustration romantique, bien définie par le *Gil Blas* de Jean Gigoux et le *Lazarille de Tormes* de Meissonier : « Parmi les artistes qui se plaisent à aborder l'eau-forte M. Éd. Manet est bien certainement un des plus originaux. Là, sa manière naturaliste et en quelque sorte — ne l'avons-nous pas dit ? — japonaise trouve aussitôt son emploi. M. Manet vient d'illustrer une traduction nouvelle du *Corbeau* d'Edgar Poe, par M. Stéphane Mallarmé, traduction que met en vente la librairie de *Paris à l'eau-forte.* Cette fois, je ne sais rien de plus étrange et de plus captivant. Il y a là de la verve, de la bizarrerie, quelque chose du fantastique de Poe lui-même. C'est une œuvre d'art qu'on se disputera doublement, et pour la traduction même et pour l'illustration. Et soyez certain que l'eau-forte rendra plus tard bien d'autres services à la librairie. Elle est destinée à remplacer le livre d'autrefois, illustré de gravures sur bois, et dont les chefs-d'œuvre restent encore : le *Gil Blas* de Jean Gigoux et surtout le *Lazarille de Tormes* de Meissonier [85]. »

Le procédé employé par Manet, utilisant le dessin à l'encre autographique reporté sur zinc et tiré par Lefman, spécialiste de cette technique, avait donc surpris et charmé Claretie, mais ce ne fut pas suffisant pour assurer le succès. Mallarmé tentait d'intéresser ses amis anglais, John H. Ingram, éditeur et biographe de Poe, qui venait de publier à Édimbourg en quatre volumes *The Works of Edgar Allan Poe.* Lui-même se rendit à Londres au mois d'août et fit parvenir un exemplaire à Swinburne. Une note dans l'*Atheneum* soulignait le caractère fantastique des illustrations, établissant un rapprochement avec les portraits de Baudelaire à l'eau-forte. Malgré l'insuccès, on voit Manet, toujours très enthousiaste devant les projets à gros chiffres, informer Mallarmé le 9 septembre 1875 de la proposition d'un éditeur américain de New York. Aussitôt il croit possible la publication annoncée au dos de la couverture du *Corbeau :* « Pour paraître prochainement : La cité en la mer Poème d'Edgar Poe illustré et traduit par MM. Édouard Manet et Stéphane Mallarmé. » Il parle d'un autre poème pour l'année suivante. Visiblement il est inspiré par la traduction qu'il donne en images de la traduction verbale du poète.

Les dessins de Manet sont devenus aujourd'hui des éléments d'intelligibilité quasi indissociables du texte de Poe. La nuit pénètre dans le poème comme dans cette pièce que l'on assimile à l'atelier de l'artiste. Sans entrer dans une analyse de l'élément fantastique qui aboutit à l'image finale — celle de « cette âme de chagrin chargée[86] », image à propos de laquelle Mallarmé émettra une réserve dans une lettre à Mrs. Sarah Helen Whitman : « L'ombre de l'oiseau dans la dernière ne me déplaît pas, comme mobile et juste ; mais j'aime moins la présence de la chaise et comprends que vous ayez trouvé le tout trop sommaire[87] » —, on peut insister sur le fait que Manet s'est appuyé sur des objets réels. Ceci peut surprendre, mais l'expérience de hantise repose sur des analogues que plusieurs témoins ont vus dans l'atelier, lors de l'exposition particulière de 1876, un an après la publication. Sur la cheminée, plusieurs journalistes ont identifié une Minerve en plâtre, « une tête de Minerve grecque » surmontée d'un « corbeau aux ailes étendues »[88]. Il s'agissait d'un animal empaillé et Manet a représenté l'oiseau aux ailes déployées dans l'ex-libris. La grande fenêtre, la double porte, peut-être la chaise, évoquent l'espace de l'atelier. Manet a donc procédé comme à son habitude, en cherchant à inscrire dans la réalité la dimension du surnaturel. La nuit du *Corbeau,* son ombre obsédante qui est contemporaine du soleil d'*Argenteuil* et de son évidence, apporte une dimension surprenante à l'inspiration du *Bon Bock.* Il s'agit pourtant du même univers et l'on s'en persuade quand on cerne mieux dans la réalité des portraits ou dans les scènes de la vie contemporaine un élément d'absence qui échappe à toute objectivité. L'expérience des canotiers d'*Argenteuil,* malgré les apparences, n'est pas fondamentalement étrangère au dialogue avec « ce fatal et fantasque oiseau[89] », comme l'écrit Mallarmé à Mrs. Whitman le 13 décembre 1876.

Manet partage l'été 1875 entre Paris et la propriété de Gennevilliers où Berthe Morisot vint peindre quelques-uns de ses tableaux, le *Percher de blanchisseuses, l'Enfant dans les blés.* Elle séjourne ensuite avec son mari dans l'île de Wight et visite Londres où elle rencontre James Tissot, en compagnie duquel Manet va faire à l'automne un voyage à Venise. Installé à Londres après la Commune, Tissot y a fait une carrière brillante et mondaine qui excite la verve d'Edmond de Goncourt, qui note en 1874 dans son *Journal*, l'année même où Degas ne parvient pas à le décider à exposer boulevard des Capucines : « Hier, Duplessis me racontait que Tissot, ce peintre plagiaire, avait le plus grand succès en Angleterre. N'a-t-il pas inventé, cet ingénieux exploiteur de la bêtise anglaise, d'avoir un atelier précédé d'une antichambre où il se trouve, en tout temps, du champagne frappé à la disposition des visiteurs, et autour de son atelier, un jardin où l'on voit, toute la journée, un domestique en bas de soie occupé à brosser et à faire reluire les feuilles des arbustes [90] ? »

Berthe Morisot ne se plaignit pas de sa visite dans la grande maison de St. John's Wood : « Nous avons été chez Tissot qui fait de très jolies choses qu'il vend fort bien et qui est installé comme un prince. Nous y avons dîné ; il est très gentil, très bon garçon, quoiqu'un peu commun ; nous sommes au mieux ensemble. Je lui ai fait beaucoup de compliments et vraiment il les mérite [...]. Tissot me dit que nous avons vu à Cowes pendant les régates le monde le plus *fashionable* d'Angleterre [91]. » Tissot était un homme d'affaires avisé qui savait adapter son modernisme aux goûts de sa clientèle. En apparence, on voit mal ce qui pouvait le pousser vers Manet, redevenu « inacceptable » aux yeux de l'opinion. Tissot n'hésitait pas à se montrer désagréable quand il sentait la moindre concurrence. Marcellin Desboutin qui cherchait à intéresser le marché anglais à ses gravures fut l'objet de sa médisance : « Je suis pourtant étonné que ce bon M. Tissot m'ait honoré par anticipation de sa malveillance [92] », écrivit-il à Mme De Nittis. Mais Tissot a été décrit également comme un « être complexe » et il est probable qu'il admirait chez Manet l'engagement esthétique auquel lui-même avait en partie renoncé.

De son côté, Manet a toujours éprouvé de la sympathie pour la réussite mondaine ; il est l'ami intime de Stevens et de Carolus Duran, il entretient de bons rapport avec De Nittis qui est lui-même un ami de Tissot. On vient de le voir, Manet croit à un succès parisien pour *le Corbeau* et plus que jamais sa carrière poursuit le rêve du succès parisien. Dans le même temps, il peint *l'Artiste* et *le Linge :* « Édouard a entrepris un tableau qui doit dépiter tous les peintres jaloux du plein air et de la peinture claire, écrit Eugène Manet à son épouse. Pas une goutte de noir, il semble que Turner lui soit apparu en rêve [93]. » Au début du mois de septembre, dans le petit jardin du peintre Alphonse Hirsch dont il a déjà utilisé la grille en 1872, le peintre travaille en plein air à une scène qui réclame en effet la pleine lumière de l'été : « J'ai de grands projets dont je vous ferai part à votre retour, écrit-il à Mallarmé. Le temps me favorise et je travaille le matin sans relâche, espérant du beau temps jusqu'à la fin de septembre. Mme Lecouvé y met beaucoup de bonne volonté [94]. » Ce modèle dont le nom est orthographié Legouvé succède à un premier modèle, Jeanne-Marie Lorgnon. Comme pour certaines compositions importantes, *Olympia, Un bar aux Folies-Bergère,* par exemple, Manet fait le portrait de son modèle, apprécié en dehors de son rôle, comme s'il voulait saisir une vérité sociale qui justifie la mise en scène du tableau. Le portrait grave et indépendant de Victorine Meurent, celui bon enfant de la servante noire permettent de juger un contraste qui se développe dans *Olympia.* Pour *le Linge* où une jeune femme fait une lessive sous l'œil attentif d'un enfant — selon Tabarant, le bébé de la concierge —, Manet représente en marge de son tableau de Salon Alice Legouvé dans une pose hybride : c'est à la fois un portrait et un nu, mais dépourvu de la séduction susceptible de capter l'intérêt d'un amateur comme *la Brune* ou *la Blonde aux seins nus.* Dans la perspective de son tableau, on a l'impression que Manet a voulu découvrir la maternité triomphante de son modèle et qu'il y a une part de jeu et de complicité à traiter le nu de cette manière. Au moment d'*Argenteuil,* l'idée de reprendre le thème du bain avait donné lieu à une esquisse de baigneuses. Le projet semble se heurter à une contradiction présente dès *le Déjeuner sur l'herbe* et l'étude d'après Alice Legouvé dénudée annonce ou prépare un changement de conception. Le nu moderne, ce sera le sentiment de la nudité, l'intimité de la toilette, c'est-à-dire *Nana,* un personnage qui n'est pas nu mais qui pourrait l'être facilement. Au moment où Manet aborde le tableau le plus chargé des valeurs « pures » de l'impressionnisme, on peut retenir que le peintre a voulu également apprécier ce que le réalisme impressionniste faisait d'une de ses ambitions anciennes par laquelle sa peinture s'est imposée. Le buste d'Alice Legouvé peint dans un intérieur sur un fond de lumière est à peu près contemporain de l'*Étude* de nu que Renoir exposera en 1876, à la seconde exposition du groupe des impressionnistes, et qui fera partie du legs Caillebotte. Renoir soumet une pose classique à la liberté des taches de lumière qui semblent exiger un espace de frondaison et de nature. Manet inverse ce rapport : la vérité du plein air exige l'habit contemporain et le réalisme du nu, une pose dans un fauteuil, dans l'atelier. On retrouve donc, comme à chaque étape importante de sa vie, le désir de ne rien abandonner de ce qui constitue à ses yeux la tradition de la peinture, tout en intégrant cette tradition dans une forme nouvelle.

Le séjour à Venise eut lieu en octobre-novembre 1875 et il se présente comme des vacances après une période de travail. Le départ de Manet était subordonné à une vente qui tardait à se matérialiser : « Je n'ai pas reçu le riche seigneur en question. Je l'attends toujours. Voilà, s'il ne vient pas, mon voyage en Italie enfoncé[95] », écrit-il à Mallarmé qui villégiature plus modestement à Équihen près de Boulogne-sur-Mer. Patronné par Tissot, le voyage à Venise est à mettre au compte de l'anglomanie du peintre, mais autant que la destination, le moment de ces retrouvailles avec l'Italie est intéressant. Car Manet voit Venise comme il a vu Argenteuil en 1874. La gondole sur le Grand Canal remplace la coque noire du bateau-atelier et de la ville historique Manet ne conserve pratiquement que la lumière. Les deux vues qu'il rapporte montrent bien que le peintre a trouvé son sujet à l'exclusion de tout autre. La gondole exprime à la fois le point de vue de Manet sur Venise puisqu'il peint en gondole et l'objet qui résume la ville. Dans *le Grand Canal à Venise,* Manet s'est placé au débouché d'un rio. L'essentiel du site est converti à une expérience que symbolisent les grands pieux multicolores. Le peintre Charles Toché, qui rencontra Manet par hasard au café Florian, a raconté de façon assez précise la manière dont celui-ci abordait en coloriste des « coins peu connus » : « Et l'enthousiasme de Manet pour ce motif ! L'escalier de marbre blanc qui s'enlevait sur le rose fané des briques de la façade, sur le cadmium et les verts des soubassements ! Dans l'eau agitée au passage des barques, des oscillations d'ombre et de lumière qui faisaient s'écrier à Manet : "Ce sont des culs de bouteilles de champagne qui surnagent." Un jour que je l'accompagnais dans sa gondole, comme nous admirions, à travers la rangée des pieux gigantesques et tordus, bleus, blancs, les dômes de l'incomparable Salute, chère à Guardi : "Je mettrai là-dessus, s'écria Manet, une gondole conduite par un batelier en chemise rose, au foulard orangé, un de ces beaux gars, brun comme un Abencérage [96]." »

Manet n'est pas éloigné de retrouver son inspiration de jeunesse et sa toile des *Gitanos,* mais il est désormais devenu lui aussi, tel Monet, un impressionniste dans une gondole-atelier qui découvre un point de vue nouveau sur la ville. L'autre paysage a été peint à quelques mètres du précédent, Manet se contentant de centrer le mouvement de la gondole qui s'approche. Sur la rive droite du grand Canal, le palais Venier dei Leoni ainsi que le palais Dario, mais derrière le gondolier, le peintre s'est permis de traiter librement les façades. L'essentiel est encore une fois consacré au rapport harmonique entre les éléments lumineux et la gondole : « C'est le diable, disait-il, pour arriver à donner la sensation qu'un chapeau tient bien sur la tête du modèle, ou qu'un bateau a été construit avec des bois coupés et ajustés suivant des règles géométriques [97]. » Le travail à Venise fut certainement une expérience importante pour le peintre du *Linge;* on le voit chercher dans l'enveloppe lumineuse de la ville un principe de composition qui renforce l'idéal de fusion des formes les unes par rapport aux autres. Pour Manet, Venise représentait ce libre jeu de la lumière avec la mémoire des formes ou des gestes. Dans la cité du Titien, le peintre d'*Olympia* était en somme un touriste, dont le regard s'est dirigé sur le témoignage le plus vivant, le plus immédiat, comme s'il avait voulu identifier Venise au plus près de lui-même.

Chapitre IX

Sous Mac-Mahon avec Mallarmé

Le jury du Salon de 1876 présidé par Robert-Fleury, avec pour vice-présidents Cabanel et Fromentin, refusa les deux envois de Manet, *le Linge* et *l'Artiste. Le Gaulois* et *la France* annoncèrent la nouvelle le 5 avril, en disant que la décision avait été prise à l'unanimité. Mais le lendemain, *le Rappel* critiquait cette décision en donnant le nom des deux jurés qui avaient tenté de s'opposer à ce que ce journal appelait une « excommunication ». Selon lui « le refus du jury ne nuira pas à Manet » car le public y verra avant tout l'élimination d'un « rival trop bruyant [1] ». Le même jour, *le Bien Public* apportait des précisions sur la délibération : « Nous avons donné dix ans à M. Manet pour s'amender ; il ne s'amende pas ; il s'enfonce, au contraire ! Refusé. — Refusons-le ! Qu'il reste seul avec ses deux tableaux ! s'écrièrent les autres jurés. [2] » Et l'article précisait que l'artiste refusait une révision favorable à un des deux tableaux, qu'il ferait « une exposition pour lui tout seul ». Bonnat et Henner, en effet, ne purent plaider la cause de Manet comme l'avait fait avec davantage de réussite Carolus Duran l'année précédente ; leurs objections furent couvertes par la véhémence de leurs collègues. Dans ce jury de quinze peintres, plus cinq jurés choisis par l'administration, cinq personnalités siégeaient déjà en 1866 quand *le Fifre* et *l'Acteur tragique* avaient été écartés ; il s'agit de Baudry, Cabanel, Dubufe, Fromentin, Hébert et Robert-Fleury. Après *Argenteuil* comme après le scandale d'*Olympia*, le coup d'arrêt était donc présenté comme le terme d'une longue patience de dix années. Manet prit le parti d'une exposition particulière sans attendre ni songer à rejoindre ses amis que l'on appelait volontiers les « intransigeants ». Il semble avoir compris que la sévérité du jury n'était pas populaire et que la situation ainsi créée lui était favorable. *L'Événement* du 5 avril, où Aurélien Scholl semble particulièrement informé, donne le ton sur l'état d'esprit dans lequel l'artiste refusé aborde les quelques semaines qui lui restent avant l'ouverture du Salon officiel : « Le peintre Manet a eu, avec sa femme blanchissant des langes, un succès inespéré ; car, encore un peu, et le turbulent artiste allait passer à l'état de vieux classique, à force de voir sa peinture acceptée sans discussion ; il vient d'être refusé haut la main ! Nous allons sans doute voir le tableau exposé quelque part et le public passer et... repasser devant cette blanchisseuse [3]. » « On a voulu refaire une virginité à son coup de pistolet traditionnel, écrit *le National*, on l'a refaite. [4] »

L'exposition des tableaux refusés eut donc lieu dans l'atelier, 4, rue de Saint-Pétersbourg, du 15 avril au 1er mai, de dix heures du matin à cinq heures du soir. La démarche étant inhabituelle, l'autorisation officielle ne fut pas acquise sans difficultés. Les cartons d'invitation portaient une petite banderole légèrement en relief, bordée d'or, avec pour devise, en lettres d'or également, « Faire vrai, laisser dire ». La presse annonça très largement l'ouverture et le 15, dans la nuit, des rapins de la Nouvelle-Athènes déployèrent sous les fenêtres de l'atelier une autre banderole portant l'inscription : « A la concurrence du jury ». Le projet de Manet n'était pas de faire une manifestation tapageuse ; il voulait, au contraire, prouver le caractère correct et convaincu de sa peinture et il y réussit. On se pressait par centaines, chaque jour, à la porte de l'atelier. *La Petite Presse* prenait à cette occasion la défense des concierges : « Ils demandaient aux gens qui se présentaient pour louer : Avez-vous des chiens, des chats, des oiseaux, des enfants ? Jouez-vous du piano ?... Exercez-vous un métier bruyant ? Quelques-uns même allaient, à cause des visites de candidature, jusqu'à cette question : Vous n'êtes pas académicien ? Depuis le cas de Manet, ils vous disent : Monsieur ne fait pas d'exposition en chambre [5] ? » Deux ans plus tard, le bail de l'atelier ne fut d'ailleurs pas renouvelé et Manet dut changer d'adresse. La foule qui se pressait aux premiers jours cédait à un mouvement de curiosité que l'artiste sut habilement ménager. On y reconnaissait les habitués du Salon, critiques, peintres, hommes politiques, écrivains, des amis, mais aussi les adversaires : Chaplin, Marcellin Pellet, député du Gard, Philippe Burty, Ernest Adam, Castagnary, Jules Claretie, Campbell, Clarke, Charles Bigot, Théodore de Banville, H. Second, Théodore Duret, Th. de Langeac, André Gill, Carrier-Belleuse, François et Léopold Flameng, Fournier, Émile Bergerat, Robert de Liry, Régamey, Armand Silvestre, Paul de Saint-Victor, Camille Farcy, Camille Blanc, Emmanuel Gonzalès, Armand Gouzien, etc. On parle de quatre cents visiteurs par jour.

Le succès de ce qu'un journaliste a appelé « l'exposition... d'un refusé [6] » est largement dû à la tactique de Manet qui sut orchestrer une sorte de campagne de presse à plusieurs niveaux. D'une part il prit soin de mettre les rieurs de son côté en faisant circuler, par l'entremise de *l'Événement*, certains des « mots » qui le classaient dans le monde comme un esprit parisien. Ainsi on pouvait lire, le 5 avril, la fameuse pointe concernant le *1807* de Meissonier : « Ces cuirassiers sont vraiment très héroïques, lui disait son compagnon. — Oui, répliqua Manet, c'est vrai ; ce sont des hommes de fer. Il n'y a que les cuirasses qui soient en carton [7]. » Quelques jours plus tard, le 23, c'était au tour de Robert-Fleury d'être visé : « Édouard Manet parlait d'un des membres du jury qui a refusé ses tableaux. — Que voulez-vous espérer, s'est-il écrié, d'un homme qui a un pied dans la tombe et l'autre dans la terre de Sienne [8] ? »

Tout ceci ne contribuait pas à l'apaisement, mais, d'un autre côté, le même homme s'était appliqué à transformer son atelier en une sorte de petit Louvre : un service d'ordre veillait à la porte et près des tableaux refusés disposés sur des chevalets, en face des fenêtres, protégés par une grosse corde. Avant même les tableaux, on peut dire que c'est son atelier que Manet exposait. Plusieurs reportages vont donner ainsi une description laudative du cadre bourgeois dans lequel travaille l'auteur du *Bon Bock.* « Le nom de Manet est dans toutes les bouches, écrit *le Figaro.* L'échec de ses tableaux devant le jury d'admission en a fait un persécuté et la foule est tout près de lui trouver enfin du talent. Notre devoir est de faire pénétrer le public chez l'artiste dont le monde artistique s'occupe en ce moment.

Si la peinture et la politique ne sont pas tout à fait sœurs, elles sont du moins voisines. En effet, l'atelier de Manet est situé à l'entresol du nº 4 de la rue de Pétersbourg. M. Buffet loge au nº 2 et M. Target, notre ambassadeur à La Haye, réside rue de Londres, dans l'habitation qui s'adosse aux deux maisons dont nous venons de parler.

Manet, le peintre réaliste, travaille dans un cadre réellement agréable ; très joli, coquet, luxueux même, cet atelier qui a vu boire *le Bon Bock.* Un peu trop solennel peut-être, avec ses boiseries et ses poutres et sa cheminée de chêne — mais en somme plaisant à l'œil. Ceux qui jugeraient tous les ateliers d'artistes d'après celui-là se tromperaient étrangement.

Pour un réaliste, M. Manet a fait une faute en enlevant à son atelier le caractère négligé, fantaisiste, qui semble inhérent aux milieux artistiques. Avec un peu d'imagination, on pourrait se croire en effet dans une salle du Louvre.

Tout comme au Louvre, il y a, devant les deux toiles que le jury du Salon de cette année a refusées, une de ces grosses cordes tissées d'or qui disent au public : "Tu n'iras pas plus près [9]." »

Manet n'était pas présent dans l'atelier mais il ne refusait pas de rencontrer les journalistes qui auraient désiré savoir si le maître des lieux était aussi correct que son logis : « Je suis allé chez M. Manet, écrit Gérôme dans *l'Univers illustré.* Son atelier est grand, bien éclairé, le plafond est à poutres en saillie, comme dans les loges du Moyen Age ou de la Renaissance ; les poutres, peintes en brun, sont relevées de légers ornements en or. C'est l'atelier le plus propre et le mieux rangée qu'on puisse voir. Il ne sent pas du tout la révolution. Il est doux et tranquille à l'œil comme M. Manet lui-même, qui est des peintres les moins rébarbatifs dans leur extérieur et les plus corrects dans leur tenue que je connaisse. Quoi ! ce monsieur aux traits fins, au regard pacifique, à la barbe blonde et soignée, ce monsieur vêtu de noir, bien brossé, bien chaussé, bien ganté, c'est l'auteur des *Canotiers.* Mon Dieu, oui ; vous ne pouvez le croire, eh bien ! je vous assure que c'est lui, lui et point un autre [10]. »

Le grand public est donc invité à réviser son jugement, mais certains critiques ne se laissent pas abuser par une telle mise en scène. Ainsi Bernadille (pseudonyme de Victor Fournel) propose à ses lecteurs une interprétation plus politique de cet événement ; Manet cherche à rassurer, il est de la race des « révolutionnaires corrects »: « (...) Peut-être a-t-il cédé simplement à l'idée politique et machiavélique de rassurer le bourgeois, de l'attirer à lui, en lui prouvant qu'il n'est pas aussi noir qu'on le fait, qu'il a un *chez soi* et ne saurait être rangé parmi les perturbateurs sans feu ni lieu, sans sou ni maille. Comme Robespierre et M. Louis Blanc, M. Manet appartient en effet à la race des révolutionnaires corrects, bien élevés, gens du monde, se lavant la figure, ayant horreur des barbes mal peignées et des souliers crottés. De plus que Robespierre il est riche, et, de plus que M. Louis Blanc, il s'habille avec élégance. J'ai causé un jour avec lui, et il m'a étonné par ses idées classiques. Il ne s'encanaille pas avec les rapins de quinzième année, il met des gants et il habite une maison où le concierge ferait passer par l'escalier de service le personnage qui a servi de modèle au *Bon Bock.* [11] »

On ne saurait nier entièrement à l'exposition dans l'atelier la valeur que lui attribue Victor Fournel. Manet cherchait à lever une prévention à son égard et, ce faisant, il ne pouvait que s'exposer lui-même. Mais cette sincérité ne faisait que renforcer le paradoxe de sa peinture. Junius au *Gaulois* emploie le terme : cet « atelier du paradoxe » conduit tout droit au « paradoxe incarné », le peintre lui-même.

Quelle conduite tenir à son égard ? Le problème est insoluble ; il est un « terrible excentrique », un mauvais exemple au Salon, mais le mal est fait désormais ; il n'y a plus qu'à l'accepter, lui et cette « école de hasard dont le spirituel fauteur doit bien rire en sa barbe rousse » : « Connaissez-vous Édouard Manet ? C'est le paradoxe incarné lui-même. Je ne sais à Paris ni un homme de plus d'esprit, ni un plus galant homme, plus épris de l'art et en parlant avec plus de goût. Tel de ses tableaux l'a fait passer pour idéalophobe et intolérant ; je le crois au contraire assez tolérant et très idéaliste à sa façon. Raillerie à part, c'est un artiste acharnément artiste dans le faux comme dans le vrai et, selon moi, impossible de le mieux prouver que par sa haine excentrique du banal et du convenu. Dandy de réalisme plutôt que réaliste, rien, hors son esprit délié et ses manières excellentes, ne le distingue de ses confrères de la palette ou de ses anciens camarades du collège Rollin où il fit ses études. Il est de taille moyenne, carré d'épaules, la figure pâle, incorrecte et trouée de deux yeux ronds fort vifs, avec une barbe fauve et des cheveux ardents qui jettent des rayons tout autour. D'ailleurs point de révolte en sa démarche, d'extravagance dans sa mise, de sacerdoce en son allure. Il a voyagé et se souvient sans pédantisme ; il a lu et cite à propos. Voulez-vous savoir de quelle école il sort ? Vous ne le devineriez ni en cent, ni en mille [12] (...) »

On le constate peut-être, les contemporains étaient loin de méconnaître la complexité du cas qu'ils avaient à juger et le projet de Manet était sans doute d'abord de leur proposer cette énigme. Il semble donc avoir réussi là où il avait échoué en 1867 et c'est en se rapprochant au plus près de son univers bourgeois et du monde dont il est issu qu'il obtient l'attention sans laquelle sa peinture perdrait un de ses aliments essentiels. Aussi faut-il prêter une attention particulière à un reportage un peu exceptionnel, paru dans *l'Événement* du 20 avril 1876 et intitulé « M. Manet chez lui ». Manet, en effet, a reçu le journaliste dans son appartement du 49 de la rue Saint-Pétersbourg, au troisième, puis ils ont visité ensemble l'exposition ; il ne s'agit pas d'apporter une preuve supplémentaire en montrant à quel point l'artiste est un bourgeois comme un autre. Le texte est explicite, il s'agit de faire toute la clarté possible sur les deux personnalités qui composent l'individu Manet : le bourgeois, l'artiste. Entre ces deux êtres, il y a la distance toute simple entre le 4 et le 49 de la même rue. Manet semble avoir accordé une valeur particulière à ce reportage qui constitue une mise au point tout en démontrant l'importance qu'il accordait à une telle exposition de sa propre identité : « C'est M. Manet que nous devons faire poser devant nos lecteurs. Et que d'illusions vont s'évanouir ! Édouard Manet, n'est-ce pas, à en croire les on-dit de ceux qui ne le connaissent pas, les racontars des échotiers, est un excentrique ?... Du tout. M. Manet, quel que soit le jugement porté par la critique, est un artiste convaincu et un homme de mœurs et d'existence très ordinaires.

Deux êtres semblent composer son individu : l'artiste, dont la vie se passe tout entière dans son atelier, rue de Saint-Pétersbourg, 4 ; l'homme du monde — le bourgeois tranquille — vivant en famille au 49 de la même rue.

Ici l'artiste dépouille le bourgeois ; là, le bourgeois oublie l'artiste. Voilà tout le mystère. »

Le journaliste fait alors le portrait de l'homme qui l'a reçu et qui lui a dit à cette occasion : « Regardez-moi, nous dit-il en nous recevant, quand nous eûmes exposé le but de notre visite ; je ne suis pas un chevelu, je suis un bourgeois — comme vous — comme tout le monde. Je n'ai pas l'air d'un artiste, n'est-ce pas ? Que voulez-vous, les artistes ne se reconnaissent plus aux cheveux... sans cela que feraient ceux d'entre nous qui n'en ont plus [13] ? » La suite du texte donne une preuve directe de cette double identité, véritable antithèse de l'artiste-bourgeois que certains seraient tentés d'évoquer, car Manet fait visiter l'atelier et désigne au journaliste une de ses toiles les plus chargées de valeurs dramatiques, sa grande peinture d'histoire, jamais montrée sauf à quelques amis, *l'Exécution de Maximilien* :

« Nous avons visité avec M. Manet son exposition au nº 4.

— Je n'ai voulu, nous dit-il, montrer véritablement que les deux toiles refusées par le jury.

— Et ceci ? lui demandâmes-nous, en indiquant une toile retournée contre la muraille.

— Ah ! cela intrigue bien les visiteurs — c'est une toile inachevée ; elle représente *l'Exécution de Maximilien.* Je la démasquerai à son heure [14]. »

Il y avait donc, au cœur de cette opération de relations publiques, un élément masqué et menaçant, de la peinture en réserve, « inachevée ». C'est-à-dire en attente, dans ce jeu serré entre l'individu et l'histoire qui résume la vie de Manet. L'article peut alors se terminer sur le bonheur domestique de l'artiste, mais l'ombre de Maximilien a été portée sur ce petit trésor d'anecdotes insignifiantes : « Dans son appartement au troisième étage du nº 49, M. Édouard Manet est entouré d'un véritable luxe.

— J'aime cette existence, me dit-il ; j'aime les salons, le bruit, les lumières, les fêtes..., la couleur, enfin.

M. Manet se lève de bonne heure, déjeune à la hâte d'un peu de pain beurré arrosé d'un verre de vin fin et va passer quelques heures dans son atelier. Il a le travail actif, facile, continu. Il faut que son domestique lui rappelle plusieurs fois l'heure du déjeuner pour lui faire abandonner la palette. Mme Manet est une musicienne fort distinguée, et les rêveries de l'artiste sont souvent bercées par les mélodies de sa femme. Voilà la vie simple, honnête, laborieuse de celui que l'on se plaît à représenter comme un révolutionnaire dans l'art [15]. »

En réalité, l'exposition dans l'atelier ne se limitait pas aux deux tableaux refusés. Aux murs étaient accrochées plusieurs toiles ayant eu l'honneur du Salon dans le passé et il est évident que le public ne pouvait manquer d'établir une perspective avec la situation présente. Derrière les deux chevalets montrant *le Linge* et *l'Artiste*, quatre tableaux étaient disposés dans l'ordre suivant : la *Jeune fille à la guitare* de 1867, *le Balcon* du Salon de 1869, *Olympia* et *les Courses à Longchamp*, vraisemblablement la toile de l'Art Institute de Chicago. Sur l'autre mur, de part et d'autre de la cheminée, le journaliste du *Figaro* a vu *la Leçon de musique*, exposé en 1870, et *Argenteuil*, exposé l'année précédente. Il y avait là un élément de référence pour juger l'intensité chromatique des deux tableaux incriminés. L'accrochage semble avoir été modifié au cours de l'exposition, car, le 30 avril, Bertall publie le récit d'une visite en compagnie d'un membre du jury qui évoque nettement « ce canotier et cette canotière qui ne sont pas ceux exposés l'année dernière » pour y découvrir « certains demi-tons dans les blancs qui sont d'une finesse remarquable » [16]. Il s'agit du tableau peint en 1874 et qui ne sera exposé qu'en 1879, sous le titre *En bateau*. Encouragé par le succès, Manet avait peut-être voulu sonder le public en lui soumettant également, dans la perspective du *Linge*, une composition particulièrement audacieuse et d'une luminosité intense.

Mais il n'y a pas d'atelier sans objets, sans meubles, sans témoignages des goûts de l'artiste et sur ce chapitre aussi, c'était la surprise : « L'atelier, c'est l'homme et la cheminée de l'atelier, c'est l'atelier, déclare Junius. Que croyez-vous qu'on aperçoive, en entrant, sur celle de ce sanctuaire impressionniste ? Une pendule ? — Allons donc ! — Des potiches de Chine et du Japon, des vases de Gien, des écrans, des figurines de Saxe, le brillant bric-à-brac des artistes ?... — Après ? — Un narguilé au tuyau relié coquettement sur sa tête de cuivre ? — Après encore ? — Un vidercome à bière, un gros chat gris tacheté de noir, en faïence, ronronnant sur ses deux pattes de devant dans une pose égyptienne et servant de modèle aux hôtes ordinaires de Manet ? — Vous ne dites pas tout. A la place d'honneur, vulgairement occupée par la pendule, trône ici une tête de Minerve grecque, un corbeau empaillé au cimier de son casque. — Un corbeau de proie, le bec guerrier et les ailes étendues, en posture d'aigle [17]. »

Seuls quelques amis pouvaient faire le rapprochement avec le volume publié l'année précédente, avec les écrans japonais du *Portrait de Nina de Callias*, avec le narguilé peint dans le tableau intitulé *la Sultane*. Tout un ensemble d'accessoires familiers était donc rassemblé. La grande pièce comportait aussi divan, canapé, chaises de jardin le long des murs et dans un angle, protégé par un banc, un piano. Victor Fournel ne résiste pas à la tentation d'aller fouiller dans une pile de papiers dans l'espoir de découvrir quelque lecture ahurissante : « Dans l'angle, protégé par un banc qui sert de barrière aux curieux, est un piano chargé de livres et de brochures. En chroniqueur indiscret, j'ai franchi la barrière et j'ai trouvé sur le piano un mélange éclectique de tous les genres : *le Spectateur*, revue franco-russe ; *la Vie littéraire, la Revue fantaisiste*, le *Fidelio* de Beethoven, *Gil Blas* et deux autres volumes, un in-octavo et un in-folio, que je vous donne en mille... Les *Éloges* de Thomas et les *Coustumes de Flandres*[18]. »

Le Linge, dont le sujet paraît aujourd'hui d'une évidence limpide malgré le changement des mœurs en matière de lessive, est un tableau qui a suscité des exégèses assez différentes les unes des autres. Bertall par exemple voit « une femme qui savonne son linge dans un jardin tandis que sa petite fille la regarde et que le linge déjà savonné sèche sur les cordes parmi la verdure des pommiers[19] ». Une mère, un enfant, des pommiers : l'univers de l'impressionnisme. Au *Figaro*, Albert Wolff est tout aussi catégorique : « *Le Linge* : c'est-à-dire le jour du blanchissage dans un jardin de Paris[20]. » Plus de campagne et rien sur les relations entre l'enfant et la jeune femme qui est une domestique. *Le Charivari* mentionne, quant à lui, « une espèce de bonne anglaise lavant du linge en gardant son bébé[21] ». La sociologie de cette scène étant un peu douteuse, d'autres comme Junius au *Gaulois* préfèrent insister sur la valeur d'innocence du « baby » : « Une jeune femme en peignoir violet savonnant des mouchoirs dans un baquet, au milieu d'un paysage de serviettes passées au bleu, séchant sur des cordes, et d'arbres à l'état chaotique. Son baby rose, à moitié perdu dans les hautes herbes et les coquelicots, suit sa besogne d'un gros œil attentif et qui cherche à comprendre[22]. » Le point de vue candide de l'enfant est assurément un des éléments essentiels du tableau mais, pour Gérôme, il s'agit d'« un petit garçon en robe [23] », pour Bernadille d'une petite fille, pour Silvestre d'une fillette. Sa présence explique la scène : « la femme blanchissant des langes [24] », écrit *l'Événement*; « une jeune femme lavant des langes dans un jardin », renchérit *la Gazette de France* qui précise : « Nous ne l'avons pas vu, mais nous le voyons d'ici [25]. »

Le titre lui-même était mal accepté et aussitôt traduit par un autre qui entrait dans une catégorie professionnelle reconnue, *la Blanchisseuse* ou même *les Blanchisseuses*, mais la précision ne faisait pas grand-chose à l'affaire, comme en témoigne la réaction du baron Schop : « Pour moi, le cœur m'en a dit, et j'ai été voir ces fameux tableaux, terreur du jury. Les sujets n'ont rien de bien neuf, ni de bien révolutionnaire. *La Blanchisseuse* n'a aucun rapport avec les petites blanchisseuses de Monselet :

Les petites blanchisseuses
Qui s'en vont chaque lundi
Aux pratiques paresseuses
Porter le linge à midi...

C'est une jeune femme qui lave son linge sale dans un jardin et presque en famille, car à côté d'elle son enfant se traîne dans les herbes et joue avec le morceau de savon. Beaucoup de soleil et trop de fleurs [26] (...). »

A la « Deuxième Exposition de peinture », ouverte le 30 mars à la galerie Durand-Ruel, 11 rue Le Peletier, Degas exposait cinq numéros sur ce thème et, déjà en 1874, le sujet avait été remarqué : « S'il peignait Nausicaa, au lieu de ces nerveuses et pâles blanchisseuses de fin, on lui reconnaîtrait un grand sens de l'harmonie [27] », notait à cette occasion Philippe Burty. L'inspiration de Manet, confrontée à celle de Degas ou encore à celle des Goncourt dans *Manette Salomon* en 1867, est très différente et, à tout prendre, son modèle est plus proche de Nausicaa que des blanchisseuses de fin. C'est ce qu'explique Philippe Burty quand il cherche à clarifier la valeur sociale du tableau ; la jeune femme n'est ni une « bonne anglaise », ni une paysanne, ni une « blanchisseuse », mais tout simplement « une petite bourgeoise des villas des environs de Paris » : « M. Manet avait encore envoyé une jeune femme lavant du linge dans un jardin, au printemps, sous un coup de soleil, tandis que son enfant joue avec le morceau de savon. Cela n'a rien de bien révolutionnaire. La jeune maman est mise comme une petite bourgeoise des villas des environs de Paris. Le jardin est plein de fleurs qui s'épanouissent avec fureur et d'herbes qui poussent follement. L'enfant est grave comme tous les enfants qui s'amusent[28]. »

Il s'agit donc d'un moment heureux parce que le travail de cette femme est celui d'une « petite bourgeoise » de la banlieue. Mallarmé reprendra à son compte cette interprétation sociale qui est fondamentale pour apprécier l'impressionnisme de Manet, mais on peut constater que cette manière de voir était exceptionnelle. Le journaliste de *la Liberté* considère par exemple que le réalisme du tableau a un sens très précis : « C'est le vrai linge de l'ouvrier, d'une blancheur douteuse, que les applications d'eau de Javel n'ont pas absolument débarrassé des taches de fruits et autres. Il est là, sur les cordes, dans le tout petit jardin, d'une couleur bleuâtre accentuée, mêlée de grisaille. Il a dû être passé au bleu, car le linge ainsi préparé, disent les ouvriers, se salit moins vite[29]. »

Ces différences d'appréciation montrent que le thème était abordé de façon neuve et qu'il était déconcertant par le cadrage des figures dans un « petit jardin » qui en lui-même comportait une valeur sociale. Mais c'est surtout l'exécution du tableau qui faisait obstacle : « Cette détrempe pâlie, sans ressort, est l'une des plus étranges erreurs de Manet. Les jurés ont dû grincer des dents devant cette audacieuse fantaisie[30] », estime Alexandre Pothey. Pour Louis Leroy *la Blanchisseuse* « l'emporte en folie picturale sur la *Belle Olympia au chat noir* » et il ajoute au sujet des linges étendus : « Rincez-les, je vous en supplie, et plutôt deux fois qu'une, vous ne les rincerez jamais assez[31] ! » La couleur distribuée par taches, les figures dans les herbes et les fleurs constituaient, selon Silvestre, « une donnée beaucoup plus insurrectionnelle[32] ». Le bleu, le rouge, le jaune faisaient un tapage tel que le principe même de l'imitation est compromis. Émile Porcheron brode à ce sujet sur le thème des raisins de Zeuxis : « Aimez-vous l'outremer Guimet, on en a mis partout. Des taches rouges simulent des fleurs, lesquelles ? Ah ! dame, notre science botanique n'a pu guère le deviner. M. Manet devrait donner une notice pour les visiteurs : on n'aurait pas besoin alors de se creuser le cerveau. Une série de taches jaunes figurent un soleil, le seul du tableau ; mais M. Manet peut être tranquille, les perroquets ne le mangeront pas : il n'est pas assez bien peint pour cela[33]. »

Le Charivari qui écrit : « On dirait qu'on a mis la toile à l'envers[34] » exprime un sentiment relativement partagé, mais le point de vue officiel, qui permet de bien évaluer la position de Manet, est que son tableau n'est qu'une esquisse qui n'a donc pas sa place au Salon ; il a peut-être les mérites d'une esquisse, la justesse, la fraîcheur, mais Manet en reste là par manque de science. Un maître comme Baudry saurait en tirer quelque chose de satisfaisant : « L'esquisse ici est encore plus vague. Rien d'écrit, rien de déterminé ; l'enfant est un poupard sans tournure, ni dessin. La mère est habillée d'une façon grotesque, le mouvement cependant ne manque pas de justesse. Mais tout cela est peint d'une touche bavocheuse, effilochée, sans précision et sans effort. Les ombres et les demi-teintes, assez lumineuses néanmoins, ne sont pas posées à leur place et ne donnent aucune saillie aux formes. L'ensemble cependant ne manque pas d'une certaine impression de fraîcheur, et si Baudry, par exemple, passait une bonne journée sur cette toile, il en sortirait quelque chose de satisfaisant[35]. »

Le membre du jury qui fait l'éloge de l'esquisse pour mieux mesurer la distance par rapport au tableau fini recentre entièrement Manet dans le cadre pédagogique de l'École des Beaux-Arts. Ce dernier met en cause le système et la conception du travail qui définit la peinture ; son exemple est dangereux parce qu'il fait des émules. Il en va du destin de « l'école française » : « Voyez-vous dans quelque temps notre école française, une des gloires inattaquables du pays, quoi qu'on dise, représentée dans une dizaine d'années par une série de tableaux comme *le Linge*, les *Canotiers*, *le Déjeuner*, le portrait de M. Desboutin, etc., etc.[36] ? » Ces déclarations expliquent clairement la situation : en cherchant à exposer au Salon officiel, Manet met en cause ce que la doctrine officielle reconnaît comme un tableau. La distinction entre l'esquisse au sens où l'entend l'École des Beaux-Arts et le style de Manet justifie entièrement le refus.

« Manet a raison, il faut toujours laver son linge sale en famille[37] », écrivait un visiteur probablement sensible au rapprochement entre *le Linge* et *l'Artiste*, un grand portrait en pied de Marcellin Desboutin. Étrange famille en effet, partagée entre le plein air et un jour d'atelier, entre le sourire maternel et une expression singulièrement âpre et sévère. « C'est le portrait d'un charbonnier[38] », écrit Bertall. Il est vrai que le tableau évoque l'art des années soixante avec son fond neutre, des tons monochromes et le face-à-face avec le public. Par là même, la composition semble défier l'ostracisme du jury de 1876 à son égard et *l'Univers illustré* du 13 mai publiait une gravure du portrait avec la légende : « Portrait d'un artiste, refusé au Salon, d'après une photographie par M. Godet, coll. H. Debrousse. » Castagnary, dans un grand mouvement d'indignation républicaine et au nom de « toutes les victimes de l'art officiel », s'en prend au jury, à Cabanel : « Ce portrait de M. Desboutin que vous lui avez refusé, eût été une des puissantes toiles du Salon (...) Nous ne sommes pas obligés de croire que toutes les beautés de la peinture sont contenues dans le *Barbier nègre de Suez*[39] », lance-t-il aussi à l'adresse de Bonnat. *L'Artiste (Museu de Arte, São Paulo)*, contrairement au tableau voisin, en effet, contenait une revendication que le dialogue parodique imaginé par Louis Leroy au *Charivari* permet d'imaginer assez facilement :

« Le *Fumeur*, lui, est d'un aspect infiniment plus farouche ; le noir est sa note dominante... Et puis il vous a une façon de regarder les visiteurs qui ne promet pas poires molles à leurs critiques. N'importe, je me risque.

— Monsieur, pourquoi votre jambe gauche est-elle en manche de veste ?

— Parce qu'elle est ainsi dans la nature.

— Vos vêtements sont-ils de velours ou de drap ? A première vue, il est difficile de déterminer leur nature.

— Je m'habille comme je l'entends, vous n'avez rien à y voir.

— Cependant puisque vous m'avez convoqué...

— C'est pour dire du bien de moi et du mal du jury.

— Du bien de vous ?... C'est plus difficile que vous ne supposez ; mais, en y mettant beaucoup de bonne volonté, on arrive à trouver que le tuyau de votre pipe est très juste de ton.

— Mais moi, mais moi, mille tonnerres !

— Votre blague est peinte avec assez de souplesse.

— Et ma tête ?

— Elle ne manque pas d'une certaine vigueur brutale ; mais vous m'excuserez si je lui préfère le lévrier d'Écosse placé derrière vous.

— Alors le jury a eu raison en me frappant d'ostracisme ?

— C'est la blanchisseuse qui vous a fait du tort.

— Son bleu n'a pourtant pas déteint sur moi ?

— Ah ! fichtre non ! Seulement l'effet de surprise comique produit par elle a indisposé vos juges, et vous portez la peine de vous être présenté à eux en si mauvaise compagnie. Juché excessivement haut, vous pouviez être exposé sans trop de graves inconvénients [40]. »

L'exposition dans l'atelier eut pour conséquence curieuse d'établir entre Manet et Marcellin Desboutin une sorte de dédoublement de leurs personnalités : « Vous vous le figuriez les cheveux et la barbe en désordre, le regard féroce, coiffé d'un feutre bossué, vêtu d'habits extravagants, affreusement débraillé ; un sauvage, un énergumène, un monstre à faire peur aux petits enfants », écrit Gérôme dans *l'Univers illustré* qui semble vouloir signifier à quel point Manet n'est pas Desboutin ; quant à *l'Artiste,* on pourrait l'appeler « le portrait de l'homme en noir » tant la distinction de son allure évoque celui qui l'a peint. L'atelier correct de Manet semble dissoudre l'image abstraite du rapin romantique que le tableau n'aurait probablement pas manqué de réveiller s'il avait été exposé au Salon officiel. Une barrière était donc levée entre le public et Manet sur le terrain d'un des malentendus les plus ancrés et les plus durables à son égard : son identité de refusé. Il fallait que le caractère inacceptable de sa peinture ait une correspondance étroite dans ses mœurs et son apparence physique. Il est donc assez remarquable de constater qu'un tableau tel que *l'Artiste* ait pu contribuer à dissiper ce préjugé.

Le tableau fut regardé de très près et son titre n'a pas peu contribué à cet exercice d'intelligence approfondie. Alexandre Pothey donne par exemple une description du peintre-graveur Desboutin que n'aurait pas désavouée Balzac : « La tête est coiffée d'un chapeau de feutre, un peu incliné vers la droite, qui laisse voir tout le visage. Les cheveux noirs, grisonnants, touffus, sont rejetés en arrière ; les yeux, grands ouverts, d'un incomparable éclat, ont une fixité saisissante. C'est le regard du penseur, du rêveur, de l'homme accoutumé à voir, comme on dit dans les arts. Le nez saillant, osseux, a les narines dilatées. La bouche est ferme, énergique, surmontée d'une moustache brune. Une barbe noire encadre ces traits un peu fatigués par le travail, la passion, les hasards de la vie, mais sous cette expression mélancolique on retrouve les traces de la volonté[41]. »

Malgré ses qualités, le réalisme de Manet présente des rudesses qui, selon Bernadille, évoquent le *Bon Bock* : « Salut, homme courageux ! Je ne vous connais pas, mais la France a besoin de braves. Salut !... Tiens ! le courage de M. Desboutin ne lui a point trop porté malheur. Le morceau est solidement peint, et M. Manet y a prouvé qu'il est capable de manier sérieusement la brosse quand il le veut bien. Que ne le veut-il plus souvent ! Mais M. Manet se retrouve dans la manière dont il a posé son homme. Coiffé d'un chapeau mou (s'il n'est mou, il serait digne de l'être), il vous regarde bien en face, d'un air méditatif, tenant d'une main sa pipe, de l'autre sa blague, — une affreuse blague en vessie de cochon, — et bourrant l'une avec le *caporal* qu'il extrait de l'autre. C'est le pendant du *Bon Bock*[42]. »

Le geste permettait à lui seul de reconstituer la sociologie des cafés et des brasseries qui avait été si bien comprise en 1873. Cette fois-ci seul le chien a le droit de se désaltérer, mais la vérité de l'observation ne se limitait pas à ces détails. Plusieurs critiques firent observer un défaut plus grave, en particulier ce membre du jury qui visita l'exposition particulière en compagnie de Bertall : « La jambe gauche, qui avance, est cassée au genou, le pied ne porte pas, les plis du pantalon ne sont pas justes et n'indiquent pas les formes. Le pantalon est flasque et semble vide[43]. » Il s'agissait en réalité de défauts propres au modèle, Desboutin était mal bâti et comme il n'était pas un inconnu, certains le firent observer. « Si la chose est vraie, estime Émile Porcheron, il eût été préférable de reproduire ce monsieur assis que debout[44]. » Telle est précisément la solution que Manet voulut éviter. La jambe cagneuse de son ami fait partie de son portrait.

On peut le vérifier en comparant *l'Artiste* au tableau que Degas peint vers la même époque et qu'il intitule *Dans un café*. Bien qu'elle figure au catalogue de la deuxième exposition de peinture en avril 1876, l'œuvre ne semble pas avoir été exposée. Degas installe Desboutin sur une banquette de la Nouvelle-Athènes au côté d'Ellen Andrée ; il fume la pipe et regarde autour de lui : « Je suis devant une absinthe, Desboutin devant un breuvage innocent, le monde renversé, quoi ! et nous avons l'air de deux andouilles[45]. » Ellen Andrée a parfaitement résumé la situation mise au point par Degas. L'aquarelle que Manet fit également de Desboutin, fumant la pipe, en buste, établit avec l'esprit du tableau de Degas un élément de comparaison intéressant car, très différente du grand portrait à l'huile, elle transcrit l'image que les amis de Desboutin ont tous retenue lors de leurs innombrables réunions à Batignolles. Sa « tête de foudroyé », pour reprendre une expression de Goncourt. Manet peint un Desboutin assez différent dans son tableau. Il fait le portrait de l'artiste venu poser devant lui, en visite, la canne sous le bras, bourrant sa pipe, dans un moment de conversation et de réflexion. Cette dimension de dialogue entre artistes anime la pose tout entière et le journaliste du *Gaulois* a su exprimer la valeur de cet instant : « Je préfère de beaucoup le portrait très vigoureux, très vivant et très typique de M. Marcellin Desboutin, paysagiste, aquafortiste et poète, ami particulier de M. Manet. Le modèle est droit, en pied, vu de face. Sa figure vulgaire et lyrique à la fois, garnie d'une barbe brune et d'une crinière qui déborde de son chapeau mou lustré, roule dans le vague du rêve deux yeux énormes que lui envierait Mounet-Sully. De pied en cap, il est vêtu de noir — en vareuse courte s'entend. Ses mains distraites tirent de la blague de peau blanche le tabac qui va s'empiler dans la pipe que voilà. Que diable regarde-t-il à l'horizon ? Cette rêvasserie de la tête et cette inconscience des doigts qui apprêtent la réalité pour le fumeur me paraissent un contraste heureusement trouvé. A ses pieds lape son chien roux, le plus tranquillement du monde. Le visage et les mains laissent comme toujours un peu à désirer pour le fini ; mais le vêtement est brossé avec plus de soin qu'on ne s'y fût attendu. L'intensité de la vie n'est pas contestable à ce morceau. Toute la bohème d'art vit là-dedans, avec sa splendeur de tête et ses misères de pain quotidien[46]. »

Né en 1823, d'ascendance noble, Desboutin avait la cinquantaine ; entré à l'École des Beaux-Arts en 1845, il avait vécu de belles années dans le séjour princier de la villa *l'Ombrellino*, sur la colline au-dessus de Florence, recevant des hôtes de marque et des amis. Ayant ainsi progressivement dilapidé sa fortune, il était rentré à Paris en août 1872, retrouvant le Guerbois et les artistes qui le fréquentaient, Duranty, Zola, Degas, Hippolyte Babou, Philippe Burty, Manet. Surtout connu à l'époque comme homme de lettres pour avoir donné un drame à la Comédie-Française avant la guerre, il entamait au moment du portrait une seconde carrière de peintre et de graveur en exposant avec les impressionnistes, en 1876, une série de pointes-sèches qui assurèrent sa réputation. Personnage étonnant, de grande allure, il fut pendant plus de dix ans l'âme du café de la Nouvelles-Athènes où son tact, sa liberté, l'étendue de sa conversation lui assuraient une position de sage. Manet aimait beaucoup Desboutin, « plus délabré qu'un Job et plus fier qu'un Bragance », et racontait à Georges Rivière qu'il l'avait pris en le voyant entrer la première fois au Guerbois pour un musicien ambulant : « C'était simplement la canne que Desboutin portait sous son manteau qui avait causé la méprise de Manet[47]. » En 1875, Manet reste fidèle à cette impression ressentie quelques années auparavant ; Desboutin a sa canne sous le bras et son geste n'est pas sans évoquer celui de la *Chanteuse des rues.* Il note également le chapeau, « un petit chapeau de pifferaro » et la veste que certains voient comme « un grand manteau décoloré ». Pour beaucoup de témoins, le portrait de Manet résumait une époque, « toute une bohème d'art », mais le peintre s'en défendait en ces termes : « Je n'ai pas eu la prétention d'avoir résumé une époque, mais d'avoir peint le type le plus extraordinaire d'un quartier. J'ai peint Desboutin avec autant de passion que Baudelaire. » L'atelier de Desboutin, rue Rochechouart, décrit par Goncourt, définissait selon Paul Alexis l'un des points cardinaux du « nouveau quartier latin[48] ». Ce quartier qui est celui que fréquente Manet a donc une présence dans le portrait et c'est encore Baudelaire que Manet invoque pour désigner ce que Desboutin porte en lui de « modernité ». Le chien, le jeune lévrier qui accompagne l'artiste, contribue au sentiment de liberté et corrige l'apparence hautaine et sauvage par une note de lumière. L'espace de vie de Desboutin semble soudain présent et c'est aussi l'universalité abstraite de la pensée que Manet a voulu représenter dans le geste machinal des mains. Désœuvré, *l'Artiste* incarne ici ce qui survit, intact et libre, des rencontres entre l'art et la vie ; les vestiges, les traces physiques dont le portrait exprime toute la noble irrégularité confèrent au titre du tableau son caractère abstrait et héroïque. « Le vaillant Desboutin[49] », comme disait Cézanne, ne vieillira pas ; il gardera « ce masque tourmenté d'éternelle vigueur[50] », selon les termes de Zola en 1889.

En juillet, pendant une quinzaine de jours, Manet et son épouse furent invités par les époux Hoschedé au château de Rottenbourg, à Montgeron. Le peintre y multiplia les esquisses et les projets et c'est toute cette animation qu'il raconte à Éva Gonzalès : « Ici, beaucoup trop de distractions pour se mettre très sérieusement à l'ouvrage. J'ai commencé beaucoup de choses, que je ne pourrai sans doute finir. Le portrait du maître de la maison et de sa fille ; mais il ne pose jamais ; il est toujours à Paris. Le portrait de Carolus Duran, qui est notre voisin de campagne. Je vais m'y mettre sérieusement ces jours-ci et tâcher de donner un coup de collier ; car nous ne voulons pas prolonger notre séjour... J'étais allé à la campagne pour me reposer et je n'ai jamais été si fatigué de ma vie[51]. » Le portrait d'Ernest Hoschedé et de sa fille Marthe ne fut en effet pas achevé ; il montre le célèbre amateur qui devra vendre en juin 1878 une collection où figuraient cinq tableaux de Manet, dans une pose qui évoque celle d'Émile Bellot dans *le Bon Bock*. Carolus Duran, quant à lui, peintre à succès qui mène grand train, Manet lui donne une pose « Grand Siècle » à la Van Dyck ou mieux encore. C'est lui qui a défendu *Argenteuil* en 1875 et son amitié souligne le climat de bonne humeur, de fantaisie voyante, de succès tapageur qui avait le don de distraire Manet. Le séjour à Montgeron attire aussi l'attention sur une composition représentant Jacques Hoschedé dans les fleurs qui rappelle *le Linge* et annonce déjà certains tableaux des vacances de 1880 dans le jardin de Bellevue.

Après quelques jours en famille à Fécamp qui ne laissent pas de traces dans son activité, Manet retrouve Paris en septembre. Il va entreprendre en octobre le portrait de Mallarmé qui écrit, le 19 octobre 1876, à Arthur O'Shaughnessy : « Manet fait un petit portrait de moi en ce moment[52]. » Après *le Corbeau*, ils ont publié en avril 1876 *l'Après-midi d'un faune* au prix de nombreuses difficultés. Les quatre bois gravés rehaussés de lavis rose de Manet s'accordaient au rêve d'un recueil conçu « dans des conditions de luxe absolument folles[53] ». L'objet, décrit comme « une des premières plaquettes coûteuses et sacs à bonbons mais de rêve et un peu orientaux avec son "feutre de Japon, titré d'or, et noués de cordons roses de Chine et noirs[54]" », représente une conception du faste peut-être assez éloignée de l'idée que pouvait s'en faire Carolus Duran. Pourtant dans son tout petit portrait, Mallarmé était lui aussi un ami de Manet. « Vous étiez réellement son meilleur ami, aussi il vous aimait tendrement[55] », lui déclare l'épouse du peintre, le 21 octobre 1883. « J'ai, dix ans, vu tous les jours mon cher Manet, dont l'absence aujourd'hui me paraît invraisemblable[56] », écrira de son côté le modèle à Verlaine. Peu de portraits semblent aussi précieux pour comprendre la portée de l'amitié et de l'échange qu'elle implique dans une œuvre. Baudelaire était en 1862 un homme dans la foule, un poète dans le monde que Manet veut lui aussi saisir, mais ici, c'est le mouvement même de la pensée qui exprime la « collaboration » entre les deux artistes. L'article qui vient de paraître dans le numéro de septembre de l'*Art Monthly Review*, « The Impressionists and Edouard Manet », contient l'analyse la plus intelligente des valeurs exprimées dans *le Linge* et dans l'impressionnisme. Manet place son ami dans l'atelier où il vient bavarder régulièrement après ses cours d'anglais et, contre le mur, par une attention qui semble consentie, il évoque la tenture dont le motif reparaît dans *Nina de Callias* et *Nana*. C'est en 1873, vraisemblablement chez Nina de Callias que Mallarmé connaît depuis sa jeunesse, que les deux hommes se sont rencontrés pour entrer dans une relation qui n'a jamais cessé de se développer. Dans les dernières années, en 1880, en 1881, leurs projets se croiseront encore sur les bases qui les ont réunis au moment où Mallarmé publiait *la Dernière mode*, où Manet peignait *le Bal masqué à l'Opéra*. Rien ne semble souligner davantage une évolution esthétique que la confrontation du *Portrait de Zola* avec celui de Mallarmé. Le « livre » dont rêve Mallarmé n'a que peu de rapport avec l'œuvre que Zola envisage en 1867. Manet a indiqué tout cela. On peut ajouter aussi qu'il y avait entre Zola et Manet l'enjeu du personnage d'*Olympia*. Le critique l'avait défendu et il s'en est aussi inspiré. Dans le cas de Mallarmé, il suffira peut-être d'indiquer qu'il fut avec Manet l'un des contemporains les plus sensibles au charme de Berthe Morisot ainsi qu'à ceux moins distants de Méry Laurent. Pour cette raison aussi la vie de Mallarmé et son œuvre appartiennent à celles de Manet.

Entre le 8 et le 20 mars 1877, Manet soumit ses deux envois au nouveau jury présidé par Henner qui, personnellement, ne lui était pas hostile. Mais, cette fois, la décision d'écarter *Nana* pouvait s'appuyer sur le caractère immoral de la composition et il n'y eut pas grande protestation. En effet, prenant en quelque sorte la réaction du jury au pied de la lettre, Manet accepte que son tableau soit exposé dans la vitrine d'un marchand de bibelots du boulevard des Capucines, créant ainsi une certaine sensation. Le boudoir élégant de la courtisane moderne recevait l'hommage du boulevard et il se produisait un télescopage amusant entre le trottoir et l'œillade spirituelle de *Nana*. Manet autorisa cette mise en scène qui dénote un certain sens de la provocation. Le réalisme du tableau fut assimilé à celui des Goncourt ou de Zola. Les derniers chapitres de *l'Assommoir* paraissent en feuilleton dans *la République des lettres*, du 9 juillet 1876 au 7 janvier 1877. « Épatant[57] ! », écrit le peintre à ce propos dans une lettre à Zola qui séjourne pendant l'été en Bretagne. Malgré le rapprochement avec la « dévergondée » de ce dernier, l'esprit du tableau annonce davantage le personnage du roman *Nana* que *le Voltaire* commence à donner à ses lecteurs en octobre 1879. Un ami de Manet, journaliste et écrivain, Jules de Marthold, publia en avril 1877 un article où il précisait l'antériorité du tableau sur *l'Assommoir* de Zola, malgré le titre qui pouvait suggérer le contraire. Si l'on suit ce porte-parole de Manet, la toile aurait même été terminée avant le 30 avril 1876, quand *le Bien Public* commença la publication poursuivie ensuite par *la République des lettres.* Le tableau obéit à une stricte mise en scène qui règle l'impertinente étiquette de cette alcôve. Droite, ronde, vive, la jeune femme en jupon et corset de satin bleu fait partager à chacun le piment de la situation. Le « monsieur » en chapeau est ainsi déterminé par elle plus qu'il ne détermine lui-même l'interprétation de la scène, et Nana se dresse conquérante et fière au centre du tableau. « Honni soit qui mal y pense [58] », dit Théodore Duret devant une situation totalement dépourvue d'arrière-pensée et d'une absolue franchise d'exécution. Jamais l'esprit parisien de Manet n'avait autant fait la preuve de sa hardiesse et de sa distinction, établissant un rapport inimitable entre le public et une représentation de ses mœurs. « Des nymphes s'offrant à des satyres, très bien. Une jolie fille en déshabillé, défendu [59] ! » De façon plus directe, *Nana* constituait pour les mythologies du Salon une véritable épreuve de vérité. En mai 1881, à propos d'un tableau peint en marge de celui-ci et avec le même modèle, exposé en 1880 à *la Vie moderne* sous le titre *Devant la glace,* tableau aussitôt interprété par les critiques comme une *Toilette de Nana,* Manet déclare à un journaliste : « Le corset de satin, c'est peut-être le nu de notre époque [60]. » Le propos montre à quel point *Nana* est une moderne *Olympia* à sa manière, entièrement libérée de l'image de la nudité classique, sans pourtant retomber dans la peinture de genre et sans évoquer le registre des gravures ou des illustrations à contenu érotique où plusieurs sources comme on dit pourraient être décelées.

Le tableau a non seulement la dimension de la peinture d'histoire, il en a également la paradoxale dignité. Manet a fait poser devant lui un personnage qui est loin d'être indifférent : Henriette Hauser, qu'il a sans doute rencontrée dans le milieu de Nina de Callias. C'est une de ces actrices demi-mondaines qui occupent la chronique parisienne et les conversations du Boulevard. Elle fait partie du monde de la galanterie fortunée qui communique avec les artistes depuis les dernières années de l'Empire. Sa beauté fut célébrée par Anatole France ; on disait qu'elle avait inspiré Dumas fils pour le personnage de Mme de Santis du *Demi-monde* et le peintre Marchal l'aurait prise comme modèle pour sa *Phryné* du Salon de 1868, toile célèbre, souvent reproduite par la gravure et que Manet connaissait manifestement. On l'avait vue dans des féeries au théâtre de la Gaîté et on conservait le souvenir de son apparition au bal des Artistes en 1868, travestie en allégorie de la Musique, portant brodée sur sa robe la phrase du couplet fameux de *la Grande Duchesse,* « Dites-lui qu'on l'a remarquée, distinguée... » Elle avait été la maîtresse d'une personnalité de la vie parisienne, le prince d'Orange, fils du roi de Hollande Guillaume III. Viveur, mondain, très connu pour ses frasques, « simple et rond d'allures », le prince laissa le souvenir d'un « bon garçon [61] » désabusé, un représentant de cette noce aristocratique dont la devise aurait pu être, comme le suggère un journaliste, « Nihil », rien. Surnommé « Citron », le prince meurt en juin 1879 et son apparence physique n'a aucun rapport avec l'homme en noir à moustaches peint par Manet. Henriette Hauser, en revanche, est bien identifiable : « L'esprit d'une jeune première de Marivaux ; de la grâce plutôt que de la beauté [62]. » Elle avait pour tenir son rôle tout ce qu'il fallait et d'abord un réel talent de comédienne ; même si Manet lui demande ici de tenir son propre personnage, elle le fait avec une étonnante complicité. « Une tête de la Régence sur un corps de Vénus antique », écrit un de ses admirateurs : « La bouche mignonne a les fiertés d'une bouche patricienne. D'un côté elle dit le mot d'amour, tandis que de l'autre elle sourit avec un dédain de déesse aux billevesées que chantent les céladons [63]. » En 1876, Henriette Hauser était une beauté épanouie, lumineuse, très dessinée : « Henriette Hauser n'a pas d'âge. Elle est faite pour demeurer, ainsi que les fées des légendes. Son bras est celui des belles Madeleines du Guide. Le raccourci de ce bras ravirait Cléomène, ce praticien chercheur de la perfection divine. La peau possède ces teintes jaunes faites d'ambre et de miel qui semblent l'apanage des filles du Titien [64]. » Il est évident que *Nana* donne de la galanterie parisienne une interprétation qui en annule toute vulgarité et toute morale. Le sortilège qui enchante le tableau est un art, un triomphe de la représentation sur la réalité et c'est, semble-t-il, ce qu'a voulu signifier le personnage qui « se poudre le visage d'une fleur de riz ». L'art, le jeu, la grâce d'un artifice, tout ceci compose le réalisme du sujet qui semble trahir le secret d'une convention. « Honni soit qui mal y pense. » *Nana,* avec un titre presque aussi explicite que celui d'*Olympia,* était encore un tableau de Salon, c'est-à-dire un personnage qui s'exposait à la critique et qui était armé pour cela.

Dans les premiers jours de mars, Manet avait achevé un portrait de Jean-Baptiste Faure qu'il envoya aussitôt devant le jury. On avait beaucoup parlé de cette commande qui datait d'un an auparavant, car le chanteur était célèbre et son goût pour la peinture de Manet était considéré par beaucoup comme un phénomène inexplicable. La veille de l'ouverture du Salon, le 30 avril, un journaliste rendit compte de la foule des invités et Manet, très en vue depuis quelque temps déjà, se trouvait au cœur de cette manifestation protocolaire conduite par les ministre : « Voici MM. J. Simon, Waddington, le duc Decazes, Alexandre Dumas, déjà nommé, Paul de Saint-Victor, Théodore de Banville, H. de Bornier, Halanzier, Clairville, Massenet, Gounod, Lomon, l'auteur de *Jean Dacier;* Ambroise Thomas, Émile de Girardin, Léonce Détroyat, Pereire, Éphrussi, le duc de Fitz-James, le duc de Nemours, le baron de Rothschild, H. Debrousse, les généraux de Ladmirault et de Geslin, Khalil-Pacha et le prince Orloff, que la politique n'empêche pas d'aimer les beaux-arts et que le hasard a fait se rencontrer devant le tableau de M. Manet, *M. Faure dans le rôle d'Hamlet.* Hamlet, justement, a l'épée à la main... Citons encore, parmi les peintres, MM. Carolus Duran, Cabanel, Manet, Gustave Doré, André Gill, Millet, dont, entre parenthèses, le beau groupe de *Cassandre* a été fort admiré ; Bouguereau, Cabat, Breton, Daubigny, Comte-Calix, de Callias, Feyen-Perrin, Bertall, Isabey, Hanoteau, Lenepveu, Meissonier, de Neuville, Vuillefroy, Toudouze[65]... » Non sans ironie, le journaliste suggère que l'envoi de Manet constitue un moyen commode pour fixer un instant tous ces messieurs.

Le portrait fut mal accueilli ; on se demandait comment le jury avait pu l'accepter. « Le roi des intransigeants a voulu faire le portrait du roi des chanteurs ; il nous montre ou plutôt il croit nous montrer Faure dans *Hamlet.* Le portrait est ridicule[66] », écrit Charles Darcours dans *le Journal Illustré.* L'administration avait rapidement accroché le tableau aussi haut que possible, « pas assez haut cependant pour qu'on puisse l'apercevoir sans hausser les épaules[67] », précise *l'Illustration.* Cham trouvait le dessin qui résumait la situation : « Hamlet, devenu fou, se fait peindre par M. Manet[68] », et ceci au grand déplaisir de Faure qui commençait à trouver la plaisanterie un peu longue. On reprochait au portrait d'être « une figure plaquée, sans proportion, sans relief, sans vie, et qui n'est pas d'aplomb sur ses jambes[69] ». Le modèle est « un de ces fantoches en bois mal dégrossis des théâtres de marionnettes, dont les membres sont disloqués, tordus et mal emmanchés[70] ». L'auteur « se moque vraiment du public pour oser lui présenter cette tête en bois, sur laquelle il a plaqué une barbe postiche, dont la bouche ouverte crie ridiculement, dont les gros yeux ressemblent à deux boules plus rondes qu'éclairées[71] ».

Le *Portrait de Faure dans le rôle d'Hamlet* du musée Folkwang à Essen fut précédé par des esquisses, en particulier celle de Hambourg, et par un pastel qui montrent que Manet avait longuement cherché le rapport entre la figure et l'espace scénique ; il était donc parvenu à une pose et à un moment du jeu dramatique uniquement saisis sur un fond clair jugé de façon sévère. Le portrait avait été commandé par le chanteur au moment où, en pleine gloire, à l'âge de quarante-six ans, il décidait, après une série de mésententes avec la direction de l'Opéra, de quitter la scène parisienne où il ne trouvait plus à employer dans de grands rôles les possibilités de son talent. Ayant repris son répertoire au début de 1876, il partit pour Londres après une dernière représentation d'*Hamlet,* le 13 mai 1876. Né en 1830, Faure avait fait une brillante carrière d'abord à la salle Favart puis, à partir d'octobre 1861, à l'Opéra de la rue Le Peletier où il fut applaudi dans *Pierre de Médicis, Guillaume Tell, la Favorite, les Huguenots, Moïse, l'Africaine, Don Juan.* Le 9 mars 1868, il crée le rôle-titre dans *Hamlet* d'Ambroise Thomas qui sera joué cinquante-huit fois cette année-là. Il joue encore Méphistophélès dans le *Faust* de Gounod puis, à partir de 1872, il crée le personnage de Paddock dans *la Coupe du roi de Thulé* en 1873 et celui de Charles VII dans la *Jeanne d'Arc* de Mermet. Selon son biographe Henri de Curzon, Faure était « un modèle admirable de volonté et de sens artistique[72] » ; aux qualités de la voix et du chanteur s'ajoutaient un sens dramatique étonnant, un jeu d'acteur qui s'exprimait tout particulièrement dans le rôle d'Hamlet auquel il n'avait jamais cessé d'apporter les perfectionnements de son art, en 1868 avec Mlle Nilsson dans le rôle d'Ophélie, en 1872 avec Mlle Sessi, en 1874 avec Fidès Devries et surtout, en avril 1875, avec Mme Miolan-Carvalho. La presse fut unanime à reconnaître qu'il était « l'âme de cette œuvre[73] » et Théodore de Banville lui était reconnaissant d'avoir fait surgir sur la scène de l'Opéra « le redoutable *Hamlet* de Shakespeare » : « En interprétant à miracle l'*Hamlet* d'Ambroise Thomas, en même temps il joue, épouvanté, brisé, menaçant, oscillant vers la folie, tombant de la rage dans les défaillances mystérieuses, le redoutable *Hamlet* de Shakespeare[74]. »

Manet n'avait donc pas eu à inventer le rôle ni même la scène dans laquelle Faure voulait passer à la postérité. Elle s'imposait d'elle-même et le costume d'Hamlet était celui que le chanteur avait choisi pour son image professionnelle divulguée par la photographie ou la gravure. La pose était celle du second tableau dans le premier acte, la fameuse scène de l'esplanade et de la folie d'Hamlet. Le décor enneigé et lumineux de la plate-forme du château d'Elseneur était encore dans les mémoires et il constituait un cadre fantastique pour les apparitions du spectre. A ce moment précis du spectacle, l'émotion était à son comble et le jeu du chanteur à son sommet : « C'est ici surtout, écrit Hippolyte Hostein, que l'on peut apprécier les éminentes qualités dramatiques de Faure. Ses regards, sa mimique sont d'une expression des plus remarquables. L'attention se concentre sur lui. L'effroi de cet Hamlet nous gagne. Dans l'apparition qui cause son trouble, son désordre, nous voyons ce qu'il voit, nous sentons ce qu'il sent[75]. »

Manet voulait donc capter non seulement le rôle le plus célèbre de Faure, mais aussi le moment de l'émotion la plus intense dans l'action dramatique, cet instant où Hamlet s'empare, dans sa vision, de l'émotion de la salle tout entière. Le portrait qui, à bien des égards, devait sceller des relations exceptionnelles entre deux grands artistes, fut l'occasion d'une brouille qui, on peut l'entrevoir, concerne un enjeu esthétique ; soudain, pour l'intéressé lui-même, il a fait obstacle. Faure, qui a raconté cet épisode et qui surtout va continuer à collectionner avec passion la peinture de Manet, n'est jamais revenu sur son jugement.

En 1884, au moment de l'exposition des œuvres de Manet, quai Malaquais, où le tableau ne figurait pas, un journaliste du *Gaulois* est venu interroger le chanteur qui, malade, n'avait pas pu se déplacer pour voir les tableaux : « Nous nous sommes fâchés un jour, cependant, et cela dura quelque temps ; il s'agissait de mon portrait dans *Hamlet*, qui ne figure pas à l'exposition ouverte aujourd'hui. Après avoir posé une vingtaine de fois, je fus obligé de partir pour chanter je ne sais plus où. Manet continua son œuvre en mon absence. A mon retour, je trouvai ce portrait entièrement changé dans des bleux clignotants surnaturels, et avec des jambes qui n'étaient pas les miennes.

— Ce ne sont pas mes jambes, lui dis-je, surpris de mon image qui ne me convenait qu'à moitié !

— Qu'est-ce que cela vous fait ! j'ai pris celles d'un modèle qui les avait plus belles que les vôtres !

Après une correspondance aigrelette, nous sommes redevenus les amis des anciens jours. A côté de cet esprit gouailleur et si parisien qui faisait son succès dans le monde, il était si foncièrement bon [76] ! »

On sait que le portrait aurait demandé trente-six ou trente-huit séances de pose ; au bout d'une vingtaine, cet incident provoqua une interruption assez longue puisque Manet signait et datait de 1877, quelques jours avant l'envoi devant le jury. L'écho d'une fâcherie entre les deux hommes se répandit à l'époque et on en trouve une relation dans *le Figaro* du 27 mars : « On sait que, pendant un certain temps, Faure a collectionné les tableaux du peintre le plus indiscipliné de Paris, écrit Albert Wolff. Et voilà qu'un beau jour le sinistre, non, je veux dire l'illustre Faure, se tourne vers un autre Dieu : il arrive dans l'atelier de Manet avec une toile signée B... Le nom ne fait rien à l'affaire.

— Que pensez-vous de ceci ? Voilà de l'art vrai, dit Faure à Manet.

— Ce n'est pas dessiné et c'est mal peint !

A cette critique un peu vive, l'illustre baryton, blessé dans son amour-propre de collectionneur, répond :

— C'est absolument ce qu'on dit de vos œuvres, mon cher Manet.

A ce coup droit un peu brutal, Manet devient rouge.

— Vous connaissez bien Berthelier, cher monsieur, s'écria-t-il ; vous savez qu'il est enroué et qu'il chante par le nez. Eh bien, je connais des gens qui prétendent que Berthelier a plus de talent que vous.

Depuis ce jour "l'illustre" est en froid avec le comique des Variétés, qui ne s'explique pas cette attitude[77]. »

Plus tard, en 1897, Antonin Proust racontait l'histoire un peu différemment : « Faure n'aimait pas son portrait. La pose lui en déplaisait. Il se fit peindre alors par Boldini en louant l'élégance de l'attitude que lui avait donnée le peintre italien. "Mon cher Faure, lui fit observer Manet, c'est très bien, très bien, mais laissez-moi vous dire qu'hier j'étais devant Tortoni, et quelques personnes soutenaient que Berthelier, qui fait tout ce qu'il veut avec sa bouche et avec son nez, a plus de talent que vous. — Vous avez infiniment d'esprit, mon cher Manet, répondit Faure[78]." »

Faure n'aimait pas ce qu'il appelait des « bleus clignotants surnaturels » et Louis Enault du *Constitutionnel* déclara : « Le portrait de *Faure,* par M. Manet, semble une œuvre d'halluciné. C'est une peinture fantaisiste, ou plutôt fantastique, qui n'a vraiment aucun caractère de réalité. Les couleurs dont le peintre s'est servi n'existent pas dans la nature[79]. » Faure ne reconnaissait pas ses jambes et *le Soir* évoque « un pantin sans ficelles[80] ». Pour les critiques, la recherche de Manet ne permettait pas de comprendre la pose du personnage : « Le célèbre chanteur est représenté dans le rôle d'Hamlet. Soit ! Cela explique le rideau de brouillard tiré derrière lui. Mais pourquoi cette grosse tête sur ce petit corps ? Pourquoi ces mains grossies comme par l'objectif d'un photographe ? Quel est ce terrain sur lequel ou plutôt près duquel posent ses pieds ? Est-ce une terre durcie par la gelée ? Est-ce le plancher de l'Opéra ? Puisque la lune brille derrière lui, comment sa tête, qu'on nous montre de face, n'est-elle pas dans l'ombre ? Faut-il supposer que cette lune n'est qu'un quinquet placé derrière un transparent, et que la lumière vient de la rampe du théâtre ?[81] » Ces questions d'Edmond Villetard au *Français* montrent que les jambes de Faure n'étaient pas seules en cause. La réalité du théâtre était aussi suspecte. « Une tête de géant sur un corps d'enfant. "C'est le portrait d'un têtard", a dit quelqu'un... Et cependant c'est bien M. Faure[82] », écrit Fourcaud.

On en était donc là, quand quelques voix autorisées se firent entendre, en particulier Duranty qui salua la vérité d'acteur de Faure-Hamlet et jugea l'atmosphère et la lumière « factices » en accord avec le théâtre, même si les feux de la rampe ne sont pas les sources lumineuses du tableau. Philippe Burty, qui a probablement bavardé avec Manet, formule un jugement plus complet encore, car il explique la disposition scénique et la pose en des termes qui seront repris par l'artiste lui-même ; il écrit ceci : « *M. Faure en Hamlet*, par M. Manet, est un portrait d'action, ainsi que l'ont conçu les peintres anglais de la seconde moitié du dix-huitième siècle et de la première moitié de celui-ci. M. Faure, l'épée à la main, s'élance vers le fantôme qui est censément du côté même du spectateur, disposition ingénieuse et théâtrale. La foule semble désappointée par la sagesse de l'exécution. Le jury a joué à M. Manet ce mauvais tour de l'accepter pour ne le placer qu'à une hauteur et sous un jour injurieux[83]. »

Un élément surnaturel était donc impliqué par le face-à-face avec le public et cet élément surgissait d'un mouvement en direction de la salle où la réalité matérielle du théâtre était convertie entièrement à l'effet dramatique. Vollard a rapporté des propos de Manet qui résument la discussion concernant les jambes de son modèle : « Et puis, il y a Faure. A-t-on assez blagué le portrait que j'ai fait de lui en Hamlet ! Et cette jambe gauche qu'on disait trop courte ! Quand un personnage s'élance, ses deux jambes peuvent-elles être celles d'un fantassin au garde-à-vous ? et le parquet en pente ? Parbleu ! Je voudrais bien savoir comment les maîtres officiels s'y prendraient pour donner l'illusion d'Hamlet accourant vers le spectateur.

Manet s'était levé. Il haussa les épaules, enfonça sur sa tête son chapeau à bords plats, et me dit, avec un sourire qui retroussait ses moustaches : "Laissons ça ! Allons boire un bock chez Tortoni[84]"... »

L'Exposition des Impressionnistes en avril 1877, au deuxième étage d'un immeuble situé 6 rue Le Peletier, avait réuni un ensemble de plus de deux cent trente œuvres et les noms de Caillebotte, Cézanne, Degas, Monet, Berthe Morisot, Pissarro, Renoir, Sisley, pour ne citer que les principaux. Le poids des critiques favorables commence à devenir significatif et la publication d'un journal, intitulé *l'Impressionniste,* contribue au succès de cette exposition dont on parle beaucoup. A cette occasion, la position de Manet ne manque pas d'être soulignée, en particulier par un dessin de Cham au *Charivari :* « M. Manet insulté par un impressionniste. — Eh ! Va donc Raphaël[85] ! ». *Le National* n'hésite pas à parler d'un « faux frère qui refuse de faire ses envois au Palais de l'Industrie de la rue Le Peletier[86] ». Le premier numéro de *l'Impressionniste,* le 6 avril, s'ouvrait par une lettre ouverte « A M. le Rédacteur du Figaro », mettant en cause le rôle de la presse. Albert Wolff, attaqué par Georges Rivière, était particulièrement bien placé pour apprécier la position de Manet et on constate que son article du *Figaro* vise à souligner chez l'artiste des « concessions » au jury qui entraînent, selon lui, des « défaillances » : « De là, écrit-il, les tâtonnements curieux d'un peintre qui n'est plus le Manet indiscipliné d'autrefois. M. Manet est un irrégulier dans les arts contemporains ; à force de faire des concessions, il perdra ses plus belles qualités, qu'il y réfléchisse ; c'est pour lui une question de vie ou de mort. Être ou ne pas être, *that is the question.* Mieux vaut être un artiste défectueux mais original, que de devenir un peintre incomplet sans originalité[87]. »

La critique portait sur un point sensible et Wolff cherchait à envenimer la position d'un « irrégulier » dont il comprenait parfaitement la stratégie. Wolff ne s'est jamais présenté comme un ennemi de Manet ; il lui reconnaît des qualités de peintre mais, depuis 1869, sa peinture « l'irrite » ; elle n'aboutit pas à ce qu'il appelle un tableau et il en est d'autant plus navré qu'il affirme être séduit par l'individu. De son côté, Manet n'est pas insensible à la bonne opinion qu'on a de sa personne et désire une reconnaissance qui passe largement par l'influence du journal où s'exprime le célèbre chroniqueur. Il croit détenir, de par sa position d'homme d'esprit, une certaine autorité personnelle qu'il met au service de ses amis. Ainsi, le 19 mars 1875, il écrit un mot à Wolff pour qu'il annonce la vente du 24 mars prochain, à l'hôtel Drouot : « Mes amis MM. Monet, Sisley, Renoir et Mme Berthe Morisot vont faire une exposition et une vente salle Drouot. Un de ces messieurs doit vous porter le catalogue et une invitation. Il m'a demandé cette lettre d'introduction près de vous. Vous n'aimez pas encore cette peinture-là, peut-être ; mais vous l'aimerez. En attendant, vous seriez bien aimable d'en parler un peu dans *le Figaro*[88]. »

L'annonce passa dans le journal assortie du ton de plaisanterie en vigueur à l'époque. Mais, comme le montre sa lettre, Manet croyait à une épreuve de force dont il sortirait peu à peu vainqueur, n'estimant les convictions de Wolff que dans cette perspective. L'article de Wolff, en 1876, avait été empreint d'une sympathie peinée où il n'est guère difficile de lire une incompréhension profonde : « M. Manet est une organisation bizarre. Il a du peintre l'œil, mais l'âme point », et Wolff concluait sur l'image d'un Sisyphe heureux et avec un ton d'indulgence qui n'avait rien de particulièrement agréable : « Et voici pourquoi nous avons dans Paris un joli blond à l'œil bleu, un garçon charmant et plein d'esprit qui roulera éternellement dans la plaine avec son rocher qu'il essaie en vain de porter au sommet. Une telle énergie, un tel labeur si peu couronné de succès se recommandait à la bienveillance du jury, si doux ordinairement à toutes les fadaises qu'on lui envoie ; pour nous qui aimons beaucoup M. Manet, la vue de son *Linge* a été un moment de tristesse [89]. »

Dans ces conditions de souriante exclusion, des amis tentèrent un rapprochement. Tabarant signale le rôle joué par le peintre Alphonse Hirsch et cite une lettre de Wolff adressée à Manet qui se termine sur une formule qui définit assez bien leurs relations : « J'espère que nous nous rencontrerons un jour ou l'autre et que vous ne pensez pas plus de mal de moi que je n'en pense de vous [90]. » Proust rapporte de son côté qu'Adrien Marx, son confrère au *Figaro,* joua un rôle modérateur. L'enjeu était, semble-t-il, un portrait qui, chose étonnante, devait contribuer à tempérer l'hostilité de Wolff ou, du moins, assurer une certaine neutralité à l'égard de la nouvelle peinture. Ceci peut contredire l'idée que l'on se forme de Manet à partir des portraits de Zola, Duret, Mallarmé, mais ce serait méconnaître les efforts de l'artiste pour conquérir le public que de ne pas souligner l'affaire du portrait que l'on situe généralement en 1877.

Après plusieurs séances dans l'atelier, Wolff fit traîner les choses et finalement ne reparut pas. Manet aurait été particulièrement mécontent, car il pouvait estimer avoir été floué. Théodore Duret interprète, en effet, cet « accident » — ce sont ses propres termes — à la lumière de son expérience dans l'atelier de la rue Guyot en 1868. Il avait compris alors tout ce qui séparait Manet de la pratique en vigueur dans les ateliers, notamment « sa manière hardie d'attaquer le morceau ». Wolff, au contraire, aurait été décontenancé par la technique de Manet, il y aurait vu un tâtonnement et la preuve même de ce qu'il avançait, à savoir que Manet était un artiste incomplet qui ne savait pas son métier. Dans quelle mesure était-il venu poser pour en avoir le cœur net ? La question a pu effleurer l'esprit de certains et l'on cite un mot plaisant de Degas à l'adresse de Manet qui manifestait sa contrariété : « De quoi vous plaignez-vous ? Il écrit un article sur vous, c'est pour cela qu'il n'est pas venu poser [91]. »

Il y avait donc bien un perdant dans cette affaire, c'était Manet — et ses illusions. On retiendra en particulier dans ce jeu la confiance totale qu'il place dans sa peinture, comme si elle avait le pouvoir de convaincre sans appel. Il faut ajouter à ce malentendu une dimension supplémentaire. Wolff était dépourvu de grâce physique et l'homme, d'origine allemande, n'avait jamais pu assimiler cette élégance qu'il admirait chez Manet notamment. Au cours des séances, Manet lui demanda de revêtir sa redingote bleue à collet de velours et son pantalon marron. Avec le sens inné de Manet pour la vérité physique et la couleur, la laideur souriante de Wolff commençait à apparaître. Ce dernier a préféré couper court. Mais, de son côté, le peintre ne faisait que répondre sincèrement, sans outrance, à certains des traits de son modèle. Daniel Halévy rapporte une conversation sur cette question : « Il faut être laid, dit Degas. Ce pauvre Manet, quand on parlait devant lui de personnes bossues, difformes, disait parfois : “Ça a son chic ! ça a son chic [92] !” » Ce chic-là non plus, Wolff ne l'a pas voulu.

Manet savait depuis le mois de janvier qu'il lui faudrait quitter l'atelier qu'il occupait depuis le 1er juillet 1872 ; il s'en allait à contrecœur et les derniers mois au 4, rue de Saint-Pétersbourg témoignent d'une intense activité. L'animation excessive de 1876 trouvait ainsi une sanction, mais on peut penser que Manet recevait de plus en plus, que son atelier était déjà en temps normal un lieu de rencontres et de conversations très animées. L'artiste eut beau promettre d'occuper « bourgeoisement » les lieux, la décision fut maintenue. Parmi les derniers grands projets élaborés rue de

Saint-Pétersbourg figure une composition probablement conçue en vue du Salon de 1878 et qui sera découpée et remaniée entre 1878 et 1879. Le sujet en était emprunté au monde des cafés-concerts dont c'était alors la grande vogue et c'est sous la dénomination d'un établissement de ce genre, du nom de Reichshoffen, que le projet est connu. *La Prune,* qui figure dans la notice soumise au jury de l'Exposition universelle au printemps 1877, fait donc partie de cette inspiration qui semble conduire par la suite au déjeuner Chez le Père Lathuille ou encore aux Folies-Bergère. Il est difficile de parler d'une série, car ce qui change dans ces thèmes naturalistes concerne davantage la conception de l'individu. *Le Bon Bock* de 1873 ou encore *la Chanteuse des rues* exprimaient l'intégrité d'un modèle dans son rapport au monde ambiant. Avec *Nana* et les tableaux prenant pour objet la vie sociale contemporaine, une part de jeu s'accentue. Le tableau devient davantage le lieu d'un échange entre l'observation et un jeu où le modèle entre dans son rôle. La vérité qui est ainsi mise à jour fait corps avec un exercice d'intelligence et de lucidité.

En 1877 l'Exposition universelle était en préparation, mais Manet sut assez vite par son ami Antonin Proust que l'assemblée de quarante-deux membres à laquelle il avait adressé, entre le 15 mai et le 1er juin, une notice des ouvrages exécutés depuis 1867 n'était pas animée de sentiments favorables à son égard. Elle se refusait à « l'admission n⁰ 1 » et Manet était tenu à lui présenter, entre le 5 et le 20 janvier 1878, les ouvrages mentionnés sur sa liste dont la plupart avait été exposés dans des Salons antérieurs : le *Portrait d'Émile Zola, le Balcon, le Déjeuner, le Repos, Clair de lune sur le port de Boulogne, la Leçon de musique, le Portrait d'Éva Gonzalès, le Port de Bordeaux, le Bon Bock, le Chemin de fer, Argenteuil, la Prune* et *Vase de fleurs (panneau décoratif).* L'artiste avait choisi les étapes principales de sa carrière depuis 1867 en y ajoutant deux paysages dont les qualités n'étaient pas de choquer et deux œuvres récentes. Il n'avait donc pas cherché à imposer des tableaux refusés ou des œuvres accusant ses liens avec l'impressionnisme. Cette décision entérinait l'attitude de durcissement prise à son égard en 1876 et condamnait un libéralisme de plus de dix années dont il n'avait pas su faire bon usage pour rentrer dans le rang. Il eut donc tout loisir pour apprécier la situation et résolut de préparer comme en 1867 une exposition particulière qui, cette fois, devait montrer cent tableaux. Le chiffre est en lui-même une sorte de déclaration de guerre : pour y parvenir, il fallait inclure les tableaux refusés et probablement des tableaux peints avant 1867 ou au cours de cette même année. *L'Exécution de Maximilien* avait quelque chance d'être « démasquée » à cette occasion. La devise prévue ne laisse pas de doute sur l'état d'esprit qui l'animait : « Il faut être mille ou seul. » Les impressionnistes qui renonçaient à exposer en 1878 ne pouvaient manquer d'y reconnaître le fond de sa pensée. Manet envisageait de refaire son Courbet en faisant bâtir un baraquement non loin du Champ-de-Mars. Antonin Proust mentionne qu'il ne trouva pas un terrain propice et Tabarant souligne l'ampleur des frais. Manet semble avoir renoncé au dernier moment car *le Moniteur des Arts* du 15 mars 1878 annonçait le projet en ces termes : « Le peintre Manet, chef des impressionnistes, a résolu de faire construire aux abords du Champ-de-Mars un petit édicule où seront exposées ses toiles les plus remarquables, ou, si l'on aime mieux, les plus remarquées. On se souvient sans doute que le maître d'Ornans en avait fait tout autant à l'Exposition de 1867. Il avait exposé ses œuvres dans une sorte de grand chalet construit *ad hoc* dans les environs du pont de l'Alma[93]. » La situation de Manet était cependant différente de celle qu'il connaissait en 1867 ; il pouvait estimer, comme le suggère Théodore Duret, que ses tableaux étaient assez connus, lui-même était une personnalité très en vue, une exposition n'était plus une question vitale ; il pouvait se contenter d'apparaître comme une victime. Les raisons financières furent également déterminantes car le moment n'était guère favorable. A la suite de sa banqueroute d'août 1877, Hoschedé fut contraint de mettre en vente sa collection qui comprenait cinq tableaux de Manet : la *Chanteuse des rues* fit

450 francs, le *Jeune homme en costume de majo,* 650 francs, le *Mendiant* 800 francs, la *Femme au perroquet* 700 francs, le *Départ du vapeur de Folkestone* (la version du musée de Philadelphie) 345 francs.

La Prune (National Gallery, Washington) est un bon exemple de la situation esthétique à cette époque. On a supposé sans preuve que l'actrice Ellen Andrée avait pu prendre la pose de cette fille traînant sur une banquette de café. Le lieu n'est pas identifié avec certitude, mais le motif de boiserie ne fait pas penser à un arrangement conçu dans l'atelier, même si la table a pu faire partie du mobilier que Manet utilisait comme accessoire pour ses tableaux. En revanche l'expression du personnage est destinée à établir une relation beaucoup plus évidente. Les commentaires exprimés lors de l'exposition de 1880 à *la Vie moderne* sont explicites à cet égard : la lassitude du personnage, son attente devant une boisson rendue célèbre par le roman de Zola, le réconfort presque enfantin qu'elle semble rechercher ne sont pas des impressions venues de l'extérieur. Pour les contemporains, ce sont les appâts d'une séduction intéressée et toute la grâce équivoque du tableau ne fait que définir le charme d'une jeune personne qui invite le regard à partager son « vice ». La scène n'est donc pas abordée dans les termes abrupts de la sociologie de l'époque. Toute l'expérience psychologique du tableau contribue, au contraire, à faire oublier de façon insensible la norme morale qui définit une « fille ». L'image glisse vers une approbation, un consentement, un charme auxquels le spectateur doit résister au prix d'une rapide prise de conscience. C'est dans cette relation que Manet a placé une définition sociale qui implique un trouble, une séduction et une connivence.

Même dans une scène comme *le Skating,* qui fait référence à la mode du patinage dans les années 1876-1877 et où Manet eut visiblement pour but de fixer le mouvement et les jeux de lumière d'un lieu où tout bouge et luit, les personnages obéissent au climat spécial de divertissement et de rencontres et y apportent leur contribution. Henriette Hauser devient une jeune mère élégante, souriante, venue distraire un enfant devant les évolutions d'Henri Guérard, patineur distingué et fantaisiste évoluant avec aisance sur la piste. Comme dans *le Linge,* un certain émerveillement mêle le monde des adultes et celui des enfants ; les personnages pris dans ce mouvement semblent tout à fait complices de cet état d'esprit.

La transformation du tableau de café-concert que le jeune peintre Gaston La Touche a vu dans l'atelier avant qu'il ne soit coupé en deux, permet de suivre sur le vif la volonté de réunir, puis de dissocier des modèles qui représentent des mondes différents, des classes sociales différentes. Manet avait fait poser ses amis, le graveur Henri Guérard, le peintre Gœneutte, l'actrice Ellen Andrée, dans une salle où opérait une serveuse de bocks. En coupant la toile, Manet sépare la table où sont installés Guérard et Ellen Andrée du reste de la composition et après avoir retravaillé le morceau il obtient *Au café,* qu'il date de l'année 1878. L'autre morceau, conservé à la National Gallery de Londres, est également remanié et porte le titre *la Serveuse de bocks* ou encore *Coin de café-concert ;* si l'on se réfère à l'exposition de *la Vie moderne* en 1880 et aux descriptions critiques, son titre exact est *Café-concert.* En revanche, la toile de dimensions un peu plus petites qui est conservée à la Walters Art Gallery de Baltimore et qui reprend le motif de la servante dans la salle, toile intitulée dans les catalogues *Café-concert,* était exposée en 1880 sous le titre *Coin de café-concert,* à la suite du tableau de Londres. Ces précisions permettent de réserver le titre *la Serveuse de bocks* au tableau du musée d'Orsay qui est une reprise de *Café-concert,* vendu par Manet à Fernand Barroil, de Marseille, puis échangé contre *Au café.* Le rétablissement des titres originaux permet de mieux comprendre ce qui a pu justifier l'insatisfaction de Manet. D'un côté, il obtient une société d'amis dans un espace social déterminé et le regard bon enfant d'Ellen Andrée permet de juger du bien-être et de l'animation générale. De l'autre, il organise autour du personnage de la servante deux points de vue : l'un en direction du spectacle, vers la scène, c'est

Café-concert, l'autre en direction de la salle avec le reflet de la chanteuse dans une glace : c'est *Coin de café-concert.* L'espace ainsi fragmenté capte une sociologie différente qui est définitivement séparée de la tablée d'amis reconnus par Gaston La Touche.

Théodore Duret a raconté de quelle manière son projet initial s'est trouvé modifié : il avait remarqué le geste professionnel des servantes dans la brasserie de Reichshoffen et il voulait, selon son habitude, faire poser une des filles de salle. Manet en avait remarqué une particulièrement experte ; il ne se trompait pas, la servante affecta des scrupules et imposa son « protecteur » qui devint ainsi le « grand diable en blouse [94] » du premier plan du tableau de Londres. C'était une modification importante dans la teneur réaliste de la scène. A partir du couple formé par l'ouvrier et la serveuse, Manet aura beau suggérer d'autres personnages, en particulier par un chapeau de feutre gris, l'atmosphère de la salle sera déterminée comme étant celle d'un « beuglant [95] ». *Coin de café-concert* ne poursuit pas tout à fait dans le même sens ; la sociologie revient à des caractères moins déterminés, avec un personnage en chapeau et une femme avachie qui semblent parodier les jeunes bourgeois figurant dans *Au café.* Paul Mantz fait la différence entre « un ouvrier attablé, fumant sa pipe, d'une facture singulièrement mâle » et « *le Coin de Café-concert,* avec ce type si cruellement observé de vieux beau flânant dans les bas-fonds [96] ». « Est-ce un rentier, un grognard, un filou, un mouchard ou tout bêtement un bon père de famille à qui sa femme a donné la permission de dix heures [97] ? » se demande un critique. Manet choisira un dessin d'après le tableau de Baltimore pour la reproduction qui sera publiée le 8 mai 1880 dans *la Vie moderne.* Au terme du projet, la société d'un café-concert forme une composition découpée en trois aspects principaux : les bourgeois, des amis qui posent avec toute l'intelligence de leur rôle, les ouvriers avec leur vérité professionnelle et qui, au passage, estampent quelque peu le peintre, enfin un monde trouble où le même individu, par le prestige de la salle, fait l'expérience d'une indistinction sociale.

La magie du lieu fait que des frontières s'abolissent entre les individus mais pas au point d'aboutir à une seule et même composition. La typologie sociale est préservée dans la mesure où elle permet à l'observateur de comprendre la fonction d'un lieu. Le découpage de la toile et les remaniements ultérieurs donnent ainsi à penser que la structure physique de l'espace est un élément qui n'est pas matériel au sens étroit : elle est vécue, comprise, ressentie comme une expérience paradoxale où le mélange des classes crée un plaisir fondé à la fois sur la division sociale et son annulation.

Tabarant tient à préciser que Manet après avoir quitté la rue de Saint-Pétersbourg ne peindra plus de nus. Si *la Brune aux seins nus* date bien de 1872 et du moment où Manet retrouve un véritable atelier, un tableau de format équivalent, *la Blonde aux seins nus,* que l'on situe au printemps 1878, semble indiquer que l'un des charmes de son installation était de pouvoir faire poser le modèle dans de bonnes conditions. Les deux tableaux se répondent et ils n'ont pas d'autre valeur que de célébrer deux modèles pour leur type de beauté. Mais ce curieux diptyque est aussi une perspective sur l'art du peintre qui confronte ainsi des valeurs lumineuses. D'après le carnet de comptes de Mme Manet, au moment de la vente, le modèle serait « Amélie-Jeanne », connue dans les ateliers vers 1878-1880. Tabarant veut que ce soit un autre modèle, Marguerite, qui posa également pour *Femme nue se coiffant.* D'autre part plusieurs pastels développent le thème de la toilette, en mettant l'accent sur l'intimité des gestes et de la pose. Ainsi *la Toilette,* exposé en 1880, eut un succès dû à la fois au geste de la femme attachant son bas et à la nature du modèle, « une gaillarde » au « petit nez fripon [98] ». Mais ce réalisme appuyé disparaît avec les deux pastels évoquant une salle de bain avec un tub, un nécessaire de toilette et des tentures de cretonne. L'intimité n'est plus du même ordre et tout ce que *la Toilette* exprime d'égrillard se transforme en une vision libre, lumineuse, où la nudité semble délivrée d'une pose. Françoise Cachin signale le témoignage du poète Henri de Régnier qui peut laisser penser que Méry Laurent a posé pour Manet. Le passage d'un modèle professionnel à une amie telle que Méry Laurent se situe dans la perspective des transformations du Reichshoffen que nous avons suggérées. La vérité des modèles doit être envisagée sur des plans différents et ici également, la confiance, la fraîcheur de *Femme dans un tub* ne correspondent pas à la vénusté impassible de la *Blonde* dont le titre en lui-même comporte la marque d'un stéréotype. Manet invente ou plutôt réinvente dans le décor contemporain une relation qui annonce peut-être la *Suite de nus* de Degas mais qui se rattache surtout à la *Nymphe surprise* de 1861 et à ses deux plus célèbres toiles. C'est, en effet, par rapport aux valeurs incarnées par Suzanne Leenhoff ou par Victorine Meurent que l'on doit apprécier la portée des pastels.

La Rue Mosnier aux drapeaux, qui évoque la fête nationale du 30 juin 1878, ne peut pas ne pas prendre une signification autobiographique renforcée par l'événement. Le paysage quotidien est soudain peuplé de drapeaux tricolores qui signalent que la rue Mosnier est républicaine, même si cette rue tranquille et bourgeoise ne manifeste pas avec la ferveur populaire que Claude Monet est allé chercher rue Montorgueil ou rue Saint-Denis. Les deux versions peintes par Manet cherchent à établir un lien différent, tributaire de l'atelier et de l'expérience des années passées dans cette grande pièce donnant sur la perspective de la rue. Quand le tableau de la collection Mellon sera exposé à Bordeaux en 1881, quelqu'un remarquera l'effet visuel, déterminé par le point de vue : « Cette esquisse est pleine de lumière, et rend assez bien l'effet d'une rue qu'on regarderait par une fenêtre ouverte, de l'intérieur d'un appartement [99]. »

Manet adopte ainsi un des thèmes de l'impressionnisme contemporain, mais la conception qu'il se fait du paysage urbain lui est propre. Sans parler du commentaire que suscite tout naturellement le jour de fête de l'invalide qui remonte la rue pavoisée sur ses béquilles, on remarque au premier plan le haut d'une échelle, comme si quelqu'un passait hors du champ de vision avec l'instrument qui a pu servir pour accrocher un drapeau. La disposition de l'atelier à l'entresol justifie cet effet ; de même, l'autre version, plus esquissée, prise vraisemblablement d'une autre fenêtre, rappelle plus encore l'intégration du point de vue dans l'image tout entière, avec le motif du drapeau qui est pour ainsi dire celui de Manet. La fête du 30 juin prend donc un sens politique et national dans la mesure où elle constitue soudain une ouverture de l'atelier à la célébration collective. Le témoignage est d'autant plus sensible que le peintre n'est représenté à ce moment-là ni au Salon ni au Champ-de-Mars. Quand on compare son point de vue avec celui adopté pour la *Vue de l'Exposition universelle* de 1867, le contraste est particulièrement frappant. En 1878, les convictions sont avant tout celles d'un citoyen qui s'exprime avec d'autres ; en 1867, la confiance ou les illusions de jeunesse réclamaient l'espace d'un paysage parisien. A cette différence près, les valeurs lumineuses sont intactes et l'intégrité de la vision permet d'établir entre les deux paysages urbains un constat : l'homme qui a peint ces moments de Paris n'a pas fondamentalement changé. Son rapport à l'histoire contemporaine reste entièrement l'affaire de sa peinture qui est en mesure d'exprimer une prise de position esthétique, morale et politique.

Dans cette perspective, *la Rue Mosnier aux paveurs* n'est pas seulement une première étape dans la série des trois tableaux que nous connaissons. C'est un témoignage qui concerne également la vie de Manet, l'expérience des transformations de Paris depuis sa jeunesse et, notamment, de ce quartier qu'il habite depuis 1866. Les ouvriers qui s'activent au premier plan dans le sable et l'éclat d'une journée de printemps achèvent les travaux de cette rue neuve, bordée d'immeubles d'habitation sans commerce, que Zola a introduite dans *Nana*. Manet a multiplié les observations de son dessin bref et incisif. Une publicité pour le grand magasin de confection « Au Coin de Rue », dont les annonces sont publiées régulièrement dans la presse quotidienne, montre qu'il participe au naturalisme de l'époque. Mais tout l'espace social relève d'une interprétation qui semble dire à quel point la rue pavoisée est une date dans une histoire vécue. Quand Antonin Proust raconte les promenades de jeunesse dans le quartier Monceau, il notait le spectacle des démolisseurs et la couleur blanche du plâtre. Les paveurs qui parachèvent ici l'œuvre haussmannienne du début des années 1860 sont toujours des signes lumineux. Le flâneur baudelairien n'oublie rien mais il est ici à sa fenêtre ; les drapeaux républicains s'inscrivent dans une définition de la modernité ; ils sont les signes éclatants d'une histoire qui est celle de l'idée républicaine dont Manet a vécu toutes les péripéties. La rue Mosnier devient la nouvelle image de Paris, représenté avant 1870, dans *l'Enterrement,* comme une sorte de ville sainte, Tolède, Athènes, Jérusalem, Constantinople...

Chapitre X

Antonin Proust et la République bourgeoise

Avant de pouvoir emménager dans l'atelier du 77, rue d'Amsterdam, ce qu'il fera le 1er avril 1879, Manet s'installe provisoirement à partir de juillet 1878, pour trois termes, au 70 de la même rue, dans l'atelier du peintre d'origine suédoise Otto Rosen, personnalité parisienne qu'il connaît bien et qui lui confie le soin des plantes vertes de son agréable jardin d'hiver. Après un séjour à Gennevilliers, Manet rentre à Paris pour reprendre son Reichshoffen et pour peindre plusieurs portraits à l'huile ou au pastel. Le changement de lieu n'a donc pas d'incidence sur le rythme de travail très soutenu des années 1877-1878 ; en revanche, le cadre de l'atelier détermine l'idée d'un portrait d'amis, M. et Mme Jules Guillemet, propriétaires d'un magasin de modes, 19, rue du Faubourg Saint-Honoré. Le lieu pouvait séduire un couple soucieux d'élégance et le banc vert qui appartient au mobilier du peintre trouve une place toute trouvée dans ce nouveau projet. Les séances de pose vont être nombreuses au cours de l'hiver. On peut souligner que le tableau représente un ton de distinction en parfait contraste avec l'inspiration des Salons antérieurs. Il faut remonter jusqu'au *Balcon* de 1869 pour retrouver un certain écho dans la manière de concevoir un moment de la vie sociale et ceci souligne l'importance du titre retenu, *Dans la serre* (Nationalgalerie, Berlin), qui justifie la mise en page et le rôle du banc disposé frontalement, au premier plan. La pose des deux personnages obéit à un rythme étudié ; l'harmonie de la toilette de Mme Guillemet est un hommage à ses talents de « femme-modèle » ou de femme-mannequin et à son chic parisien, car elle était d'origine américaine.

Huysmans dans son Salon du *Voltaire* y voit « une œuvre moderne très attirante », en particulier pour des raisons d'exécution et d'observation lumineuse, mais surtout pour la qualité du dialogue tributaire de l'espace ambiant : « Ainsi posée, dans un abandon de causerie, cette figure est vraiment belle : elle flirte et vit. L'air circule, les figures se détachent merveilleusement de cette enveloppe verte qui les entoure [1] », écrit-il à propos du portrait de M. Guillemet. Il apprécie donc une valeur à la mode que l'on retrouve dans un tableau de Toulmouche au Salon de 1876, intitulé *Flirtation,* et qui apparaît également sous une forme moins appuyée avec *le Banc* de Claude Monet, en 1873. Les critiques ne vont cependant pas manquer : « Voici une femme qui ressemble à un homard vide ; une carapace seulement, pas de corps sous cette robe flottant à vide [2]. » « L'homme paraît borgne, la femme est maussade [3] », écrit Fourcaud. La pose de Jules Guillemet crée un raccourci jugé inesthétique, plus de regard et une tête engoncée dans l'habit noir : « Respectons la tristesse de *Naturalio* [4] », conclut Pierre Véron. *La Curée* de Zola, en 1871, avait introduit le motif désormais célèbre de la serre et Manet qui fait partie de la société réunie par les Charpentier n'a certainement pas voulu suggérer un motif littéraire. Il connaissait Arsène Houssaye en compagnie duquel Antonin Proust évoque des conversations au moment de l'exposition de 1878 ; la demeure de cette personnalité favorable aux impressionnistes comportait une serre qui inspira l'étude documentaire de Zola. Le jardin d'hiver est maintenant un élément du cadre de vie bourgeois mais le public continue à y associer des valeurs de liberté mondaine, comme semble l'indiquer la caricature du *Journal amusant :* « Une jeune personne innocente est prise dans la serre d'un perfide séducteur. » On était également choqué par « un vert dur et criard [5] » évoquant les plantes vertes en pots, de sorte que le Salon de 1879 permet d'avoir quelques éléments d'appréciation pour souligner le fait que le tableau ne fut pas acquis par les époux Guillemet. Un journaliste le remarque encore au moment de l'exposition de 1884.

Sous le titre *En bateau* (Metropolitan Museum, New York), les canotiers de 1874, brièvement montrés en 1876, prennent une signification différente de celle qu'ils avaient par rapport à *Argenteuil.* On alla même jusqu'à trouver une ressemblance entre Mme Guillemet et le modèle que promène Rudolph Leenhoff. Manet voulut évaluer longuement l'effet de rapprochement entre deux motifs qui pouvaient induire l'idée d'un pendant ville-campagne, couple bourgeois et couple populaire, qui n'est guère dans ses habitudes. De façon probablement plus décisive, la confrontation des deux tableaux suggère un certain nombre d'observations formelles et surtout une conception du rapport entre les personnages qui corrige le cadre étroit dans lequel *Argenteuil* avait été défini. Cette fois, comme le sent bien Théodore de Banville, le public peut suivre deux moments de la vie contemporaine et partager le charme de l'impression rapide et du plein air : « On s'attarde à voir causer *Dans la serre* (2010) la dame en robe grise, assise sur un banc vert et le monsieur à barbe fauve, au milieu d'une nature luxuriante, et on suit d'un œil rêveur le galant batelier vêtu de blanc qui guide une dame vêtue de bleu sur l'eau bleue (2011)[6]. » Le journaliste de *l'Union* consent maintenant à intégrer sans précaution particulière les canotiers dans le monde élégant : « Les personnages sont de notre époque, de notre monde : nous les connaissons, nous les voyons, nous les coudoyons chaque jour ; ils sont sûrement quelques-uns d'entre nous[7]. » Certes les critiques restent vives, mais l'une des valeurs d'*En bateau* est soulignée par *Dans la serre* de façon à faire oublier la partie de campagne réaliste. On peut estimer que ce résultat avait été largement prémédité et souhaité par Manet.

Le Salon de 1879 marque une étape ; le climat politique a changé avec l'arrivée au pouvoir de Jules Ferry et les envois de Manet semblent soudain entrer de façon plus aisée dans le cadre d'une République bourgeoise. Plusieurs témoins expriment alors leur sentiment d'un changement d'état d'esprit : « Quand on pense qu'il y a eu un temps où M. Édouard Manet était le révolutionnaire, le buveur de sang, le spectre rouge ! Aujourd'hui il ne s'en faut pas beaucoup que les jeunes impressionnistes ne le regardent comme un suppôt de M. Ingres, comme un complice de feu Drolling, comme un académicien à perruque verte [8] ! » Arthur Baignières considère, pour sa part, que Manet est entré dans le champ d'application de l'éclectisme « qui nous fait admirer et M. Manet et M. Laurens [9] ». Il reste cependant davantage apprécié par rapport aux jeunes réalistes qui connaissent en 1879 un réel succès, Bastien-Lepage avec un portrait de *Sarah Bernhardt* et *Saison d'octobre,* Gervex avec *le Retour du bal* et un portrait de *Valtesse de la Bigne,* Duez avec *la Légende de saint Cuthbert.* Albert Wolff juge désormais Manet en fonction de cette nouvelle génération ; pour lui Manet « a montré du doigt la voie à suivre ; il est dans l'art moderne ce que le poteau indicateur est dans les champs : il a indiqué le chemin de la nature aux jeunes artistes de son temps [10] ». Ce point de vue est aussitôt corrigé par Ernest d'Hervilly au *Rappel,* qui précise la position de Manet par rapport à ces jeunes peintres épris de vie moderne mais qui « ménagent les transitions, suppriment les heurts entre les tons, adoucissent les luttes, arrangent secrètement les sujets, mettent des gants à leurs brosses, font des accroche-cœurs à leur réalisme [11] ».

C'est précisément sur ce thème du rôle « pionnier » de Manet qu'éclate l'affaire Zola. Adolphe Racot publie dans *le Figaro* du 26 juillet 1879 un article où il annonce : « M. Zola vient de rompre avec M. Manet », citant une traduction d'une correspondance parue en russe dans *le Messager de l'Europe* de Saint-Pétersbourg où l'on peut lire en particulier : « Pour être un homme de talent, il faut qu'un homme réalise ce qui vit en lui ; autrement, il n'est qu'un pionnier. Les impressionnistes sont précisément, selon moi, des pionniers. Un instant ils avaient mis de grandes espérances en Manet ; mais Manet paraît épuisé par une production hâtive ; il se contente d'à-peu-près ; il n'étudie pas la nature avec la passion des vrais créateurs [12]. »

Le 27, Zola envoie un mot à Manet pour démentir la note du *Figaro :* « La traduction du passage cité n'est pas exacte ; on force d'ailleurs le sens du morceau. J'ai parlé de vous en Russie, comme j'en parle en France, depuis treize ans, avec une solide sympathie pour votre talent et pour votre personne [13]. » Dans sa réponse, le 28 juillet, Manet fait état de son soulagement et demande l'autorisation de publier la mise au point dans *le Figaro.* Le 30 juillet, le journal publie l'essentiel de la lettre de Zola en précisant l'origine du malentendu : le passage cité provient d'une traduction parue dans *la Revue politique et littéraire* du 26 juillet où le nom de Monet dans l'original est devenu celui de Manet en français. Cette erreur une fois corrigée, il n'en reste pas moins que l'article du *Messager de l'Europe* s'exprime par ailleurs sur Manet de façon plus mitigée en soulignant ses imperfections techniques : « Sa main n'égale pas son œil, écrit Zola. Il n'a pas su se constituer une technique ; il est resté l'écolier enthousiaste qui voit toujours distinctement ce qui se passe dans la nature mais qui n'est pas assuré de pouvoir rendre ses impressions de façon complète et définitive. C'est pourquoi, lorsqu'il se met en route, on ne sait jamais comment il arrivera au terme ni même s'il y arrivera seulement. Il agit au jugé [14]. »

Zola se rattrapera l'année suivante en consacrant un long paragraphe à celui qu'il présente comme l'un « des infatigables ouvriers du naturalisme [15] », mais l'article de 1879 est en retrait par rapport au soutien apporté en 1875 où il parlait avec éloquence du « peintre le plus original de son temps [16] », également par rapport à celui de 1876 où il estimait que « Manet a réagi en grand homme [17] », n'hésitant pas à défendre *le Linge* comme il avait défendu *Olympia :* « Les yeux sont représentés par deux plaques noires ; le nez, les lèvres, sont réduits à de simples lignes roses [18]. »

Le Salon de 1879, qui correspond à un certain apaisement avec la critique, est aussi pour Manet une occasion d'ouverture en direction des pouvoirs publics. Une lettre adressée au nouveau sous-secrétaire d'État aux Beaux-Arts Henri Turquet, datée du 6 juin 1879, évoque une démarche de l'artiste au sujet d'un achat possible : « J'ai eu l'honneur d'être reçu par vous en audience vers le milieu de mai dernier et sans me donner grande espérance au sujet de l'achat d'un de mes tableaux du Salon, vous aviez bien voulu me promettre de le revoir et de me répondre vous-même aussitôt. Aussi, je prends, Monsieur le S.Secrétaire d'État, la liberté de vous rappeler que vous ajoutiez vouloir bien acheter pour le Luxembourg un tableau de moi pris dans une galerie particulière tel que *le Bon Bock* ou tout autre ayant eu la consécration du Salon [19]. »

Le Bon Bock, acquis par Faure en 1873, mis en vente le 29 avril 1878 et racheté par lui, avait donc été proposé au cours de cette audience comme une alternative à l'achat d'un des deux envois de 1879, probablement *Dans la serre.* Ceci confirme de la part de l'artiste la volonté d'infléchir la série de conflits engagés depuis le Salon de 1874, et de renouer avec le succès. Manet désirait apparaître désormais comme « l'ex-victime des jurys [20] », selon l'expression de *la République Française.* Le bruit de cette démarche se répandit en provoquant des réactions hostiles. Ainsi *la Patrie,* critiquant les nouvelles modalités du droit d'entrée à l'exposition, évoque à mots couverts, dès le 12 mai, le caractère aléatoire d'une acquisition : « L'administration a voulu dispenser d'une main assez avare les cartes dites permanentes ; elle a institué en revanche des cartes d'abonnement. Nous verrons à la clôture de l'Exposition ce que cette économie aura produit, même avec l'augmentation du prix d'entrée pour les heures ante-méridiennes. Parions qu'il n'y aura pas de quoi acheter, avec le surcroît de recette, un tableau de M. Manet — qui cette année sera à la mode, en sa qualité de *peintre naturaliste* [21]. »

La démarche auprès de Turquet fait suite à d'autres démarches officielles concernant le programme des décorations intérieures du nouvel Hôtel de Ville en voie d'achèvement. Une lettre au préfet, du 10 avril 1879, lui soumettait un projet pour la salle des séances du Conseil municipal.

Manet, dont le frère cadet Gustave faisait partie de la commission spéciale chargée d'étudier les projets relatifs aux beaux-arts, présidée par Castagnary, avait rencontré Viollet-le-Duc qui venait de faire adopter, dans son rôle de conseiller municipal, un programme esthétique, développé dans un rapport du 11 février 1879, préconisant de ne plus accorder à l'administration préfectorale le pouvoir de passer des commandes de travaux artistiques sans qu'une commission spéciale, formée par des conseillers municipaux, n'eût exprimé ses choix à l'issue d'un concours. Viollet-le-Duc entendait ainsi réformer l'esprit des commandes publiques jusqu'alors déterminé par une commission de l'Académie. L'architecte appelait de ses vœux une iconographie nouvelle fondée sur l'histoire et l'activité sociale des différents quartiers de Paris : « Chaque arrondissement (et ce n'est pas un des moindres attraits qu'offre la ville de Paris) possède une physionomie propre, soit par suite des industries qui le peuplent, soit par la nature des occupations de ses habitants, soit par son histoire. N'y-a-t-il pas là mille motifs intéressants, instructifs, propres à fournir d'excellents programmes à nos artistes[22] ? »

La lettre-programme de Manet s'intègre dans la réforme engagée, non sans de vives oppositions. Manet est parfaitement informé de la situation par son frère et il peut compter sur l'appui de Castagnary, entré depuis 1874 au Conseil municipal dont il est devenu le président en 1879. Le critique, qui suit la carrière de Manet depuis le début et qui a plaidé sa cause à plusieurs reprises, notamment en 1875, fait l'éloge de ses envois au Salon de 1879 en évoquant les « élégances de la vie mondaine » et les « exercices du sport parisien »[23]. En proposant une « série de compositions » placée sous le patronage du naturalisme contemporain, le peintre savait qu'il répondait à une attente exprimée au niveau des principes généraux : « Peindre une série de compositions représentant, pour me servir d'une expression aujourd'hui consacrée et qui peint bien ma pensée, "le Ventre de Paris", avec les diverses corporations se mouvant dans leur milieu, la vie publique et commerciale de nos jours. J'aurais Paris-

Halles, Paris-Chemins de fer, Paris-Pont, Paris-Souterrain, Paris-Courses et Jardins. Pour le plafond, une galerie autour de laquelle circuleraient dans des mouvements appropriés tous les hommes vivants qui, dans l'élément civil, ont contribué ou contribuent à la grandeur et à la richesse de Paris [24]. »

Antonin Proust a rapporté les propos de Manet concernant l'accueil réservé à ses propositions. Après l'avoir approuvé, Viollet-le-Duc, qui meurt la même année, ne peut que l'adresser à l'architecte Ballu dont les directives inspireront le programme d'aménagement de la décoration intérieure daté du 11 février 1884. « Ah ! mon ami, M. Ballu m'a reçu comme un chien qui se permettrait de lever la patte sur un mur officiel [25] », déclare Manet qui rapporte, au style indirect, une conception allégorique et historique du décor qui ne pouvait en aucune manière s'accorder avec sa vision réaliste : « Peindre la vie de Paris dans la maison de Paris. Allons donc ! L'allégorie, tout d'abord. Les vins de France, par exemple. Le vin de Bourgogne représenté par une femme brune, le vin de Bordeaux par une femme châtain, le vin de Champagne par une femme blonde. Ou bien encore Mercure et son caducée et autre balivernes. Puis, l'histoire de Paris, l'histoire du passé bien entendu. Comme qui dirait l'Ancien Testament. Quant au Nouveau, bernique [26] ! »

Le désaccord était profond ; il portait sur l'essentiel du système figuratif. La conception des portraits contemporains excluait aussi l'idée d'une glorification ou d'un rassemblement abstrait : Manet cite l'exemple des « Syndics » de Rembrandt qui définit à ses yeux l'esprit des « mouvements appropriés » autour de sa galerie. Ayant ainsi préconisé « l'impression vraie d'une chose vue » au cours de son entretien avec le principal responsable de l'infléchissement du programme de Viollet-le-Duc, Manet ne se faisait sans doute aucune illusion quant à l'issue de sa démarche : « Je reviens à M. Ballu. Il a eu un mot admirable en prenant congé de moi : "C'est très intéressant, ce que vous me proposez, m'a-t-il dit, mais je ne suis pas le maître à l'Hôtel de

Ville. Écrivez au préfet de la Seine." J'ai écrit. Je n'ai jamais eu de réponse[27]. »

Les premiers mois de 1879 avaient donc vu Manet tenter une reconnaissance officielle. Il avait pu être encouragé par le changement politique ainsi que par une évolution générale en faveur du réalisme au Salon. Mais il fut rapidement déçu. Tirant le bilan de la *Quatrième Exposition faite par un Groupe d'Artistes Indépendants* qui eut lieu 28, avenue de l'Opéra, du 10 avril au 11 mai 1879, Caillebotte écrit à Claude Monet : « Nous avons fait 15.400 et quelques entrées. En somme c'est un progrès. Je regrette que vous n'ayez pu suivre cela de près... Manet lui-même commence à voir qu'il a fait fausse route. Du courage donc[28]. » Après avoir déployé beaucoup d'énergie pour démontrer à ses amis impressionnistes le bien-fondé de sa démarche, Manet ressentait son demi-succès comme une déception par rapport à l'accueil réservé aux Indépendants. Il constatait aussi le succès du *Portrait de Madame Charpentier et ses enfants* de Renoir présenté comme une alternative à « ses verts aigus, ses bleus aigus, ses roses criards[29] ». Les difficultés de la voie qu'il avait choisie lui apparaissaient d'autant mieux qu'il risquait de passer du statut de refusé ou de victime à celui, guère encourageant, de « pionnier » ou d'initiateur.

A partir du 1er avril 1879, Manet s'installe au 77, rue d'Amsterdam dans ce qui sera son dernier atelier. C'est là qu'il va peindre le portrait de Proust, celui de Rochefort ou de Pertuiset, *Un bar aux Folies-Bergère, le Printemps.* Le changement stimule son besoin de peindre ainsi que l'a noté Gaston La Touche et l'artiste entreprend avec ardeur, à peine installé, un tableau de plein air, intitulé *Chez le Père Lathuille,* un célèbre restaurant de l'avenue de Clichy. L'espace de la rue d'Amsterdam était très différent de celui de l'ancienne salle d'armes : « C'est un haut rectangle, écrit Bazire, construit au fond d'une cour, loin du bruit et du mouvement. On en aperçoit, en franchissant la porte cochère, les larges vitres qui dépassent les toitures voisines. Il est organisé pour que la lumière s'y répande à flots[30]. » Soudain les tableaux de la rue de Saint-Pétersbourg reçoivent une lumière beaucoup plus intense. Jacques-Émile Blanche ajoute que l'atelier « recevait le jour du nord » et qu'il était « banal et froid[31] ». Dans la cour, des arbustes dans des bacs et d'autres ateliers, notamment celui du peintre militaire Henry Dupray. Tout le monde se retrouve chez Manet après la séance. A l'intérieur de cette « pièce immense et très élevée » le mobilier consiste en un « canapé arrondi, un divan, quelques fauteuils, un bureau d'acajou, couvert de papiers et de brochures, un tabouret de cuir »[32]. Ce qui frappe surtout les visiteurs, c'est l'abondance de tableaux, sur les murs, mais aussi empilés un peu partout sans aucun souci de décorum : « Rien que des tableaux aux quatre murs et au fond et partout des toiles ébauchées, empilées les unes contre les autres[33]. » Les seuls objets sont, en réalité, des motifs de tableaux en cours. Manet abandonne le caractère correct de son ancienne installation au profit d'une atmosphère de travail sans doute plus proche de ce qu'avait été la rue Guyot : « Quelques rares meubles de hasard, un buffet de restaurant, où appuya ses mains la fille au corsage bleu du *Bar aux Folies-Bergère ;* quelques vases à fleurs, des "litres", des fioles à liqueurs, quelques bouteilles de champagne sur une table où s'assirent les deux amoureux de *Chez le Père Lathuille ;* le miroir à pied de *Nana,* un tub de zinc. Sur des chevalets, quelques pastels, dont George Moore et Méry Laurent, l'amie de Henry Dupray et de Mallarmé, visiteuse quotidienne de Manet, à l'heure où l'on vient bavarder et rire[34]. »

Si les visiteurs identifient les tableaux exposés, *Olympia, le Linge, Dans la serre, Nana, le Beuglant* (vraisemblablement *Café-concert*), ils sont, en général, moins attentifs pour les pastels qu'il prennent pour des ébauches, des « silhouettes à peine esquissées et qui ne seront jamais terminées[35] ». Il s'agit pourtant d'un aspect important de son activité qui avec la nature morte convient au rythme de travail qui est désormais à inscrire dans la perspective de la maladie. Manet ressent les premiers troubles de l'ataxie ; il doit se soigner et progressivement renoncer à ses déplacements dans Paris. Ses étés deviennent des périodes de cure ou de repos. Le travail représente, dans ces conditions, sa préoccupation principale et pour préserver son activité, le peintre tente les traitements les plus divers, malgré les mises en garde. L'homme ne change guère : Blanche évoque « son urbanité non exempte d'ironie », sa « drôlerie spirituelle », « son ravissant visage de blond grisonnant »[36]. Toujours le même soin apporté à sa toilette, plus que jamais peut-être : « Il était souvent vêtu d'une Norfolk jacket à plis et à ceinture, comme un sportsman anglais. » Il s'appuie sur « une canne plombée, se tenant difficilement sur ses semelles de caoutchouc[37] ». Les trois dernières années sont marquées par ce combat contre la fatigue et le découragement, avec des périodes d'espoir, d'énergie et de brusques rechutes. C'est la raison pour laquelle on peut insister sur le caractère de l'atelier qui, selon le mot de Mme Manet, devient « une annexe du café de Bade[38] ». Le mot est à prendre au sens propre : on y venait en groupe, vers cinq heures, entre habitués. Un garçon apportait des bocks et des apéritifs et toute une vie de café se reconstituait ainsi autour de Manet qui ne pouvait plus monter à la Nouvelle-Athènes. Ce n'était pas pure bonté d'âme. L'homme est spirituel, il incarne l'esprit parisien, il n'a aucun mal à créer partout où il se trouve la conversation que beaucoup recherchent. Les accessoires, les tableaux suggèrent cette vie dont Manet ne peut se dispenser d'obtenir l'élément le plus tonique. Rue de Saint-Pétersbourg, les réunions n'eurent pas ce caractère de club où les journalistes, les peintres, les hommes politiques, quelques femmes également apportent l'esprit du boulevard à un artiste qui recompose dans l'atelier le monde où il ne peut plus se disperser. En ce sens, la rue d'Amsterdam remplit une fonction nécessaire ; le journaliste René Maizeroy a décrit une de ces réunions « chez Manet » avec les habitués, Éphrussi, Proust, Chabrier, Pertuiset, Rochefort, Renoir, Gervex, Guillemet, Forain, Carolus Duran : « On ne peut se décider à quitter l'atelier de Manet quand on y est entré même pour une visite indifférente. Et l'on s'attarde interminablement à fumer des cigarettes, à bavarder, à cravacher le prochain. Ce sont des chroniques parlées où chacun glisse son mot et sa blague et qui pétillent et pétaradent comme des feux d'artifice. Manet en oublie bientôt son modèle et la toile commencée. Parisien jusqu'au bout des ongles, lettré, ayant beaucoup lu et beaucoup retenu, aussi sceptique qu'il est possible de l'être, il saupoudre comme de pincées de poivre la conversation engagée. On se croirait à la foire des Loges devant ces étalages de fantoches qu'on renverse à coups de balle. Quel massacre inclément ! Les paradoxes cabriolent. Les théories éclatent. Les calembours se croisent moqueurs, tintamarresques.

Le maître sourit. Sa figure spirituelle s'allume d'une pointe de gaieté. Sa voix est mordante comme un acide. L'œil a ce clignement curieux qu'on retrouve dans le portrait de Goya. Et gare dessous pour ceux qu'il déshabille et malmène, pour les marchands d'encre frelatée et de peinture commerciale, pour les arrivés sans talent qui ont pignon sur rue et vendent vingt-cinq mille francs une aquarelle de quatre sous ! Gare dessous pour les professeurs du quai Malaquais et les membres de l'Institut, pour les gloires de contrebande acceptées comme des clichés, pour les photographes qui veulent se donner des airs de peintre !

On continuerait jusqu'au lendemain, mais la nuit qui tombe et enténèbre le vaste atelier chasse malgré eux les causeurs, et l'on s'en va, un peu étourdi, un peu grisé, comme après un dîner tapageur ou une symphonie de Saint-Saëns [39]. »

Manet a fait un portrait au pastel de l'auteur de ces lignes, collaborateur à *la Vie Parisienne,* auteur de nouvelles et de romans à succès. Un personnage visiblement assez éloigné de Mallarmé et qui ne voit sans doute qu'un aspect superficiel. Il existait cependant suffisamment pour effrayer Fantin, agacer un peu Berthe Morisot et Degas plus encore, qui jugeait sévèrement cette faiblesse de Manet pour le bruit et pour les journalistes.

L'atelier de la rue d'Amsterdam, à cause de la maladie, a peut-être accusé certains traits caractéristiques de Manet, mais il lui a surtout permis de continuer à peindre. Certains l'ont vu et exprimé, tout ce monde autour de lui ne veut pas dire que sa peinture est davantage regardée. Dans son ardeur de néophyte, Blanche en est choqué : « Ses chefs-d'œuvre se couvraient de poussière, dans une soupente où personne ne songeait à les retourner, car on n'allait chez lui que pour la conversation. On croyait qu'il "cherchait quelque chose" que d'autres plus habiles "trouveraient"[40]. » Un autre jeune peintre fait un constat identique au moment de l'exécution d'*Un bar aux Folies-Bergère.* Pour travailler, les tableaux exposés au mur ont été rangés dans la soupente et Jeanniot note que sa curiosité provoque la joie de l'artiste : « (...) "Il faut tout le temps rester le maître et faire ce qui amuse. Pas de pensum ! ah ! non, pas de pensum !... tenez, puisque vous aimez ça, allez donc là." Il me désignait une porte. J'ouvris et me trouvai dans une pièce de débarras, où étaient entassés des tableaux, beaucoup de tableaux ! Je vis *le Linge,* l'*Olympia, Chez le Père Lathuille,* le *Christ aux Anges, Argenteuil.* Je fus attiré par le *Père Lathuille* qui était le mieux éclairé. Ce tableau, que j'avais vu au Salon de 1880, m'était resté dans la mémoire comme la plus étonnante représentation du restaurant parisien... J'étais devant cette toile, pensant aux mystérieux attraits d'une peinture subtile entre toutes, et j'y serais resté sans bouger je ne sais combien de temps si la voix de Manet ne m'avait appelé. Je quittai cette pièce où s'entassaient les chefs-d'œuvre dédaignés, et je revins près de lui. Je lui dis de mon mieux ce que sa peinture me faisait éprouver, et j'eus la joie de voir poindre dans ses yeux, dont la maladie avait respecté la vivacité, une émotion qui reste un des souvenirs les plus précieux de ma vie[41]. »

Ces témoignages en recoupent d'autres : on venait chez Manet pour le voir, on se laissait aller à poser à cause de l'agrément de sa conversation et, de manière générale, même chez ses amis, on n'avait qu'une idée assez restreinte de son « importance » : « Il y avait peu de gêne, peu de respect, trop peu, autour de cet ami qu'on aimait, mais qu'on ne pouvait décidément pas prendre au sérieux, sans doute à cause de sa gentillesse. Marcel Bernstein, le père d'Henri, Manet une fois mort, me donna le *Moine en prière* en échange d'une pochade de Daubigny[42]. » Et c'est encore dans la pensée de la position fragile qui est la sienne que Manet exprime son plaisir de voir Blanche lui acheter un pastel : « "Eh ! là, l'amateur ! Voilà qu'il file avec son cadre sous le bras... ! Allez donc dire aux marchands que ce n'est tout de même pas plus mal que Duez..." et Manet riait de me voir emporter une tête au pastel, Méry Laurent coiffée d'une toque de lophophore, vêtue d'une jaquette grise garnie de skungs ; comme j'avais obtenu que mon père achetât pour moi cette jolie chose[43]. »

On allait également rue d'Amsterdam parce que ce grand atelier sans confort était un rendez-vous de femmes élégantes, « appartenant à des mondes divers[44] » pour reprendre l'expression de Théodore Duret. Les dernières années avivent chez l'artiste son goût pour les toilettes élégantes, les chapeaux, surtout pour les femmes qui savent les porter avec grâce ; plus que jamais les « jeunes femmes légères, entraînantes » savent lui plaire : « Les Charles Éphrussi, les Paul Bérard, les Deudon, les Gustave Dreyfus, les Hecht, les Marcel Bernstein, tous curieux d'art, riches et influents entre l'Opéra, la Bourse et les Champs-Élysées, commencèrent à s'empresser vers la rue de Clichy où posaient de belles filles[45]. »

Manet désirait le succès auprès d'un milieu — le Faubourg — qui adorait Chaplin, Carolus Duran, Boldini, Gervex. Ses pastels témoignent de cette ambition, mais il faut peut-être insister sur le fait que le mal qu'il se donne en ce sens n'est guère récompensé ; il travaille gratis, ses tentatives sont saluées avec sympathie comme des hommages qui témoignent chez le modèle d'une certaine liberté de vues ; les portraits de Suzette Lemaire, de Mme Michel-Lévy, de Valtesse de la Bigne, de Mme de Rasty, « célèbre beauté » selon Blanche, de Mme du Paty, d'Irma Brunner, de Méry Laurent, d'Éva Gonzalès, de Marie Colombier, d'Isabelle Lemonnier, de Mme Jules Guillemet ou de Mme Émile Zola composent, si l'on veut, une « société » qui révèle avant tout la sensibilité de l'artiste. On ne saurait y voir l'activité d'un maître reconnu se tournant vers le « monde » pour réussir.

Ses plus beaux pastels évoquent des actrices ou des demi-mondaines connues et l'intérêt que l'artiste porte à ses modèles reste entièrement guidé par un idéal esthétique. Paul Alexis a laissé une description révélatrice à cet égard, quand il évoque, en juillet 1879, une soirée dans le salon des Charpentier, rue de Grenelle. Les invités, dans ce milieu où se mêlent les ambitions de la politique et de la littérature, se regroupent, habits noirs d'un côté et les dames dans le salon japonais. Seul Manet oublie de suivre ses confrères pour rester dans un univers féminin qui le charme davantage : « (...) dans cette maison, dis-je, la plupart des invités a un nom si illustre, si attirant, qu'il arrive toujours un moment de la soirée où le délicieux salon japonais, servant de fumoir, se trouve complètement envahi par les dames, tandis que, ô peu galant chassé-croisé ! les habits noirs se dérobant à l'invasion des jupes à traîne ont tous passé dans le salon voisin. Tous — à l'exception d'un seul. Et celui-là, c'est Édouard Manet. »

Selon Alexis, « Édouard Manet est un des cinq ou six hommes de la société actuelle parisienne qui sachent encore causer avec une femme ». Et c'est dans cette activité qu'il tient à le dépeindre : « Les élégances dont il est entouré donnent à ses yeux vifs et profonds plus de flamme juvénile. Sa lèvre, mobile et moqueuse, a des bonheurs d'attitude en confessant des Parisiennes. Les deux longues pointes effilées de sa barbe châtain clair battent l'atmosphère embaumée comme deux rames. Et les narines de son nez finement irrégulier se dilatent : il sourit ! il est heureux ! C'est qu'il vient de décocher quelque pénétrante malice. Amabilité, esprit, politesse, le tout pimenté d'une originalité née dans l'air libre de l'atelier, voilà l'homme. Une personne qui l'aime et lui touche de près me le dépeignait l'autre soir en trois mots : "Un grand enfant !" Oui, un grand enfant, parfois !... avec une candeur et un courage qui éclatent à chaque instant dans son œuvre et le rapprochent des hommes de génie[46]. »

Manet a résolu de suivre un traitement hydrothérapique dans un établissement spécialisé de Bellevue et il s'y rendra à la mi-septembre pour une durée de six semaines. Auparavant, en juillet, il entreprend un tableau qui peut apparaître comme la conséquence de son impressionnisme du Salon de 1879 et la suite de ses scènes de café-concert. Le « Père Lathuille », que l'on orthographiait à l'époque Lathuile ou parfois La Thuile, était un établissement fréquenté, situé 7, avenue de Clichy, dont on retrouve la publicité dans *le Figaro* parmi les bons restaurants de la capitale. Le fils du patron, Louis Gauthier-Lathuille, ainsi qu'il l'a rapporté, fut à l'origine du projet. Il venait de passer son bachot et faisait son volontariat dans un régiment de dragons avec les galons de maréchal des logis. La belle mine de ce militaire donne au peintre l'idée d'une scène tout à fait appropriée au cadre choisi et pour laquelle il contacte Ellen Andrée, jeune actrice amie des peintres qu'il apprécie pour son charme et son esprit : « Vous allez poser ensemble, nous dit-il. Tu seras, toi, un volontaire en bonne fortune. Placez-vous comme ceci et comme ça, et bavardez tandis que je travaillerai [47]. » L'ambition du peintre était de parvenir à une œuvre de complet plein air ; il travaille donc sur place, le matin, avant l'heure du déjeuner, dans une belle lumière d'été. Le titre du tableau au Salon de 1880 est d'ailleurs explicite : *Chez le Père Lathuille, en plein air* (Musée de Tournai). Ce qui veut dire que la scène se passe dans le jardin, mais aussi que le plein air est une des dimensions esthétiques essentielles du tableau. En particulier pour la raison suivante : le jeu des « modèles » repose sur leur rencontre improvisée. Manet y fait tenir toute la fraîcheur de son impression et c'est ainsi qu'il ébauche cette fameuse « bonne fortune ».

Mais Ellen Andrée, à la troisième séance, ne vient plus. Le rythme est brisé ; Manet, furieux, trouve un second modèle, Mlle Judith French, selon Tabarant, Mlle Frenels selon Félix Fénéon, qui ne correspond plus au climat de séduction initial. Manet a alors l'idée de changer l'esprit de son « déjeuner » en transformant le dragon en civil. Son veston de tussor déclenche une autre « bonne fortune », toute différente. L'épisode est évidemment d'un grand intérêt pour saisir sur le vif la méthode de Manet. Le plein air n'est pas simplement une extension des séances dans l'atelier ; il se conjugue avec la vérité d'une rencontre et porte ainsi la psychologie à un niveau d'expression supérieur. Il est, en effet, impossible de ne pas comprendre ce que propose le tableau. Autant *Argenteuil* ou *En bateau* laissent planer sur l'expression des personnages un caractère d'indécision, autant l'intelligence de la scène constitue ici la vraie lumière de ce déjeuner en tête-à-tête. La rencontre d'une mijaurée et d'un jouvenceau fait appel à l'expérience du public et à une situation qui n'a nul besoin de références littéraires pour être d'avance comprise. Mais tout le tableau s'émerveille de cette méprise en faisant valoir une science calculée des effets : « Le jeune homme, dans sa franchise, vu de face, montre par l'animation de ses traits la passion qui le possède, tandis que se dissimulant presque et ne se présentant que d'un profil effacé, la femme révèle d'autant mieux sa pruderie affectée et sa réserve hypocrite[48]. » On est au dessert, le tête-à-tête a lieu du même côté de la table, l'assiette qui est à gauche, l'unique coupe que le jeune homme tient à la main suggèrent un empressement plus décisif. Dans le fond, un garçon s'apprête à lancer, selon Huysmans, « le boum annonçant l'arrivée, dans une sale cafetière, d'une impure tisane noire[49] ». Paul Mantz a une vue plus précise de son rôle : « Ce comparse est là sans doute pour représenter la morale publique : il ne doit pas permettre aux effusions de s'exagérer. L'intention du peintre paraît avoir été d'exprimer le moment où, le repas tirant à sa fin, la conversation devient cythéréenne. Mais combien le roman paraît invraisemblable, lorsqu'on regarde les deux personnages ! Oh ! le garçon du restaurant peut avec sérénité aller boire un bock à la cuisine : il ne se passera rien de choquant en son absence[50]. »

Le tableau fut très critiqué au Salon de 1880 en raison de son sujet : « On y voit, écrit *la Gazette de France,* une femme, canaille jusqu'à l'horreur, avec des mains en tire-bouchon et une allure à faire reculer *Mes-Bottes* ou *Couche-tout-nu*[51]. » « Merlan et Langouste », tel est le titre d'une caricature de Nidrac : « Lui avec des yeux de merlan et elle avec des pinces de langouste[52]. » On raille aussi les « cheveux bleus[53] » du fils Lathuille et les caricatures s'empressent de transformer le tableau en une enseigne de mauvais lieu : « Chez le père Lathuille. Pas engageant d'y aller, si l'on doit y voir des gens de si mauvaise mine[54] », peut-on lire dans *l'Univers illustré*. Le tableau sera défendu par Zola, Armand Silvestre, Huysmans et quelques autres, mais il convient de souligner à quel point le réalisme de la scène constituait, en général, un obstacle à l'acceptation sans réticence du plein air impressionniste. Philippe de Chennevières, ancien directeur des Beaux-Arts, voudrait pouvoir dissocier des personnages « à coup sûr, d'un goût écœurant » et « l'ensoleillement »[55] qui traduit de vraies qualités de peintre.

Chez le père Lathuille, en plein air représente une étape importante dans la mesure où précisément la lumière se métamorphose en illusion. L'expérience des personnages est plus que jamais déterminée par la peinture et pourtant elle semble exister avec une vérité d'évidence. Dans ce jeu entre la candeur et la rouerie, il faut peut-être souligner le rôle du fameux veston de tussor qui introduit dans le personnage de Louis Gauthier-Lathuille une part autobiographique. La naïveté du jeune homme fait corps avec la tenue professionnelle du peintre et semble ainsi s'exposer d'autant mieux à la complicité que le tableau entretient avec le spectateur. En marge de cette composition, Manet fit également un portrait de Louis Gauthier-Lathuille au pastel le représentant en habit, une serviette sous le bras, dans son établissement. Le fils du patron est vu ici « au naturel », faisant office de maître d'hôtel. Ce n'est pas la première fois que Manet fait le portrait d'un de ses modèles : Victorine Meurent ou la négresse de l'*Olympia* ont été peintes en leur temps pour elles-mêmes et la barmaid des Folies-Bergère posera elle aussi hors service, pour ainsi dire. La confrontation du modèle avec son rôle participe d'une approche calculée de la vérité. Le portrait de *Mlle Gauthier-Lathuille* (Musée de Lyon) que Manet laissa à son père en remerciement donne, d'ailleurs, une preuve curieuse de cette psychologie complexe, en attente d'un rôle que seule la vie peut démêler. Un petit portrait de chien griffon complète ce cycle Lathuille.

Vers la même époque, Manet fit le portrait de George Moore, l'Anglais des Batignolles qui fréquentait assidûment la Nouvelle-Athènes. Né en Irlande, Moore était venu à Paris en mars 1873 avec le projet d'apprendre la peinture dans l'atelier de Cabanel. Il fréquente le monde et la bohème et découvre la littérature, d'abord la poésie, le Parnasse, puis le naturalisme de Zola. Moore deviendra un critique et un romancier, mais son séjour de sept années à Paris constitue l'expérience fondamentale de sa vie intellectuelle, en particulier à cause d'un trait de sa personnalité sur laquelle il s'est beaucoup étendu, la réceptivité, l'observation : «Je butine, *"I am a dipper"*», déclare-t-il. «Je ne suis allé ni à Oxford ni à Cambridge, mais je suis allé à la Nouvelle-Athènes [56] » : c'est bien là dans une pose de jeune dilettante, à l'écoute des peintres et des écrivains, que Manet, frappé par sa physionomie singulière, voulut le peindre au moment où les années d'apprentissage du jeune dandy sont sur le point de s'achever, Moore regagnant l'Angleterre à la fin de 1879. « Comme j'étais un jeune homme au teint frais et aux cheveux blonds, du type qui convenait le mieux à la palette de Manet, il me demanda tout de suite de poser. Son intention première était de me peindre dans un café ; il m'avait rencontré dans un café, et il pensait pouvoir recréer l'impression qu'il avait eue de moi dans le premier cadre où il m'a vu [57]. » De cette tentative subsiste une esquisse conservée au Metropolitan Museum de New York, d'un grand intérêt pour saisir la technique du peintre, mais aussi pour comprendre ce qui intéressait Manet : l'écoute de George Moore, le regard d'un témoin qui enregistre et s'instruit à la fois. C'était très exactement la situation de l'intéressé telle qu'elle ressort de ses souvenirs, notamment *Confessions d'un jeune Anglais,* traduit en français en 1888 et publié dans *la Revue Indépendante.* Manet reprit le portrait dans un esprit un peu différent en faisant poser son modèle à l'extérieur, devant son atelier, comme un visiteur qui serait venu bavarder en regardant travailler l'artiste qu'il admire. Mais c'est au pastel que Manet a pu véritablement capter l'allure originale de Moore. Le portrait est resté célèbre à cause de son aspect « noyé repêché » et aussi parce que Moore est resté étonnamment fidèle à son image : « (...) Malgré les cinquante ans qui ont glissé sur l'homme et sur le portrait, écrit Edmond Jaloux, G. Moore n'a pas changé beaucoup. Déjà sur l'esquisse de Manet, il avait ces joues marquées, un peu lourdes et comme soufflées, que nous lui voyons à présent ; mais, en revanche, il a gardé ces yeux clairs, étonnés, vifs, joyeux, ingénus, presque enfantins que le grand peintre a notés si fidèlement [58]. » A cause de ses cheveux jonquille, de ses yeux gris-bleu, d'une allure vaguement comique, Moore fut souvent décrit, portraituré, caricaturé. Selon Proust, la victime aurait bien voulu quelque modification : « Est-ce ma faute à moi, aurait dit Manet, si Moore a l'air d'un jaune d'œuf écrasé et si sa binette n'est pas d'ensemble [59] ? »

L'activité de Manet ne s'interrompt pas pendant le séjour de 1879 à Bellevue où il est installé dans un appartement de l'établissement d'hydrothérapie dont il suit le traitement particulièrement astreignant. Les semaines précédentes ont montré un désir de réaliser et de parvenir à une expression plus complète de son art. L'artiste continue sur cette lancée si l'on peut dire, car il fait la connaissance d'un personnage curieux, haut en couleur, la cantatrice Émilie Ambre. Elle habite une riche propriété aux Montalais et mène grand train. Les relations avec Manet ne tardent pas à aboutir à un portrait dans le rôle de *Carmen* qui sera achevé l'année suivante, lors du second séjour à Bellevue, dans la villa que lui loue, cette fois, son modèle. Le peintre fait également le portrait d'un ami d'Émilie Ambre, M. Brun, qui sera exposé en avril 1880 à l'exposition de *la Vie moderne.* Émilie Ambre, qui décidément aime la peinture de Manet, lui propose d'emmener en Amérique dans la tournée qu'elle est sur le point d'entreprendre avec son « manager » Gaston de Beauplan le fameux tableau en attente, *l'Exécution de Maximilien.* L'idée est audacieuse ; le sujet pouvait intéresser le public nord-américain encore peu familiarisé avec le réalisme. Le projet est mené à bien : le tableau sera exposé à

New York, au Clarendon Hotel, en décembre 1879, puis à Boston, en janvier 1880, à la Studio Building Gallery. Les frais engagés ne sont cependant pas à la hauteur des espérances et Manet se montrera déçu. Émilie Ambre aura cependant joué, comme Mary Cassatt, un rôle pionnier quand on pense à la fortune de Manet aux États-Unis. Le personnage mérite de retenir l'attention, car il corrobore tout à fait le goût marqué du peintre pour la bohème.

Née à Oran, Émilie Ambre fit des débuts modestes à Alger puis en France dans des théâtres de province. Elle y apprit suffisamment pour débuter au théâtre de La Haye. Commence alors une idylle avec le roi de Hollande, Sa Majesté Guillaume III, qui la couvre d'or, de diamants et de propriétés. Émilie Ambre devient comtesse d'Amboise et le roi lui promet le mariage si elle renonce au théâtre. La « diva » ne saurait renoncer à sa passion du chant et c'est une femme auréolée de tout un passionnant roman qui chante en avril 1878 le rôle de Violetta dans *la Traviata,* aux Italiens. Les journaux, les chroniqueurs lui font bon accueil mais, quelques semaines plus tard, dans *Aïda,* on s'intéresse davantage à sa « physionomie un peu sauvage [60] » qu'à sa voix proprement dite. En février 1879, elle donne la réplique à Capoul dans *les Amants de Vérone* et la curiosité du public étant satisfaite, les défauts de l'artiste sont impitoyablement soulignés. Sans doute pour tenter sa chance auprès d'un autre public, Émilie Ambre — qui en a les moyens financiers — songe à conquérir l'Amérique. Elle veut donc son portrait d'artiste dans le rôle de *Carmen,* donné le 3 mars 1875 à l'Opéra-Comique avec Galli-Marié dans le rôle-titre. Le réalisme du personnage pouvait plaire à Manet qui trouvait une héroïne à la mesure de son inspiration de jeunesse. La pièce est donnée jusqu'en février 1876, mais il faudra attendre avril 1883 pour qu'elle soit reprise à nouveau à Paris. En revanche, le succès de l'opéra de Bizet se développe à l'étranger, en province et aux États-Unis où plusieurs troupes vont donner le spectacle. Le projet d'Émilie Ambre s'explique assez aisément et Manet commence à la représenter dans une pose — et un costume —

qui évoque celui que Clairin avait dessiné pour Galli-Marié. Toutefois ce que Manet ignore encore, c'est l'échec retentissant de la grande tournée que la cantatrice va entreprendre à la suite de son premier voyage en 1879-1880. Marie Colombier qui accompagne Sarah Bernhardt en octobre 1880 pour sa tournée américaine a raconté la « triste odyssée » d'Émilie Ambre lors de son second voyage. La folle prodigalité de la comtesse d'Amboise aboutit à sa ruine. Manet fait donc le portrait d'une artiste, somme toute médiocre, mais qui a une destinée singulière. Si elle ne fut jamais une Carmen convaincante, elle en a peut-être, sur d'autres plans, la dimension de liberté et d'authenticité. Sa passion du chant lui donne un caractère d'aventurière et finalement le portrait s'accomode tout à fait de son mirage artistique. *Chez le Père Lathuille* était déjà un rêve de bonheur et, quelques semaines plus tard, on constate que Manet est toujours autant séduit par le jeu d'illusion qu'un personnage est susceptible d'incarner.

A la fin de l'année 1879, Clemenceau vient poser rue d'Amsterdam. Les deux hommes se connaissent depuis longtemps, ils fréquentent des amis communs et Gustave Manet, le plus jeune des frères de Manet, lui a succédé en 1876 à la présidence du Conseil municipal de Paris. Clemenceau est député de Paris, il siège à l'extrême-gauche et son influence politique qui s'étend toujours sur la majorité du Conseil municipal, est sur le point d'être confirmée par la fondation en 1880, du journal radical *la Justice.* Pour le moment, le député pratique une opposition modérée à Gambetta mais le « tombeur de ministères » attend son heure. C'est un homme en vue, très occupé, et il a fallu toute la conversation de Manet pour le retenir dans l'atelier. Le portrait du musée d'Orsay, malgré son caractère d'esquisse, révèle, en réalité, une conception étonnamment expressive fondée sur des séances nombreuses. Françoise Cachin a raison de souligner la force de cette effigie nationale. Le tableau, que Clemenceau n'aimait pas, incarne des valeurs souvent exprimées dans la presse ou par les historiens. Manet semble avoir voulu condenser dans la pose l'essence même du combat politique et une seconde version conservée à Forth Worth montre bien qu'il s'agit de l'orateur avec une tribune qui évoque celle du Luxembourg, alors siège du Conseil à la suite de l'incendie de l'Hôtel de Ville. Clemenceau n'était pas un rhéteur, davantage un dialecticien aux formules tranchantes, apte à répliquer durement, pratiquant un style réaliste, positif. Manet le représente les bras croisés, avec une expression déterminée qui, en elle-même, est un acte. C'est cette valeur qui impose aux paroles une fonction presque secondaire. L'histoire ne s'est pas trompée quand elle a retenu l'homme, on dira « le Tigre ».

Voici par exemple les termes dans lequels, le 1er juin 1880, un journaliste du *Français* décrit M. Clemenceau : « Si vous allez à la Chambre, c'est M. Gambetta que vous regarderez d'abord, mais immédiatement après ce sera M. Clemenceau. Le voyez-vous ? Il siège à l'extrême-gauche, entre M. Périn et M. Lockroy ; il écoute avec attention l'orateur auquel il va répondre ; ses yeux noirs très vifs, profondément enfoncés, surmontés d'épais sourcils, ne quittent pas la tribune. Il a demandé la parole ; le voilà qui descend rapidement dans l'hémicycle ; il monte d'un bond à la tribune : il s'y poste comme un soldat sur une barricade enlevée à la baïonnette. De taille moyenne, souple, alerte, il a le mouvement brusque, le geste militaire. On dirait un lieutenant de chasseurs à pied. Il a fait, dit-on, et fait encore beaucoup de gymnastique. La tête est ronde, les cheveux sont coupés assez court, presque ras, le front est bombé, la moustache touffue, la mâchoire développée ; un peu du soldat de Cromwell et beaucoup du gamin de Paris ; ses regards sont du feu. C'est une de ces figures comme Zurbarán les aimait : point belle, point bonne, singulière[61]. »

Manet a pu prendre connaissance de photographies, celle de Benque en particulier proche par la pose, mais tout indique que la présence du modèle lui était nécessaire pour « finir ». On s'interrogeait à l'époque sur l'avenir du député radical que l'on surnommait « le Sphinx » ; Manet pensait pouvoir un jour achever son portrait, mais tel qu'il existe aujourd'hui, il semble d'autant mieux contenir en puissance ce que l'histoire a fait de Clemenceau. Une telle image semble venir supplanter le programme prévu pour l'Hôtel de ville. Elle incarne à sa manière le combat politique et aussi l'âme de Paris ; il est important de lui donner toute sa place parmi l'essaim de jolies femmes qui viennent aussi poser dans l'atelier. L'impressionnisme de Manet trouve ici son orage et il y a une justice dans la décision de Clemenceau qui, en 1907, fit transporter *Olympia* au Louvre, quand on considère les valeurs profondes qui fondent la rencontre entre les deux hommes. Clemenceau pouvait bien ne pas aimer son portrait, une autre logique le déterminait sous l'impulsion de Claude Monet à imposer l'histoire que Manet représente. Tel est peut-être le caractère le plus évident aujourd'hui de la vérité politique reconnue par Manet dans son paradoxal « gamin de Paris. »

De la même époque date le portrait de Jules Dejouy, cousin du peintre, qu'il représente en costume de Palais, un dossier sous le bras. L'œuvre fut remarquée pour sa vigueur expressive et Manet en était satisfait. La date, la dédicace et la signature sont portées sur le dossier comme si l'avocat s'apprêtait à plaider la cause du peintre. A l'exposition de *la Vie moderne,* le portrait fut accroché avec le numéro 1 de sorte que plusieurs commentateurs se sont plu à faire observer le voisinage du magistrat avec l'humanité composite des cafés-concerts ou la « drôlesse » de *la Prune.*

Au début de l'année 1880, Manet acheva le portrait de son ami Antonin Proust (1832-1905). Il devait l'exposer au prochain Salon où l'œuvre sera très remarquée ; tout indique que l'artiste avait fondé de grands espoirs sur son envoi. Au temps de l'atelier Couture, il avait déjà donné un portrait de son compagnon qui n'avait pas encore bifurqué vers la politique, puis, au cours de l'année 1877, il avait tenté un portrait en pied au moment où Proust fut réélu député des Deux-Sèvres. La toile de 1880, conservée au musée de Toledo, correspond à une phase de la carrière du modèle qui va le conduire à entrer comme ministre des Arts dans le fameux « grand ministère » de Gambetta, en novembre 1881. La valeur du portrait doit être appréciée tout d'abord sous un aspect politique, car il faut bien reconnaître que la décision du parlementaire ami de Manet revêt, de sa part, une signification qui l'engage devant l'opinion. Aux yeux de tous les commentateurs, les ambitions qui s'expriment au Salon par des portraits prennent en 1880 un caractère nouveau : voici venu le temps des redingotes et des vestons républicains et il succède à celui d'autres notables ; « le militarisme remplacé par le pékinisme [62] », écrit Bertall. Le portrait de *Grévy* par Bonnat, le *Clemenceau* de Bin, *M. Henri Martin* et *M. Paul Bert* par Yvon, *M. Lepère,* ministre de l'Intérieur, par Feyen-Perrin accompagnent le *Proust* de Manet.

La carrière d'Antonin Proust est révélatrice de l'évolution politique générale, car son élection en 1876 dans un département par tradition conservateur est le fruit d'un long travail d'éveil politique et d'évangélisation républicaine. Proust est ensuite un des parlementaires les plus actifs dans le domaine de la politique artistique ; il sera huit fois rapporteur du budget des Beaux-Arts et participe au mouvement de réforme des institutions de l'art en France. Au début de 1880, sa personnalité s'impose de plus en plus, en particulier par rapport à celle du sous-secrétaire d'État Turquet. L'idée d'avoir son portrait au Salon était donc un élément de son ascension politique ; à ce titre le choix de Manet était à l'évidence courageux de sa part. Il suffit de lire certains critiques pour s'en persuader : « Personne n'obligeait M. Antonin Proust à poser devant M. Manet. Je vois dans deux ou trois journaux, d'ailleurs très sympathiques au jeune artiste paradoxal, que l'exécution de ce portrait est inquiétante. Quant à moi, je la trouve absurde tout simplement. Elle ne m'inquiéterait que le jour où M. Antonin Proust aurait en main le portefeuille des Beaux-Arts [63] », écrit Edmond About. Bertall est plus alarmant encore quand il déclare : « C'est *M. Manet* qui a été chargé de reproduire les traits de la redingote et le chapeau du futur ministre des Beaux-Arts, de même que ce sera lui qui, dit-on, prendra la direction de l'École des Beaux-Arts, et jalonnera la nouvelle route assignée à l'art français[64]. » Le ton est ici sarcastique mais, de la part d'un journal comme *le Voltaire,* favorable au naturalisme et qui loue le portrait pour ses qualités propres, le caractère politique du Salon de Manet est aussi souligné sans ambiguïté : « Ainsi, voilà M. Édouard Manet passé peintre officiel. Ce dédaigné de jadis peint aujourd'hui des députés influents, il peindra demain des chefs de cabinet, et peut-être même disputera-t-il bientôt à M. Bonnat lui-même les présidents de la République et les têtes couronnées. » Et le journaliste conclut : « On ne rit plus devant les tableaux de M. Manet[65]. »

On rira encore cependant et dès le prochain Salon devant le portrait de *Rochefort,* celui de *Pertuiset* et Manet n'a pas finalement rejoint le destin de Bonnat. Il reste que Proust, personnage officiel, avait osé figurer au Salon en même temps que les amoureux du *Père Lathuille;* Philippe de Chennevières va s'efforcer de démontrer à quel point le portrait « a fait cette année grand bien à M. Manet[66] » parce que Proust l'entraîne dans un monde policé, différent des personnages « d'un goût écœurant » qui devisent tranquillement au soleil, oubliant tout souci. Selon les souvenirs de l'intéressé, il aurait non seulement accepté de poser en respectant les exigences de Manet, mais il aurait eu pleinement conscience de l'enjeu esthétique représenté par son portrait : « Pendant le cours de cette année 1879, Manet était hanté par deux idées fixes, faire une œuvre de plein air, mais de complet plein air où les traits des personnages se fondraient, selon son expression, dans les vibrations de l'atmosphère, quelque chose de plus vivant encore que le *Skating* ou la barque d'*Argenteuil* et enlever mon portrait sur une toile blanche, non préparée, en une seule séance[67]. » Le témoignage semble indiquer que Proust voulait s'associer directement à l'expression la plus radicale, la plus voulue, la plus vraie du talent de Manet. Il y avait là un bel acte de courage et d'engagement quand on pense à l'accueil du Salon. Proust se montrera par la suite plus prudent, notamment au moment du Salon de 1882 où plusieurs témoins ont rapporté son « opportunisme » quand on lui demandait si *le Printemps* lui était bien destiné. Quand à Manet, il espérait tout simplement un succès, c'est-à-dire une médaille et le Salon le laissera profondément déçu et amer. Dans la version remaniée des *Souvenirs* d'Antonin Proust, une lettre du peintre laisse entrevoir clairement la valeur esthétique qu'il avait voulu rendre par le portrait. *Chez le Père Lathuille* avec ses deux personnages était, selon lui, à côté du *Proust,* un « jeu d'enfant » : « Voici, mon cher ami, trois semaines que ton portrait est au Salon, mal exposé sur un pan coupé près d'une porte et encore plus mal jugé. Mais c'est mon lot d'être vilipendé et je prends la chose avec philosophie. On ne saurait cependant croire, mon cher ami, combien il est malaisé de camper une figure seule sur une toile et de concentrer sur cette seule et unique figure tout l'intérêt, sans qu'elle cesse d'être vivante et pleine. Faire deux figures qui puisent leur attraction dans la dualité des personnages est, à côté de cela, un jeu d'enfant[68]. »

Pour distraire le peintre, Proust et Gambetta l'emmènent au Louvre contempler des feuilles de Filippo Lippi, Botticelli, Perugin, Mantegna, Carpaccio. Manet les regarde en silence. Quelques semaines plus tôt, le jour du vernissage du Salon, *l'Événement* l'avait décrit dans la foule de plusieurs milliers de personnes qui se pressaient dès dix heures du matin : « M. Manet parcourt les groupes d'artistes, distribuant cent poignées de main en une minute. Quelle activité ! Quelle jeunesse[69] ! » Il avait espéré, comme l'indique une correspondance avec Antoine Guillemet, un bon placement pour ses envois mais son vieil ami n'a pu que limiter les effets conjugués du désordre et de la mauvaise volonté : « Votre portrait reste cimaise dans une encoignure[70]. » Une revue lancée par Vast-Ricouard et Gros-Koot, *le Salon Réaliste,* avec une couverture illustrée par un dessin de Manet représentant un ouvrier vu de dos assis sur un banc public, regrette sur un ton virulent l'absence du portrait dans le salon d'honneur.

Certes il y eut de nombreuses critiques et on s'est étonné de la tonalité bleue du portrait : « Nous n'avons pas l'honneur de connaître l'honorable député des Deux-Sèvres, mais a priori nous nous permettons de douter que M. Antonin Proust ait jamais eu le courage de sortir dans la rue en costume d'arc-en-ciel, avec cet étonnant chapeau bleu, ce paletot bleu et cette cravate bleue[71] », écrit par exemple Henri Olleris. Mais plusieurs voix autorisées saluèrent la vérité du portrait, sa ressemblance étonnante ; Burty souligne l'expression psychologique : « M. Proust est debout, sanglé dans sa redingote, la main sur la hanche, la face en pleine lumière, non pas avec une grave physionomie de rapporteur, mais avec le sourire qui va en s'éteignant de l'homme d'esprit qui vient de décocher une ironie[72]. » Manet avait, en effet, voulu rendre la personnalité d'un homme du monde qui est aussi un homme d'action et de dossiers, conciliant dans sa vie personnelle convictions républicaines et plaisirs. Le chapeau sur la tête, une rose à la boutonnière, la canne à la main, l'Alcibiade de la République athénienne mérite ici son titre et il n'est pas faux d'écrire, comme on l'a fait, qu'il a l'air, lui aussi, de sortir de « Chez le Père Lathuille ».

Chapitre XI

Dans le miroir des Folies-Bergère

Manet et sa famille s'installent pour l'été à Bellevue, dans la villa que lui a louée, 41, route des Gardes, sa voisine Émilie Ambre. Il doit suivre un traitement hydrothérapique qui l'oblige au repos. Pourtant ce séjour sera une période de travail et même si certains passages de sa correspondance laissent entrevoir de la lassitude, l'été 1880 reste l'un des moments de la vie de Manet qui permettent le mieux d'apprécier les ressources de sa personnalité. Tout naturellement la correspondance représente pour lui le moyen de conjurer l'isolement ou la solitude ; elle devient aussi une expression à part entière de son art, mêlant les formes diverses de son inspiration, portraits, natures mortes, paysages, à la distance qui le sépare de ses amis ou de ses modèles. Au fil des jours, tel un journal, les billets aquarellés de Bellevue composent une suite qui intègre l'imprévu ou le sentiment de dispersion dans un espace où le peintre tente de surmonter son immobilité forcée. Une lettre à Henri Guérard, qui se trouve en vacances à Honfleur avec son épouse Éva Gonzalès, associe par exemple la prune du jardin, conçue comme une initiale de manuscrit, à deux crevettes roses en liberté dans le texte, puis le billet s'ouvre sur une double page qui confronte un paysage de mer à la chatte de la maison ; celle-ci semble annoncer le profil des dames Manet dont le peintre fera le portrait dans le jardin comme les témoins de sa lente convalescence. Mais ces trois images au lavis monochrome enchâssent un autre portrait, coloré celui-là et juvénile à souhait, celui de Marguerite, la sœur de Mme Jules Guillemet, qui pose pour lui à son retour de la mer. Manet fera trois tableaux qui la représentent assise dans l'herbe du jardin dont Berthe Morisot possédera le principal. Le rythme de cette lettre est révélateur des sentiments que Manet semble vouloir exorciser : le sentiment d'éloignement lui sert à mesurer un contraste entre la mer et son jardin de banlieue, mais aussi à capter le sens de son travail : « (...) Je vous écris dans mon jardin. La journée avait mal commencé et j'attendais de l'orage aussi les chevalets étaient-ils rangés. Hier nous avons eu le ménage Guillemet retour de la mer j'ai commencé quelque chose d'après la jeune sœur je ne sais si j'aurai le temps de le finir [1]. » La lettre se termine par l'évocation du souvenir de Marcellin Desboutin suscité par une visite récente de Liardo et par le dessin d'une hirondelle.

Ainsi le message est-il destiné à triompher de la situation dans laquelle il se trouve pour associer son travail à une image de liberté. L'écriture tisse un lien d'amitié mais la courte chronique semble compter sur les éléments, sur les images, pour donner à la présence d'un modèle tout son pouvoir, toute sa chance. La belle inertie de la prune a été à la fois exaltée et totalement rendue à la fonction de l'art. Cette inspiration entièrement inscrite dans le temps joue avec sa dimension de fragilité et chaque jour, chaque destinataire semblent remettre en cause l'équilibre heureux d'un instant. Manet a su donner un caractère éphémère à des images qui pourtant appartiennent à son art, à sa mémoire et que le billet aquarellé restitue à la menace de la fatigue qui pèse sur lui. Une lettre du 25 juillet, adressée à Mme Jules Guillemet, permet de saisir à quel point Manet sait cultiver aussi un sentiment susceptible d'exiler le voyageur dans la pensée de son départ. Le solitaire de Bellevue sait à merveille privilégier la cérémonie de l'au revoir : « Amusez-vous bien et n'oubliez pas le solitaire de Bellevue [2] », écrit-il à la jeune femme dont il a célébré l'élégance au Salon de 1879. Deux images accélèrent la portée de cette phrase avec, d'une part, le profil de la Parisienne qui s'en va et semble bouder le texte en lui tournant le dos et, d'autre part, au verso, le sac de voyage prêt à être saisi avec la poignée qui détache l'injonction « N'oubliez pas » et assimile « Bellevue » à l'image fugitive d'un panneau de gare. « O liberté ! tu n'es qu'un mot », écrit Manet avec une certaine coquetterie, car avec ce mot il s'agit bien de sa propre liberté que cette femme emporte peut-être avec elle, mais qu'elle lui a surtout permis à nouveau de mesurer. Manet sait convertir l'échange épistolaire à une forme précieuse de liberté et le billet qu'il adresse à la même destinataire sous la forme de variations concernant l'élégance de ses chaussures et de ses jambes reste un modèle du genre : « Folie si vous voulez chère Madame, mais douce folie celle-là et qui me permet de passer très agréablement mon temps. Je me porte de mieux en mieux [3]. » On le devinerait en découvrant une sorte de tête-à-tête d'un nouveau genre qui évoque tout simplement l'inspiration de revues illustrées comme *la Vie parisienne*, une séduction dont le boulevardier s'estime frustré. La lettre ne contient en réalité qu'un appel habilement inscrit au verso : « Je me porte de mieux en mieux, et une lettre de vous de temps en temps contribuerait à ma guérison. N'en soyez donc pas trop économe [4]. » Mais c'est le charme de son amie et sa liberté de mouvement qui deviennent un moyen pour conduire sa pensée jusqu'à lui. Ces brèches de liberté possèdent leur émotion et l'auteur n'est pas dupe de son charme : « J'ai peur de vous fatiguer de mes lettres, vous me le direz n'est-ce pas [5] » ; ces derniers mots sont inscrits dans la pose insouciante d'une jeune femme qu'on imagine à partir de ses jambes tout simplement assise heureuse à une table de jardin.

Isabelle Lemonnier, fille de Gabriel Lemonnier, célèbre joaillier de la place Vendôme, fut à cet égard l'un des modèles préférés de Manet entre 1879 et 1882. Son portrait au pastel figurait à l'exposition organisée à *la Vie moderne* et c'est grâce à elle que se trouve évoqué le patronage de l'éditeur Georges Charpentier, son beau-frère. Pas moins de six portraits à l'huile témoignent de l'intérêt que le peintre portait à ce modèle à la beauté régulière, d'un calme quasi ingresque. On peut s'interroger sur l'insistance à peindre une jeune personne qui se contente de poser avec distinction dans des tenues de bonne coupe. Visiblement Manet ne parvient pas ou ne cherche pas à obtenir d'elle l'échange expressif qu'il obtient chez des personnes de moins bon milieu et il faut sans doute penser que la réserve distinguée d'Isabelle Lemonnier, son assurance calme, l'image dépassionnée qu'elle compose semble-t-il naturellement, s'accordent à une ambition tenace du peintre. Cette jeune femme qui s'est souvenue plus tard des longues séances que lui infligeait Manet et qui, elle aussi, en concluait que l'artiste ne savait pas dessiner, devait représenter les valeurs de la bourgeoisie parisienne au sein de laquelle le peintre se plaît à situer la portée de son observation. Elle a donc sa place dans la série naturaliste exposée en avril 1880, mais il est intéressant d'entrer brièvement grâce aux billets de Bellevue dans une relation qui constitue une alternative amusante par rapport à une autre confidente, Méry Laurent.

Comme Isabelle Lemonnier passe une partie de l'été à Bellevue, les billets forment une correspondance rapprochée et presque journalière. On s'aperçoit, dans ces conditions, que le peintre utilise parfois un ton assez autoritaire pour s'adresser à sa jeune correspondante : « Mettez les lettres que vous m'écrivez à la poste comme la dernière, je la reçois ce matin [6]. » Il n'hésite pas à maugréer quelque peu contre son absence : « Ce qu'on fait de chic ne vaut rien si au moins j'avais le modèle devant moi [7] », avant d'établir une sorte de parallèle un peu inconvenant avec l'illustration du verso : « Cette Zizi-là est ratée je vous en ferai une meilleure la prochaine fois [8]. » En fait, il s'agit de lui réclamer une photographie : « Envoyez-moi donc votre photographie que je puisse vous avoir plus sûrement si je veux faire un croquis de vous [9]. » Car le maître a prévenu : « Je vais vous écrire souvent cela m'est agréable [10]. » Le ton est assez impérieux. Pour le 14 juillet, Manet lance un « Vive l'amnistie [11] » républicain, orné de drapeaux, mais la signification politique de cette date est aussitôt assortie d'une menace de gamin dépité : « Je ne vous écrirai plus, vous ne répondez jamais [12]. » Le slogan impersonnel est un appel, car le 9 juillet il écrivait, aimable et enjoué : « C'est un petit bonjour en passant, j'aimerais en recevoir un tous les matins à l'heure du courrier [13]. » A la veille du grand jour, Manet plaisante encore : « Je suis sûre que vous rêvez drapeaux et prise de la Bastille [14]. » Le lapsus — « je suis sûre » — donne à penser que Manet écrit à la place de sa correspondante. « Nous sommes à ce qu'il paraît aux premières places pour voir les six feux d'artifice [15] », poursuit-il, faisant allusion à la grande illumination de Paris par des feux tirés de six quartiers différents à la fois ; conclusion d'une journée de liesse qui vit la distribution des drapeaux à Longchamp, véritable « baptême d'une armée par une République », selon le témoignage de Jules Claretie. Manet se console d'être ainsi « aux premières places », mais la suite de son billet est consacrée à des affaires de femmes entre Mme Guillemet et Isabelle Lemonnier et Manet conclut sur le dessin d'une poire qui mûrit sur sa branche, avec ces mots : « Écrivez-moi si vous avez trouvé votre corsage en bon état et puis ce que vous saurez de nouveau [16]. » On est soudain assez loin des entraînements possibles de la fête : « N'allez pas par amour pour la République trop vous fatiguer à la fête il faut se ménager aussi bien que se dépenser pour la patrie [17] », a-t-il prévenu.

En vacances dans sa famille sur la côte normande, à Luc-sur-mer, Isabelle Lemonnier n'échappe pas à la curiosité possessive de son peintre ordinaire : « Racontez-moi les événements de la plage de Luc et environs rien ne m'étonne et tout me surprend [18]. » Mallarmé ne contredirait pas l'auteur de ces lignes qui précise encore ses demandes : « Vous prenez sans doute des bains de mer racontez-moi tout cela et autre chose [19]. » L'ancien habitué des plages de la Manche réclame la petite chronique estivale qui occupe traditionnellement et longuement les magazines illustrés en été. Un feuillet évoquant le costume de bain de la vacancière semble résumer l'essentiel ; un autre illustrant une promenade en robe d'été isole le personnage sur une page, en pleine lumière. L'ombrelle coincée dans le dos par les deux bras oblige la jeune fille à un petit exercice pour se tenir bien droite. Le peintre semble veiller à ses jeux innocents, se réservant le plaisir d'un quatrain de circonstance dans l'esprit des « haikai » japonais : « A Isabelle / cette mirabelle / et la plus belle / c'est Isabelle[20]. »

Au cours de cet été, on est plus ou moins invité à suivre la démarche d'un artiste qui cherche à créer les conditions d'une activité et d'un échange devenu presque vital pour lui. Sa guérison reste un espoir et la correspondance de Bellevue montre à quel point l'homme qui écrit ces billets compte sur la rencontre des éléments, fleurs, fruits, quelques animaux familiers. Il compte sur la nature, sur ses bienfaits, et c'est ce qu'il exprime à son ami Zacharie Astruc dans une lettre qui semble écrite près d'un arbre, presque en présence d'un tronc d'arbre, tout vibrant de lumière : « (...) La santé est-elle revenue ? J'aurais besoin de causer un peu avec toi. Je vais beaucoup mieux cependant et j'espère que mon séjour ici m'aura fait un bien énorme. Je vis comme un coquillage. Mets-moi un peu au courant[21]. » Chez cet artiste si dépendant de la société qui est la ressource de son art, l'écriture est devenue le moyen d'organiser une autre forme de conversation qui joue sur la temporalité qui est désormais la sienne. Manet vise à établir un jeu qu'exprime sans doute parfaitement le feuillet portant l'inscription « Philippine »[22] sous une amande ouverte au fruit jumeau. Le billet contient en lui-même l'aveu de cette dimension de surprise qui parcourt l'art de Manet en général. L'été 1880 exprime cependant ce que le charme inattendu d'une image ou d'un mot qui le peint tout entier comporte aussi d'aveu, de vulnérabilité, d'espoir.

Manet écrivait aussi à Méry Laurent : « Je ne comprends rien à ta lettre ma chère Méry mon séjour prolongé à Bellevue ne veut pas dire que je me porte plus mal au contraire je vais de mieux en mieux, mais je crois que le mois d'octobre sera beau et je reste encore au grand air[23]. » Le billet, orné d'un liseron, est du 28 septembre 1880 et il lui disait dans une lettre précédente, le 8 : « Ma chère Méry, si je n'avais pas vu hier une Beni bardeuse qui m'a donné de tes nouvelles je te croirais partie pour les Grandes Indes ou autres lieux enfin il doit se passer plus de choses à Paris qu'à Bellevue[24]. » Manet avait fait la connaissance de Méry Laurent au moment de son exposition dans l'atelier, en 1876. L'histoire est racontée par Proust comme une sorte de coup de foudre réciproque : « Pendant les huit jours qui suivirent cette visite, ce fut un délire. Manet ne parlait que de cela. On avait calomnié notre temps. Il y avait des femmes qui savaient, qui voyaient, qui comprenaient[25]. »

Née à Nancy en 1849, Anne-Rose Louviot dite Méry Laurent, après des débuts sur scène dans le rôle peu vêtu de Vénus dans *la Belle Hélène*, était devenue une des demimondaines les plus en vue, protégée d'abord par le général de Canrobert puis par le docteur Evans, le riche et puissant dentiste de l'Empereur, qui lui assurait une rente confortable et beaucoup de liberté. Méry Laurent aime avant tout les artistes et, de façon plus heureuse que Nina de Callias, elle se plaît dans la compagnie des poètes, des musiciens et des peintres, Banville, Coppée qui lui fut très cher, Leconte de Lisle, Villiers de l'Isle-Adam, Mallarmé qui sera son adorateur, Henry Becque, Chabrier, Reynaldo Hahn, Catulle Mendès, George Moore, Augusta Holmès, Alphonse Hirsch, Gervex. Elle ne pouvait que désirer connaître le peintre du *Linge*. Ils vont devenir des amis et les dernières années de Manet doivent beaucoup à cette présence féminine généreuse qui l'encourage à peindre ce que l'art doit à la mode et à la beauté d'une femme élégante. Manet va multiplier les portraits au pastel et donner, grâce à elle, en 1881, *l'Automne* : « Elle a consenti à se laisser faire son portrait par moi. Je suis allé lui parler de cela hier. Elle s'est fait faire une pelisse chez Worth. Ah ! quelle pelisse, mon ami, d'un brun fauve avec une doublure vieil or. J'étais médusé. Et pendant que j'admirais cette pelisse et que je lui demandais de poser, Elisa est entrée annonçant le prince Richard de Metternich. Elle ne l'a pas reçu. Je lui en ai su gré. Ah ! les gêneurs[26]. »

Manet est alors tout à ses projets. Méry Laurent l'a mis

en relation avec Fernand Barroil de Marseille qui lui a pris un de ses cafés-concerts ; après hésitation il a choisi *Au café.* Vers cette époque, en 1878-1879, il n'est pas impossible qu'elle ait posé pour *Femme dans un tub*, un pastel qui s'intègre dans les rapports esthétiques entre Degas et Manet. George Moore multiplie les remarques sur les liens qui unissaient Méry et Manet. De la rue de Rome où elle habite, elle vient souvent rue d'Amsterdam ; c'est elle qui entoure la fin de l'artiste de fleurs et de sucreries. On pourrait souligner encore les preuves de leur amitié, mais la plus évidente réside probablement dans le fait que Manet ait offert, en 1880, à cette femme choyée et radieuse la petite version de *l'Exécution de Maximilien*, aujourd'hui à Copenhague. Il lui léguait la part la plus dramatique de son œuvre comme s'il voulait l'associer plus intimement encore avec les plaisirs de la vie contemporaine que Méry Laurent savait si bien illuminer de sa présence. Sa place dans *Un bar aux Folies-Bergère* n'est pas usurpée, car on peut penser que c'est un peu grâce à elle que le peintre est entré dans son dernier chef-d'œuvre.

L'automne 1880 voit Manet se lancer dans la réalisation d'un portrait assez étrange, celui d'un ami de vieille date, le chasseur de lions Pertuiset. Pertuiset est un explorateur, toujours entre deux expéditions, entre deux chasses lointaines, mais qui commence à souffrir de la goutte et donc à ralentir le rythme de ses aventures pour se consacrer à une vie mondaine plus confortable. Pertuiset est un homme de ressource qui fait lui aussi de la peinture en amateur, évoquant les pays d'Amérique du Sud qu'il a visités et ses fameuses chasses aux fauves. Il aime particulièrement chez Manet ses natures mortes dont il devient un collectionneur tout à fait remarquable, puisque à sa vente, le 6 juin 1888, figuraient *le Jambon, le Melon, Une poire*, des *Pêches*, des *Prunes, Lilas dans un verre, Vase de fleurs, roses et lilas,* mais aussi *le Combat de taureaux*, sujet moins paisible qui pouvait évoquer pour lui certaines émotions. Selon Tabarant, l'idée d'un portrait remonte à 1877, il est même possible qu'un début d'exécution ait eu lieu en 1878. Cette année-là, Pertuiset fait paraître un livre de souvenirs, *Aventures d'un chasseur de lions*, et il n'est pas impossible que le projet d'un grand portrait de chasseur ait été prévu pour l'occasion et dans le cadre des projets de Manet pour l'année de l'Exposition universelle de 1878 où les thèmes exotiques avaient leur place toute trouvée. On sait ce qu'il advint des démarches de l'artiste et ce n'est, peut-être, pas seulement l'emploi du temps de Pertuiset qui est en cause dans l'ajournement du projet qu'il est assez intéressant d'insérer dans la suite de *Nana* et du *Portrait de Faure dans le rôle d'Hamlet* ainsi que dans l'ensemble des sujets réalistes autour du café-concert.

En novembre, Pertuiset prend la pose et Manet n'aurait fini son ouvrage qu'en février 1881, à cause du modèle et aussi, selon Jacques-Émile Blanche, de son état de santé qui lui impose des séances courtes. Pour autant l'artiste n'a pas réduit son format — 150 sur 170 cm — qui évoque ceux des années 1860, comme si le caractère du portrait imposait une dimension un peu exceptionnelle. Le chasseur pose en tenue, l'arme à la main, près d'un lion qu'il vient d'abattre. Derrière lui, un paysage de sous-bois miroitant est censé représenter le théâtre de ses exploits, mais il est difficile d'y reconnaître le jardin du 14, passage de l'Élysée-des-Beaux-Arts où Pertuiset aurait posé. L'intensité lumineuse du portrait cherche à imposer une Afrique absente qui conjugue à la fois la mise en scène de la photographie et un impressionnisme montmartrois à la Renoir. Le tableau, aujourd'hui au musée de São Paulo, a souffert : les couleurs ont quelque peu viré ; à l'époque, Blanche se souvient d'une véritable débauche de couleurs : « Les gris actuels du *Pertuiset* furent des violets fouettés de rose ; les chairs étaient rouges comme la tomate, le paysage était de carmin, de lilas vineux et de verts bleutés assez désagréables[27]. » Quand le tableau fut exposé au Salon de 1881, il provoqua aussitôt un tollé : « Le chasseur Pertuiset, violet jusqu'à l'asphyxie, vient de tuer un lion aussi violet que lui, dans une forêt violette, sur un sol violet, avec un fusil plus violet encore : quand on voit aussi violet que cela, on se fait soigner par un oculiste [28] », déclara *l'Univers illustré.*

Sur un ton plus ou moins modéré, la critique refuse absolument de suivre le peintre d'*Argenteuil* sur cette voie. Même en Algérie, lui disent certains, l'ombre n'est pas aussi « lilas [29] ». Paul Mantz se trouve donc conforté dans son analyse : Manet se complaît dans une surenchère qui finira peut-être un jour, par un retour à une observation plus sincère. Le journaliste du *Temps* espère, au terme de tous ces excès, une réforme et une prise de conscience salutaire. Mais Louis de Fourcaud, du *Gaulois*, se pose une question plus troublante : l'exagération dont témoigne le portrait ne serait-elle pas l'indice d'un rapport d'ironie avec le sujet lui-même ? « J'avouerai sincèrement que je ne puis accepter sans réserve le portrait de M. Pertuiset "tueur de lions", hormis qu'il n'y ait là quelque arrière-pensée de charge. Le chasseur est en veston vert et en chapeau tyrolien, un genou en terre et sa carabine à la main. Derrière lui, un gros lion mort est allongé et les arbres ensoleillés, qu'on ne voit pas, jettent sur le sol des ombres violettes. Je ne crois pas, d'abord, que dans aucun pays — même en Afrique — les ombres des feuillages puissent être violettes à ce degré. Tout au plus sont-elles violacées. Je ne crois pas, ensuite, que l'on tue des lions comme des lapins, et c'est ce qu'on serait tenté de penser à la vue de l'énorme fauve étendu sans vie derrière le chasseur — ce chasseur à la figure réjouie et pleine — qui s'apprête à recommencer son coup. Mais n'y aurait-il pas, en cette exagération voulue, une nuance d'ironie ? L'artiste aurait-il cherché à se venger des récits du voyageur en le montrant chassant à la gasconne des lions impossibles dans un sous-bois comme on en voit peu ? En tout cas, il a eu trop d'esprit [30]. »

Le journaliste ne saurait assimiler Pertuiset au personnage de *Tartarin de Tarascon,* paru en volume chez Dentu en 1872, sans lui manquer de respect. Il se garde bien de le faire, mais il se demande si Manet n'a pas un peu suspecté l'auteur des *Aventures d'un chasseur de lions.* Pourtant il dut avoir le livre entre les mains et entendre des récits qui n'avaient rien de fabuleux. Pertuiset apporte le témoignage d'un chasseur professionnel soucieux d'instruire par l'exemple. Son texte transcrit toute la réalité prosaïque de la chasse au lion et on peut voir dans le portrait de Manet un caractère de sérieux qui, par son excès peut-être, suscite le doute et l'interrogation. En effet, il faut souligner que c'est le réalisme de la mise en scène qui provoque l'incompréhension. « M. Pertuiset demande pardon à Dieu et aux hommes d'avoir tiré sur une vieille peau empaillée[31] », la caricature de Stop dans *le Journal amusant* résume les éléments jugés invraisemblables : le modèle genou en terre comme un chevalier du Moyen Age, le tronc d'arbre où des amoureux ont gravé leurs initiales là où Manet a signé et daté, la peau de lion, enfin, en place d'un animal fraîchement abattu. On trouvait absurde la réunion du chasseur en arme avec cette dépouille vide : « Le redoutable chasseur vient d'abattre une peau de lion qu'un pelletier distrait a oubliée dans la campagne, et, comme ce jeu l'amuse, il va recommencer, il a mis un genou en terre et il braque son escopette sur le spectateur inoffensif[32] », écrit Paul Mantz. Même Huysmans ne saurait suivre Manet dans cette voie qui lui paraît déconcertante au possible : « Quant à son *Pertuiset* à genoux, braquant son fusil dans la salle où il aperçoit sans doute des fauves, tandis que le jaunâtre mannequin d'un lion est étendu derrière lui, sous des arbres, je ne sais vraiment pas quoi en dire. La pose de ce chasseur à favoris qui semble tuer du lapin, dans les bois de Cucufa, est enfantine et, comme exécution, cette toile n'est pas supérieure à celles des tristes rapins qui l'environnent[33]. »

On ne comprenait donc pas ce que Manet avait voulu exprimer ; la composition semble faite pour annuler le sujet exotique attendu. Le peintre aurait pu faire le portrait de Pertuiset chez lui, dans son salon, avec son trophée étendu sur le parquet de son appartement ; il aurait ainsi pu cultiver un réalisme que l'on trouve chez Whistler ou Tissot. Au lieu de cela, sa composition ne provoque qu'une déception comique, car elle dissimule par tous les éléments proprement picturaux l'artifice du décor d'un atelier de photographe. Or, loin d'être l'indice d'une supercherie, la peau du lion était en réalité une preuve du caractère de vérité du portrait. Pertuiset avait raconté dans son livre la manière dont il avait près de Bône, en Algérie, abattu le fauve dont la peau avait été exposée au Palais algérien du Trocadéro, lors de l'Exposition universelle de 1878. Il racontait aussi à quel point le chasseur de lions doit se montrer patient quand, la nuit, à l'affût, convenablement dissimulé, il attend que sa victime daigne s'approcher à portée de fusil. Manet ne représente pas une chasse au lion, il fait le portrait d'un chasseur en tenue devant son trophée et la rencontre de cette pose artificielle avec les valeurs que représente la chasse au lion déclenche le scepticisme ou le rire. Le caractère incongru de la composition ne saurait, en effet, faire oublier qu'il s'agit d'un portrait et Dubosc de Pesquidoux, tout en restant sensible à l'humour de cette image, n'en insiste pas moins sur cette qualité foncière. Car la clef est peut-être précisément dans la personnalité du chasseur, dans son propre humour ou sang-froid : « A l'affût, un genou en terre, la carabine double à la main, le doigt sur la gâchette, le chasseur attend la bête, et fait face au spectateur. Il a déjà abattu un lion dont le cadavre, la tête trouée, gît en travers derrière lui. Il guette la lionne ou le lionceau pour compléter son carnier. C'est un homme de taille moyenne, vigoureux, un peu gros, sanguin, favoris et moustache, tunique verte, guêtres et chapeau tyrolien, la tunique destinée à se confondre dans la verdure qui fait ici défaut. La physionomie du personnage, au niveau de ses exploits, atteste le sang-froid et l'énergie dont il fait preuve chaque jour. En dépit des excentricités de la facture et de la coloration, l'homme respire ; le lion, au contraire, est bien mort : l'un et l'autre attirent le public[34]. »

Pertuiset possédait des qualités naturelles de force et de courage ; mais, comme il eut soin de l'écrire lui-même, il n'était pas inaccessible au sentiment de la peur et du danger. Ses récits ont pour mérite d'exprimer la fascination qu'il éprouve devant l'inconnu et la manière dont il procède pour triompher de l'angoisse. Sa personnalité est ainsi évoquée dans un ouvrage du baron de Vaux, paru en 1883, *les Tireurs au pistolet*, avec un portrait d'après un dessin à la plume de Manet : « Il joue avec tout ce qui fait peur aux autres. Il a cette placidité de la force ; son sourire est doux, sa parole tranquille, le cou large et les mains ouvertes ; chez lui, il y a quelque chose d'Hercule aux pieds d'Omphale[35]. »

Le calme de Pertuiset le rendait en réalité fort intrépide. Il succéda dans l'opinion publique au titre prestigieux de “tueur de lions” que le célèbre officier Jules Gérard, disparu en juin 1864 dans le Sherboro, lors d'une mission d'exploration, avait illustré de ses exploits. Les chasses de Pertuiset prolongent celles de Bombonnel et de Gérard mais, vers 1873-1874, ses voyages le conduisent vers l'Amérique latine et la Terre de Feu avec des projets d'exploration et de fortune rapide : « Pertuiset a ce qu'il faut pour réussir : un imperturbable sang-froid, la patience éprouvée du chasseur qui, pendant cent trente nuits, a attendu son lion, et des fusils à balles explosibles qui percent des plaques de fer à des centaines de mètres. Quand ils entendirent pour la première fois le fusil à pierre des Castillans, les descendants des Incas se mirent à genoux. Que feront les indigènes de la Terre de Feu quand ils seront témoins des perfectionnements que Pertuiset a apportés aux fusils Devisme[36] ? »

On s'était moqué, en effet, du chasseur armé d'un fusil pour tuer du lapin ou, comme dit Renoir, les moineaux. Pourtant le trou dans le crâne de l'animal prouve l'efficacité redoutable du tir. Pertuiset avait prévenu ses lecteurs : « Je recommanderai seulement de ne point engager la lutte sans être armé d'une excellente carabine chargée avec mes balles explosibles. Ce projectile cause toujours la mort de l'animal qu'il atteint[37]. » Manet, qui fait un portrait ressemblant, ne saurait manquer de représenter avec la même exactitude une carabine double à balles explosibles et chargement par la culasse conçue spécialement par le célèbre armurier Devisme à l'intention de Pertuiset. Louis-François Devisme, connu pour avoir apporté divers perfectionnements à la carabine et au revolver, ce qui lui valut plusieurs médailles aux Expositions universelles, avait inventé la balle explosible destinée à la chasse des animaux réputés dangereux. Jules Gérard lui avait demandé un moyen plus radical pour triompher des fauves qui, blessés par les balles traditionnelles, devenaient dangereux pour le chasseur dans leurs derniers instants de vie. Pertuiset, d'un calme aussi égal dans le maniement des explosifs, avait perfectionné ce projectile dont son livre de 1878 prônait l'efficacité.

L'intérêt de cette munition explosible pour un usage militaire n'avait pas échappé à l'ami de Manet qui tenta, au moment de l'exposition de 1867, de faire homologuer son procédé par l'état-major de l'armée française qui se préoccupait alors d'un renouvellement de l'armement. Des expériences furent menées à Vincennes, mais la décision d'utiliser l'effet explosif du projectile fut suspendue. Un mouvement d'opinion aboutit à une interdiction proposée à la conférence de Saint-Pétersbourg, en 1868. Théodore de Banville publia, dans *le Charivari* du 23 juin 1868, un poème railleur intitulé *la Balle explosible* où il dénonçait l'hypocrisie du voile humanitaire jeté sur la politique militariste impliquée par le projet Niel. Les caricatures de Daumier stigmatisent à la même époque, de façon virulente, le progrès en matière de destruction et de mort. On peut rappeler, à ce propos, que le fameux fusil Chassepot, en service depuis 1868, permit de vérifier, pendant la guerre de 1870, la réalité des effets explosifs ; car la balle tirée par le fusil français, par ses caractéristiques de rotation et de vitesse, provoquait des effets de commotion et d'éclatement plus violents que ceux résultant de l'emploi du fusil allemand Dreyse. Plus de dix ans après ce conflit, Manet fait donc le portrait d'un homme qui s'est trouvé mêlé de façon directe à un des aspects par lesquels il est possible de définir une crise profonde de la civilisation contemporaine. Le chasseur de lions était aussi un expérimentateur, un marchand d'armes, à la recherche des marchés qu'il n'avait pu établir en Europe. D'autre part, les années 1880-1881 marquent une étape dans le réveil de la politique coloniale de la France avec le traité du Bardo et les expéditions dans le Sud algérien.

Avec le consentement de Bismarck, l'impérialisme français s'organise fortement dans le Maghreb, autour de l'Algérie, qui devient la pièce maîtresse d'une politique d'expansion soutenue par Gambetta et de nombreux groupes de pression. Pertuiset n'est donc pas seulement un chasseur de lions dont la célébrité remonte aux dernières années de l'Empire, il est aussi une figure d'actualité susceptible d'incarner le rêve colonial. A sa manière, il exprime la suprématie d'un Hercule des temps modernes sur le monde et la nature sauvage. Cependant ces valeurs comportent un caractère assez troublant au moment où la presse parle beaucoup de bombes explosibles à propos de la Russie. Alexandre II meurt le 13 mars 1881 et l'attentat des nihilistes fait ressurgir le spectre de la violence dans une société qui s'applique à en exorciser le souvenir.

La distance historique souligne aujourd'hui ce que le portrait, jugé grotesque, comportait de brutal et d'aveugle. Sur le moment, Manet ne pouvait ignorer les images baroques et romantiques que son *Pertuiset* allait réveiller : c'est parce que Delacroix et à travers lui Rubens imposent dans leurs chasses au lion l'idée d'un affrontement vital éblouissant que le chapeau tyrolien de Manet semble aussi dérisoire. Le tableau semble dire à quel point l'exaltation de l'homme devant l'animal change de forme et le constat semble d'autant plus fort quand le lion, à titre de symbole, poursuit une belle carrière internationale. Pour ne parler que du Salon de 1881, on le retrouve chez Baudry dans les décors très admirés de la Cour de cassation et la souscription nationale achevée le 1er septembre 1880, pour le lion de Bartholdi à Belfort, a ratifié tout récemment un sentiment national particulièrement vif. Par son caractère réaliste, par l'excès de son impressionnisme, le tableau provoque un effet de comique et de malaise, car Pertuiset révèle une image saturée d'histoire et de valeurs.

« M. Manet nous donne deux célébrités : Rochefort et Pertuiset. La chasse est représentée de deux façons : le tueur de lions et le tombeur d'hommes[38]. » Le commentaire du journal *le Pays* est d'une efficacité redoutable et souligne, entre les deux envois de 1881, une connivence qui n'est pas aussi absurde qu'il n'y paraît. Le portrait de l'illustre pamphlétaire (Kunsthalle, Hambourg), d'une conception assez classique, doit être associé à un projet plus ambitieux consistant à évoquer un des événements les plus retentissants de son existence, l'évasion de la Nouvelle-Calédonie, en 1874, où il avait été « transporté » à la suite de ses activités pendant la Commune. Pour des raisons qu'il est permis d'imaginer, Manet préféra exposer un portrait sévère, grave et dont la pose résume, comme dans celui de Clemenceau, un univers d'engagement et de convictions. Tout le monde connaissait Rochefort et il était inévitable que sa personnalité controversée entraînât des réactions plus ou moins sarcastiques : « *Rochefort foudroyé par le tromblon de Pertuiset*, l'autre Manet. — Pourquoi diable aussi les placer en face l'un de l'autre[39] ? », dit la légende d'une caricature parue dans *la Vie parisienne.* Avec malice, certains laissaient entendre que le vrai fauve était plutôt le rédacteur de *l'Intransigeant* : « Rochefort est laid, sa crinière est hérissée, sa peau ressemble à une écumoire mal nettoyée[40]. » Manet avait représenté avec son accent propre le célèbre visage marqué par la petite vérole et la critique trouvait là une occasion rêvée pour exercer ses talents : « On dirait de ces chairs, du fromage à la pie, tiqueté de coups de bec, et de ces cheveux une fumée grise[41] », écrit Huysmans. « Un portrait rugueux, blafard, une tête de grès, bourrue avec une crête de cheveux en même poterie[42] », écrit *le Moniteur.* « M. Rochefort furieux d'avoir embrassé Nana le jour de la centième[43] », poursuit Stop au *Journal amusant.* On en profitait d'autant plus qu'il était assez risqué de porter la critique sur un plan moins formel. Une salutaire prudence consistait à ne pas attaquer Rochefort sans précaution et c'est à mots couverts que la personnalité du modèle se trouve évoquée : « Je dois encore imposer à vos yeux le spectacle d'un autre portrait, déclare Roger Ballu. Il est en plâtre crépi, recouvert d'une couche de badigeon. Quoi ! c'est la tête de M. Henri Rochefort ! A-t-il donc subi une condamnation nouvelle ? Je le croyais amnistié[44]. » Le journaliste fait allusion à la loi d'amnistie de juillet 1880 qui avait permis aux communards de rentrer en France, et Rochefort qui vivait jusque-là en exil en Suisse avait aussitôt retrouvé à Paris toute sa place dans la vie politique.

Rochefort n'aimait pas la peinture de Manet et il refusa le portrait que celui-ci lui offrait. Il ne vint que très peu poser et il est assez probable que Manet a dû recourir à des documents photographiques. Cependant le projet initial d'une *Évasion* l'aurait, dans un premier temps, enthousiasmé, comme le suggère une lettre de Marcellin Desboutin, apparenté à Henri de Rochefort par sa mère, et qui s'était fait le porte-parole de Manet : « Mon cher Manet, j'ai vu Rochefort aujourd'hui à midi. La proposition a été accueillie *avec enthousiasme.* La perspective d'une mer à l'*Alabama* a tout emporté ! Vous aurez à votre disposition, quand vous voudrez, non seulement Robinson-Rochefort, mais aussi Olivier Pain-Vendredi. Lancez donc avec assurance votre missive-demande. Les voies sont larges ouvertes à votre nom et à votre talent[45]. » Il est intéressant de voir que la conception du projet implique un effet dramatique qui éloigne le sujet dans l'espace de l'océan. Il y a donc loin d'une « mer à l'*Alabama* » au portrait du Salon. Selon Duret, Manet aurait insisté parce qu'il aurait été « attiré par le caractère de sa physionomie[46] », mais Rochefort préférait sans doute Boldini ou encore Baud-Bovy qui, au Salon de 1879, exposa son portrait. *Le Tintamarre* écrivait alors : « Sans pourtant vouloir outrager/ Le peintre, je dirai tout net ce que je pense :/ Je préférerais voir l'original en France,/ Et le portrait à l'étranger[47]. » En dépit de l'agressivité que suscite inévitablement un portrait de Rochefort exécuté par Manet, il faut reconnaître que plusieurs critiques importants en saluèrent la valeur, comme par exemple Dubosc de Pesquidoux ou encore Fourcaud : « Qui ne connaît, écrit-il, le pamphlétaire de *la Lanterne*, ses traits anguleux, sa moustache et sa barbiche railleuse, sa tignasse crépue et blanchie qui se dresse vers le ciel comme le tronçon d'épée du vieil Ajax insultant les dieux ? C'est bien ce nerveux, ce rageur, cet artiste politicien que M. Manet a rendu. Je le reconnais du premier coup et tout entier. Son œil est doux : c'est un œil de curieux et de raffiné ; sa lèvre est dédaigneuse, et il se marque de profonds dégoûts aux commissures. Il me paraît malaisé d'exprimer plus clairement un homme. Partant, je n'ai qu'à m'incliner[48]. »

Il est assez clair que le portrait comporte une dimension historique et qu'à ce titre il pouvait concerner des témoins d'opinions politiques différentes. Comme Alphonse Daudet, comme Théodore de Banville, comme Edmond de Goncourt, Manet s'intéresse à une physionomie étrange et à un caractère qui a fourni matière à mille caricatures. Dans le portrait, il y a donc l'énigme d'un homme qui a vécu l'expérience d'une génération. Manet semble heureux d'avoir pu inscrire son analyse à la suite du portrait d'Antonin Proust que tout sépare apparemment du caractère mordant et presque douloureux du polémiste. Car il faut reconnaître aussi l'actualité de cette image. Pour l'ami d'Antonin Proust, elle est assez inopportune. Depuis son retour, Rochefort mène une campagne acharnée contre la personne de Gambetta ; la polémique tourne notamment autour du rôle de ce dernier dans la défense de Rochefort, aux lendemains de la Commune : « M. Rochefort et Gambetta s'exècrent, parce qu'ils ne sentent rien de la même façon, qu'ils sont deux forces opposées et qu'ils devaient forcément se heurter un jour[49] », écrit Zola. Quand on relit les mots par lesquels le rédacteur en chef de *l'Intransigeant* apostrophe Gambetta à propos de la condamnation des nihilistes qui ont assassiné le tsar Alexandre II, il est permis de penser que le portrait de Manet prend un caractère assez intempestif. La violence verbale, l'antisémitisme, l'insulte se donnent alors libre cours et, dans le même mouvement, avec le génie du provocateur, Rochefort ouvre une brèche dans le consensus républicain en prenant par exemple la défense de Jessa Helfman, condamnée à mort et enceinte. Une telle situation, contemporaine du Salon de 1881, permet sans doute de mieux apprécier la réaction de certains membres du jury, comme Alphonse de Neuville qui pouvait constater chez l'amnistié une dimension de fureur quasi intacte. Enfin et surtout, le portrait révèle l'attrait de Manet pour une dimension inexpliquée de l'histoire, qui n'est pas un passé clos, davantage une mémoire ouverte sur l'actualité ; et, en ce sens-là, l'œuvre était une alternative réelle au projet d'une *Évasion* dont la valeur rétrospective aurait été beaucoup plus évidente. « Le *Rochefort* de Manet est profond, écrit Bazire. L'artiste devina, sous le masque spirituel, l'observation constante. Il mit de la sévérité dans cette figure ; la mordante raillerie court sur les lèvres, l'œil lance des flammes, le front enferme des pensées. Sur cette tête bouleversée et bouleversante quinze années de polémiques courageuses, de luttes probes, de convictions poursuivies et défendues ont marqué leur passage. Mais la jeunesse de l'esprit y transparaît et la fougue du combattant s'y révèle[50]. »

Dans la nuit du 19 au 20 mars 1874, Rochefort s'enfuit de la presqu'île Ducos en compagnie d'Olivier Pain, de Francis Jourde, Pascal Grousset, Achille Ballière, Bastien Granthille, entassés dans une mauvaise barque qui leur permet de gagner un trois-mâts ancré dans le port de Nouméa qui, à l'aube, prendra le large en direction de Sydney, en Australie. De là, les évadés rejoindront l'Europe, via les États-Unis. L'évasion des communards fit grand bruit à l'époque, non seulement en France mais dans la presse internationale et anglo-saxonne. Les personnalités en cause y étaient pour beaucoup : Rochefort, son secrétaire le journaliste Olivier Pain, mais aussi Jourde, resté célèbre pour avoir refusé de livrer l'or de la Banque de France, ou bien Pascal Grousset qui fut mêlé à l'affaire Victor Noir. Depuis 1853, la Nouvelle-Calédonie était une possession française dans le Pacifique et l'Assemblée nationale avait décidé, par une loi du 23 mars 1872, d'y transporter les communards condamnés par les conseils de guerre de Versailles, soit à la déportation simple et à ce titre ils étaient rassemblés dans l'île des Pins, soit à la déportation dans une enceinte fortifiée et ils étaient envoyés dans la presqu'île Ducos, en rade de Nouméa, en face du bagne de l'île Nou, créé en 1863. Le climat de la Nouvelle-Calédonie avait été jugé plus sain que celui de Cayenne, la distance plus respectable et le projet d'une colonisation sur le modèle australien semblait plus rentable. La situation géographie paraissait un obstacle majeur à toute tentative d'évasion et ce point, malgré l'exemple de Rochefort, s'est révélé parfaitement exact. L'espoir des proscrits ne pouvait venir que d'une mesure de grâce ou d'amnistie et, en mars 1874, on est encore loin de voir aboutir une mesure qui n'est réclamée que par une minorité républicaine, confortée peut-être depuis l'élection Barodet en avril 1873, mais gravement divisée elle-même sur cette question.

La Commission des Grâces qui est mise en place montre que le pouvoir est déterminé à maintenir la société à l'abri de ses éléments les plus subversifs. Au moment où Manet expose au Salon la fameuse grille du *Chemin de fer*, l'évasion de Rochefort marque une étape importante pour l'opposition républicaine : *la Lanterne* reparaît, Jourde et Grousset publient à Leipzig, en 1876, *Die Märtyrer der Commune in Neu-Caledonien*, une organisation d'aide aux proscrits se met en place sous l'impulsion d'Élisée Reclus, Rochefort lui-même publie son aventure sous le titre évocateur *De Nouméa en Europe.* Lors de la campagne des élections législatives de 1876, le problème de l'amnistie est discuté devant l'opinion et Victor Hugo ainsi que Raspail proposent en vain une loi en ce sens devant le Parlement. Avec la crise du 16 mai 1877 se termine une première phase parlementaire et humanitaire et le combat pour l'amnistie devient plus nettement à partir de cette date un moyen de lutte contre la République bourgeoise. Sous la pression des élections, le Parlement vote, le 3 mars 1879, une amnistie partielle qui est loin de mettre un terme à cette question. Devant le danger d'agitation sociale, Gambetta s'engage alors pour une amnistie complète qu'il fait adopter dans un souci d'unité républicaine à la veille du 14 juillet 1880.

Manet avait vécu toute l'histoire de l'opposition républicaine en étant proche des acteurs les plus en vue, et c'est à Bellevue qu'il s'associe à la fête nationale en exprimant sa joie devant la décision qui vient d'être prise. Le projet d'un tableau a donc mûri pendant l'été, à un moment où l'esprit du peintre suivait en pensée les vacances au bord de la mer de ses amis. L'imagination joue désormais pour lui un rôle presque obligé et, sous l'emprise de l'événément, comme à l'occasion du *Combat naval* ou bien de *l'Exécution de Maximilien*, il conçoit un sujet à sensation susceptible d'intéresser un public qui lit Alexandre Dumas, Jules Verne, Victor Hugo et des magazines comme *le Tour du monde* ou *l'Illustration.* L'histoire, en elle-même, remonte à l'année 1874, mais le peintre fait comme si l'amnistie de 1880 lui donnait le droit de s'exprimer enfin. Il n'est pas impossible que l'idée d'un tableau sur ce thème ait été un projet en attente ; de nombreuses publications sur le thème des déportés en Nouvelle-Calédonie n'avaient jamais cessé de rendre présent ce sujet et Rochefort avait fait paraître en 1880 un roman intitulé *l'Évadé* qui racontait son aventure, décrite également dans la monographie d'Olivier Pain, *Henri Rochefort, Paris-Nouméa-Genève*, en 1879.

D'une histoire aussi longue que sinueuse, d'une histoire essentiellement politique, Manet ne retient qu'un événement extraordinaire qui en lui-même ne comporte pas d'autre valeur que celle d'affirmer une liberté, celle de l'évasion. Il était pourtant difficile à l'ami d'Antonin Proust d'ignorer les atermoiements des opportunistes et célébrer le courage de Rochefort n'était peut être pas le moyen le plus sûr d'obtenir la reconnaissance officielle à laquelle Manet semblait aspirer. Dans un Salon où figure *le Pauvre pêcheur* de Puvis de Chavannes, la barque des évadés aurait probablement provoqué de vives réactions. Le peintre ne s'embarrasse pas de tels scrupules. Il se lance dans la réalisation d'une première toile en décembre 1880, mobilisant l'attention de Mallarmé qui pouvait être sensible à cette aventure : « Mon cher ami, lui écrit-il le 4 décembre, j'ai vu Rochefort hier. L'embarcation qui leur a servi était une baleinière. La couleur en était gris foncé. Six personnes, deux avirons. Amitiés [51]. » Manet reçoit de la bouche même de Rochefort le récit qui lui importe et son souci documentaire se marque dans le fait, rapporté par Léon Leenhoff, qu'il aurait fait porter une baleinière grise dans son jardin de la rue d'Amsterdam. Quelques jours plus tard, c'est au tour de Claude Monet d'être informé du projet : « J'ai vu Manet, assez bien portant, très occupé d'un projet de tableau à sensation pour le Salon, l'évasion de Rochefort dans un canot, en pleine mer [52] », écrit-il à Théodore Duret le 9 novembre. Manet se souvient peut-être qu'en 1874 Monet exposait boulevard des Capucines *Impression, soleil levant*, un tableau qui, par son sujet, on va le constater, se rapproche des éléments que lui-même aurait dû représenter s'il avait suivi ses informateurs à la lettre. En matière d'océan et de barque Monet était un interlocuteur privilégié, ne serait-ce que dans la mesure où la fameuse « sensation » était conçue chez lui de façon toute différente.

La grande version conservée à Zurich aboutit donc à un portrait de Rochefort tenant le gouvernail ; à ses côtés, on reconnaît le profil d'Olivier Pain pour lequel Manet fit une étude. Une autre étude à l'huile montre que Manet a voulu mesurer l'effet du personnage principal assis à la poupe du canot. Le résultat consiste à placer les protagonistes dans la perspective du trois-mâts placé très haut, à l'horizon, comme dans le *Combat naval*, sur une mer traitée de façon lumineuse et expressive. Tous les témoins avaient parlé des phénomènes luminescents des eaux de l'océan Pacifique et Manet a su donner un caractère éloquent à son espace maritime. Il ne s'en tint pas à cette version, puisqu'il reprit son sujet en le modifiant considérablement (Musée d'Orsay, Paris). Le format est beaucoup plus petit, plus carré, on distingue à peine Rochefort, la barque qui s'éloigne n'a plus l'allure d'une jolie baleinière grise et l'océan exprime un espace de proscription, immense et vide, plutôt que l'orage électrique qui semble animer l'embarcation dans la version de Zurich. Que s'est-il passé ? On peut imaginer qu'après un premier temps d'enthousiasme, l'attention de Manet a été attirée sur certains aspects de cette évasion qui, sans remettre en cause l'essentiel, pouvaient néanmoins suggérer une profonde modification. D'après les témoignages des autres évadés, en particulier ceux de Jourde et Ballière, publiés sous forme de volume, la barque utilisée fut un esquif en très mauvais état, surchargé et qui prenait l'eau. La baleinière grise pouvait faire sourire, car l'affaire semble une simple promenade en mer. D'autre part, le rôle personnel de Rochefort, présenté par lui comme décisif, aurait été en fait secondaire ; il ne tenait pas le gouvernail et c'est Ballière qui avait été chargé de retrouver, dans le port de Nouméa et la nuit la plus noire, la coque de la goélette australienne. Un tableau de Salon le présentant dans un rôle qu'il n'avait pas tenu pouvait prêter à controverses, étant donné les dissensions qui existaient entre les anciens compagnons d'infortune. La version du musée d'Orsay correspond à un infléchissement dans le sens de la vérité historique, même si Manet traduit une nouvelle fois dans son espace des valeurs expressives assez éloignées de la réalité. Il passe à une vision davantage chargée d'angoisse et de solitude. Son premier tableau est un portrait en action, le second traduit les valeurs morales qui s'attachent à l'évasion proprement dite. La pensée d'un grand sujet à sensation aboutit à une page sombre et poétique où le héros fuit un regard qui semble le menacer. Rochefort n'a pas dû se reconnaître dans cette image pâle et tragique, révélatrice d'un peintre qui a lu Edgar Poe et Baudelaire. Manet, quant à lui, ne pouvait plus être entièrement convaincu par le héros dominateur et égocentrique que certains lui avaient dépeint et qu'il avait sans doute fini par découvrir lui-même.

Le Salon de 1881 fut le premier Salon organisé par la nouvelle Société des artistes français, dont la mise en place fut décidée par le président du Conseil, ministre de l'Instruction publique et des Beaux-Arts, Jules Ferry et par le sous-secrétaire d'État Turquet. Tous les artistes ayant été admis au moins une fois au Salon avaient été invités à élire un comité de 90 membres ayant pour mission de rédiger le règlement de l'exposition. Lors de la première réunion de ce comité, le 17 janvier 1881, Turquet l'informa que « l'administration n'interviendrait plus dans les Salons annuels, remettant la gestion libre et complète, matérielle et artistique, à tous les artistes français [53] ». Cette réforme eut pour résultat d'introduire dans le jury pour la peinture un certain nombre d'artistes qui considéraient Manet comme un précurseur envers lequel ils avaient une sorte de dette artistique. Les envois ayant été déposés entre le 10 et le 20 mars, les délibérations furent l'occasion de marquer le changement d'état d'esprit. Comme l'indique un billet de Duez, le *Rochefort* obtint un numéro qui lui donnait des droits à un placement de faveur : « Mon cher Manet, je voulais vous écrire aussitôt votre tour passé au jury ; mais Gervex m'ayant dit qu'il allait passer chez vous, je n'en ai rien fait. J'arrive donc bien tard pour vous féliciter, non pas de votre réception, mais des discussions auxquelles votre nom a donné lieu.

Je vous assure que les jeunes ont bien donné. Votre *Rochefort* a passé avec un nº 2, ce qui est excellent ; et le *Pertuiset* n'a pas été trop dur à décrocher, à part quelques grincements de dents. La morale de tout ceci est consolante pour vous. Elle prouve que vous êtes vivant, et bien vivant[54]. »

L'attitude de Cabanel qui présidait le jury est révélatrice du nouveau rapport de forces, car il serait intervenu en faveur du tableau qui avait toutes les qualités requises pour être refusé : « Messieurs, il n'y en a peut-être pas quatre, parmi nous, qui pourraient peindre une tête comme celle-là. » Forte parole, non dénuée, peut-être, d'une petite dose d'ironie. Le propos fut rapporté à Manet par Gervex et Antonin Proust évoque une rencontre au restaurant entre Manet et Cabanel où les deux hommes échangent leur point de vue sur l'École des Beaux-Arts. Bastien-Lepage leur sert de point de rencontre. Proust évoque Bastien-Lepage ayant la révélation du *Balcon* et décidant, de retour à Damvilliers, de faire ce qu'il voit en oubliant ce qu'on lui avait appris. Et Cabanel de confirmer en ajoutant cependant : « Très heureusement pour lui il n'a pas oublié l'enseignement de l'École, d'ailleurs très libéral, du moins dans mon atelier. » Il ajoute : « Il ne faut rien exagérer, je vous assure, monsieur Manet. » Une fois Cabanel parti, Manet déclare : « Il a raison. Bastien-Lepage n'a pas assez oublié [55]. »

Le malentendu subsiste donc en entier, mais les « jeunes » modifient la situation d'antagonisme des années antérieures. Manet semble heureux de cette relative ouverture, car ceux qui l'ont approché dans l'atelier ont pu constater que son inspiration reste intacte. Visiblement le peintre a conquis une liberté qui repose sur le rapport paradoxal qu'il entretient avec ceux qui se réclament volontiers de lui. Jacques-Émile Blanche se souvient de discussions sur ce thème au moment où il préparait ses derniers Salons : « Après des séances laborieuses, mais courtes, Manet, vite fatigué, allait s'étendre sur un canapé bas, à contre-jour sous la fenêtre, et contemplait ce qu'il venait de peindre, en tordant sa moustache, ayant le geste d'un gamin qui dirait : "Chic ! chouette !" On riait ; on le menaçait des foudres du jury, il se ferait encore "recaler" au Salon. Il ne s'en désolait plus, parce qu'alors "son nom était un drapeau" ; il était chef d'école, sans école ; il était soutenu par un parti qui se servait de lui comme d'un candidat auquel on fait signer des professions de foi révolutionnaires, pendant la période électorale, pour ouvrir la voie à d'autres plus sérieux [56]. »

Le règlement du Salon n'avait pas aboli les récompenses et les amis de Manet voulurent lui donner la satisfaction qu'il n'avait pu obtenir en 1880. Gervex, de Neuville, Duez, Roll, Carolus Duran, Cazin, Guillemet déposèrent une proposition de médaille et purent rallier les dix-sept voix nécessaires à la majorité : celles de Bin, Feyen-Perrin, Guillaumet, Henner, Lalanne, Lansyer, Lavieille, Émile Lévy, Vollon, Vuillefroy. Cabanel s'était abstenu. Vingt ans après la mention honorable du Salon de 1861, la médaille de seconde classe venait sanctionner la carrière officielle de Manet : il partageait cet honneur avec les peintres Bertrand, Comerre, Sargent, Dupré, Mazure, Verhas, Beauverie, Pointelin, Chartran. Baudry obtenait la médaille d'honneur.

Le jury n'accordait pas de première médaille. Manet avait quarante-neuf ans, il était désormais « hors concours ».

A la fin de l'année, Manet fut nommé chevalier de la Légion d'honneur. Gambetta, président du Conseil, dut insister pour que Jules Grévy, président de la République, signât cette nomination. Le mot de félicitations d'Ernest Chesneau qui lui transmet également celles de Nieuwerkerke inspire au peintre une réflexion désenchantée, « il est trop tard » : « Merci, mon cher Chesneau, de votre aimable lettre... Quand vous écrirez à Nieuwerkerke, vous lui direz que je suis sensible à son souvenir, mais que lui aurait pu me décorer. Il aurait fait ma fortune et maintenant il est trop tard pour réparer vingt ans d'insuccès [57]. »

De Capri, le 28 décembre, Renoir lui adressait un mot à propos de l'entrée de Proust, le 14 novembre, comme ministre des Arts dans le « Grand Ministère » : « Vous êtes le lutteur joyeux, sans haine pour personne, comme un vieux Gaulois ; et je vous aime à cause de cette gaieté même dans l'injustice [58]. » D'autres artistes et amis allaient féliciter Manet qui est revenu sur l'opinion qu'il avait à propos de ce « sale hochet » en 1868. Quand De Nittis avait été décoré en 1880, Degas était plus que jamais méprisant pour ce genre de distinctions et Manet prit la défense de son ami, ravi d'exaspérer Degas : « Tout ce mépris, mon petit, c'est de la blague. Vous l'avez ; voilà l'essentiel ; et je vous en félicite du meilleur de mon cœur. » Il ajoutait, devant les réflexions acerbes de ce dernier : « Mon cher, s'il n'y avait pas de récompenses, je ne les inventerais pas ; mais elles y sont. Et il faut avoir de tout ce qui vous sort du nombre... quand on peut. C'est une étape franchie... c'est encore une arme. Dans cette chienne de vie, toute de lutte, qui est la nôtre, on n'est jamais trop armé. Je ne suis pas décoré ? Mais ce n'est pas de ma faute et je vous assure que je le serai si je peux et je ferai tout ce qu'il faudra pour ça. » La réplique de Degas illustre bien leurs rapports ; ce sont ceux de deux bourgeois, mais l'un est un républicain et un sceptique, l'autre un indépendant irréductible qui proclame son mépris : « Naturellement, interrompit Degas, furieux et haussant les épaules. Ce n'est pas d'aujourd'hui que je sais à quel point vous êtes un bourgeois. — Ouais ! répondit Manet ; bourgeois tant qu'il vous plaira. J'ai fait mes preuves au reste. Mon petit, vous aurez de tout, allez, si peu *bourgeois* que vous soyez, et j'en serai content, comme je le serais pour moi-même [59]. »

La presse et l'opinion se déchaînèrent contre cette récompense ; ce fut le dernier grand mouvement d'hostilité que Manet connut de son vivant. Il n'était pas homme à s'en étonner mais il voulut remercier personnellement les dix-sept votants qui, en lui procurant une joie qu'il ne songeait nullement à dissimuler, s'attiraient les désagréments d'une campagne assez virulente. La civilité du peintre prend son sens quand on relit les témoignages de l'époque. La distribution des récompenses, où Manet jugea plus prudent de ne pas paraître, fut l'occasion d'un chahut de sifflets et de bravos parmi lesquels Hoschedé reconnut ceux du fidèle Fantin mêlés à ceux de Carolus Duran. Philippe Burty s'accorde pour dire que la liste « formée de deux tronçons complètement antipathiques » était le « fruit des amours d'une carpe et d'un lapin, la carpe académique et le lapin indépendant [60] ». Pour le nouveau jury, les ennuis commencent : on le soupçonne d'avoir agi par complaisance et, pis, d'avoir subi des pressions « officielles », on incrimine une « mauvaise action » dont l'effet sera désastreux auprès des « rapins inexpérimentés ». « Avouez que cela est renversant », écrit *Paris-Journal* qui fait dire à la médaille qualifiée de « médaille de sauvetage » : « Ceci est supérieur au Vincent blessé de M. Louis Deschamps, au pauvre aveugle de M. Laugée, au chapelier de M. Kroyer, au Saragosse de M. Girardet, aux portraits des amis de Mlle Breslau, à l'offrande de M. Sauvage et à la récolte de M. Hawkins ; etc., etc. Voyez-vous d'ici le danger [61] ? »

Le Monde illustré qui déclare « prendre la chose par son côté comique et jovial » désire connaître les noms des jurés : « Il se peut, en effet, que leur espièglerie ne soit pas du goût de tous ceux qui les ont envoyés au Palais des Champs-Élysées remplir un mandat réputé sérieux, et alors on aimera à ne pas les déranger l'an prochain de leurs chères études [62]. »

L'annonce des récompenses et la réouverture du Salon au début de juin après le réaménagement provoquèrent un certain émoi dans le public qui avait déjà ri devant *Pertuiset* à l'ouverture : « Ne quittons pas le chapitre des récompenses sans signaler l'étonnement du public à propos du *Chasseur de lions* de M. Manet ; une deuxième médaille à cette fumisterie ! Les oh ! les ah ! les exclamations, les apostrophes ne cessent pas, devant le résultat affiché des décisions du jury : Avoir récompensé cette "horreur" ! Non, c'est à n'y pas croire !... Voilà bien les artistes ; mieux vaut le Salon organisé par l'Institut... Quelle abomination de la désolation !... Je vous dis que c'est la fin du monde [63]. » Dans ces conditions d'affrontement, dont les deux envois de Manet sont largement responsables par leur total manque d'« opportunisme », il est remarquable de voir un journaliste comme Fourcaud, au *Gaulois*, défenseur de Manet mais aussi critique avisé et parfois mordant, se lancer dans la bataille : « Je m'insurge de pleine conviction lorsque j'entends traiter ce peintre d'ignorant et de grotesque, ainsi que plusieurs ont coutume de le faire. Il est certain qu'on ne peut approuver à la fois M. Cabanel et le portraitiste de M. Rochefort, et que la médaille de seconde classe attribuée à M. Manet, par le jury de cette année, équivaut à un soufflet sur la joue de l'auteur de *Thamar*, de *Phèdre* et des *Coffrets.* De là le redoublement des colères. Mais que nous fait cela ? Le soufflet a été donné et il sera gardé et, bien que je désirasse pour l'artiste autre chose qu'une récompense au Salon, j'estime que ceux qui lui ont décerné une médaille ont bravement agi, et ils lui en auraient décerné une supérieure que je n'applaudirais que plus fort à leur digne protestation contre la routine académique [64]. »

La situation aboutissait à une radicalisation et Cabanel était bien mal récompensé. Mais c'est aussi la médaille et son principe qui étaient attaqués. On voit ainsi dans *le Charivari* cette caricature avec pour légende : « Ah ! ah ! tu mets ton chien à l'Exposition des Tuileries ! — Oui, et je l'ai appelé *Manet*; ça lui fera peut-être avoir quelque médaille [65]. » *La Gazette de France* exulte : « M. Manet est médaillé. C'est bien fait !... Le voilà officiellement embourgeoisé. Il est bon républicain et sa médaille a l'air d'une récompense. C'est bien fait pour lui[66]. » Pour l'opposition anti-républicaine « la démocratie est la mort de l'art » et Manet, « le Zola de la peinture », incarne la République bourgeoise : « C'est à faire rougir les mammifères primés des expositions agricoles[67]. » Sur un ton plus mesuré *la Presse* constate avec ironie l'éclectisme du nouveau jury : « MM. Bertrand, Verhas et Éd. Manet ont aussi la même récompense ; on pourrait dire : "Mais si vous aimez Agrippine, Samson, Atala, le Cierge, il vous est impossible d'aimer *Patrie*, la *Revue des Écoles* ou le *Portrait de Pertuiset*?" Erreur[68]. » Émile Cardon constate pour sa part que la Société des artistes ne procède pas autrement que les « associations d'artistes capillaires »; il craint un glissement vers une de ces « sociétés d'admiration mutuelle » et prend un exemple qu'il estime particulièrement saisissant : « Il y a en ce moment, à côté du Salon organisé par la *Société des Artistes français*, un autre Salon organisé par la Société des artistes indépendants. Qui pourrait donc empêcher les sociétaires du boulevard des Capucines de suivre l'exemple des sociétaires du Palais des Champs-Élysées, de voter une médaille d'honneur à M. Caillebotte ou à M. Forain, une première médaille à Mlle Berthe Morrizot (sic), ou mettre hors concours M. Pizzaro (sic)[69]. »

Philippe Burty n'est pas loin de partager cet avis : « M. Bornibus a des raisons sérieuses pour annoncer le nombre des médailles qui ont récompensé sa moutarde, écrit-il. Les jurys des expositions garantissent qu'elle est toujours conforme aux prescriptions de la maison. On peut acheter un pot les yeux fermés. Mais une médaille — même d'honneur ! — ne garantit pas, à distance, qu'un artiste est perpétuellement égal à lui-même[70]. » Selon lui, cette mesure concerne moins les œuvres que la personne du peintre. Le véritable hommage consisterait en un achat par l'État et il lance un appel en ce sens : « C'est à un gouvernement sincèrement républicain de réparer la cruelle injustice commise si longtemps envers l'œuvre et la personne de l'auteur, notamment, de cet *Enfant à l'épée* qui cet hiver révolutionnait les amateurs de l'hôtel Drouot dans une vente contenant des morceaux du plus haut choix », écrit-il, faisant allusion à la vente du 24 février 1881 de la collection du financier Edwards et au prix élevé atteint par le tableau.

En vérité, les amis du peintre n'applaudissaient que du bout des doigts : « Franchement, M. Manet est au-dessus de ces distinctions mitigées[71] », écrit Silvestre qui reconnaît que la décision vaut surtout vis-à-vis de ceux qui prennent l'artiste pour un farceur ou un hurluberlu. « On me dit aussi, poursuit-il, que les jeunes du jury ont voulu remercier M. Manet des services qu'il a rendus à l'école de couleur contemporaine. Une seconde médaille pour avoir eu une grande influence sur son temps ! Ne trouvez-vous pas cela un tantinet mesquin[72] ? »

La médaille était bien comprise en ce sens par la plupart : on avait salué un « initiateur », un peintre qui a « éclairci les palettes », influencé le mouvement de la peinture contemporaine. Et quelques-uns trouvaient que Manet s'était mis dans une mauvaise position ; il avait plus perdu que gagné au jeu du Salon officiel : « On a fait grand tapage et crié victoire sur les toits parce qu'à grand-peine, comme une aumône donnée à regret, Manet est médaillé de la deuxième classe. Est-ce assez dérisoire, voyons ? Le maître moderne qui a des premiers engagé la bataille et donné le mot d'ordre à toute la jeune école avait-il besoin d'une médaillette de quatre sous qui n'ajoute rien à sa gloire et qui l'amoindrit plutôt. On ne pouvait jouer un plus méchant tour à ce vaillant réfractaire. Le voilà maintenant dans le rang des médaillés, derrière les prix de Rome ! Ah ! que de brocards vont s'abattre sur le dos du converti, de la Nouvelle-Athènes au Bon-Bock[73]. »

La médaille de Manet était donc un des éléments nouveaux de la situation esthétique en 1881, ce qu'Émile Zola appelait « l'anarchie complète des tendances » ; il y voyait une preuve de vitalité dans l'attente d'un peintre de génie, un « tempérament qui, dans notre école de peinture, mettra debout le monde contemporain[74] ». Les élèves de Cabanel, les révoltés de l'École des Beaux-Arts étaient passés dans le camp des modernes et, du côté des impressionnistes, deux tendances s'exprimaient à la sixième exposition organisée au 35, boulevard des Capucines, la même adresse qu'en 1874, mais dans un espace différent : sur treize participants, sept étaient des amis de Degas : Mary Cassatt, Forain, Raffaelli, Rouart, Tillot, Vidal, Zandomeneghi. Monet, Renoir, Cézanne, Sisley, Caillebotte ne participaient pas. Ce dernier, dans une longue lettre à Pissarro du 24 janvier 1881, exposait ses griefs contre Degas qui a « apporté la désorganisation parmi nous ». « Il passe son temps à pérorer à la Nouvelle-Athènes ou dans le monde »[75], ajoute-t-il. Ce n'est pas le moindre des paradoxes que de constater que la médaille vient souligner l'indépendance de Manet. Chef d'école sans école, il voyait reconnu son passé avec des envois intempestifs et mal compris. On décorait le révolutionnaire et il devait s'en amuser : « M. Édouard Manet, le révolutionnaire Manet, Manet l'intransigeant, Manet l'insurgé de la peinture, Manet la terreur de l'Institut et l'effarement des bourgeois, Manet s'incline tout heureux devant la médaille qui resplendit pour lui comme le soleil luit pour tout le monde ! Courbe la tête, fier Sicambre ! Tu es aussi médaillé que le commun des martyrs ! Et il doit en être enchanté. Et en lui décernant une médaille c'est à toute une existence de recherches que les juges de cette année l'ont accordée. C'est à *l'Enfant à l'épée,* c'est au *Torero,* c'est à ces œuvres du passé qui sont de réelles pages[76] », écrit Jules Claretie. Manet n'était pas dupe de cette logique qui consiste à construire un passé pour mieux ignorer le présent et dans le plaisir que lui fit cette malheureuse médaille, il dut y avoir le bon tour qu'il jouait à ceux qui ne voulaient retenir de lui qu'un ou deux tableaux et parmi ceux-ci de préférence *l'Enfant à l'épée.* « M. Pertuiset, écrit *le Pays,* a décroché la médaille à son artiste : ce n'est pas étonnant, il est si habile tireur[77] ! »

Le 14 mai 1881, eut lieu à l'hôtel Drouot la vente au profit du musicien Cabaner dont Manet avait fait le portrait l'année précédente avant que le bohème, malade, ne fût dans l'obligation de quitter Paris pour aller soigner sa phtisie à Amélie-les-Bains. Le peintre Franc-Lamy prit l'initiative d'une vente en s'adressant d'abord à Manet, Degas, Pissarro, Cézanne puis à de nombreux autres artistes parmi lesquels on peut citer Jean Béraud, Caillebotte, Forain, Gill, Gœneutte, Guérard, Guillemet, Monet, Raffaelli, Renoir. Cabaner était très connu parmi les artistes et l'épisode de cette vente désigne, au-delà des dissensions et des divergences, un terrain d'entente qui demeure au fil des années un des foyers de la vie artistique, la bohème. Manet, le peintre du *Vieux Musicien* et des *Mendiants-Philosophes*, le peintre du *Guitarero* et de *la Chanteuse des rues*, est sans doute l'interprète le plus complet des valeurs profondes de la bohème et le visage de Cabaner dont il donne au pastel une interprétation saisissante vient le rappeler encore. Pour la vente, il fit don d'un petit tableau d'une intensité et d'une originalité que l'on n'attend pas en une telle occasion, *le Suicidé* (Fondation E.G. Bührle, Zurich).

Né à Perpignan le 12 octobre 1833, fils d'un aubergiste, Cabaner, de son véritable nom François Matt, était venu suivre à Paris les cours du Conservatoire ; il y mena une vie de chanteur et de compositeur, interprétant de nombreuses pièces en vers et travaillant comme accompagnateur dans des cafés chantants. Dans les dernières années, il est un habitué de la Nouvelle-Athènes où sa figure légendaire trouve sa place aux côtés de Marcellin Desboutin. Jules Claretie en fait une des figures typiques du milieu des Indépendants : « Manet, Degas, les indépendants, et aussi les intransigeants du pinceau, Pissarro, Claude Monet se rencontrent là et causent. On a plus d'une fois dévoré, en déjeunant, tout l'atelier Bouguereau en guise de radis. L'atelier de Bonnat est pour le dessert. Mais deux personnages entre tous se détachent de ce milieu confus, singulier et amusant. L'un est un excentrique, l'autre un tempérament remarquable. L'excentrique s'appelle Cabaner. C'est un être doux, pensif et bon, un musicien. Très pauvre, il joue, m'a-t-on dit, d'un instrument quelconque dans un café-concert du boulevard extérieur. Entre-temps, il compose. On a publié de ses romances (le mot le blesserait peut-être). Il a du talent. Sa vie se passe comme un rêve[78]. »

Cabaner vint poser dans l'atelier de la rue d'Amsterdam et Manet dira de lui, se souvenant des séances de pose, qu'il fut « le modèle des modèles[79] », voulant signifier par là que cet individu à la réputation de fou s'était conduit avec lui de façon fort sensée et qu'il avait respecté son travail et ses exigences. Pourtant Manet n'était pas à proprement parler l'ami de Cabaner ; ce dernier préférait la peinture de Cézanne ou celle de Renoir. Mais Cabaner représentait une dimension de la chanson réaliste et poétique à laquelle Manet était sensible. Il avait déjà exécuté deux lithographies pour des couvertures de morceaux de musique, en janvier-février 1863, *Lola de Valence, Poésie et Musique de Zacharie Astruc* et, en 1866, *Plainte moresque par J. Bosch* ; en 1878, il avait projeté une couverture pour une chanson de Jean Richepin, mise en musique par Cabaner, dans la série *la Chanson des gueux*. Un dessin au pinceau et à l'encre de Chine reprenant un motif de son tableau représentant la rue Mosnier figure à l'envers d'une feuille imprimée d'une des chansons, « les Mendiants », dédiée à Manet. Cabaner a composé d'après Villon « la Ballade des dames du temps jadis », d'après Baudelaire, le « Sonnet de la Beauté », Banville, « Nous n'irons plus au bois », Mallarmé, « Hérodiade », Charles Cros, « le Pâté » ou « le Hareng saur ». Lui-même a également composé et son œuvre est loin d'être mince. Il reste quelques partitions, mais l'essentiel s'est dissipé aux quatre vents ; il ne reste que le témoignage de ceux qui furent témoins des qualités d'interprète de Cabaner. Voici par exemple un passage du feuilleton de Théodore de Banville dans *le National* du 18 juillet 1870 : « J'aurais voulu dire un mot de la soirée où Carjat avait réuni ses amis, c'est-à-dire tout le Paris illustre et charmant, et mentionner surtout deux compositions de M. Cabaner qu'a chantées M. Caron de l'Opéra. M. Cabaner, merveilleux harmoniste, demande aux strophes de nos poètes *la mélodie qu'elles contiennent*, au lieu de les plaquer sur des airs de danse !

Bref, il nous ramène à ce qui est vraiment la Musique et non la sauterie : voilà ce que j'appelle un audacieux[80] ! »

Un souvenir plus ancien des frères Lionnet évoque Cabaner au temps où il s'appelait encore François Matt, déclamant dans la rue « devant la pointe Saint-Eustache à côté des grandes Halles », devant une foule de badauds, en accompagnant à la guitare les couplets recomposés par lui d'après un mélodrame à la mode, *la Mendiante*, joué au théâtre de la Gaîté. La scène décrite rappelle l'inspiration de Manet au début des années 1860, notamment l'eau-forte de 1862, *le Chanteur des rues*. Toute la vie de Cabaner est ainsi à reconstruire lambeau par lambeau et sa place, dans une histoire de la poésie chantée, est loin d'être négligeable. Mais son allure, son mode de vie, ses « mots » ont composé une légende qui a fini par l'emporter en intensité sur tout le reste. « Émacié dans une redingote usée et un pantalon noir qui flotte, il a, avec sa figure osseuse et barbue, son crâne couvert de cheveux rares, amenés en avant jusqu'au haut du front, ses yeux bleus et doux, une tête de moine ou de zouave. Né près des frontières pyrénéennes, Cabaner évoque l'image d'un misérable hidalgo du seizième siècle qui serait venu vivre à Montmartre avec la profession de musicien impressionniste[81] », écrit Félicien Champsaur. L'ascétisme de Cabaner était proverbial, il vivait de pain, de fruits secs qu'il grignotait en marchant. Jean Richepin rappelait que « l'éternelle nourriture » de l'auteur du *Pâté* consistait « en du riz cuit avec un hareng saur[82] ». Ses maigres ressources étaient consacrées à aider ses amis ou ses protégés ; il vivait rue La Rochefoucauld dans une grande pièce encombrée de meubles hétéroclites où étaient accrochés les *Baigneurs* de Cézanne qui feront partie du legs Caillebotte.

Les excentricités de Cabaner le destinent à participer aux réunions tapageuses des « Affreux Bonshommes » où surgit un jour, de sa province, le jeune Rimbaud. Selon Verlaine, ce dernier « enthousiasma Cros, charma Cabaner, inquiéta et ravit une foule d'autres, épouvanta nombre d'imbéciles[83] ». Promu barman du club du Cercle zutique qui siégeait à l'hôtel des Étrangers, à l'angle de la rue Racine et de la rue de l'École-de-Médecine, Cabaner eut à ce titre les honneurs répétés du fameux *Album*, ainsi ce sonnet évocateur de Léon Valade et Camille Pelletan :

Coupés par une raie inflexible et directe
Ses cheveux longs et plats se collent à son front
Qu'une moiteur douteuse et pluviale humecte
Et que beaucoup d'étés à peine sécheront

Sa barbe fauve et roide a la rousseur suspecte
Des Dante ayant vu ce que nuls ne verront.
Empereur, pape et roi, chef et seul de sa secte,
A disséquer les Dieux, ses frères, il est prompt.

Il est musicien sans payer de patente.
Il a fait le Pâté, cette chose épatante,
Il se nourrit de lait, de miel, de harengs saurs.

Pâle, quand on le voit s'acheminer vers l'orgue,
On lui dit : Où tes pas s'en vont-ils ? A la morgue ?
Ruisselant, il répond : « Je n'y vais pas, j'en sors ».

Un autre portrait rimé attire l'attention sur les goûts du musicien pour les jeunes gens :

Képi sur le côté, corset bleu, jupon rouge
Et le petit baril tricolore en sautoir,
Cabaner sérieux se tient à son comptoir.
Tout, rhum, absinthe, lait, coule à flots dans le bouge[84]...

Plusieurs poèmes de Cabaner sont dédiés à Rimbaud, en particulier un « Sonnet des sept nombres » d'une inspiration proche de celle du sonnet des « Voyelles ». En effet, dans le milieu artistique de l'après-guerre, chez Charles Cros ou Nina de Callias, le rôle de Cabaner fut d'agiter l'idée de la synesthésie romantique et d'une correspondance entre peinture et musique. Verlaine évoque ainsi « le sympathique

Cabaner dont j'entends encore les sonnets en plain-chant et les théories parfois abracadabrantes qui vous faisaient vous tordre sur place, puis penser "dans l'escalier"[85] ». Cabaner rêvait d'un système de transcription permettant de faire l'économie des paroles : « Il faudrait en effet, lui fait dire Champsaur, pouvoir indiquer les silhouettes de Degas, de Jean Béraud, des autres seulement au moyen de la musique, avec les blanches, les noires, les croches, car, sans doute, il existe un rapport entre la gamme des sons et celle des couleurs. Le blanc doit correspondre à l'ut, le bleu au ré, le rose au mi, le noir au fa, le vert au sol. Et ainsi de suite. Ces rapports des couleurs et des sons, une fois trouvés et fixés, on mettrait en musique des paysages ou des médaillons, en remplaçant les teintes par les notes et en marquant les demi-teintes par les dièses et les bémols[86]. »

Par-delà tous les « mots » qui lui sont attribués et qu'il serait inutile d'évoquer ici, on peut considérer Cabaner comme une sorte de Neveu de Rameau impressionniste qui a contribué à sa manière au climat esthétique de son temps. Cézanne était resté en relation avec Cabaner et c'est lui qui, au moment de la vente, écrit à Émile Zola pour lui demander de rédiger la notice ou, comme il le dit dans sa lettre, « la légende de Cabaner[87] ». Le 20 mai 1881, après la vente, il écrit de Pontoise un mot de remerciement qui montre qu'il a été sensible au jugement de son ami sur le génie avorté, sur l'homme qui meurt de son art, sans produire. Déjà se profile le désaccord qui éclatera en 1886 avec la publication de *l'Œuvre* : « (...) Je te remercie bien de la préface que tu as écrite au sujet du métaphysicien qui aurait dû écrire quelque œuvre ostensible, car il a quelques aperçus théoriques vraiment bizarres et paradoxaux, qui ne manquent pas d'un certain ragoût[88]. » Dans sa préface, Zola avait déclaré notamment : « (...) Ce n'est pas du musicien que je désire parler, mais de l'homme qui souffre. Terrible vie que cette vie de l'artiste lâché sur le pavé de Paris, avec le clou d'une idée fixe dans le crâne ! On le plaisante, on le traite de bohème, de raté ; et la vérité est qu'il meurt de son art. Je ne connais pas de folie plus noble ni plus respectable.

Même s'il se trompe sur ses forces créatrices, même s'il s'égare dans des subtilités de théoricien, cet homme-là n'est-il pas touchant et n'a-t-il pas sa grandeur, qui est un soldat perdu de l'idée et qui finit toujours par tomber pour elle [89] ? »

Manet a donc fait le portrait d'un homme qui évoque vingt ans de vie artistique et peut lui rappeler l'engagement de ses débuts avec le modèle du *Buveur d'absinthe.* Mais le rapport de Manet à Cabaner est assez proche de celui qu'il entretenait avec Cézanne, de la sympathie mêlée de distance. Car la bohème de Manet reste sous le contrôle vigilant de ses manières policées d'homme du monde. Jacques-Émile Blanche apporte sur ce point un témoignage éclairant : « Je crois bien, écrit-il, que si Manet approuvait les intentions de Cézanne, c'était plutôt pour un maniaque qu'il le prenait. Je portai chez Manet les paysages et la nature morte (pommes rouges et pot au lait en fer-blanc) que j'avais achetés chez Tanguy, convaincu qu'il aimait, comme Renoir, la rareté de leur pâte et de leur ton, comme d'un émail ou d'un fragment de poterie persane. La forme même m'en paraissait curieuse. Manet me dit : "C'est de la peinture, comme la musique de Cabaner est de la musique. Et il se tourna vers Chabrier : N'est-ce pas, Emmanuel [90] ?" »

Georges Rivière, dans son livre sur Renoir, a évoqué les réunions chez Cabaner où figuraient Chabrier, Charles de Sivry, Alexandre Georges, Maurice Rollinat, Richepin, Charles Cros, Maurice et Félix Bouchor, Forain, Franc Lamy, Cordey, Lestringuez. Les artistes respectaient le jugement de Cabaner, précieux sous une forme bizarre et souvent outrée. Ce que Manet put apprécier enfin dans ce personnage est aussi son côté mystificateur. Car son visage extatique — « un visage de Christ conservé dans l'esprit-de-vin [91] », aurait dit François Coppée — ne doit pas faire illusion. L'homme en tirait des effets de blague avec un sens consommé de la mise en boîte. Ce mélange d'ironie et de sérieux en faisait vraiment un être destiné à entrer dans la légende et tel est bien le cas quand on lit les pages dithyrambiques que lui a consacrées George Moore, son compagnon de banquette à la Nouvelle-Athènes.

C'est aussi dans le rappel de toutes les valeurs qui s'attachent à cette figure de l'artiste sacralisé par la bohème qu'il faut envisager la petite toile curieuse que Tabarant qualifie d'« incident de palette [92] ». Il affirme que Manet aurait peint *le Suicidé* pour l'occasion de la vente, dans les premiers mois de 1881. Plus généralement l'œuvre est datée de 1877. Bien qu'il ne semble pas y avoir de lien direct entre une des pièces composées par Cabaner et l'évocation de cet homme en chemise qui vient de se tirer un coup de revolver dans la poitrine et s'affaisse sur un lit en fer dans une chambre d'occasion, le caractère de la scène peut concerner l'inspiration souvent amère, violente et sarcastique du musicien. Le revolver, l'habit suggèrent le suicide bourgeois contemporain. L'œil cherche en vain dans ce décor un indice, un détail pour accrocher une explication au geste du malheureux. Manet n'a laissé au mur qu'un vague portrait sans cadre qui n'autorise aucune hypothèse. La présence laconique du suicidé, le format de la toile, la violence froide des tons font penser, par antithèse, aux compositions les plus éruptives de Cézanne. Cézanne qui avait pris *Olympia* et Manet comme point d'appui pour affirmer l'identité profonde de sa personnalité artistique. Il y a ici un élément de réponse, à travers Cabaner. Mais que penser d'un tel « cadeau » quand il s'agit d'un homme malade, sans ressources et qui ne va tarder à mourir ?

Il existe une iconographie du suicide romantique, en particulier chez Géricault, Decamps, Wallis, Tassaert. Manet ne la reprend pas. En février 1877, Zola s'était emporté contre la reprise de *Chatterton* de Vigny à la Comédie-Française ; le personnage du poète lui semblait creux et vide : « Chatterton faisait l'effet d'un habitant de la lune tombé parmi nous [93]. » Manet aurait-il modernisé le sujet, notamment en évoquant un événement réel ? Il a été marqué, on le sait, par le suicide dans son atelier en 1860 du jeune garçon qui posa pour *l'Enfant aux cerises* et par la suite, comme toute sa génération, il fut sensible au suicide de l'artiste victime de son art et de la société. En 1866, l'agitation faite autour du suicide du peintre Jules Holtzapfel, élève de Cogniet, après son refus au Salon, avait été imputée par certains à l'auteur d'*Olympia*. Plus récemment, en avril 1877, le suicide du peintre Charles Marchal avait vivement ému les artistes : Marchal avait connu le succès, en 1863, 1864, et surtout en 1868 avec *Pénélope* et *Phryné*, tableau qui n'a pas été ignoré de Manet quand il conçut *Nana* pour le Salon de 1877. De tempérament jovial et rieur, Marchal voyait son inspiration le quitter et la disparition d'un artiste, masquant son désespoir derrière le sourire, produisit une émotion profonde. *Le Suicidé* n'est certainement pas un « Suicide de Marchal » déguisé ; ce dernier s'était tiré une balle dans la tête dans son atelier. L'esprit de la composition va davantage dans le sens d'une observation dépourvue de toute forme d'émotion. L'anonymat — suggéré par le titre même du tableau —, l'insignifiance et la banalité apparente de la scène constituent, en revanche, un intérêt nouveau. Les contemporains pouvaient comprendre une telle image, car la presse n'est pas avare d'informations sur le phénomène dont l'aspect sociologique est commenté avec intérêt. On fait remarquer, en effet, que le suicide n'est plus le seul fait des fils de famille et le résultat de ce que l'on appelait la haute noce, mais qu'il devient un trait caractéristique du « noceur » petit-bourgeois. Albert Wolff consacre par exemple une de ses chroniques du *Figaro* à ce phénomène, en évoquant ces jeunes gens qui « pensent mourir comme les honnêtes gens, quand, la dernière ressource épuisée, ils se font sauter la cervelle ; ils jugent avoir tout fait et tout racheté, quand ils se logent une balle dans la tête, misérablement, ridiculement, bêtement, comme un soldat qui se tue parce qu'il est trop lâche pour marcher à l'ennemi [94] ».

Manet ne juge pas son « suicidé » en des termes identiques, mais le tableau semble désigner l'énigme d'une solitude quelconque. *Le Suicidé* n'est pas l'artiste, l'amant, le joueur, l'homme ruiné qui vient de mettre fin à ses jours ; c'est davantage ce que le suicide fait de cet homme banal. Le silence des valeurs s'étend jusqu'à son geste. Si l'on veut bien revenir à la pensée que Manet pouvait avoir de Cabaner, en particulier grâce à son portrait, il est difficile de ne pas constater dans cette perspective combien la vie de Cabaner, son ascèse, son culte de l'art, de l'idée, de l'amitié, accusent le néant du *Suicidé*. La mort de Cabaner — elle existe — s'éclaire peut-être de ce contraste. Et dans ce contraste entre l'artiste et l'image d'une destruction contemporaine triviale et désespérée, il est possible de faire tenir également l'évocation de Villiers de l'Isle-Adam, l'ami de Mallarmé, de Cabaner, de Manet. L'épisode de la vente du 14 mai 1881 constitue une date précieuse qui permet de disposer d'un repère important pour juger des valeurs dont la peinture de Manet est pénétrée dès l'origine. Cette toute petite toile appelle en somme la pensée de grands tableaux, *l'Homme mort,* le *Portrait de Rouvière dans le rôle d'Hamlet, l'Exécution de Maximilien* ainsi que d'autres images.

De la fin juin jusqu'à la fin du mois de septembre 1881, Manet passe l'été à Versailles, dans une villa avec jardin que lui a trouvée Marcel Bernstein, amateur et collectionneur (il lui vendra *le Moine en prière* de 1865 l'année suivante) qui possédait une propriété non loin du 20, avenue de Villeneuve-l'Étang. Manet n'a pas voulu recommencer les séances pénibles d'hydrothérapie et son médecin, le docteur Siredey, lui a simplement prescrit le repos. Le climat de cet été 1881 est assez différent de celui passé à Bellevue. Le peintre ne semble plus ressentir le besoin de fixer sur la toile ou sur le papier l'image d'une jeune femme ou d'une jeune fille élégante ou tout simplement en vacances, comme il le faisait avec Isabelle Lemonnier ou bien Marguerite, la sœur de Mme Guillemet. La raison n'en est certainement pas dans une brusque résignation puisque au printemps il travaillait encore à une de ses images les plus fraîches et les plus virtuoses d'après la jolie Jeanne Demarsy. Il se peut en revanche que la pensée de l'océan et du voyage qui revêtait une telle intensité à Bellevue n'ait plus le même impact tonique. Manet ne joue plus avec cette idée qui a abouti aux deux versions de l'*Évasion*. On le constate dans la réponse qu'il fait à Mallarmé, le 30 juillet, au sujet de dessins pour l'édition des poèmes d'Edgar Poe projetée avec l'éditeur Edouard Rouveyre. Mallarmé croit le moment propice, mais son ami lui répond :

« Mon cher Capitaine,

Vous savez si j'aime m'embarquer avec vous pour un travail quelconque ; mais aujourd'hui c'est au-dessus de mes forces. Je ne me sens pas capable de faire proprement ce que vous me demandez. Je n'ai pas de modèle, et surtout point d'imagination. Je ne ferais rien qui vaille. Excusez-moi donc.

Je ne suis pas très content de ma santé depuis que je suis à Versailles. Est-ce le changement d'air ou les variations de température, mais il me semble que je vais moins bien qu'à Paris ; je prendrai peut-être le dessus [95]... »

Malgré tout, le peintre va produire quelques toiles intéressantes, en particulier *le Banc* qui semble répondre au *Jardin de Bellevue* de 1880, mais avec une valeur de confession plus directe. La toile procure un sentiment de lumière et de discrète mélancolie ; l'espace rythmé par le mur et une pergola donne le sentiment contrarié de l'étendue ; une présence rendrait soudain ce jardin exigu et étroit ; il n'est en réalité habité que par les fleurs. Une lettre de Mallarmé de l'été suivant nous apprend que Manet y a lu avec plaisir *les Confessions* de Jean-Jacques Rousseau : « Oui, c'est un fameux livre [96] », lui renvoie Mallarmé qui le relit à son tour. De sorte que ce coin de jardin, « le plus affreux des jardins [97] », écrit-il à Éva Gonzalès, contient sa part de rêve et de liberté. Manet était parti à Versailles croyant pouvoir « faire des études dans le parc dessiné par Lenôtre [98] », mais c'est à un autre XVIIIe siècle que sa mauvaise santé l'a condamné. Dans sa lettre du 23 septembre à Éva Gonzalès il se plaint surtout du mauvais temps : « Il y a bien un mois et demi qu'il pleut ici », évoquant un « voisinage charmant » qui lui fait aussitôt songer à la chance du « vigoureux Guérard » : « Il rencontre et Guillemet et Renoir [99]. »

Françoise Cachin a souligné la valeur subtile du *Portrait d'Henry Bernstein enfant.* Manet a inscrit dans la pose, jambes écartées, mains dans les poches, le caractère du costume marin et il a mêlé à l'image de l'enfant sage et de bonne bourgeoisie le rêve du gamin, libre devant le peintre ou plutôt dans sa peinture. Le futur dramaturge, âgé alors de cinq ans, tient déjà ici un rôle et dans cette reconnaissance du jeu et de l'enfance, Manet met beaucoup de lui-même. Il s'agit en effet d'une forme de chef-d'œuvre par tous les risques qu'un tel sujet comporte. C'est aussi aujourd'hui une image qui semble convoquer l'écriture ou le regard de Marcel Proust.

Plus inattendu que le portrait du fils de son charmant voisin, *Jeune taureau dans un pré* est un tableau qu'un jour, à la fin de sa vie, Jean-Baptiste Faure viendra admirer chez son propriétaire Alexandre Astruc en s'agenouillant jusque par terre ; son intérêt pour Manet n'avait pas faibli. La toile est intéressante par son sujet à la Courbet : il est arrivé à Manet de peindre des vaches et quelques animaux, mais ici le jeune taureau dans son pré a une présence ; il regarde le peintre qui fixe son identité juvénile et curieuse. Point n'est besoin d'évoquer la tradition hollandaise ou la tradition réaliste, le jeune taureau versaillais exprime l'intégrité à laquelle est parvenu l'art de Manet devant la nature. Les taureaux espagnols n'étaient que des « rats d'égout [100] » et ce jeune taurillon risque maintenant de bousculer le chevalet du peintre de l'*Espada.*

Manet fit également, cet été-là, quelques natures mortes ainsi que des panneaux décoratifs, mais la pensée de la rentrée à Paris ramène le désir d'entreprendre une œuvre plus importante. Dès la fin de l'été, l'artiste vit dans la perspective du prochain Salon ; il exprime son impatience à Éva Gonzalès en évoquant le retour de son père Emmanuel Gonzalès : « J'ai lu ce matin, dans *le Figaro,* qu'Emmanuel Gonzalès était de retour à Paris. C'est ce qui va nous arriver de samedi en huit. Il est temps de rentrer chez soi. J'espère que le mois d'octobre sera assez beau pour commencer quelque chose pour l'exposition prochaine... Adieu, chère

Madame. Nos amitiés à vous tous [101]. » Manet pense-t-il déjà à ses *Folies-Bergère* qui seront exposées en 1882 ? Le passage sur le temps et sur le désir de pouvoir disposer d'un beau mois d'octobre laisse supposer qu'il a, en fait, dans l'esprit un tout autre projet. Ce projet est connu par une lettre en date du 22 octobre 1881 en provenance de la Compagnie des Chemins de Fer de l'Ouest, signée de l'ingénieur en chef du matériel et de la traction :

« Monsieur, vous avez bien voulu me demander d'être autorisé à faire dans un de nos dépôts une étude d'après une machine-locomotive montée par son mécanicien et son chauffeur.

J'ai l'honneur de vous informer que M. Blœcher, inspecteur chargé de la direction du dépôt de Batignolles, 116, rue Saussure, à qui vous pourrez vous adresser avec cette lettre, a reçu les instructions nécessaires pour qu'il vous soit donné à cet égard toutes les facilités compatibles avec les exigences du service [102]. »

Le temps d'automne, les exigences du service, la santé du peintre ont probablement empêché la réalisation d'un projet ambitieux. Après la barque de l'automne 1880, Manet voulait à nouveau traiter un motif chargé de valeurs fortes. Les évadés étaient dans son esprit des héros courageux et l'on sait par un propos transcrit par Jeanniot que Manet admirait les « cheminots » comme des « héros modernes » : « Un jour, en revenant de Versailles, je suis monté sur une locomotive, près du mécanicien et du chauffeur. C'était un spectacle magnifique que celui de ces deux hommes : leur sang-froid, leur endurance ! C'est un métier de chien ! Ce sont des héros modernes, ces gens-là ! Quand je serai guéri, j'en ferai un tableau [103]... » Le sujet lui tenait donc particulièrement à cœur et seule la maladie semble responsable du changement d'inspiration en direction du bar des Folies-Bergère.

La machine avec ses deux hommes succède à la grande inspiration de la mer et des marins, car Manet n'a jamais montré de tendresse particulière pour l'ouvrier, pour l'artisan, encore moins pour le paysan. Pour que le travail l'intéresse, il lui faut les éléments. Le *Chemin de fer* qu'il commence dès son installation rue de Saint-Pétersbourg en 1872 est un paysage urbain et la série des « Gare Saint-Lazare » de Claude Monet, en 1877, n'échappe pas à cette dimension. Manet semble envisager maintenant un portrait de l'homme et de la machine, un portrait en action. Les photographies des machines de l'époque peuvent aisément nous indiquer le motif prévu par le peintre, mais, au vu de ces documents, la difficulté pour y inscrire la psychologie de ses fameux « héros » semble d'autant plus grande. Il est en tout cas intéressant de constater que c'est à Versailles, en lisant Jean-Jacques Rousseau, que le projet prend corps ; Antonin Proust l'a rappelé, ensemble, avec Gambetta, au lendemain des élections de juillet 1871, ils faisaient souvent le trajet de Paris à Versailles, se donnant rendez-vous à la gare Saint-Lazare. Manet vint ensuite à Versailles en octobre-décembre 1873 pour assister au procès Bazaine qui se déroulait devant un conseil de guerre réuni au Grand Trianon. On a rappelé qu'il assista à l'exécution de Rossel. Le train de Versailles est donc chargé pour lui de souvenirs et il s'agit peut-être là d'un des éléments d'appréciation de son projet qui semble l'aboutissement d'un des aspects de son grand programme pour l'Hôtel de Ville décrit dans la lettre du 10 mars 1879.

On a remarqué que dans son mot à Éva Gonzalès Manet fait allusion au *Figaro*. Il avait une raison particulière de lire le numéro du 22 septembre, car Zola y concluait une série de trente-neuf articles commencée le 20 septembre 1880 et qu'il recueillit plus tard sous le titre *Une campagne*. Dans le dernier article intitulé « Adieux », Zola tirait un bilan de son action ; il avait défendu la littérature contre le pouvoir, les journalistes, les institutions officielles. En défendant la cause du naturalisme, il avait attaqué durement l'évolution de Gambetta. Comme l'indique ce billet, Manet avait suivi sa « campagne » avec intérêt : « Mon cher Zola, j'attendais avec impatience l'article de ce matin et j'espère être un des premiers à vous féliciter. Vous avez été dans toute cette campagne l'homme crâne, franc, et honnête que j'aime depuis longtemps [104]. »

Un des aspects qui pouvaient entraîner l'adhésion de Manet est, en effet, tout ce que dit Zola du métier de journaliste et du combat dans la presse. Lui, Manet, a toujours voulu affronter le public du Salon, c'est-à-dire la presse. Il en a souffert et il a fini aussi par en triompher. Zola pense la même chose : la presse est une dimension fondamentale du métier d'écrivain : « C'est la seule école virile, à cette heure (...) Elle est la vie, l'action, ce qui grise et ce qui triomphe (...) Elle a beau vous avoir traîné sur une claie, elle a beau être stupide et mensongère souvent, elle n'en demeure pas moins un des outils les plus laborieux, les plus efficaces du siècle, et quiconque s'est mis courageusement à la besogne de ce temps, loin de lui garder rancune, retourne lui demander des armes, à chaque nécessité de bataille [105]. »

Les bases de l'amitié entre les deux hommes restent fondées sur les valeurs de leur rencontre et, même si Zola considère l'œuvre de Manet en des termes qui peuvent sembler aujourd'hui un peu insuffisants, ce dernier ne s'offusquait pas outre mesure d'être tenu pour un simple initiateur [106]. Certes Proust rapporte quelques propos amers de Manet sur Zola, en particulier à propos de la réaction de celui-ci concernant la Légion d'honneur que l'artiste désirait obtenir, mais Manet ajoutait aussitôt : « C'est bête de ma part de parler mal d'un homme qui a été pour moi parfait [107]. » En somme, au moment où le peintre rêve d'un tableau qui fait songer aux pages de *la Bête humaine*, publié en 1890, leurs relations demeurent ce curieux mélange de conviction et de sensibilité qui les réunit et qui les sépare.

En janvier 1882, Manet travaille à son *Bar aux Folies-Bergère* (Courtauld Institute, Londres) quand le jeune peintre Georges Jeanniot vient lui rendre visite. Il voit le modèle qui pose derrière une table « chargée de bouteilles et de victuailles [108] ». Jacques-Émile Blanche, autre témoin dans l'atelier à ce moment-là, énumère lui aussi les objets qui servent à recréer l'univers des Folies, « un buffet de restaurant », des « litres », des « fioles à liqueurs », « quelques bouteilles de champagne »[109]. Manet travaille par séances courtes, il n'est pas en bonne forme et quand Jeanniot lui tend la main, il lui répond : « C'est ennuyeux ; excusez-moi : je suis obligé de rester assis. Mettez-vous là[110]. » En effet, on a souvent observé que Manet peignait debout, comme Vélasquez en quelque sorte. Les témoins de 1882 sont surtout attentifs à la transposition des données objectives et à l'opération qui a lieu sous leurs yeux, à partir de quelques bribes de réalité. Même si le modèle pose derrière ce buffet dont on ne voit que le plateau en marbre dans le tableau, il semble évident qu'il n'y a pas de miroir dans l'atelier. Toute la réalité de la salle est composée de mémoire à partir de notations prises sur place. « Manet, bien que peignant ses tableaux d'après le modèle, ne copiait pas du tout la nature ; je me rendis compte de ses magistrales simplifications... Tout était abrégé : les tons étaient plus clairs, les couleurs plus vives, les valeurs plus voisines[111]. » Comme à son habitude, le peintre a besoin du modèle pour peindre tout autre chose. Car un ami commun, le docteur Robin, vient d'entrer et la conversation porte sur le peintre Chaplin. Le sujet des Folies-Bergère en est sûrement le prétexte puisque Chaplin est le peintre de la vie mondaine et des plaisirs parisiens. Manet se lance dans un grand éloge de Chaplin qui fut le premier maître d'Éva Gonzalès : « Vous savez qu'il a beaucoup de talent, déclare-t-il, en peignant à petits coups le papier doré d'une bouteille de champagne. » Manet est donc en train de travailler à l'un des motifs de son premier plan, mais il est assez intéressant de retenir la démarche de sa pensée car elle concerne l'idée plus complète qu'il se forme de son tableau tout entier. « Beaucoup de talent, répéta-t-il. Il connaît le sourire de la femme ; et ça, c'est très rare. Oui, je sais, il y a des gens qui prétendent que sa peinture est trop léchée ; ils se trompent ; et puis, c'est très bien conduit comme coloration[112]. »

Manet finement devance les critiques attendues ; il est, peut-être, un peu agacé par les oppositions tranchées de ses amis ; il voit les choses en peintre qui sait la difficulté : « le sourire de la femme ». Manet s'est confronté à la difficulté avec quelques pastels, avec *Nana*, avec *Au café*, mais ses jeunes femmes montrent plus d'esprit, de bonne humeur, de disponibilité au sourire que le sourire proprement dit. On a souvent l'impression qu'il aurait voulu exprimer cette valeur et précisément dans *Un bar aux Folies-Bergère*, on va le constater, le plaisir évoqué par cet univers reste voilé par l'expression inoubliable du modèle. L'éloge de Chaplin n'est pas une parole en l'air, il est en situation quand Manet songe à l'interprétation qu'il donne d'un univers dont la femme, une femme, devient le chiffre essentiel. Ce qu'elle exprime est, peut-être, l'inverse d'un sourire et c'est toute la distance qui sépare Chaplin de Manet. Mais il n'est pas inutile de retenir que cette distance prend la forme d'un regret, comme si le peintre ressentait le prix de ce qui lui échappe.

L'étude pour le tableau, qui est conservée au Stedelijk Museum d'Amsterdam, aurait été composée d'après des croquis pris aux Folies-Bergère ; elle montre que le principe d'un « tableau-miroir » est déjà en place avec le dialogue des reflets. L'esprit est pourtant assez différent, car Manet, en utilisant les services de son voisin le peintre militaire Henry Dupray, semble transcrire en partie l'atmosphère particulière de l'endroit. La grande fille blonde du comptoir domine un petit bonhomme drolatique qui la dévore des yeux. L'établissement de la rue Richer, ouvert en 1869, réaménagé à plusieurs reprises sur le même emplacement, était devenu le temple des plaisirs parisiens. Tous les soirs, une foule composite se pressait dans ce lieu sans véritable équivalent. Voici ce qu'en dit Émile Zola dans un texte publié en avril 1882, probablement suggéré par le sujet de son ami : « Il existe à Paris un endroit bizarre, exquis, fort peu orthodoxe, moitié café, moitié théâtre, parisien au possible, fort recherché par les provinciaux et les étrangers. Cet endroit s'appelle les Folies-Bergère. Là, une foule se réunit chaque soir ; quand je dis une foule, c'est une cohue que je devrais dire. Elle se compose du public qui s'amuse, ou mieux encore du public qui a la prétention de s'amuser, c'est-à-dire de ce groupe énorme, blasé, pincé, noceur, rarement jovial, que l'on rencontre depuis une dizaine d'années partout où il est de bon goût de se trouver [113]. »

L'immense succès des Folies tenait en effet à une formule mêlant les attractions du cirque et du café-concert à la distraction mondaine offerte à la foule, par la libre circulation dans des promenoirs et dans un jardin d'hiver propices aux rencontres les plus diverses, le tout pour un prix modique et unique et avec l'assurance d'un programme continu et constamment renouvelé. La publicité tenait le public informé des numéros présentés par les meilleures troupes dans le monde, de sorte qu'aucune autre salle ne pouvait offrir un programme de divertissements aussi étendu avec un choix assuré en matière de galanterie tarifée. « Cette amusante halle aux filles [114] », comme l'appelle Maupassant dans une de ses nouvelles, avait gagné l'estime des gens de lettres et des artistes quand, en 1878, la pantomime des Hanlon-Lees provoqua un engouement extraordinaire. Manet évoque leur succès sur la vitre de son café cette année-là.

En 1879, Huysmans écrivit une sorte d'hymne en l'honneur de ce lieu, promu au rang du sublime naturaliste : « C'est laid et c'est superbe, c'est d'un goût outrageant et exquis ; c'est incomplet comme une chose qui serait vraiment belle. Le jardin avec ses galeries du haut, ses arcades découpées en de grossières guipures de bois, avec ses losanges pleins, ses trêfles évidés, teints d'ocre rouge et d'or, son plafond d'étoffe à pompons et à glands, rayé de grenat et de bis, ses fausses fontaines Louvois, avec trois femmes adossées entre deux énormes soucoupes de similibronze plantées au milieu de touffes vertes, ses allées tapissées de tables, de divans de jonc, de chaises et de comptoirs tenus par des femmes amplement grimées, ressemble tout à la fois au bouillon de la rue Montesquieu et à un bazar algérien ou turc [115]. » Huysmans s'enivre de cet endroit qui, pour lui, comme pour beaucoup d'autres, « est le seul endroit à Paris qui pue aussi délicieusement le maquillage des tendresses payées et les abois des corruptions qui se lassent [116] ».

On le comprend bien, Manet aborde un sujet qui est

peut-être selon l'esprit du naturalisme, mais qui constitue surtout un immense rendez-vous. Son tableau ne pouvait avoir qu'un succès au moins égal à celui du lieu décrit. Et ceci explique peut-être, en partie, son invention du miroir. Car, en elles-mêmes, les Folies restaient un lieu où il n'était pas entièrement scandaleux de paraître. Voici par exemple le témoignage de François Coppée, l'ami de Méry Laurent, qui décrit une soirée aux Folies-Bergère où dit-il « nous sommes allé », « domptant notre haut-le-cœur » : « L'autre soir, nous sommes entré aux Folies-Bergère, où nous n'avions pas mis les pieds depuis les fameuses représentations des Hanlon-Lees, car l'endroit en lui-même nous fait horreur. Ce luxe canaille, cette musique de bastringue, ce spectacle à la fois brutal et enfantin, ce public de filles plâtrées, aux lèvres sanglantes, et de provinciaux en rupture de lit conjugal, ont le don de nous soulever le cœur. » L'auteur du *Passant* déplore la décadence dont cet ignoble bazar est le signe à ses yeux, ce qui lui permet une petite visite de l'établissement : « Las de ces misères et de ces laideurs, nous quittâmes la salle de spectacle, où d'ailleurs on étouffait, et nous allâmes fumer une cigarette dans le jardin d'hiver. Il est construit dans ce faux style moresque adopté par tous les établissements du même genre, alcazars de pacotille, généralifes d'occasion, alhambras de la maison Belloir et Cie [117]. »

Comme l'indique le titre du tableau, *Un bar aux Folies-Bergère*, Manet évoque un des nombreux comptoirs où les serveuses en tenue distribuaient avec grâce leurs boissons. Ces bars ont été évoqués par de nombreux auteurs et sur plusieurs affiches montrant la salle mais, en général, ce motif est le prétexte pour forcer la note réaliste. Zola signale ainsi qu'un des bars situés au premier étage était tenu par « la femme à barbe... avec de longs favoris d'avocat et des moustaches en crocs dignes d'un sapeur de l'ex-garde impériale [118] ». Comment deviner une chose pareille en regardant le tableau de Manet ? Et Maupassant dans *Bel-Ami* : « Dans le vaste corridor d'entrée qui mène à la promenade circulaire, où rôde la tribu parée des filles mêlée à la foule sombre des hommes, un groupe de femmes attendait les arrivants devant un des trois comptoirs où trônaient, fardées et défraîchies, trois marchandes de boissons et d'amour. Les hautes glaces, derrière elles, reflétaient leurs dos et les visages des passants[119]. »

Léon Leenhoff a précisé à propos de l'esquisse qu'il s'agit du bar situé au premier étage à droite de la scène et d'avant-scène. Cette indication est confirmée par l'image de la salle dans le miroir où l'on reconnaît la galerie du premier avec ses loges découvertes en demi-cercle et, par-derrière, la foule circulant dans le promenoir. Dans ces loges qui pouvaient accueillir quatre personnes à condition d'être un peu serrées, on pouvait à loisir regarder le spectacle de l'orchestre et jeter un regard sur le va-et-vient du promenoir. Méry Laurent, Jeanne Demarsy et une troisième femme élégante qui reprend le motif impressionniste des jumelles de spectacle composent, avec les messieurs qui les accompagnent, la société d'amis qui convient à l'esprit de la composition. On chercherait en vain le portrait de ces créatures voyantes qui font l'essentiel des descriptions de Huysmans, de Zola ou de Maupassant. De même, le caractère des dessins de Forain pris aux Folies-Bergère permet de mesurer l'originalité de Manet, qui donne à sa vision une intégrité et une lumière en quelque sorte purifiées des éléments que le public était en droit d'attendre d'un tel sujet. En particulier, Manet élimine de son tableau ce que François Coppée remarque pardessus tout, l'envahissement de la publicité, les affiches qui, « par une ironie d'autant plus remarquable qu'elle est inconsciente, recommandent un postiche quelconque » : « Ici, un corset, vide de gorge et de hanches, arrondit ses formes fallacieuses ; là, trente-deux dents, taillées dans une seule molaire d'hippopotame, brillent dans leurs gencives de caoutchouc rose ; plus loin, une tête de femme déchevelée, d'un côté blanche comme la neige et de l'autre blonde comme les moissons, préconise l'excellence d'une teinture. Vingt affiches bariolées vantent le mérite d'un fard, la puissance d'un vinaigre, la supériorité d'une pommade. Le secret de la toilette féminine est livré tout entier, le mystère du maquillage placardé comme une loi ; et l'imagination, obsédée par toutes ces enseignes de marchands de mensonge, finirait volontiers par croire que la beauté n'existe qu'en pots et en flacons, que toute Ninon cache une Jézabel, et qu'il n'y a plus au monde un visage qui rougisse de pudeur ou pâlisse de volupté, une bouche fraîche et pure, un corsage solide et bien garni. Ces avantages recommandables sont évidemment fort rares chez les habituées des Folies-Bergère, et nous ne pouvions nous défendre d'un sentiment de commisération pour ceux de nos voisins qui suivaient ces dames d'un regard concupiscent, tandis que les éloquentes murailles proclamaient bien haut que ces démarches de *mañolas* étaient l'œuvre d'un corsetier, que ces toisons de Vénus anadyomène avaient été achetées dans quelque pardon de Bretagne par les marchands de chevelures, et que ces sourires pleins de perles allaient de temps à autre se faire raccommoder chez le dentiste [120]. »

Exposé au Salon, en mai 1882, *Un bar aux Folies-Bergère,* si on fait le bilan d'un dossier critique particulièrement étoffé, eut ce qu'on appelle du succès. Certes ce succès était dû en grande partie à cet effet de glace qui suscitait discussions et interrogations, mais l'intérêt aurait été considérablement diminué si Suzon, le modèle de Manet, n'avait pas apporté, en elle-même, un élément de réponse ou de conviction. « Une liquoriste, coiffée à la chien [121]... », « une petite fille blonde très jolie [122] », « une jeune Anglaise aux cheveux d'or [123] », « une belle fille blonde, dont le buste svelte s'enferme élégamment dans une robe bleu foncé [124] », peut-on lire çà et là. « Il n'est pas permis d'être plus "fille" que la créature installée par l'artiste derrière le marbre du bar chargé de fruits et de flacons [125] », déclare Ernest Chesneau. Il fallait toute la mauvaise humeur de la *Revue des Deux Mondes* pour poser cette question désagréable : « De bonne foi, faut-il admirer la face plate et plâtreuse de la *bar-girl*, son corsage sans relief, sa couleur offensante ? Faut-il admettre que le peintre a réussi, au moyen d'un peu de poussière blanche épandue sur le dos de la jeune femme, à donner l'illusion d'une scène réfléchie dans une glace [126] ? »

En réalité, le personnage était parfaitement compris. Son rôle n'était certainement pas d'incarner la vertu, il n'était pas non plus de dispenser ses charmes. Il lui suffisait d'exister derrière son comptoir et d'être « la jolie vendeuse » dont parle Paul Alexis qui la trouve « bien vivante, bien moderne, bien "Folies-Bergère" par l'expression de son visage maquillé [127] ». Le consommateur que le miroir révèle et pour lequel Gaston La Touche raconte avoir posé dévoile, dans toute son évidence, l'expression d'une jeune personne à qui l'on s'est adressé de près. Elle cause, elle « flirte [128] », ont dit quelques-uns ; « elle reçoit les hommages à brûle-pourpoint d'un consommateur encore jeune [129] », dira Henry Trianon ; « un adorateur sérieux peut-être [130] », se demande Paul Alexis. Mais l'expression du visage reste indécise ; la barmaid tout entière reste indécise. On a noté son « air embêté [131] » et Louis de Fourcaud, dans une page descriptive très exacte, n'hésite pas à définir sa vérité de serveuse dans la réponse qu'elle exprime ainsi : « Que lui dit-on ? Je ne sais, mais elle fait la moue ; elle regarde de ses yeux ennuyés, elle parle d'une lèvre dégoûtée ; elle est vraie ainsi des pieds à la tête. Derrière elle, la glace reflète la salle entière et son coloriage, les pilastres rouges, les ornements dorés, les loges et les balcons pleins de costumes excentriques. Qui donc tient en arrêt la demoiselle ? La glace qui la reflète de dos nous montre son galant de face : c'est un homme entre deux âges, lourd, blasé, désœuvré, portant sa canne sur sa poitrine. Savez-vous rien de plus ingénieux comme arrangement, de plus juste comme observation, de plus spirituel et de plus expressif à sa manière [132] ? »

La psychologie du tableau était donc accessible et surtout exprimée dans des termes qui montrent que Manet n'avait pas ignoré l'atmosphère des Folies pour en faire naïvement un havre de fraîcheur et de splendeur lumineuse. S'il n'a pas représenté l'univers de la prostitution sous forme de types définis, il a bien évoqué dans « la froide impertinence du lieu [133] » la proposition d'un client et il a bien soumis son modèle à cette confrontation où éclate, dans une sorte d'immobilité qui la soumet au regard, le trouble de sa jeunesse. Le tableau est ainsi fait que le spectateur devient le témoin et plus que le témoin, le détenteur quasi absolu de cet instant d'hésitation où finalement la figure livre, à son insu et malgré elle, ce qu'elle décline et refuse. Dans ce rapport infime d'un individu avec sa liberté, Manet a su tirer une image qui rend intelligible et sensible l'espace des Folies tout entier.

Le succès du tableau s'explique peut-être par le caractère d'universalité de cette triviale conversation à laquelle l'ingénieuse composition donnait une intensité remarquée — une intensité que nous situons aujourd'hui par rapport à *Olympia* ou à *Nana* comme un des caractères fondamentaux de la peinture de Manet —, mais, à l'époque, le public était aussi retenu par la bizarrerie du reflet, l'effet de prestidigitation pour ainsi dire : « Une puérile bizarrerie, un coup de tamtam dans l'eau... de vie [134] », déclare *le Journal amusant.* « Une espèce de fantasmagorie picturale [135] », selon Dubosc de Pesquidoux, qui rivalise avec Vélasquez et *les Ménines.* « Nous voici arrivés à M. Manet et à son babar aux Folies-Bergère [136] », écrit *le Journal des Artistes.* On ne sollicite pas trop les documents en disant que pour beaucoup le tableau avait été peint en état d'ivresse. Le peintre était entré, au sens propre, dans un sujet qu'il faudrait appeler les « Folies-Manet [137] ». Des esprits plus sérieux cherchaient malgré tout une explication ; il eût fallu, selon *la Gazette de France,* exposer le tableau de biais et interdire tout autre point de vue de façon à rétablir la vraisemblance des reflets. Le journaliste suggère même l'installation d'une sorte de boîte optique pourvue d'un vasistas. Pour Victor Champier, il fallait cadrer le motif pour le rendre intelligible, par exemple « dans l'entrebâillement d'une porte de couloir [138] », car l'effet du tableau disparaît dans une énigme qu'il faut deviner. Jules Comte à *l'Illustration* trouve que le miroir manque d'existence : « Nous notons seulement ce fait, que tout le tableau se passe dans une glace et qu'il n'y pas de glace [139]. » Henry Trianon, un des critiques attentifs de l'œuvre de Manet, se refuse d'ailleurs à croire à l'existence d'un reflet : « Il s'est rencontré des gens qui, entraînés par le renom d'originalité à outrance attribué à M. Manet, ont cru que ce groupe, dont la coloration est exagérément dégradée, n'était que le reflet, dans une glace, de la jeune fille qui se présente au premier plan, et du consommateur qui se trouverait ainsi placé en dehors du cadre [140]. » Le paradoxe était renforcé par le marbre du premier plan qui composait efficacement l'agencement merveilleux des natures mortes, alors que l'image dans le miroir était en grande partie décadrée. L'affirmation d'un cadre et d'une base objective conduisait à un doute ; les tours de passe-passe avaient lieu sur la scène des Folies-Bergère et non au bar en principe. Avec malice, certains journalistes laissaient entendre que la froide logique n'était pas le meilleur moyen pour apprécier ce que le tableau avait de plus singulier. Il fallait avoir été aux Folies-Bergère pour comprendre : « *Aux Folies-Bergère* de Manet. Effet de glace curieux que comprendront seuls les habitués du lieu [141]. »

Manet avait choisi d'exposer aussi un tableau auquel il travaillait au printemps 1881 et qui décida du succès de 1882. Exposé sous le titre *Jeanne*, il devait faire partie d'une série de portraits féminins sur le thème des quatre saisons dont Antonin Proust aurait été le commanditaire. Manet réalisa *l'Automne* avec Méry Laurent et il n'est pas impossible que *l'Amazone* dont on connaît trois versions fasse partie de ce projet. Il s'agit donc d'une idée qui retient tout particulièrement le peintre au moment de ses derniers chefs-d'œuvre et on peut en saisir la raison, non seulement en contemplant les œuvres mais aussi en relisant le reportage que le journaliste de *l'Événement* est venu faire dans l'atelier en mai 1881. Manet travaille en faisant poser la jeune actrice Jeanne Demarsy qui posera également « en pèlerine » pour un format un peu plus réduit et dont *Un bar* évoque l'attitude plus réservée, derrière l'éclatante Méry. Il cherche à exprimer une valeur qui lui est familière, l'élégance d'une jeune femme à la mode, mais en portant cet accord à une intensité supérieure, il recherche ce que « la dernière mode » contient de déterminant pour son art. L'idée est inséparable d'une forme neuve de portrait, complémentaire si l'on veut de sa déclaration sur le nu : « Le corset de satin, c'est peut-être le nu de notre époque. » « Dans ce moment, écrit C. Delaville, Manet fait le portrait d'une jolie brune, ressemblant fort à Judic jeune fille ; le modèle est coiffé d'un chapeau très avancé, comme une immense feuille, au-dessus du front, avec des brides de velours noir ; sa robe de foulard à fleurs pâles, à corsage en pointe, froncé sur la poitrine, est à la dernière mode. "La dernière mode, voyez-vous, dit Manet, tout en se retournant sur son tabouret, — la dernière mode, pour une peinture, c'est tout à fait nécessaire, c'est le principal !" »

Manet n'ignore pas l'inspiration des estampes ukiyo-e, comme le montrent le motif de l'ombrelle ainsi que le thème de la courtisane assimilée à une saison ; il connaît aussi la vogue, dans les mises en scène du théâtre contemporain, pour des décors et des costumes à la dernière mode et l'intérêt général pour « l'art de la mode ». Louise Abbéma expose par exemple au Salon *Quatre Saisons* représentées par Mlles Bartet, Samary, Sarah Bernhardt et Reichemberg, habillées par les meilleurs couturiers. Il se situe délibérément dans un courant esthétique partagé par ses contemporains afin d'y apporter sa réponse personnelle. « Délicieux [142] », « exquis [143] », « ravissant [144] », *Jeanne* semblait, telle une élégante du Boulevard, épuiser en un mot tout effort d'analyse. Le tableau est peint à l'huile et Manet l'avait exposé sous verre, le fait a été remarqué, comme s'il avait voulu établir une rivalité avec le pastel. Le caractère cristallin du *Bar*, sa verrerie, trouvait également là un effet complémentaire. Comme Jeanniot, Jacques-Émile Blanche a vu l'interprétation de Manet et souligné l'ambition psychologique dissimulée dans le port altier d'une « élégante » : « Je me rappelle la robe de Jeanne et son ombrelle traînant longtemps à côté des rhododendrons fanés qui avaient servi de fond ; et combien différente du modèle était l'interprétation de Manet ! Le maître me disait : "N'est-ce pas, c'est bien ça ? C'est soyeux, riche, *c'est bien d'une élégante* ?" Et son gentil geste du bras, comme fauchant l'air, et la main droite faisant claquer ses doigts, donnaient plus d'autorité à une voix affaiblie de malade[145]. » Le peintre était content, il avait trouvé cette fusion entre le personnage et la conscience de son image, ce qu'il n'avait jamais cessé de sonder depuis ses débuts. L'élégance de la *Chanteuse de rues* ou du *Jeune Homme en costume de majo* n'est pas tout à fait du même ordre ; Manet semble surmonter l'élément dramatique contenu dans le réalisme et pourtant, comme *Un Bar* le démontre, il s'agit encore de toute une détermination sociale.

« Nous parlons de fleurs vivantes, permettez-moi de vous présenter *Jeanne*, par M. Édouard Manet ; ce n'est point une femme, c'est un bouquet, un vrai parfum pour les yeux. — Les défenseurs de M. Manet sont dans le délire, ses détracteurs sont dans la stupéfaction, et Mlle Jeanne passe, devant eux, fiérote et coquette, de profil, l'œil en feu, le nez en retroussis, la lèvre savoureuse et l'air vainqueur. Ombrelle marquise, robe printanière, gants de Suède à vingt-cinq boutons, pas vingt-cinq ans et beaucoup de corsage, tel est son signalement[146]. » Inutile de le préciser, les contemporains saluait *Jeanne* et non pas *le Printemps* ou plutôt ils identifiaient en *Jeanne* la griserie d'un éternel printemps : « Salut à la *Jeanne* de Manet ! Ce petit minois chiffonné et rose sous la poudre de riz, ce nez retroussé, ces jolis yeux abrités sous le chapeau cabriolet, cet ensemble de la Parisienne futée marchant dans un jardin, sous une ombrelle transparente, — c'est tout simplement exquis[147]. »

Comme le suggère le vocabulaire de l'époque, Manet avait donné à ses contemporains l'image qu'ils attendaient, celle d'une « Parisienne » arborant une tenue de sortie et bravant comme il se doit l'ennemi : « Elle est brune, son nez se retrousse, ses lèvres rouges accusent sa sensualité, ses yeux bruns voilés de longs cils dénotent son indifférence. Comme le soldat porte son fusil, elle porte à l'épaule son ombrelle grise. A travers les feuillages verts et sous la dentelle à jour de son ombrelle apparaît un ciel d'été d'un bleu brûlant. Cette femme est une Parisienne d'aujourd'hui ; je sens remuer sa poitrine ; son charme n'a rien de pompéien et si elle a de la poudre de riz sur le visage, cela n'a rien qui m'effarouche [148]. »

Ce sont dans ces conditions objectives d'échange entre les éléments et les sensations, entre Jeanne et le printemps, entre la nature et une femme, qu'il convient de situer l'épisode de la reproduction du tableau par la photographie en couleurs réalisée par Charles Cros pour la couverture de la brochure d'Ernest Hoschedé, *Impressions de mon voyage au Salon de 1882.* En dehors de l'intérêt technique de cette opération menée par l'imprimeur Tolmer, il est possible de souligner le fait que l'impressionnisme de Manet devenait l'empreinte privilégiée de cette grande invention romantique que fut la photographie. La photographie de Charles Cros s'emparait d'une image chargée d'une somme de « correspondances » transmise par la lumière : « Mille remerciements pour le prêt obligeant de l'exquise personne peinte. L'opération a réussi au-delà du prévu. Je suis bien heureux d'avoir *étrenné* mes travaux définitifs d'après une de vos œuvres. Vous verrez les épreuves dans quelques jours [149] », lui écrit son ami.

Antonin Proust qui avait beaucoup fait pour Manet rédigea le « Salon » dans *la Gazette des Beaux-Arts* avec la reproduction au trait de *Jeanne* d'après un dessin de l'artiste. L'ex-ministre déplorait l'absence d'une de ses œuvres dans les collections publiques et, dans ses souvenirs publiés dans *la Revue Blanche,* il évoque longuement cette question en essayant de montrer que Manet ne lui a pas facilité la tâche. Il est évident que la carrière de Proust vient de franchir une étape et un reportage de *Paris-Journal* sur le vernissage du Salon met en scène, de façon ironique, la prudence de l'homme politique qui craint les réactions imprévisibles du public devant les envois d'un « intransigeant » :

« Il est huit heures et demie et déjà des queues se forment à la porte du vaste monument. M. Proust se promène avec M. Burty, en attendant l'ouverture.

— Dites donc, mon cher Ministre, c'est à vous le Manet, hein ? demande Burty.

— A moi ! à moi ! répond M. Proust, rien n'est encore décidé. On en a parlé, je le sais... mais je verrai.

— Ah ! je croyais !... Manet m'avait dit...

— Tiens, je crois bien, ça le pose. »

Un peu plus tard :

« M. Proust se croise avec Jean Béraud.

— Vous avez acheté le tableau de Manet ? lui dit celui-ci.

— Mais non..., pas encore..., je verrai. Y-a-t-il du monde devant ?

— Du monde qui rit à se tordre.

— Mais je vous assure que c'est un faux bruit. Je n'ai rien acheté du tout. »

Plus tard encore et en compagnie de la danseuse Rosita Mauri, son amie :

« M. Proust est abordé par celle dont les sabots ont des ailes.

— Vraiment, vous êtes l'acquéreur du portrait de Manet ?

— Je ne sais pas, j'hésite. Manet a mis un verre sur la peinture et... »

Enfin :

« Trois heures et demie. Cela étonnera du monde ; mais tout le monde fait un grand succès au portrait de femme de Manet. M. Antonin Proust rencontre M. Burty dans la salle où le charmant portrait est exposé.

— Avez-vous vu *mon* tableau de Manet ?

— Comment ? C'est donc à vous...

— Mais certainement, mon cher, depuis longtemps. Vous ne le saviez pas [150] ? »

Être l'ami de Manet sur la scène publique n'était pas une sinécure et Proust attendra le début de l'année 1883 pour régler son achat. A cette date, le peintre sait qu'il ne pourra achever la série des saisons et il laisse partir le tableau qui devait lui servir à moduler quatre temps de son art.

Chapitre XII

Vie et mort de Manet

Comme les années précédentes, les « vacances » de Manet en 1882 viennent le surprendre parmi ses projets. Il doit se résoudre au repos et c'est par une agence de location cette fois-ci qu'il trouve à Rueil une villa avec jardin qui avait été bâtie pour le général Bourrienne qui l'habita longemps. Tabarant a rectifié l'information de Proust qui dit dans ses *Souvenirs* que cette villa appartenait à Eugène Labiche ; il cite pour cela un billet du loueur, un certain André Labiche, dont le nom a pu prêter à confusion. Ce dernier informe les futurs locataires que la baignoire a été réparée, qu'elle est en bon état et d'autre part qu'il y a trois bancs en bois dans la serre. On a l'impression que Manet a voulu s'assurer qu'il pourrait faire de l'hydrothérapie à domicile et jouir confortablement du jardin ; ce sont ces mêmes bancs que l'on voit dans deux toiles lumineuses évoquant la façade de cette villa de style Restauration où, encore une fois, le peintre s'estime, comme il l'a écrit, « en pénitence [1] ». Plus que jamais, la composition exprime l'impressionnisme de Manet, avec le rapport des fleurs et des arbres, en particulier l'acacia central, avec les fenêtres et le perron à fronton et colonnes, aussi avec la relation des deux formats entre eux qui accentue l'élément constructif de la vision. D'autres études du jardin ne font que souligner la portée de ce motif qui semble renverser l'espace implicite d'un tableau comme *le Balcon*. L'arbre devient le témoin possessif d'un espace de villégiature ; il habite ce jardin soigné et c'est à lui que revient un rôle complexe qui est en partie d'exprimer et de dénouer un sentiment d'exclusion et de solitude. Par une invention puissante, Manet a masqué la psychologie banale que l'on serait tenté d'évoquer ou plutôt il lui a donné la forme d'un ultime paysage qui résume l'ouverture de son art, l'exposition de son art tout entier, à la dimension de la vie. Il a ainsi donné une interprétation qui manquait en quelque sorte depuis *le Déjeuner sur l'herbe,* car Manet peint davantage le feuillage que l'arbre proprement dit. L'acacia de la maison de Rueil dans cette perspective représente tout autre chose et, *in fine,* Manet prend sa place dans une des grandes inspirations de la peinture du XIXe siècle, de Courbet à Cézanne, de Corot à Monet, mais par quel détour et dans quelle situation !

A Rueil, Manet peint aussi des natures mortes, des fruits et des fleurs, qui sont comme l'aveu d'une maîtrise absolue de son art. Son secret. Sur ce plan-là, l'artiste n'a plus rien à prouver et pourtant la série de l'été — il est permis de dater ces petits bouquets en fonction de la floraison des lilas, des œillets, des roses, des tulipes — apporte un sentiment nouveau qui prolonge l'univers du *Bar aux Folies-Bergère.* Les petits vases de verre et de cristal associent la transparence et l'eau à l'existence captive des fleurs. L'une de ces toiles dont le vase s'orne d'un dragon doré sera acquise par Louis de Fourcaud qui écrivit en 1882 un des « Salons » les plus perspicaces. Pertuiset, Méry Laurent, d'autres amis se partageront quelques-uns de ces témoignages précieux qui étaient interprétés comme autant de négations de tout ce qui pouvait menacer l'univers de Manet. Le 3 novembre 1882, Mlle Ginevra Hureau de Villeneuve reçut en cadeau un petit bouquet de roses et de lilas ; le mot qu'elle adresse à Manet à cette occasion permet de sentir le message que le peintre souhaitait transmettre, sans l'exprimer toutefois sous une forme aussi explicite : « J'aime les fleurs, le lilas blanc et les roses surtout. En m'en envoyant qui ne se faneront jamais, vous m'avez fait le plus sensible plaisir. Je suis fière de penser qu'un grand artiste a repris pour moi ses pinceaux et s'est remis au travail. J'espère qu'il ne s'en tiendra pas là et qu'à la prochaine exposition nous verrons apparaître quelques-unes de ses œuvres si originales et si séduisantes. Ce qui me charme encore plus, c'est que ce joli bouquet doit être pour Mmes Manet une preuve évidente du retour à la santé de celui à qui elles portent une si tendre affection [2]. »

Le retour à Paris en octobre est encore pour lui l'espoir de réaliser un projet auquel il songe et qu'il ébauche en octobre-novembre en faisant poser un ancien soldat que son ami Dupray, peintre militaire, lui envoyait en tenue de clairon d'infanterie. Manet ne put finir cette toile, probablement envisagée pour le prochain Salon. L'esquisse est-elle l'indication majeure ou devait-elle entrer dans une situation plus précise ? On l'ignore. Le sujet évoque cependant *le Fifre* que possédait Jean-Baptiste Faure et remet en mémoire toute une expérience de la vie politique et sociale qui explique si l'on veut une telle image. Elle intervient cependant à cette date comme un autre effort peut-être pour peindre un « héros moderne », après les fameux mécaniciens de la Compagnie de l'Ouest. Félix Fénéon, qui exposa la toile à *la Revue indépendante* en 1888 et qui bénéficia de renseignements précis, donne une indication décisive quand il explique la conception du peintre qui s'impatiente devant un professionnel de l'héroïsme, un modèle qui croit revivre ses gloires passées : « Une grande esquisse d'Édouard Manet : *Clairon sonnant.* Le troupier qui la posa fut envoyé à Manet par M. Dupray, le peintre militaire ; mais ses clients habituels ne le représentaient que sonnant la charge ou, le front troué, exhalant en ultime râle dans son cuivre : la pratique journalière de l'héroïsme lui avait fait perdre la faculté de rester tranquille ; Manet impatienté interrompit la séance plusieurs fois ; cette séance dura deux ou trois heures, et ne fut suivie d'aucune autre : peu de temps après, c'était au commencement de 1883, Manet mourait ; peut-être est-ce son dernier morceau de peinture. La tête est établie complètement, — yeux fiévreux distendus par le gnatospasme de l'instrumentiste qui va propulser une note éclatante [3]. »

Dans un sujet surchargé de valeurs patriotiques et que le triomphe de la chanteuse Amiati en 1878 est venu rappeler quand elle interpréta le poème célèbre de Paul Déroulède, Manet isole une présence hallucinée, hors de tout propos. Le dernier souffle de Manet sous la forme d'une « note éclatante ».

Faure voulait son portrait. Après leur différend de 1877, le chanteur restait l'amateur passionné qu'il avait été dès 1873 ; le 1er janvier1883 il achète pour 11 000 francs *la Maison de Rueil* (la version en hauteur aujourd'hui à Melbourne), *Dans la serre,* le *Portrait de Rochefort* et *l'Éplucheur.* Manet pourtant ne put lui donner satisfaction et abandonna ses ébauches. En revanche, il mobilisa son énergie pour le portrait d'une jeune fille en tenue d'amazone ; il en aurait eu la vision au cours d'une promenade en voiture au Bois. Le peintre Gallard-Lépinay lui aurait fourni le costume et, comme l'indique une annotation de Léon Koëlla sur les photographies Lochard, « la fille de la libraire de la rue de Moscou », une demoiselle Saguez, serait venue poser. On comprend l'intérêt du peintre, car le projet peut lui aussi être considéré comme une sorte de synthèse de son art : la tenue sombre et lumineuse, l'élégance juvénile et cet emblème, le chapeau haut de forme : « Un chapeau haut de forme, c'est ce qu'il y a de plus difficile à dessiner [4] », disait Manet ; et Jacques-Émile Blanche rappelle le combat du peintre avec le motif : « Cette *Amazone* — pour Blanche il s'agit d'Henriette Chabot — j'ai vu Manet l'effacer, gratter le chapeau "haut de forme", le redessiner au trait, pour le faire "tenir" sur le chignon [5]. » Manet donne trois versions faisant varier la pose et il n'achève pas, bien que le format de l'*Amazone de face* puisse être rapproché de ceux de la série des « Saisons ».

La peinture a donc représenté dans les derniers mois de l'existence de Manet ce qu'elle avait toujours été pour lui, une recherche et un enjeu. La maladie ne fait que rendre plus évident ce lien entre l'œuvre et la vie. Certes le peintre veut donner le change, il refuse d'être considéré comme un malade, il peste contre des rhumatismes de famille et trouve dans le travail ou ses projets l'espoir d'une guérison. Il a rédigé son testament, le 30 septembre 1882 : Suzanne Leenhoff, sa légataire universelle, « léguera par testament tout ce que je lui ai laissé, est-il spécifié, à Léon Koëlla dit Leenhoff, qui m'a donné les soins les plus dévoués, et je crois que mes frères trouveront ces dispositions toutes naturelles[6] ». Théodore Duret est désigné pour organiser la vente de l'atelier, Jules Dejouy pour être l'exécuteur testamentaire. Le document, qui est une pièce importante pour la question que pose aux historiens l'existence de Léon Koëlla au sein de la famille Manet, n'indique pas nécessairement que l'intéressé soit conscient de vivre ses derniers jours. Pourtant une disposition laisse penser que Manet n'excluait pas cette éventualité. Il écrit en effet ceci : « Si je mourais avant que mes propriétés de Gennevilliers soient réalisées, je désirerais que ma femme continue à vivre avec ma mère. » Étant donné la situation financière de Manet à sa mort, le 30 avril 1883, le peintre exprime le souhait que sa mère continue à habiter avec son épouse dans l'appartement du 39, rue de Saint-Pétersbourg qu'ils occupent depuis 1878. Dans ce même document, il est frappant de constater que Manet partage à peu près en deux la somme qui résultera de la vente de l'atelier qui s'établit, le 6 février 1884, à 116 637 francs, puisqu'il écrit ceci : « Sur la somme résultant de la vente de mes tableaux, il sera prélevé une somme de 50 000 francs qui sera donnée à Léon Koëlla, dit Leenhoff. Le reste reviendra à Suzanne Leenhoff, ma femme. » Cette précision permet de supposer que Manet estimait son « atelier » à une somme minimum d'environ 100 000 francs et c'est bien, à quelques milliers de francs près, cette évaluation basse qui a été atteinte. Ces dispositions montrent, audelà d'un optimisme de façade, une cotation au plus juste et finalement assez pessimiste. Le testament du 30 septembre est donc porteur d'une inquiétude concernant sa fortune et l'avenir de ses proches, au-delà de la prise de conscience qu'il indique concernant sa santé.

La fin de Manet est à bien des égards celle du dandy de la *Musique aux Tuileries;* elle est celle que sa peinture exige et que l'interprétation de sa peinture rend intelligible. La mort est venue abréger la vie d'un homme âgé de cinquante et un ans et l'œuvre de Manet paraît interrompue. Ses dernières conversations évoquaient, au-delà de l'échéance de mai 1883, le Salon de 1884 et le besoin de tenir l'intérêt du public. Mais on peut souligner que les dernières années et surtout les derniers mois qui voient la création de chefs-d'œuvre ont été en quelque sorte sacrifiés à cette fin. Disparition brutale si l'on veut, mais aussi montée en puissance qui fut la manière pour Manet de conclure, c'est-à-dire de maintenir ouverte la dimension de son art. Parmi ses amis, on l'a vu, Manet a choisi Duret pour organiser la vente de l'atelier, s'en remetttant à son goût et à son amitié « pour savoir ce qu'il y aura lieu de livrer aux enchères ou de détruire [7] ». Or Duret, en qui Manet plaçait sa confiance et dont les écrits expriment les qualités de rectitude et de conviction morale, a tenu à analyser, avec les concepts et le vocabulaire d'un réaliste, le phénomène des « dernières années » de Manet. Car la mort du peintre prend son véritable sens dans cette perspective.

Duret évoque d'abord un certain déterminisme de la maladie, l'ataxie locomotrice, sur un organisme particulier : « L'ataxie qui était venue le frapper se produisait comme la fin naturelle que comportait son organisme. C'était un homme d'une sensibilité excessive, d'une nervosité extrême. C'est à cela qu'il devait son acuité de vision. Les images transmises par l'œil, passant à travers le cerveau, y prenaient cet éclat qui, fixé par le pinceau sur la toile, heurtait la vision banale des autres hommes. Mais cette faculté hors ligne, qui lui conférait sa supériorité d'artiste, entraînait en même temps la fragilité physique, et sous le poids du travail et de la terrible lutte qu'il avait toute sa vie soutenue [8]... »

Duret conclut son étude clinique par la mise en cause de l'hérédité familiale en rappelant que les deux frères de Manet sont morts jeunes, « sous des formes accidentelles différentes », « d'épuisement nerveux [9] » ; Gustave, le modèle de

Jeune homme en costume de majo, l'ami de Claude Monet et des républicains Ranc, Spuller, Clemenceau, en 1884, et Eugène, le modèle d'un des *Mendiants-Philosophes,* l'ami des impressionnistes, le défenseur avec Berthe Morisot de la mémoire de son frère aîné, en 1892. Mais Duret prolonge son observation sur le caractère nerveux de Manet qui ne sut pas ou ne fut pas en mesure de supporter son mal : « Il eût pu (...) prolonger son existence, dans une certaine mesure, au-delà du terme qu'il devait atteindre, s'il s'était résigné à supporter son mal, sans essayer de vains remèdes[10]. » On l'a vu, Manet se soumit au régime hydrothérapique, sur les conseils de son médecin, à l'établissement Beni-Barde à Auteuil, puis deux années de suite à l'établissement de Bellevue. Devant le caractère astreignant et pénible de ces cures et pour préserver sa liberté de mouvement, il perdit patience et tenta plusieurs traitements ; en particulier, il suivit les conseils d'un médecin qui lui prescrivait du seigle ergoté. « Il se confia, écrit Duret, à un médecin prétendant guérir les maladies nerveuses, qui fit sur lui l'expérience de ses remèdes, des poisons. Il s'en trouva momentanément bien, c'est-à-dire qu'agissant comme stimulants, ils lui procuraient un retour d'activité temporaire. Il en continua indéfiniment l'usage et abusa en particulier du seigle ergoté, qui amena un empoisonnement du sang[11]. »

Manet était averti du danger de ces drogues. Antonin Proust rappelle que le docteur Siredey, appelé en consultation — l'anecdote est postérieure au passage de Proust dans le « grand ministère » —, l'avait engagé à persuader son ami de renoncer à l'abus de ces drogues. Certes, devant la persistance des troubles, le peintre perdait confiance. L'idée de la mort l'accablait : « Voilà que je deviens lugubre, disait-il en concluant son commentaire désabusé sur le *Portrait d'Antonin Proust.* C'est la faute de Siredey, les médecins quand je les vois, ils me font toujours l'effet des maréchaux des logis des croque-morts[12]. » Ainsi pour préserver ses jambes, c'est-à-dire pour continuer à peindre dans le contact nécessaire avec le monde, Manet s'empoisonnait.

L'intégrité des derniers chefs-d'œuvre est en quelque sorte le résultat de cette démarche. Les affections déterminées par l'usage du seigle ergoté, que Manet prenait, selon Pissarro, « à doses effrayantes », se caractérisaient par des vertiges, des hallucinations et du délire — le feu Saint-André de jadis. Aucun témoignage ne permet d'affirmer que Manet ait souffert de tels troubles. Ce n'est pourtant pas à exclure. Seules les œuvres sont des témoignages : *l'Évasion, Rochefort, Un bar, Jeanne, l'Automne.* Le seigle ergoté est aussi la cause de troubles de la circulation et Manet mourut après avoir été amputé de la jambe gauche atteinte par la gangrène.

Sans qu'il soit possible d'établir avec certitude la liste ou la date de ses ultimes coups de pinceau, les témoignages concordent pour donner l'image d'un homme stoïque qui cède peu à peu dans la pensée de la peinture qui l'abandonne. A l'approche du Salon, il se fait lire les journaux par Léon Koëlla. En mars, Nadar vient lui porter son dernier ouvrage, *le Monde où l'on patauge.* Élisa, la femme de chambre de Méry Laurent, qui partageait les sentiments de sa maîtresse pour ce « grand enfant » — le mot cité par Paul Alexis doit probablement être de Méry —, lui porte des fleurs et à la veille de Pâques Manet fait son portrait au pastel. « Il aimait beaucoup Élisa qui lui prodiguait les recommandations : Prenez bien garde, monsieur Manet, n'ayez pas froid. Soignez-vous bien, monsieur Manet. (...) Quelle brave fille que cette Élisa ! disait-il. Vois-tu, il y a des êtres bons, il y en a beaucoup, beaucoup plus qu'on ne croit même [13]. » Proust rapporte ces mots et Degas, qui se fit lire par Daniel Halévy les souvenirs publiés par Proust, confirme à sa manière ce trait du caractère de Manet, qui fut dans sa peinture comme dans sa vie sensible par-dessus tout à la « bonté » de l'individu. Les premières œuvres portent la marque de cette confiance accordée au modèle. *Olympia* est aussi la preuve de cette qualité foncière exposée délibérément, pour ne pas dire plus, à la méchanceté de ses contemporains. L'art de Manet eut la capacité singulière de susciter l'animosité et dans le nombre impressionnant des griefs qui lui étaient imputés, il faut peut-être aussi identifier cette valeur de conflit entre l'individu et la société. La « bonne » Élisa clôt ainsi la liste des pastels, mais *Nana* aussi était bonne fille et une telle disposition possédait sa charge agressive.

Vers Pâques, Manet qui déjà ne pouvait plus venir régulièrement dans l'atelier du 77, rue d'Amsterdam, qu'Aristide chauffait à son intention avec zèle, dut renoncer à l'univers qui était le sien. Tabarant cite un billet envoyé au miniaturiste Defeuille qui était de ses amis et dans lequel on peut lire la dernière ligne de défense de l'artiste : « Mon cher Defeuille, je voudrais que vous veniez me donner une ou deux leçons de miniature. Pour la peine, je vous donnerai, si vous voulez bien, un pastel. Seriez-vous assez aimable pour venir chez moi à partir d'une heure [14] ? » La date n'est pas connue avec certitude et il n'est pas sûr qu'elle soit aussi tardive que le voudrait Tabarant, mais le témoignage est à la hauteur du sacrifice imposé par la maladie.

Manet meurt le 30 avril 1883, à sept heures du soir. La nouvelle s'en répandit le lendemain, à l'ouverture du Salon. Selon Fourcaud, bien informé, le peintre aurait pu s'il l'avait voulu exposer *la Maison de Rueil,* une des deux versions. Depuis plusieurs semaines, ses médecins, Siredey, Marjolin, de Bellio, envisageaient une amputation et il fallut s'y résoudre le 18 avril. Léon Koëlla qui soignait son « parrain » avec dévouement a raconté les faits avec précision. L'intervention eut lieu dans l'appartement de la rue de Saint-Pétersbourg transformé en hôpital, car Mme Manet mère était partie loger chez son fils Gustave et son épouse venait veiller le malade dans la journée. Les chirurgiens, le docteur Verneuil et le professeur Paul Tillaux, prirent leur décision devant la nécessité absolue. L'information parue dans *le Figaro* du 20 avril — qui fit grand bruit — laisse entendre que c'est le malade lui-même qui décida. Selon Léon Koëlla et d'autres contemporains, Proust et Duret, la fièvre, le chloroforme, la faiblesse ne permettent pas de garder l'image d'un malade qui plaisante jusqu'au bout. La Touche raconte qu'il a vu Manet deux jours avant sa mort : « Nous causâmes un peu. J'avais pour le malade le sourire sur les lèvres et je sentais les sanglots me serrer la gorge. Eh bien, Manet trouva le moyen de rire et de me faire rire, moi, qui avais si bien promis d'être gai à la chère compagne qui eut pour lui un dévouement si profond, si sublime. Je sortis sans trouver une parole en serrant les mains de Mme Manet et de ce brave Leenhoff. Le surlendemain, Manet mourait[15] ! »

Il est surtout significatif de retenir l'idée que les contemporains ont voulu transmettre, car la mort de Manet fut, dans le monde parisien, ce que l'on peut appeler un événement. Des dizaines de personnes venaient prendre des nouvelles ; un bulletin de santé était placardé sur la porte du concierge. Selon Tabarant, l'abbé Hurel, Mallarmé, Nadar, Ernest Chesneau, Philippe Burty, Fourcaud, Jacques de Biez furent parmi les derniers visiteurs. On a reconnu les noms d'amis, mais il faut aussi remarquer ceux des journalistes. Ce détail, en lui-même, indique clairement à quel point l'opinion, le jugement, le public comptaient pour l'artiste. Dès le 1er mai paraissent dans la presse les articles qui évoquent la personnalité et l'œuvre avec la préoccupation de reformuler à nouveau et de façon globale la place de Manet dans l'histoire. Le dossier est impressionnant et démontre amplement, s'il en était besoin, la popularité du peintre. Il montre également l'âpreté des jugements alors que commence un autre combat, celui qui devait aboutir à la reconnaissance de sa peinture. Au *Gaulois,* Fourcaud salue à la fois un « initiateur » et un « maître »[16], intégrant dans son éloge l'art entier de Manet. Au *Figaro,* le même jour, Wolff, en première page, sur trois colonnes, conclut son propos par ces mots : « Manet n'a pas eu la satisfaction de voir une de ses toiles au Luxembourg ; l'avenir le vengera en plaçant *le Bon Bock* et *l'Enfant à l'épée* au Louvre. Mourir à cinquante ans et laisser derrière soi deux excellentes pages dignes d'être recueillies parmi les manifestations de la peinture française, c'est assez de gloire pour un artiste[17]. »

La cérémonie funèbre, le 3 mai, fut l'occasion d'un cortège comme le XIXe siècle savait en organiser. Cinq cents personnes, mille cinq cents personnes, les estimations varient. « Le Tout-Montmartre est là », écrit Jules-Camille de Polignac. Gustave et Eugène Manet, Jules Dejouy conduisent le deuil puis, tenant les cordons du poêle, Antonin Proust, Zola, Burty, Alfred Stevens, Duret et Claude Monet. Dans la foule, les journalistes citent pêle-mêle Rochefort, Clemenceau, Aurélien Scholl, Spuller, le docteur Paul Dubois, Nadar, Emmanuel Gonzalès, Guérard, Hecht, Éphrussi, Paul Baudry, le baron Barbier, Michel de l'Hay, Cante, Charles Garnier, de Speecht, Pichon, Céard, Carjat, Paul Strauss, Edmond Bazire, Hébrard, Lalo, Coquelin-cadet, Castagnary, Wolff, Albert Leroy, Charpentier, Durand-Ruel, Feyen-Perrin, Puvis de Chavannes, Carolus Duran, Hébert, Bonnat, Henner, Bastien-Lepage, Duez, Dupré, Renoir, Pissarro, Cézanne, Sisley, Degas, Raffaelli, Berthe Morisot, Mary Cassatt, Gœneutte, Pertuiset, Alexandre Pothey, Francis Barré, Méry Laurent, Mallarmé, Jean Marrast, Franc-Lamy, Dupray, Gervex, Béraud, Guillemet, Cazin, Adrien Marx, beaucoup d'autres. Le service religieux eut lieu à Saint-Louis-d'Antin. Il faisait un temps gris, le corbillard était entièrement fleuri. Faure, retenu à Amsterdam, avait fait porter une magnifique couronne et Proust prononça au cimetière de Passy un discours qu'il conclut en rappelant la devise « Manet et Manebit », inventée par Poulet-Malassis et gravée sous forme d'ex-libris par Bracquemond en 1874. Elle prenait maintenant tout son sens devant une assistance composée d'amis et de proches, mais aussi d'hommes d'opinions très diverses. Manet n'avait pas d'ennemis, on l'a dit et redit, mais sa peinture en avait encore. Degas, avec l'émotion spéciale qui le caractérise, eut aussi ce mot qui définit l'événement : « Il était plus grand que nous ne pensions [18]. »

Il serait erroné de croire qu'avec la disparition du peintre commence lentement et sûrement sa gloire posthume. En réalité, les adversaires de sa peinture considèrent que le moment est venu de rétablir le point de vue que l'activité de Manet et de ses partisans avait empêché de faire prévaloir. En dehors du cercle des amateurs et sans parler de la sympathie du public pour l'homme qui venait le surprendre et le divertir et qui n'aurait manqué à aucun prix ce rendez-vous où chacun vidait son sac, sans rancune, Manet avait disposé de l'appui officiel d'Antonin Proust. Le fait se vérifia encore quand eut lieu à l'Académie des Beaux-Arts, en 1883, l'Exposition des Portraits du siècle. Le *Portrait de Monsieur et Madame Manet* de 1860, le *Portrait d'Émile Zola* du Salon de 1868 y furent admirés dans un ensemble prestigieux. L'action de Proust subit toutefois un revers éclatant quand le jury du Salon triennal nouvellement créé et dont c'était, en 1883, la première manifestation officielle, refusa les cinq ou six envois de Manet parmi lesquels il y avait *Chez le Père Lathuille* et *Un bar aux Folies-Bergère,* ainsi que l'essentiel de ses toiles depuis 1880. Le jury, par égard pour l'ancien ministre, rapporteur du budget des Beaux-Arts, consentait à accepter le portrait en chapeau du Salon de 1880. Pour marquer son mécontentement, Proust le retira. L'affaire fit grand bruit et la presse ne manqua pas de souligner l'absence de Manet dans une manifestation qui voyait rétablie la puissance de l'État en matière artistique.

Dès le mois de mai 1883, la question de la vente de l'« atelier » se posa dans des termes qui mettaient en jeu des intérêts esthétiques divergents. Après quelques jours de repos en Hollande chez des cousins Leenhoff, Suzanne Manet en tant que légataire universelle devait songer à cette vente qui était nécessaire. Jules Dejouy l'assistait de son mieux pour les questions financières et juridiques mais, dans une lettre du 13 mai, il ne lui cachait pas un sentiment d'incertitude : « Ma chère Suzanne, je suis désolé que votre santé et celle de Léon ne se remettent pas. Quant aux soucis moraux, je fais tout ce qui dépend de moi pour vous les atténuer. Ce qui est surtout intéressant pour vous, c'est la vente des tableaux de ce pauvre Édouard. Que produira-t-elle ? C'est l'inconnu, et cependant c'est votre avenir. J'espère beaucoup dans cette vente, sans cependant me faire les illusions de Mme Eugène. Aussi j'attends avec impatience le retour de M. Duret pour en causer avec lui [19]. »

Étant donné les liens qui existaient dans la famille Manet, il fallait compter avec l'opinion de chacun.

Mme Manet mère avait toujours été associée étroitement à la vie d'artiste de son fils. Elle l'avait beaucoup aidé, elle connaissait ses principaux amis, Manet lui-même avait souhaité qu'elle restât très proche de son épouse, il est donc significatif de retenir son avis exprimé dans une lettre qui montre aussi la vigilance de Berthe Morisot dans ces tractations : « Il faut que la vente des tableaux de notre cher Édouard se fasse avec intelligence. J'ai peur que M. Duret ne soit pas très adroit dans sa mission si délicate... Faure lui-même a l'air de se réserver. Vous savez combien il est marchand, il fait ses calculs et veut arriver à ce qu'il désire... De plus il se forme une cabale pour charger Petit de la vente des tableaux. Ce serait une ingratitude des plus grandes de n'en pas charger Durand-Ruel qui était un admirateur et le premier acquéreur de notre cher Édouard. Petit n'aimait pas sa peinture et ne lui a jamais rien acheté. Berthe est bien d'avis que vous vous prononciez là-dessus. Elle en a causé avec M. Proust, qui est complètement de cet avis. Ce sont les Hecht, ou plutôt c'est Henri Hecht qui a émis cette idée. Ce serait nous séparer complètement de l'art de notre cher Édouard[20]. »

A la fin mai, Suzanne Manet et Léon Koëlla rentraient à Paris pour habiter dans l'immeuble du 40, rue de Villejust, chez M. et Mme Eugène Manet où tous les biens de l'appartement de la rue de Saint-Pétersbourg avaient été déménagés. C'est là qu'eut lieu l'inventaire après décès, en date du 18 juin, établissant notamment la liste des œuvres de la collection de Manet où brille surtout Claude Monet avec des paysage d'Argenteuil, *Moulin en Hollande, le Portrait de Manet,* sans oublier le portrait de Manet par Fantin, une étude d'Éva Gonzalès, une marine de Berthe Morisot. L'inventaire de l'atelier était remis à plus tard ; il eut lieu le 28 décembre, toujours dans l'appartement de la rue de Villejust. A cette date, l'exposition des œuvres de Manet à l'École des Beaux-Arts était sur le point d'ouvrir ses portes. Il semble donc qu'il y ait eu un accord parmi les amis de Manet pour situer l'enjeu de la vente, dans une perspective qui en elle-même répondait à l'esprit d'exclusion dont l'artiste avait été victime de son vivant et que le Salon triennal menaçait d'étendre à sa gloire posthume. C'est ce projet qui explique sans doute la présence d'Antonin Proust lors de la réunion provoquée par Théodore Duret à son domicile en exécution des volontés de Manet où se trouvaient réunis Suzanne Manet, ses deux beaux-frères, Jules Dejouy et les deux artisans d'une exposition sans laquelle l'avenir aurait été gravement compromis.

En mai 1882, l'cxposition Courbet, dans la grande salle de l'École des Beaux-Arts, avait restitué devant tout Paris la dimension d'un génie dont l'apport était souvent comparé à celui de Manet. Proust, qui avait pu faire acquérir par l'État plusieurs toiles importantes de Courbet, savait que Manet redoutait la dispersion de son œuvre, il connaissait son vœu qui était de disposer d'une vue d'ensemble pour juger de son effort. L'exposition posthume venait, dans ces conditions, couronner sa carrière en effaçant l'épisode manqué de 1878. Mais il est évident qu'en demandant la salle du quai Malaquais, il engageait une épreuve de force avec les milieux académiques. Duret entreprit donc une démarche auprès de Kaempfen, alors directeur des Beaux-Arts. L'homme était un vieil ami ; l'idée lui parut si extraordinaire qu'il reprocha à son interlocuteur de le mettre dans l'obligation d'avoir à exprimer un refus : « C'était à peu près comme si j'eusse prétendu que le curé de Notre-Dame m'ouvrît sa cathédrale pour glorifier Voltaire[21]. » Procédant par la voie hiérarchique, Proust et Duret se rendirent ensuite auprès du ministre de l'Instruction publique et des Beaux-Arts. Selon Proust, membre de la majorité parlemenaire et rapporteur du budget, Jules Ferry aurait accordé l'École « avec le plus grand empressement[22] » ; il connaissait Manet, il appréciait l'homme, il avait « l'esprit trop ouvert pour ne pas reconnaître que le chef de l'école impressionniste tenait une si grande place dans l'art contemporain qu'il lui devait de l'accueillir dans ces mêmes salles où, quelque temps auparavant, nous avions fait avec son appui, Castagnary et moi, l'exposition de l'œuvre de Courbet[23] ». Duret a un tout autre souvenir de l'entretien : « Je vois encore le soubresaut de Ferry, fort contrarié [24]. » Devant les remerciements, Ferry fait comprendre qu'il accorde cette faveur à l'influence politique détenue par Antonin Proust.

La décision administrative intervint le 13 novembre : les salles de l'École étaient accordées du 1er au 31 janvier 1884. Un comité de patronage et d'organisation réunissait vingt-quatre membres en tout : Edmond Bazire, Marcel Bernstein, Philippe Burty, Jules Dejouy, Charles Deudon, Durand-Ruel, Fantin-Latour, Jean-Baptiste Faure, Fourcaud, Henri Gervex, Henri Guérard, Antoine Guillemet, Albert Hecht, l'abbé Hurel, Ferdinand Leenhoff, Léon Leenhoff, Eugène et Gustave Manet, De Nittis, Georges Petit, Roll, Alfred Stevens, Albert Wolff, Émile Zola, plus Proust et Duret. Certains noms brillent par leur absence, celui de Mallarmé, ceux d'amis anciens comme Astruc ou Carolus Duran, ceux de Monet ou de Degas. En invitant Wolff, on ne faisait que respecter l'attitude de Manet à son égard. Duret s'acquittait de sa tâche en laissant à Proust le rôle politique qui semblait nécessaire. Pour ce qui est du choix des œuvres, Duret donna la preuve de son intelligence et de son amitié en ne faisant aucun triage. Les adversaires de Manet voulaient réduire son œuvre à deux ou trois tableaux. Duret comprit que la dimension de l'artiste était dans la totalité de son œuvre et que l'épreuve décisive se jouait à ce niveau. Décision évidemment partagée par les amis de Manet, mais d'autant plus remarquable que les historiens n'ont pas toujours su la respecter, en privilégiant certains tableaux et en déterminant leur jugement sur telle ou telle période. La démarche était inévitable sans doute, à condition de maintenir présent ce vœu de l'œuvre qui fut pour Manet de rester dans son intégrité.

Sur les 116 tableaux, 7 aquarelles, 31 pastels, 22 eaux-fortes réunies dans 7 cadres, 4 lithographies, 13 dessins, on peut estimer que l'essentiel était exposé, en particulier les Salons et les toiles qui avaient provoqué les réactions les plus vives. Il manquait pourtant quelques toiles importantes : *Nana, Faure dans le rôle d'Hamlet,* c'est-à-dire l'épisode de l'année 1877 ; les deux tableaux religieux étaient absents, le *Christ aux anges* de 1864 et le *Christ insulté par les soldats* du Salon de 1865 ; le *Portrait d'Astruc* et la *Leçon de musique* effaçaient le souvenir d'un acteur important dans le scandale d'*Olympia; l'Exécution de Maximilien* restait invisible. Beaucoup d'autres toiles aujourd'hui célèbres auraient pu aussi être montrées, mais l'ensemble donnait une vision impressionnante de la variété et de la continuité de cette peinture qui, après pareille épreuve, ne pouvait plus être encensée dans le souvenir lointain de *l'Enfant à l'épée,* désormais dans une collection américaine et non exposé quai Malaquais.

Proust, Duret, Durand-Ruel ainsi que Bazire, auteur d'une monographie qui allait paraître pour l'occasion, s'étaient plus particulièrement préoccupés de l'accrochage dont les photographies prises par Godet permettent d'avoir une idée précieuse : l'ordre chronologique n'était pas respecté au sens étroit du terme et on n'avait pas cherché à reconstituer les « Salons » de Manet. Ainsi *le Déjeuner sur l'herbe* était encadré par *le Buveur d'absinthe* et *la Chanteuse des rues.* Le principe reposait sur un équilibre entre les formats, les sujets, les époques grâce à un effet visuel de symétrie. Les deux *Philosophes* présentent ainsi *l'Homme mort* accroché en dessous du *Combat naval*: l'effet est particulièrement efficace. *Olympia* est entourée du *Gamin au chien* et des *Bulles de savon,* ce qui lui apporte une innocence particulière. Berthe Morisot est à l'honneur dans *le Balcon* et *le Repos,* mais ces deux toiles encadrent *l'Artiste ;* l'effet engage un commentaire. En dessous, *Polichinelle* répond au *Portrait de Théodore Duret,* le rythme étant assuré par trois paysages très divers d'esprit, *le Port de Bordeaux, la Plage de Boulogne, les Hirondelles. Le Linge, Un bar aux Folies-Bergère, Argenteuil* forment un ensemble associé à trois évocations de vacances ou de voyage, *Sur la plage, Venise, Vue de Hollande,* deux pastels de Méry Laurent assurant un lien entre l'univers familial et la salle des Folies. On serait bien en peine d'épuiser la somme des informations contenues dans cet accrochage qui semble jouer librement avec le sens de l'antithèse et du contraste d'intensité que possédait Manet.

Ceux qui l'avaient connu expérimentaient donc et de leur mieux un type d'accrochage déjà pratiqué dans l'atelier et riche en suggestions. Voir, par exemple, *En bateau* entre *le Chemin de fer* et *Chez le Père Lathuille* détermine un sentiment du dialogue entre les figures et l'espace ambiant qui crée une lecture différente des trois paysages associés, évoquant chacun les trois derniers étés du peintre, *la Maison de Rueil* (1882), *le Jardin de Versailles* (1881), *le Jardin de Bellevue* (1880). L'ordre d'exposition lui-même souligne le lien qui s'établit, au fil des années, entre les natures mortes, les portraits et les scènes de la vie moderne. Sur un panneau on avait essayé de suggérer cette évolution en confrontant *le Vieux Musicien* et *l'Amazone*. Sur un autre *Mallarmé* répond au *Jambon, Berthe Morisot à l'éventail* à un tableau intitulé *les Seins nus,* situé vers 1872. Mallarmé semble aux pieds de Berthe Morisot. Il y avait donc une mise en scène soucieuse d'équilibre entre les qualités formelles et l'expression des valeurs liées à la vision de l'artiste. Sans nul doute, l'accrochage de l'exposition rétrospective exprime, de façon éclatante, l'idée que ses proches se formaient de son art, de sa « manière instinctive et comme organique de voir et de sentir[25] », pour reprendre les termes de l'expérience ressentie par le principal responsable de cette manifestation.

L'inauguration eut lieu le samedi 5 janvier 1884. Toute un foule de notabilités du monde des lettres, des arts et de la politique avait été conviée et l'on vit Jules Ferry, devenu président du Conseil, parcourir la salle Melpomène en compagnie de son épouse qui s'adonnait à la peinture avec succès, pour reprendre l'expression d'un témoin. Cinq mille personnes, selon Burty, et des « embouteillages » sur le quai : c'était « une fête parisienne dans l'acception délicate du mot[26] ». Le président de la République avait fait espérer sa présence, mais Jules Grévy ne parut point. On entendait, paraît-il, des jugements très tranchés ; il n'y avait pas de juste milieu. Plusieurs membres de l'Institut étaient présents et Bonnat exprimait tout haut son admiration. Degas, irrité par tous ces officiels, haussait les épaules. Le succès qui ne se démentit pas jusqu'à la clôture, le 29 janvier, était dû en partie au caractère subversif et très parisien de l'association Manet-École des Beaux-Arts.

Edmond About prit sa plume pour écrire dans *le XIXe Siècle* un article qui fut chaudement commenté. Il y rappelait que Manet venait de se faire exclure du Salon triennal dont le jury était formé de membres de l'Académie et de personnalités nommées par le ministre. On offrait maintenant « le saint des saints, le tabernacle de l'École » à un « contempteur des principes, des règles, du goût, du simple bon sens artistique ». On ne sait donc pas que Manet est un « raté » : « Dans cet énorme fumier qui représente le travail de toute sa vie, on surprend çà et là un lambeau de drap rouge, une pincée de poils de lapin, une bribe de nature morte, un rien, un moins que rien qui vous fait dire : Pourquoi ce garçon-là n'est-il pas venu à l'École de son vivant ? On en aurait fait peut-être un peintre [27]. » About en veut surtout à l'État qui démoralise la jeunesse, qui invite « tous ceux qui savent quelque chose à désapprendre ce qu'ils ont appris. » Il concluait fort logiquement : « Imposer à l'École, durant tout près d'un mois, un garnisaire qui l'a bravée ouvertement jusqu'au dernier jour de sa vie, n'est-ce point abusif, pour ne pas dire injurieux ? Il est impossible d'admettre que l'État proteste lui-même contre l'enseignement de l'État dans le palais où nos jeunes peintres sont instruits aux frais de l'État [28]. »

Gérome protestait dans le même sens et demandait pourquoi on n'avait pas choisi pour une telle exhibition le théâtre des Folies-Bergère. Le 15 janvier, *le Journal des Arts* publiait une « pétition à l'Institut », signée Bullier, qui proposait de louer les salles du quai Malaquais pour y donner des bals publics : « Mon plan est déjà formé. A l'instar de M. Duchatel qui plaça *la Source* d'Ingres au-dessus d'une baignoire dans sa salle de bains, je placerai *le Bon Bock* au-dessus de ma dame de comptoir, le *Portrait de Pertuiset,* au-dessus de mon tir à la carabine, et la *Femme au chat noir,* sur le cabinet de la diseuse de bonne aventure [29]. » Malgré ces réactions, l'opinion accueillait favorablement dans l'ensemble une manifestation où l'on ne s'ennuyait pas. Les tableaux étaient regardés, commentés, tout un passé revivait. En revanche, on critiquait çà et là le principe d'une exposition suivie aussitôt d'une vente publique.

Dans le lot des très nombreuses critiques il serait aisé de dresser un bilan mettant en évidence le caractère irréconciliable des points de vue. Burty donnait de la voix : « Si les salles de cette École ont été ridiculisées, c'est le jour où l'exposition des travaux de Henry Lehmann ont prouvé au public que les bons dîners, les relations cléricales, une tenue gourmée, pouvaient conduire un élève d'Ingres, aussi débile d'imagination que de palette, à l'Institut et, ce qui est autrement grave, au professorat dans l'un des trois ateliers administratifs de l'École[30]... » Ici et là, on évoquait la « nullité » de Manet, mais même ses détracteurs qui voyaient en lui un « sous-Courbet et un pasticheur de Goya[31] » se laissaient aller à quelques éloges bien sentis. Le triomphe qu'on lui faisait agaçait cependant et on ne pardonnait pas à ce peintre de tout exprimer en deux coups de pinceau. L'un des aspects les plus intéressants de cet abondant dossier est, en fait, la convergence de fond au-delà des polémiques. Dans la préface du catalogue qu'Émile Zola avait tenu à donner fort logiquement, on pouvait extraire un terme qui prêtait à plusieurs interprétations : en présentant Manet comme un « régénérateur », Zola pouvait contenter Albert Wolff ou Roger Marx, Paul Mantz et Léon Gérome lui-même qui ne contestait pas qu'il y eût chez Manet de bons « morceaux. » L'enjeu était dans la suite à donner à un tel « commencement » et dans l'influence qu'il pouvait avoir. « Que de fortunes faites sur son dos, que de réputations bâties sur le meilleur de son sang... On le volait pour le débiter en friandises aux amateurs ravis, qui auraient frémi devant un Manet véritable, et qui se pâmaient devant les Manet de contrebande, fabriqués à la grosse, comme les articles de Paris[32]. » Zola ne se trompait pas en soulignant le « rôle considérable » joué par Manet, mais il faisait glisser la question sur un terrain qui était à nouveau celui d'une possible réduction de l'œuvre devant le tribunal de l'histoire. L'histoire commençait donc sur ce jugement dont la fortune est considérable puisqu'il inspire largement le discours tenu sur Manet depuis lors. Pourtant il faut tenir compte d'un élément essentiel du débat, élément par lesquel le destin du peintre a en quelque sorte déjoué les calculs et les prévisions des uns et des autres : les œuvres qui vont quitter l'atelier et les murs de l'exposition seront désormais des témoignages et pour certaines autant de pièces susceptibles d'ouvrir la question dont les contemporains avaient pu mesurer en 1884 le caractère d'actualité.

La vente qui eut lieu en deux vacations, les lundi 4 et mardi 5 février 1884, fut elle aussi abondamment commentée ; les prix furent donnés dans la presse et ils étaient suffisants malgré leur modestie pour qu'Albert Wolff les qualifiât de folies : « La pensée d'amoindrir Manet ne peut pas venir au témoin de ses luttes, à l'homme qui n'a cessé de le défendre. Mais, saperlipopette, ne perdons pas la tête[33] ! » Cent soixante neuf numéros figuraient au catalogue qui s'ouvrait par une préface de Théodore Duret. L'assistance comprenait tout le Paris artiste ; on se demandait si l'État allait acheter, comme à la vente Courbet de décembre 1881.

La première séance commence par des dessins, des aquarelles et des pastels dont certains obtiennent de bons prix, comme *l'Homme au chapeau rond* adjugé 1 050 francs. Cependant *Argenteuil* mis à prix 15 000 par Durand-Ruel est repris 12 500 par Leenhoff. *Faure dans le rôle d'Hamlet* obtient 3 500. Chabrier acquiert le *Bar aux Folies-Bergère* pour 5 850 francs, le *Skating* pour 1 670 francs. *Nana* est au docteur Robin pour 3 000. *L'Évasion* fait 650 francs et d'après le journaliste Paul Eudel, le tableau, peu connu du public, suscite « une profonde sensation[34] ». Le lendemain, l'assistance est toujours aussi nombreuse, mais la famille est obligée d'intervenir. Caillebotte achète *le Balcon* 3 000 francs et Duret *Chez le Père Lathuille* 5 000. *Le Linge* obtient 8 000 francs. On termine avec *Olympia,* rachetée 10 000 francs par Léon Leenhoff. Le tableau venait d'être exposé ; il avait encore recueilli une série de remarques désobligeantes et demeurait le chef-d'œuvre dont personne ne voulait.

Le succès de l'exposition, les conditions de la vente, le sentiment que la mort prématurée de l'artiste laissait le sort de sa peinture incertain, la place que Manet avait occupée pour tous ceux qui l'avaient connu conduisirent Antonin Proust à fêter, le 5 janvier 1885, l'anniversaire de la manifestation dont il avait été l'artisan. L'idée d'un banquet chez le « Père Lathuille » ne reçut pas l'assentiment de tous. Eugène Manet et Berthe Morisot s'en désolidarisaient, d'autres, comme Pissarro, trouvaient l'idée un peu inutile. Mais Proust agissait sur un terrain dont il voyait les enjeux à long terme. Il constitua un comité et, le jour venu, cent cinquante personnes dînaient dans la grande salle du restaurant. Zola et Fantin entouraient Proust, puis venaient le graveur François, Emmanuel Gonzalès, Bazire, Fourcaud, Durand-Ruel, Stevens, Burty, Gervex, Guérard, Mallarmé, Armand Silvestre, John Sargent, Renoir, Henri Rouart, Henry Dupray. La liste des convives rassemble à peu près tous ceux qui, à un moment ou à un autre, ont joué un rôle dans la vie du peintre : Astruc, de Bellio, Béraud, de Biez, Blanche, Cazin qui évoqua ses souvenirs du Salon des Refusés, Chabrier, Cherville, Duez, Eudel, le docteur Evans, Feyen-Perrin, Forain, Franc-Lamy, Gœneutte, Hoschedé, La Touche, Lhermitte, Manzi, Marthold, le docteur Materne, Monginot, Pertuiset, Prins, le docteur Robin, Roll, Henri Rouart, Scholl, Vignon. Dans *le Cri du peuple*, Paul Alexis faisait la réflexion suivante : « Manet, de son vivant, a-t-il eu cent amis, cent amis véritables ? Ce charmant ami trouvait beaucoup de sympathies, même parmi des sceptiques, des aveugles en art, qui ne le comprenaient guère et le blaguaient secrètement[35]. » Gustave Geffroy soulignait lui aussi, dans *la Justice*, ce que cette assemblée pouvait enseigner quant à l'histoire des opinions et des jugements. Mais Proust pensait davantage à l'avenir, en particulier au centenaire de la Révolution française de 1789. Et malgré tout ce que lui avait dit le scepticisme de Manet, en prenant la parole il affirma au nom de la « sincérité dans l'art » : « Nous avons le devoir d'instituer en 1889 une sorte de jugement dernier, et l'on peut dire sans être un grand prophète que, dans cette vallée de Josaphat, il y a bien des morts qui ne se réveilleront pas[36]. »

Quatorze peintures de Manet figurèrent en 1889 à la Centennale de l'art français dans le salon d'honneur du Palais des Beaux-Arts au Champ-de-Mars. *Le Fifre, le Chanteur espagnol, le Bon Bock, Olympia, l'Homme mort, En bateau,* la *Botte d'asperges,* le *Jardin de Versailles,* etc., constituaient un ensemble très admiré. A cette date, Claude Monet, que le peintre John Sargent avait alerté, avait entrepris de réunir par souscription les fonds nécessaires pour offrir *Olympia* à l'État. Le 18 mars 1890, après avoir déployé beaucoup d'énergie, il pouvait remettre la somme de 19415 francs à Suzanne Manet. Dans la lettre qu'il adresse, le 7 février 1890, au ministre de l'Instruction publique et des Beaux-Arts, Armand Fallières, il présente le sens de sa démarche dans des termes qui permettent d'envisager le destin de Manet en France, si ses amis n'étaient pas intervenus : « Il nous a (...) paru impossible qu'une telle œuvre n'eût pas sa place dans nos collections nationales, que le maître n'eût pas ses entrées là où sont déjà admis les disciples. » Il faisait valoir l'histoire du romantisme et du réalisme en affirmant la place du peintre dans une évolution qui est à la fois « pacifiée » et en même temps lourde d'hostilité : « Les discussions auxquelles les tableaux de Manet ont servi de sujet, les hostilités qu'ils eurent à subir sont maintenant apaisées. La guerre serait encore ouverte contre une telle individualité que nous n'en serions pas moins convaincus de l'importance de l'œuvre de Manet et de son triomphe définitif. Il nous suffirait de nous rappeler, pour ne citer que quelques noms, autrefois décriés et repoussés, et aujourd'hui célèbres, ce qui est advenu à des artistes comme Delacroix, Corot, Courbet, Millet, l'isolement de leurs débuts et leur incontestable gloire posthume. Mais, de l'aveu de la grande majorité de ceux qui s'intéressent à la peinture française, le rôle d'Édouard Manet a été utile et décisif. Non seulement il a joué un grand rôle individuel, mais il a été, de plus, le représentant d'une grande et féconde évolution. » Claude Monet ajoutait encore : « Nous avons voulu retenir une des toiles les plus caractéristiques d'Édouard Manet, celle où il apparaît en pleine lutte victorieuse, maître de sa vision et de son métier[37]. »

Ces phrases s'imposent aujourd'hui, mais pour en arriver là il a fallu l'intervention décisive du peintre qui était le mieux placé pour comprendre la valeur historique d'*Olympia.* L'affaire fut difficile. Antonin Proust, préférant *Argenteuil,* s'y montra hostile et Monet dut ensuite veiller aux conditions de la donation qui fut acceptée pour le musée du Luxembourg en attendant l'expiration du délai de dix années après la mort de l'artiste qui pouvait lui ouvrir la porte du Louvre. Le ministre Léon Bourgeois appliquant les règlements ne pouvait informer Monet que de l'intention de « conserver toujours l'*Olympia* à Paris et sous les yeux du public[38] ». En 1893, l'administration refusa le transfert du tableau au Louvre, ce qui était le vœu des souscripteurs : « Notre désir, écrivait Monet, est de la voir prendre place au Louvre, à sa date, parmi les productions de l'école française[39]. » Il faudra que Monet et Geffroy interviennent auprès de Clemenceau, président du Conseil, pour que, sur son ordre, le tableau, le 6 janvier 1907, entre dans les collections du musée pour être accroché dans la salle des États, à côté de la *Grande Odalisque* d'Ingres. Les esprits n'étaient toujours pas apaisés et l'évolution de l'art français appartenait à Monet, mais aussi à Picasso, à Matisse et à d'autres. En 1889, parmi les souscripteurs eux-mêmes l'unanimité n'était pas faite sur le compte d'*Olympia,* bien loin de là. Avec intelligence, Bracquemond entrevoyait un monde de difficultés ; il osait à peine envisager un succès pour un tableau pareil : « Car nous ne coupons pas le tableau, n'est-ce pas ? et le tableau d'*Olympia* c'est la femme nue et non le bouquet[40] ! » Monet le savait mieux que quiconque et Duret, mesurant lui aussi l'exacte valeur de sa démarche (« Vous êtes un homme de cœur et plein de vaillance », lui dit-il le 3 décembre 1889), ajoutait : « C'est évidemment l'*Olympia* qu'il faut faire entrer au Louvre pour continuer sur le nom de Manet la bataille engagée de son vivant (...) Il faut tant de temps ! » La suite éclaire mieux encore sa pensée : « Chose singulière ! ce sera vous qui ferez le trou par où passera Manet, quoiqu'il ait été le précurseur. Votre œuvre venant plus tard trouve le terrain mieux préparé, puis Manet était un peintre de figures et là la terrible convention académique et le poncif règnent et régneront toujours en maîtres[41]. »

La liste des souscripteurs est un étonnant document qui permet d'associer des noms nouveaux comme ceux de l'affichiste Jules Chéret, des peintres Carrière ou Toulouse-Lautrec à ceux des amis fidèles, Fantin, Guillemet, Chabrier, Degas, Mallarmé, Bracquemond, Duez, Béraud, Gervex. A noter également la présence de Albert Besnard, Boldini, Helleu, J.-F. Raffaelli qui se signalent aux côtés de Monet, Ribot, Puvis de Chavannes, Pissarro, Renoir, Roll, Tissot, Dalou, Guérard, Lerolle, Carolus Duran, Cazin, Caillebotte, Sargent. Les collectionneurs et amateurs ont répondu à l'appel, de Bellio, Marcel Bernstein, Leclanché, Moreau-Nélaton, le docteur Robin, Henri Rouart, Léon Clapisson, Paul Gallimard, Van Cutsem, mais la présence des critiques et des journalistes montre bien l'importance qu'ils ont eue pendant la vie de Manet : Bazire, Burty, Armand Dayot, Jean Dolent, Duret, Geffroy, Huysmans, Roger Marx, Octave Mirbeau, Camille Pelletan. Émile Zola avait mis un point d'honneur à ne pas souscrire : « J'ai assez défendu Manet par la plume, pour craindre aujourd'hui le reproche de lui marchander la gloire[42]. » Il ne le disait pas expressément, mais c'est lui qui le premier avait pris l'initiative en écrivant, le 7 mai 1866 : « La place de M. Manet est marquée au Louvre. » A l'époque, il invoquait une « vérité éternelle » : « Les tempéraments seuls vivent et dominent les âges[43]. » C'est dans cette logique et celle du naturalisme qu'il écrit : « Manet ira au Louvre, mais il faut que ce soit de lui-même, en pleine reconnaissance nationale de son talent et non sous cette forme détournée de cadeau qui sentira quand même la coterie et la réclame[44]. » Le public commençait à reconnaître Manet mais il ne possédait pas les clefs du Louvre. Le sort du tableau était plus que jamais entre les mains de ceux qui travaillaient à l'évolution de l'art. En février 1891, Gauguin copiait *Olympia* au Luxembourg ; la « Vénus hottentote » préludait au mystère des grands nus océaniens. L'histoire s'ouvrait plus encore à partir d'un tableau toujours aussi barbare et primitif.

L'indifférence des pouvoirs publics se manifestait clairement lors de la vente Théodore Duret, le 19 mars 1894, où *Chez le père Lathuille* fut adjugé 8 000 francs au collectionneur belge Van Cutsem qui léguera le tableau, avec *Argenteuil*, à la ville de Tournai ; même chose lors de la vente Chabrier, le 26 mars 1896. Le legs du peintre Caillebotte, en 1894, qui comportait quatre Manet provoquait une polémique. Les collections étrangères se constituaient progressivement avec des pièces importantes, mais l'heure, pour l'administration, était à un tri, forme polie d'une hostilité ancienne et persistante. *Le Balcon* et l'étrange *Angelina* entraient au Luxembourg. Lors de l'Exposition internationale de 1900, Roger Marx organisa au Petit Palais une nouvelle Centennale où Manet était superbement représenté, notamment par *le Déjeuner sur l'herbe, Argenteuil, le Déjeuner, Un bar aux Folies-Bergère.* Au Salon d'automne de 1905, lors de l'exposition de la collection Faure chez Durand-Ruel, du 1er au 17 mars 1906, enfin — fait remarquable —, avec la donation Moreau-Nélaton en 1906 de cinq tableaux parmi lesquels *le Déjeuner sur l'herbe*, puis en 1911 avec la donation Camondo comprenant dix Manet dont *Lola de Valence, le Fifre, Clair de lune sur le port*, le public pouvait, grâce à des initiatives individuelles, continuer à voir et à juger l'œuvre de Manet. La reconnaissance nationale qui interviendra en juin 1932 avec l'exposition du centenaire, au musée de l'Orangerie, sera peut-être le « triomphe de Manet », mais Valéry ne dira pas assez combien ce triomphe résultait de l'action décidée de quelques-uns : Monet, Duret, Caillebotte, Faure, Moreau-Nélaton...

Conclusion

La vie de Manet, pendant près de vingt ans, s'est déroulée sous le regard de tous. Ses proches, ses amis, des journalistes, des écrivains, le public, sans oublier le jury de peinture et tous ses confrères, chacun a pu s'exprimer. L'homme s'est prêté à l'intérêt qu'il suscitait ; il l'a entretenu et renouvelé. On l'a vu au Salon, le jour de l'inauguration, serrant des mains, lançant quelques formules comme en 1876 quand, bloqué dans la foule qui hésite à sortir sous l'averse, le refusé proclame d'un ton vainqueur : « Ce qui prouve qu'il est aussi difficile de sortir du Salon que d'y entrer [1]. » On l'a vu sur le boulevard, dans les cafés, à Tortoni, au café de Bade, au Guerbois, à la Nouvelle-Athènes. Il a été un Parisien à qui rien ne semblait échapper de la vie de son temps. Il fut aussi un homme de salon, de conversation au sens le plus social du terme. Sa mère recevait et le peintre tenait à ces réunions où Cézanne n'aurait pu paraître, comme il tenait aux propos vifs des tablées du Guerbois. Dans le cadre de ces réceptions, il pouvait exercer pleinement les ressources d'esprit et de distinction qui étaient en lui. Mais l'homme distingué et charmant pouvait aussi devenir nerveux et dur dans ses propos, dès qu'une certaine liberté de ton devenait possible. Manet aussi fut beaucoup observé devant sa toile, dans l'atelier, en train de peindre ou de commenter de la peinture. Zola, Duret, Bazille, Degas, Fantin, Monet, Berthe Morisot, Ellen Andrée, Jeanniot, Mallarmé, Wolff, Faure, Proust, Blanche et d'autres ont tous laissé un témoignage sur le rapport entre Manet et la peinture. Ils ont pu ainsi livrer les indications qui permettent de comprendre le but poursuivi par l'artiste, l'obstacle que cela impliquait. Les lettres, les mots de Manet contiennent également des indications précieuses sur sa présence parmi ses contemporains. A sa mort, la place qu'il occupait, l'identité qu'il représentait, et surtout ce qu'il avait insufflé de neuf avaient frappé beaucoup de témoins. Pourtant décrire le bourgeois qui en avait tous les caractères, et toutes les apparences, l'homme et sa « rieuse philosophie », le lutteur dépourvu de méchanceté et de mesquinerie, bref l'« âme ensoleillée [2] » dont parle De Nittis et tous ceux qui l'ont connu, se heurte vite à d'insuffisantes formules. L'œuvre se charge de les faire apparaître et plus on la considère dans son rapport à l'existence du peintre, plus elle affirme sa dimension propre.

La peinture de Manet appartient étroitement à sa vie pour des raisons qui tiennent souvent à une définition purement biographique. Il va à Madrid, assiste à une corrida et peint un combat de taureaux à son retour ; il fait *le Bon Bock* dans l'hiver 1872-1873 après avoir visité les Frans Hals de Haarlem ; la rue Mosnier représente une date politique et historique. *Dans la serre* tire parti de son installation provisoire et *le Chemin de fer* transporte l'héroïne de la rue Guyot en plein quartier de l'Europe comme pour marquer une transformation. Les portraits de Léon et plus encore ceux de son épouse, qui créa les conditions morales de toutes ses audaces, sont des preuves de la dimension biographique qui unit sa peinture à sa propre identité. La *Nymphe surprise* est devenue le pastel de 1874, *Madame Manet sur un canapé bleu,* que Degas posséda. Elle occupe la place de *Jeune Femme couchée en costume espagnol* de 1862, celle du *Repos* de 1870, celle de *Nina de Callias* et c'est aussi le moment où Manet peint avec intelligence et sensibilité Camille, l'épouse de Claude Monet. Même besoin de lucidité en 1879 quand le peintre fait poser son épouse dans la serre, sur le banc occupé précédemment par Mme Guillemet. Chaque tableau est inscrit pour des raisons précises et profondes dans la biographie du peintre. Ce sont des éléments de l'actualité esthétique qui entraînent *le Vieux Musicien* et *la Musique aux Tuileries* et cette actualité a été vécue, discutée, commentée. Ce sont les mêmes raisons où se mêlent prises de position, sympathies, analyses qui font la date du portrait de Zacharie Astruc, celles de ceux de Zola, de Claude Monet, de Mallarmé, de Proust. La chronologie des œuvres est étroitement déterminée par le développement de l'existence du peintre. Jamais le critère stylistique n'a été soumis à une dimension générale aussi déterminante. Quand la date de certaines œuvres n'est pas connue avec certitude, l'interprétation se heurte à un obstacle fondamental comme si un glissement de circonstances pouvait modifier profondément la valeur du tableau : *la Pêche*, *l'Enterrement*, *la Sultane*, etc. *L'Enfant aux cerises* ou *le Buveur d'absinthe* sont, dans tous les sens du terme, les premiers chefs-d'œuvre parce que *Un bar aux Folies-Bergère*, *Jeanne* sont les derniers.

Considérer la vie du peintre, c'est prendre conscience des valeurs qui sont en jeu, à la fois transformées et inchangées par le temps. Dans la relation sociale que le *Bar aux Folies-Bergère* définit, il y a toujours l'expérience d'*Olympia*. Un pouvoir de liberté et de profanation. Même s'il est possible de considérer le portrait de Proust comme une œuvre qui surmonte l'expérience du *Buveur d'absinthe* — les deux individus semblent avoir peu de points communs — l'histoire nous apprend à nous défier d'une opposition aussi tranchée. La bohème réaliste de 1859 vit et survit dans la république athénienne. Par toutes ses œuvres, Manet vient rappeler l'histoire de son expérience esthétique. De *Madame Brunet* qui pleurait de dépit devant son image à la certitude de Méry Laurent. Du *Fifre* de 1866 au dernier *Clairon* de 1883. De *l'Enfant à l'épée* au portrait d'*Henry Bernstein*. Entrer dans l'analyse de cette dimension esthétique excède le cadre d'une biographie et il faudrait maintenant définir cette analyse. Mais pour conclure, on peut souligner quelques caractères généraux qui permettent d'apprécier la fonction, pour l'œuvre de Manet, de ce que l'on appelle généralement « une vie ».

Manet dissimulait peu sa pensée ; il a beaucoup parlé devant des témoins qui avaient pour vocation d'écrire et de transmettre ses propos. Baudelaire, Champfleury, Duranty, Zola, Thoré, Mallarmé, Banville, mais aussi toute une pléiade de journalistes qu'il a rencontrés. Pourtant Manet n'a pas laissé sur le sens général de son œuvre les déclarations qui pourraient autoriser une analyse approfondie. Même ses premiers historiens, Bazire, Proust, Duret, ne font que citer des déclarations qui portent principalement sur le conflit dans lequel il est engagé dès ses débuts. Manet s'est exprimé sous la forme de professions de foi : « Montrer est la question vitale, le sine qua non pour l'artiste », ou bien sous forme d'aphorismes : « Faire vrai, laisser dire », «J'ai toujours pensé que les premières places ne se donnent pas ; qu'elles se prennent [3] ». Il aimait multiplier les remarques, les jugements, les rapports indirects à son activité et on perçoit à travers les souvenirs de ses amis à quel point il était « enjouement et grâce », pour reprendre les mots de Mallarmé, et aussi combien ce charme masquait un silence devant son travail. Tout allait se fondre en deux mots que Mallarmé enchâsse précieusement dans son « médaillon et portrait » « l'œil, une main » : « Qu'un destin tragique, omise la Mort filoutant, complice de tous, à l'homme la gloire, dur, hostile marquât quelqu'un enjouement et grâce, me trouble — pas la huée contre qui a, dorénavant, rajeuni la grande tradition picturale selon son instinct, ni la gratitude posthume : mais, parmi le déboire, une ingénuité virile de chèvre-pied au pardessus mastic, barbe et blond cheveu rare, grisonnant avec esprit. Bref, railleur à Tortoni, élégant ; en l'atelier, la furie qui le ruait sur la toile vide, confusément, comme si jamais il n'avait peint — un don précoce à jadis inquiéter ici résumé avec la trouvaille et l'acquit subit : enseignement au témoin quotidien inoublieux, moi, qu'on se joue tout entier, de nouveau, chaque fois, n'étant autre que tous sans rester différent, à volonté. Souvenir, il disait, alors, si bien : "L'œil, une main..." que je resonge [4]. »

De cet enseignement, Mallarmé tire une des définitions les plus parfaites qui soient de Manet et de la peinture, mais son analyse qui conduit à la « limpidité de la vue » et au « chef-d'œuvre nouveau et français » est placée sous le signe d'un trouble et d'un « destin tragique » qui n'est ni la « Mort », ni la « huée », ni la « gratitude posthume ». Quel est ce destin tragique dont Manet fut « marqué » ? La réponse est loin d'avoir été donnée. On peut simplement rappeler l'ampleur de la question et surtout la conscience qu'en a eue Manet lui-même. Sa vie est indissociable du bruit qu'elle a provoqué ; dans tout ce bruit, il y a la polémique au sens le plus immédiat du terme, le ressassement des mêmes critiques, le caractère usant d'un conflit dont le peintre a souffert tout en le ranimant constamment, l'aspect irréconciliable et dur de l'opposition que Manet a combattue en la radicalisant. Il y a aussi, et c'est le point sur lequel il convient d'insister, la volonté de combattre, à travers ses contemporains et grâce à leurs réactions, une réduction de son œuvre. De son vivant, elle était déjà la forme la plus pernicieuse de l'hostilité qu'on lui manifestait.

Manet a su se défendre ; il a su montrer ses tableaux au prix de beaucoup d'énergie et en utilisant le scandale qu'ils provoquaient. Il a su triompher de l'exclusion qui consistait à le refuser. Toute sa vie, il a incarné le personnage qu'on lui avait fait en 1863. Il fut aidé par tous ceux qui sont intervenus à des moments différents, chaque fois délicats : Delacroix qui l'a défendu après avoir visité l'exposition chez Martinet en mars 1863, Théophile Gautier en 1861, en 1864, Baudelaire, Philippe de Chennevières, Astruc, Zola, La Case en 1865, Guillemet, Carolus Duran en 1875, Gervex en 1881, sans oublier Henner, Bonnat, Daubigny, Cabanel et d'autres encore qui n'ont pas voulu que Manet soit proscrit. Manet a rencontré des sympathies dans des milieux très divers ; il a pu exister dans l'hostilité profonde qu'il suscitait et ce n'est pas diminuer l'importance de cette hostilité que de rappeler le rôle de tous ceux qui l'ont aidé, de Chesneau à Fourcaud, de Fantin à Durand-Ruel, du commandant Lejosne à Jean-Baptiste Faure. Mais il ne s'agit là que d'un aspect du problème qu'il affrontait. L'un des moyens les plus habiles pour l'attaquer et le diminuer fut, en définitive, d'envisager sa place dans l'histoire et de lui désigner son « succès ». Le véritable adversaire de Manet dans ces conditions n'était finalement pas Gérome ou Edmond About ; ceux contre qui Manet dirige la volonté inflexible de sa peinture sont ceux qui, à l'image d'Albert Wolff, aiment Manet, c'est-à-dire deux ou trois tableaux et pas davantage. Wolff soulignait qu'il n'était qu'un artiste incomplet qui a montré la voie à d'autres mieux armés que lui, la « jeune école » réaliste, Bastien-Lepage, Duez, Gervex. Manet était le « poteau indicateur [5] » et chaque fois qu'il rencontrait le journaliste sur le boulevard, il s'immobilisait le bras tendu pour mimer le propos. Antonin Proust eut le mérite de comprendre l'anxiété du peintre à la fin de sa vie quand il prit conscience de sa maladie et que se posa la question de son œuvre. A ce moment-là, il multiplie les réticences à l'idée d'entrer par bribes dans les musées : « Me vois-tu au Luxembourg avec une seule toile, *Olympia* ou le *Père Lathuille* ? Je ne serais pas entier et je veux rester entier [6]. » Ce vœu impossible est sans doute le témoignage le plus net et le plus clair de ce que représentait pour Manet la « vie ». Il a exprimé de façon réitérée que son œuvre constituait un tout et il voyait dans sa disparition le terme de cette exigence vitale de totalité. Pour lui, l'heure de la justice n'était pas dans le démembrement qu'il entrevoyait dans l'avenir. L'heure de la justice était pour lui dans le succès qu'il pouvait obtenir au Salon, devant ses contemporains, dans la confrontation directe avec une mémoire impliquée par une génération qui l'avait suivi depuis vingt ans. « L'heure de la justice, cette heure qui fait que nous ne commençons à vivre que quand nous sommes morts, je la connais, celle-là », répondait-il avec amertume quand son ami lui faisait valoir qu'un jour « le jugement des hommes reprendra son équilibre [7] ».

Le pessimisme de Manet peut s'expliquer quand on considère l'incompréhension et les réticences devant *Chez le Père Lathuille* comme devant *Olympia* ; il peut également surprendre quand on considère l'intérêt suscité, la faveur auprès des meilleurs esprits de son temps, quelques grands succès populaires malgré tout le reste. Le « déboire » de Manet englobe et dépasse l'analyse objective des événements pour ne prendre son véritable sens que dans un rêve ou un espoir qui lie fondamentalement son œuvre au présent. Le caractère tragique de son destin porte sur la négation dont il fut l'objet sans qu'il soit possible de dire à quelle conversion l'aurait entraîné la gloire et le succès. Il s'est contenté de dire qu'il était trop tard. Pour s'en tenir à ses déclarations et à son vœu, on peut faire observer que sa vie a été mise au service de cette fameuse totalité sur le point d'être dispersée et révisée. La forme par laquelle l'œuvre existait dans sa dimension était le Salon officiel et, dans ce cadre, Manet a tout fait pour contredire une possible réduction de son art en établissant presque toujours un dialogue, une tension entre ses envois. Au cœur de la relation entre sa vie et l'œuvre, il faut peut-être placer une dimension d'antithèse qui est un défi à l'interprétation. Le caractère entier dont Manet se réclame s'est présenté non pas comme une somme, comme une accumulation de valeurs, mais davantage comme une suite de confrontations et de divisions. Il y avait dans sa vie cet élément insaisissable qui ne se formule que par un « destin tragique ».

Le *Chanteur espagnol*, avec son « pantalon », ses espadrilles, le mégot qu'il vient de jeter par terre pour chanter, les oignons et le banc vert, contribue à faire exister, en 1861, la corbeille à ouvrage de Mme Manet, la décoration du juge, l'austère mobilier d'acajou d'un appartement qui ne résonne pas d'accents andalous tous les jours. Il ne s'agit pourtant pas d'une forme agressive. La conviction de deux tableaux reste identique. Dans l'exposition des refusés de 1863, on a vu un travestissement, un échange entre le nu et les hommes habillés qui dénaturait l'esprit du classicisme. La symétrie entre le *Jeune Homme en costume de majo* et *Mlle V. en costume d'espada* amplifie encore l'idée d'une expérience esthétique démembrée et comme morcelée par un effet de triptyque. L'envoi des trois tableaux réunis peut apparaître comme l'un des sujets du *Déjeuner sur l'herbe.* Ce qui s'exclut se rassemble et l'Espagne exile le *Concert champêtre* du Louvre dans son réalisme. Dans les Salons de 1864 et 1865, on peut se demander si le peintre n'a pas voulu confronter les thèmes fondamentaux de la foi à l'épreuve de valeurs complémentaires. *Épisode d'un combat de taureaux* et le *Christ mort assisté par les anges,* conçu comme un « Christ ressuscitant [8] », obligeaient le spectateur à passer brusquement d'un réalisme à un autre. De même, le corps du *Christ insulté par les soldats* a pu paraître outragé par la nudité d'*Olympia.* Cette seule vue reste insuffisante et l'analyse de chacun des tableaux ferait surgir des notions beaucoup plus nuancées et sensibles. Pourtant l'opposition visuelle était là. Le sens de la composition de 1864 qui va devenir *l'Homme mort* par la suite comporte une perspective sur des valeurs qui ne contredisent pas le sacrifice du Christ et l'analyse d'*Olympia* intègre une expérience de la dérision, pour ne pas dire de la solitude et de l'abandon, que le tableau religieux aide à mesurer. En dehors de l'opposition des images, de leur répulsion réciproque, on ne peut saisir que l'insistance d'un art à établir toute sa puissance. Les deux figures du Salon de 1866 composent un dialogue plus fraternel et plus aisé ; il repose cependant sur une antithèse sans laquelle la solitude des deux héros n'existerait pas avec la même intensité. Entre un « enfant de troupe musicien » et Hamlet, entre *l'Acteur tragique* et *le Fifre,* il est possible d'énoncer tout ce qui sépare et divise leur degré de réalité et plus ce travail de persuasion se fait, plus l'existence de l'un et de l'autre se confirme. L'expérience esthétique tend vers ce qui reste irréconciliable et profondément inconscient à l'un et à l'autre. En 1868, les contemporains ont pu vérifier eux-mêmes que sous le titre *Une jeune femme,* Victorine Meurent dans une robe « d'un rose faux et louche [9] » développe l'argument défendu par Zola. Pourtant une sorte de réticence, d'antipathie semble exister entre les deux tableaux. Quand, en 1869, le peintre expose *le Déjeuner dans l'atelier* et *le Balcon,* certains critiques commencent à traduire par écrit leur impression d'une communication d'un type nouveau entre les envois ; l'idée de situer l'espace intérieur du *Déjeuner* dans la logique d'ouverture du *Balcon* est, à la fois, ce qu'il y a de plus visible et de plus surprenant. La puissance des deux compositions repose sur une confrontation et sur une frontière qui attire l'attention sur une double affirmation. Le Salon de 1870 ne repose pas sur de telles interférences ; on peut même constater qu'il vise à recomposer une société, un duo, une forme de sourire, inversant l'effet du Salon de 1869. En 1872, Manet envoie un paysage de mer, un tableau unique qui contient un élément dramatique en lui-même. La conjoncture de l'année 1872 ne semble pas étrangère à sa démarche.

L'année suivante, au Salon de 1873, on peut presque dire que le démon du contraste pousse le peintre à associer *le Repos* au *Bon Bock* et cette fois les commentateurs ne pourront plus ignorer une caractéristique qu'ils apprécient sur le plan du comique. Pour 1874, Manet n'a pas pu disposer du portrait de *Nina de Callias* qui aurait permis de mieux apprécier le regard de l'ex-Olympia dans *le Chemin de fer.* Les deux tableaux refusés, *le Bal masqué à l'Opéra* et *les Hirondelles,* présentaient eux aussi des caractères de rupture d'intensité qui auraient pu accompagner tout le mystère d'une locomotive à vapeur. En 1875, Manet n'a pas exposé *En bateau* avec *Argenteuil,* mais les deux œuvres, tributaires de la même expérience, illustrent de manière étonnante une métamorphose des sensations et des sentiments dans la lumière de l'impressionnisme. La femme inerte et froide d'*Argenteuil* devient la passagère grisée d'*En bateau,* à moins que ce ne soit l'inverse. Exposé en 1879, avec les valeurs les plus physiques de l'impressionnisme, *Dans la serre* montre davantage encore son élégance, une certaine complication de cœur liée au raffinement de la vie. *En bateau, Dans la serre* : il y avait presque le risque d'une thématique contrastée des plaisirs parisiens. Beaucoup y ont vu une image contemporaine, mais l'artiste avait multiplié les oppositions sur le plan de la forme.

Les tableaux refusés de 1876 permettent de retrouver intact et presque à l'état pur un principe d'opposition qui prend une forte valeur d'affirmation esthétique. Il fallait une singulière audace pour juxtaposer au soleil du *Linge*, le jour de cave de *l'Artiste*. Deux lumières et aussi deux rapports de l'existence avec la réalité. Sans cette odeur de lessive en plein air, Desboutin n'incarnerait pas à ce point un certain destin de la bohème romantique qui éclaire la signification profonde de l'impressionnisme. Jamais, peut-être, Manet n'est parvenu à suggérer avec autant de force les principes contenus dans son art. Le *Linge* devient une sorte de réponse au « chef-d'œuvre inconnu » que porte en lui, malgré lui, Marcellin Desboutin. Quant à *Nana*, qui fut refusé en 1877, il est difficile de ne pas reconnaître dans l'amusement de son personnage une certaine dose de l'égarement du *Portrait de Jean-Baptiste Faure dans le rôle d'Hamlet*. Le boudoir scandaleux où elle règne et qui semble tant appartenir au monde qui applaudit le chanteur à l'Opéra aurait grandi la folie, la vision, l'irréalité d'Hamlet. Entre les deux œuvres, le sens du jeu, de l'artifice, du public impliqué par ce jeu repose sur une opposition. Mais cette opposition semble au principe même de l'équilibre ou du déséquilibre des figures concernées. Quand on fait la somme des refus que Manet eut à subir, on s'aperçoit qu'ils ont porté précisément sur les tableaux les plus révélateurs de ces antagonismes : *l'Acteur tragique* et *le Fifre*, *l'Artiste* et *le Linge*, *Nana*. La critique et le public, en revanche, avaient fini par entrer de façon beaucoup plus libre dans cette manière d'aborder la rupture qu'une image était susceptible d'introduire entre elle-même et le monde. L'enjeu de ces confrontations commence à être perçu à partir de 1880, comme si une définition sociale était impliquée par un caractère discontinu et hétérogène de l'expérience. Toute la valeur républicaine du portrait d'Antonin Proust entraîne à sa suite le plein air et l'illusion du « Père Lathuille ». Pourtant l'avantage d'un parlementaire « arrivé » ne fait qu'accuser l'étonnant « bonheur » d'une illusion. L'année suivante, c'est encore un homme politique, Rochefort, qui permet de juger dans *Pertuiset* le sens d'un affrontement obscur entre l'homme et la nature. Un principe de destruction qui constitue l'histoire et permet de la représenter. Enfin, lors du dernier Salon, en 1882, on pourrait souligner à quel point *Jeanne* — sa jeunesse, son absolue conviction d'incarner le plaisir et le charme de la vie —, cristallise un sentiment qui renaît, perverti, troublé mais aussi libéré et éternisé dans l'optique surréelle d'*Un bar aux Folies-Bergère.*

Les Salons représentent l'œuvre en entier parce qu'ils en ont produit chaque fois une interprétation problématique et différente. « Entier », Manet l'était, comme l'a écrit Mallarmé, devant chacun de ses tableaux ; il réclamait de l'histoire et pour son œuvre la dimension qu'il avait mise lui-même en jeu dans sa peinture.

Une fois maintenue la dimension de ce vœu, on peut insister sur le fait que la vie de Manet n'est qu'un combat pour être compris ; il détestait « l'incompréhensible [10] » ; il était entièrement l'interprète d'une évidence qui s'est révélée de plusieurs manières. Par les grands scandales du *Déjeuner sur l'herbe,* d'*Olympia,* d'*Argenteuil,* de *Pertuiset* et de sa médaille, par ceux de l'exposition chez Martinet en 1863, de *Nana* en 1877. Pourtant il n'a jamais voulu cultiver ce rôle : après 1865, il avait prévu des envois corrects et austères ; en 1867, il hésite entre la preuve d'un travail sincère et une *Exécution de Maximilien* présentée à chaud. La logique de son succès est aussi déconcertante : après l'expansif *Bon Bock* de 1873, c'est le regard dur et la grille du *Chemin de fer*; à la suite des canotiers « vulgaires » de 1875, il retourne en partie l'opinion avec un tableau aussi audacieux que *le Linge.* Quand arrive l'exposition de 1878, on découvre un peintre dans une situation plus difficile encore que celle de 1867. C'est enfin par un tableau jugé grotesque qu'il obtient la reconnaissance officielle à laquelle le *Guitarero* de 1861, vingt ans auparavant, l'avait préparé. On hésitait sur la conduite à tenir à son égard ; il aurait fallu le refuser plus tôt, disaient ses juges, mais c'est précisément l'époque où il donnait des preuves de ses « qualités » en devenant le héros du Salon des Refusés. On le jugeait désolant parce que rien dans son travail ne permettait de constater un progrès. Au contraire, le temps avait révélé la dimension inacceptable inscrite dès l'origine. Pensant à l'enchaînement des tableaux, remontant d'*Argenteuil* à *Olympia*, un journaliste déclarait en 1875 : « Il y avait le néant là-dessous [11]. »

Aujourd'hui l'interprétation historique peut s'appuyer sur la masse des critiques qui accablait Manet en son temps, dans la mesure où ces textes disparates, négatifs pour la plupart, expriment avec vigueur la nature de leur incompréhension. Leur aveuglement est précisément ce qui intéresse l'historien et l'art de Manet concerne de très près cette négation si prolixe et si attentive à rendre compte d'elle-même. Mais, du côté des amis et des défenseurs, Manet pouvait trouver également quelques motifs d'inquiétude. Rares sont ceux en mesure de tout apprécier et de tout comprendre. Manet ne fut pas accompagné toute son existence par les mêmes appuis. Baudelaire meurt en 1867 et Théophile Thoré en 1869 ; Mallarmé a surtout apprécié *le Linge* et les tableaux qu'il a vu peindre rue de Saint-Pétersbourg. Zola est le grand défenseur d'*Olympia*, mais ensuite il entre dans une conception plus restrictive du travail de Manet. Proust oriente son action en fonction de l'impressionnisme d'*Argenteuil* et de l'inspiration du *Printemps*. Certains critiques ont commencé par être réticents puis sont devenus plus favorables, tels Ernest Chesneau ou Fourcaud. Beaucoup passent de l'admiration à la déception, Gautier, Castagnary, Huysmans. D'autres encore espèrent que les erreurs finiront par donner un bon peintre comme Paul Mantz. On retrouve cette disparité du jugement chez les peintres. Fantin est le grand partisan du réalisme austère des années 1860. Cézanne introduit très vite une distance avec les deux versions d'*Une moderne Olympia*. Degas admire surtout les qualités foncières qu'il retrouve dans le *Christ aux anges*, dans le *Guitarero* ; il aime moins *le Linge, Un bar*. Monet comprend la valeur d'*Olympia* et l'importance de Manet, mais il est moins sensible à certains aspects « mondains » de la modernité de Manet. Avec Odilon Redon, Gauguin, Picasso, Matisse, l'approche des peintres a encore accentué la diversité du jugement. L'existence de l'artiste s'est prêtée avec liberté à une variété de relations, de contacts, d'amitiés qui demeure étonnante quand on considère l'intégrité de l'œuvre et de l'homme. Parmi ses amis, on était parfois agacé par le pouvoir qu'il avait de se disperser. On sait mieux aujourd'hui que c'était pour capter un élément de vie sociale qui éclate dans son œuvre. Manet disparaît en laissant derrière lui des tableaux sans lesquels une histoire semble impossible. Il laisse des œuvres dont la puissance est loin d'être épuisée. *Le Fifre* à lui tout seul semble incarner l'identification immédiate que Manet sollicite. Cet objet mystérieux de la peinture, Manet l'a mis pour ainsi dire en scène dans son dernier atelier et c'est Edmond Bazire — qui organisa avec Duret l'accrochage de l'exposition du quai Malaquais — qui le rappelle. Sur un mur de la grande pièce étaient suspendus de part et d'autre d'*Hamlet* « qui s'avance l'épée à la main sur le visiteur[12] » les deux autoportraits. Dans l'un, l'artiste, debout, en costume de travail, se recule pour voir l'effet obtenu. L'autre, en buste, en chapeau, représente le geste du peintre et on ne peut contempler cette image sans songer à Mallarmé. Au cœur de cette double affirmation, la folie d'*Hamlet* désigne une sorte d'enjeu, celui d'un tableau refusé par Jean-Baptiste Faure. L'autoportrait semble s'assimiler à la dimension du personnage de Shakespeare et le spectateur à une dimension d'inconscience qui est jugée, évaluée, contrôlée par l'artiste. C'est en somme cette relation qui fait du spectateur une énigme que la vie de Manet dans et par la peinture n'a jamais cessé d'interroger.

Annexes

Notes

Chapitre premier
La jeunesse d'Édouard Manet

1. Th. Duret, *Histoire de Édouard Manet et de son œuvre,* Paris, 1906, p. 3.
2. *Ibid.*, p. 5.
3. A. Proust, « Édouard Manet (Souvenirs) », *La Revue Blanche,* 1er mars 1897, p. 206.
4. Th. Duret, 1906, p. 4.
5. A. Proust, *La Revue Blanche,* 1er février 1897, p. 125.
6. E. Moreau-Nélaton, *Manet raconté par lui-même,* Paris, 1926, t. I, p. 7.
7. *Ibid.*
8. *Ibid.*
9. *Ibid.*
10. *Ibid.*
11. A. Proust, *Édouard Manet.* Souvenirs publiés par A. Barthélémy, Paris, 1913, p. 7-8 (cité dans Moreau-Nélaton, I, p. 5-6).
12. H. Cochin, « L'exposition des œuvres d'Édouard Manet », *Le Français,* 4 février 1884.
13. E. Manet, *Lettres de jeunesse. 1848-1849. Voyage à Rio,* Paris, 1928, p. 13-14.
14. *Ibid.*, p. 15-16.
15. *Ibid.*, p. 30.
16. *Ibid.*, p. 20.
17. *Ibid.*, p. 36.
18. *Ibid.*, p. 35.
19. *Ibid.*
20. *Ibid.*, p. 41.
21. *Ibid.*, p. 39-40.
22. E. Bazire, *Manet,* Paris, 1884, p. 4.
23. E. Manet, 1928, p. 52.
24. *Ibid.*, p. 53.
25. *Ibid.*, p. 52.
26. *Ibid.*

27. *Ibid.*, p. 56.
28. *Ibid.*
29. *Ibid.*, p. 61.
30. *Ibid.*, p. 62.
31. *Ibid.*, p. 21-22.
32. *Ibid.*, p. 67.
33. E. Moreau-Nélaton, 1926, I, p. 15-16. E. Manet, 1928, p. 60.
34. E. Zola, *Édouard Manet, étude biographique et critique,* Paris, 1867 (Zola, *Œuvres complètes,* Cercle du livre précieux, ed. H. Mitterand, Paris, 1969, t. XII, p. 825-826).
35. P. Alexis, « Manet », *Le Voltaire,* 25 juillet 1879.
36. H. Cochin, *Le Français,* 4 février 1884.
37. A. Tabarant, *Manet et ses œuvres,* Paris, 1947, p. 11.
38. Th. Couture, *Méthode et Entretiens d'atelier,* Paris, 1867, p. 28.
39. *Ibid.*, p. 32-33.
40. *Ibid.*, p. 211-215.
41. Nestor, « Édouard Manet », *Gil Blas,* 9 janvier 1884.
42. J.-E. Blanche, *Manet,* Paris, 1924, p. 14.
43. *Ibid.*, p. 6-7.
44. *Ibid.*, p. 22.
45. P. Mantz, « Les œuvres de Manet », *Le Temps,* 16 janvier 1884.
46. A. Proust, 1897, p. 127.
47. *Ibid.*, p. 128 ; E. Bazire, 1884, p. 6.
48. A. Proust, 1897, p. 128.
49. A. Tabarant, 1947, p. 14.
50. *Ibid.*, p. 13.
51. A. Proust, 1913, p. 16.
52. E. Bazire, 1884, p. 26 (cité dans Tabarant, 1947, p. 482).
53. D. Rouart et D. Wildenstein, *Édouard Manet, catalogue raisonné,* Lausanne-Paris, 1975, t. I, p. 25.
54. A. Proust, 1897, p. 132-133.
55. *Ibid.*, p. 129.
56. *Ibid.*
57. E. Delacroix, *Journal,* Paris, 1980, p. 366.
58. *Ibid.*, p. 371.
59. A. Proust, 1897, p. 132.
60. *Ibid.*, p. 133.
61. *Ibid.*, p. 131.
62. *Ibid.*
63. Baudelaire, « Exposition Universelle — 1855 — Beaux-Arts », *Le Pays,* 26 mai 1855 (*Œuvres complètes,* La Pléiade, Gallimard, Paris, 1976, II, p. 578).
64. *Ibid.*
65. *Ibid.*, p. 596.
66. *Ibid.*, p. 596-597.
67. A. Proust, 1897, p. 131-132.
68. *Ibid.*, p. 127.
69. P. Alexis, *Le Voltaire,* 25 juillet 1879.

Chapitre II
Conversations avec Baudelaire

1. E. Moreau-Nélaton, 1926, I, p. 25.
2. Baudelaire, *Œuvres complètes,* I, La Pléiade, Gallimard, p. 382.
3. *Ibid.*, p. 381.
4. A. Proust, 1897, p. 134.
5. E. Delacroix, 1980, p. 547.
6. *Ibid.*, p. 582.
7. Baudelaire, *Œuvres complètes,* II, p. 317-318.
8. A. Proust, 1897, p. 135.
9. Baudelaire, *Œuvres complètes,* I, p. 328.
10. *Ibid.*, p. 329.
11. *Ibid.*, p. 328-329.
12. A. Proust, « L'art d'Édouard Manet », *Le Studio,* janvier 1901, p. 72 (cité dans catalogue *Manet,* p. 63).
13. Th. Gautier, « Le Salon de 1861 », *Le Moniteur Universel,* 3 juillet 1861.
14. A. Proust, 1897, p. 170.
15. *Ibid.*
16. L. Lagrange, « Salon de 1861 », *Gazette des Beaux-Arts,* juillet 1861, p. 51.
17. Th. Duret, 1906, p. 113.
18. E. Zola, *Œuvres complètes,* t. XII, p. 803.
19. *Ibid.*, p. 835.
20. Bazire, 1884, p. 12.
21. P. Mantz, *Le Temps,* 16 janvier 1884.
22. A. Wolff, « Édouard Manet », *Le Figaro,* 1er mai 1883.
23. E. Zola, *Œuvres complètes,* t. XII, p. 835.
24. *Ibid.*
25. *Ibid.*
26. Champfleury, *Le Réalisme,* ed. G. et J. Lacambre, Paris, 1973, p. 65-66.
27. *Ibid.*, p. 181-182.
28. A. Proust, 1897, p. 170.
29. Baudelaire, *Œuvres complètes,* II, p. 684.
30. *Ibid.*, p. 685.
31. *Ibid.*, p. 694.
32. *Ibid.*, p. 695.
33. H. Babou, « Les dissidents de l'Exposition. M. Édouard Manet », *Revue Libérale,* II, 25 juin 1867.
34. P. Mantz, « Exposition du Boulevard des Italiens », *Gazette des Beaux-Arts,* 15 avril 1863, p. 382-383.
35. P. de Saint-Victor, *La Presse,* 27 avril 1863.
36. E. Zola, *Œuvres complètes,* t. XII, p. 836.
37. Baudelaire, *Œuvres complètes,* II, p. 698.
38. *Ibid.*, p. 700.

Chapitre III

L'invention de Victorine Meurent

1. J.-E. Blanche, Paris, 1924, p. 26.
2. *Ibid.*, p. 23-24.
3. Tabarant, 1947, p. 47.
4. Zola, *Œuvres complètes,* t. XII, p. 836.
5. Proust, 1897, p. 170.
6. Ph. Burty, « L'œuvre d'Édouard Manet à l'École des Beaux-Arts », *La République Française,* 16 janvier 1884.
7. A. Pinard, « L'exposition Manet », *Le Radical,* 10 janvier 1884.
8. P. Mantz, *Gazette des Beaux-Arts,* 1er avril 1863.
9. *Ibid.*
10. Th. Duret, « Les portraits peints par Manet et refusés par leurs modèles », *Renaissance de l'art français,* I, juillet 1918, p. 148-153.
11. J.-E. Blanche, *Propos de peintre. De David à Degas,* Paris, 1919, p. 148.
12. Proust, 1897, p. 206.
13. F. Fénéon, *Œuvres plus que complètes,* Genève-Paris, 1970, t. I, p. 102.
14. Baudelaire, *Correspondance, I, 1832-1860,* Paris, 1973, p. 356.
15. Baudelaire, *Correspondance, II, 1860-1866,* Paris, 1973, p. 117.
16. *Ibid.*, p. 118.
17. *Ibid.*, p. 233.
18. *Ibid.*, p. 232.
19. Baudelaire, « Le Monstre ou le paranymphe d'une nymphe macabre », *Œuvres complètes* I, p. 164-165.
20. Baudelaire, *Œuvres complètes* II, p. 736.
21. *Ibid.*, p. 736.
22. *Ibid.*, p. 738.
23. Lamquet, « Société des aqua-fortistes français », *Les Beaux-Arts,* t. V, septembre 1862, p. 178-180.
24. Baudelaire, *Œuvres complètes,* I, p. 1149.
25. *Ibid.*, p. 168.
26. Zola, *op. cit.*, t. XII, p. 836.
27. G. Randon, *Le Journal Amusant,* 29 juin 1867 (catalogue *Manet,* 1983, p. 148).
28. Baudelaire, *Œuvres complètes,* I, p. 168.
29. L. Leroy, « Salon de 1863 », *Le Charivari,* 9 avril 1863.
30. E. Moreau-Nélaton, 1926, I, p. 46-47.
31. P. de Saint-Victor, *La Presse,* 27 avril 1863.
32. P. Mantz, *Gazette des Beaux-Arts,* 1er avril 1863.
33. Cité dans Tabarant, 1947, p. 63.
34. *Ibid.*, p. 64.
35. *Ibid.*, p. 34.
36. *Ibid.*, p. 67.
37. *Ibid.*
38. *Ibid.*, p. 66.
39. *Ibid.*, p. 67.
40. Z. Astruc, « Feuilleton quotidien », *Le Salon,* 20 mai 1863.

41. P. Mantz, *Gazette des Beaux-Arts,* 1er juillet 1863.
42. J. Claretie, « Deux heures au Salon de 1865 », *L'Artiste,* 15 mai 1865.
43. F. Desnoyers, *Salon des Refusés. La peinture en 1863,* Paris, 1863, p. 41.
44. E. Chesneau, « Salon de 1863 », *Le Constitutionnel,* 19 mai 1863.
45. Catalogue *Courbet,* Grand Palais, Paris, 1977-1978, p. 38.
46. J. Graham (Arthur Stevens), « Un étranger au Salon », *Le Figaro,* 16 juillet 1863.
47. A. Paul, « Salon de 1863. Les Refusés », *Le Siècle,* 19 juillet 1863.
48. L. Étienne, *Le Jury et les Exposants,* Paris, 1863, p. 29-30.
49. J. et E. de Goncourt, *Manette Salomon,* 1864-1866, chap. VII (cité par F. Cachin, *Manet,* 1983, p. 170).
50. *La Gazette des Étrangers,* 24 mai 1865.
51. Comte H. de Viel-Castel, « Le Salon de 1863. Les Refusés », *La France,* 21 mai 1863.
52. « Lettres d'un bourgeois de Paris. La Comédie du Salon, 9e cercle. Les limbes », *La Gazette de France,* 21 juillet 1863.
53. W. Bürger, « Le Salon de 1863 à Paris », *L'Indépendance Belge,* 11 juin 1863 (repris dans Th. Thoré, *Salons de W. Bürger. 1861 à 1868,* t. I, Paris, 1870, p. 425).
54. Zola, *op. cit.,* t. XII, p. 836.
55. A. Paul, *Le Siècle,* 19 juillet 1863.
56. E. Chesneau, *Le Constitutionnel,* 19 mai 1863.
57. *Ibid.*
58. W. Bürger, *L'Indépendance Belge,* 11 juin 1863.
59. Castagnary, « Salon des Refusés », *L'Artiste,* 15 août 1863, p. 76.
60. Baudelaire, *Œuvres complètes,*II, p. 118.

Chapitre IV
Olympia et le Christ

1. Baudelaire, *Correspondance,* II, La Pléiade, Gallimard, p. 323.
2. Rouart-Wildenstein, 1975, t. I, p. 12.
3. Cité dans catalogue *Fantin-Latour,* Grand Palais, Paris, 1982-1983, p. 112.
4. Baudelaire, *Correspondance,* II, p. 351.
5. *Ibid.*
6. *Ibid.*
7. Th. Thoré, 1870, t. II,p. 99.
8. Th. Gautier, « Salon de 1864 », *Le Moniteur Universel,* 25 juin 1864.
9. Tabarant, 1931, p. 188-189 (cité dans catalogue *Manet,* 1983, p. 199).
10. E. Renan, *Vie de Jésus,* ed. J. Gaulmier, Paris, 1974, p. 409-410.
11. *La Vie Parisienne,* 1er mai 1864, p. 266.
12. Castagnary, « Salon de 1864 », *Le Grand Journal,* 12 juin 1864.
13. O. Merson, « Salon de 1864 », *L'Opinion Nationale,* 8 juillet 1864.
14. R. de Navery, « Salon de 1864 », *Gazette des Étrangers,* 7 juin 1864.
15. C. de Sault, « Salon de 1864 », *Le Temps,* 12 mai 1864.
16. V. Fournel, *Les Artistes français contemporains,* Tours, 1884, p. 356 (cité dans catalogue *Manet,* 1983, p. 201).

17. Th. Thoré, 1870, t. II, p. 99.
18. J. Rousseau, « Salon de 1864 », *L'Univers Illustré,* 15 juin 1864.
19. Castagnary, *Le Grand Journal,* 12 juin 1864.
20. L. Leroy, « Salon de 1864 », *Le Charivari,* 25 mai 1864.
21. Aubry-Foucault, « Le Salon de 1864 », *La Gazette de France,* 11 juin 1864.
22. E. About, « Salon de 1864 », *Le Petit Journal,* 3 juin 1864.
23. Th. Gautier, *Le Moniteur Universel,* 25 juin 1864.
24. *Ibid.*
25. Th. Thoré, 1870, II, p. 98.
26. Baudelaire, *Correspondance,* II, p. 386.
27. *Ibid.*
28. Th. Thoré, 1870, II, p. 137.
29. Baudelaire, *Œuvres complètes,* II, La Pléiade, Gallimard, p. 711.
30. Manet à Philippe Burty, 18 juillet 1864 (cité dans Moreau-Nélaton, I, p. 60-61).
31. Ph. Burty, « La quinzaine artistique », *La Presse,* 18 juillet 1864.
32. *Ibid.*
33. Catalogue *Manet,* 1983, p. 221-222.
34. *La Presse,* 22 juin 1864.
35. E. Chesneau, « Salon de 1865. Les excentriques », *Le Constitutionnel,* 16 mai 1865.
36. *Lettres à Charles Baudelaire,* Neuchâtel, 1973, p. 215.
37. *Ibid.,* p. 210.
38. Proust, 1897, p. 172.
39. *Lettres à Charles Baudelaire,* p. 232.
40. Th. Thoré, 1870, II, p. 193.
41. F. Deriège, « Salon de 1865 », *Le Siècle,* 2 juin 1865.
42. L. Leroy, « Salon de 1865 », *Le Charivari,* 11 mai 1865.
43. Th. Gautier, « Salon de 1865 », *Le Moniteur Universel,* 24 juin 1865.
44. *Ibid.*
45. E. Renan, *Vie de Jésus,* ed. J. Gaulmier, Paris, 1974, p. 391.
46. Dubosc de Pesquidoux, « Salon de 1865 », *L'Union,* 24 mai 1865.
47. J. Ravenel, « Salon de 1865 », *L'Époque,* 7 juin 1865.
48. Gonzague Privat, *Place aux jeunes ! Causeries critiques sur le Salon de 1865,* Paris, 1865, p. 136-138.
49. Lettre de Claude Monet au ministre de l'Instruction publique, A. Fallières, le 4 novembre 1889 (G. Geffroy, *Monet, sa vie, son œuvre*, Paris, 1980, p. 232-233).
50. Proust, 1897, p. 173.
51. *Ibid.*
52. *Ibid.*
53. *Lettres à Charles Baudelaire,* p. 263.
54. *Ibid.,* p. 233-234.
55. Baudelaire, *Correspondance,* II, p. 502.
56. *Lettres à Charles Baudelaire,* p. 84.
57. Baudelaire, *Correspondance,* II, p. 501.
58. *Ibid.*
59. *Ibid.,* p. 497.
60. *Ibid.*

61. *Ibid.*, p. 501.
62. Th. Gautier, *Le Moniteur Universel*, 24 juin 1865.
63. L. Auvray, *Exposition des Beaux-Arts. Salon de 1865*, 1865, p. 59.
64. Gonzague Privat, 1865, p. 63-66.
65. E. Chesneau, *Le Constitutionnel*, 16 mai 1865.
66. Th. Gautier, *Le Moniteur Universel*, 24 juin 1865.
67. J. Claretie, *L'Artiste*, 15 mai 1865, p. 225-226.
68. P. de Saint-Victor, *La Presse*, 28 mai 1865.
69. V. de Jankovitz, *Étude sur le Salon de 1865*, Besançon, 1865, p. 67-68.
70. Ego, « Courrier de Paris », *Le Monde Illustré*, 13 mai 1865.
71. E. Chesneau, *Le Constitutionnel*, 16 mai 1865.
72. C. Asselineau, « Salon de 1864 », *Revue Nationale et Étrangère*, 10 juin 1864.
73. Géronte, « Les Excentriques et les Grotesques », *La Gazette de France*, 30 juin 1865.
74. Pierrot, « Une première visite au Salon », *Les Tablettes de Pierrot*, 14 mai-27 août 1865.
75. A. Cantaloube, « Le Salon de 1865 », *Le Grand Journal*, 21 mai 1865.
76. C. Postwer, « L'exposition de peinture et de sculpture », *La Fraternité Littéraire, Artistique et Industrielle*, 1er juin 1865.
77. L. Leroy, « Salon de 1865. XIV », *Le Charivari*, 10 juin 1865.
78. Th. Gautier, *Le Moniteur Universel*, 24 juin 1865.
79. Pollux, « Mathurin au Salon », *Les Petites Nouvelles*, 8 et 18 mai 1865.
80. A.J. Lorentz, *Dernier jour de l'exposition de 1865. Revue galopante du Salon*, Paris, 1865, p. 12-13.
81. Géronte, *La Gazette de France*, 30 juin 1865.

Chapitre V
L'Espagne, Zola et le Mexique

1. Proust, 1897, p. 201.
2. Zola, *Œuvres complètes*, t. XII, p. 838.
3. Ph. Burty, *La République Française*, 16 janvier 1884.
4. Th. Duret, 1906, p. 53-54.
5. J. Ravenel, *L'Époque*, 7 juin 1865.
6. *Ibid.*
7. Pigalle, *L'Autographe au Salon de 1865*, 8 juillet 1865.
8. E. Chesneau, *Le Constitutionnel*, 16 mai 1865.
9. *Édouard Manet. Voyage en Espagne*, ed. J. Wilson-Bareau, 1988, p. 41.
10. *Ibid.*, p. 49-50.
11. *Ibid.*, p. 39.
12. *Ibid.*, p. 41.
13. *Ibid.*
14. Th. Duret, 1906, p. 60.
15. *Édouard Manet. Voyage en Espagne*, p. 47.
16. *Ibid.*, p. 49.
17. *Ibid.*, p. 44.
18. *Ibid.*
19. *Ibid.*, p. 48.
20. *Ibid.*, p. 54.

21. *Ibid.*, p. 46.
22. *Ibid.*, p. 45.
23. *Ibid.*, p. 48.
24. *Ibid.*, p. 45.
25. *Ibid.*, p. 48.
26. *Ibid.*, p. 50.
27. *Ibid.*, p. 44.
28. *Ibid.*, p. 49.
29. Th. Gautier, *Le Moniteur Universel,* 13 février 1865.
30. Baudelaire, *Correspondance,* I, La Pléiade, Gallimard, p. 296.
31. Baudelaire, *Œuvres complètes,* II, La Pléiade, Gallimard, p. 64.
32. *Lettres à Charles Baudelaire,* p. 238-239.
33. Th. Thoré, 1870, II, p. 318.
34. Baudelaire, *Correspondance,* II, p. 501.
35. E. Zola, *Œuvres complètes,*t. XII, p. 806.
36. *Ibid.*, p. 789.
37. *Ibid.*, p. 793.
38. *Ibid.*, p. 796-797.
39. Catalogue *Manet,* 1983, Annexe I, 1, p. 520.
40. Zola, *Œuvres complètes,* t. XII, p. 801.
41. Catalogue *Manet,* 1983, Annexe I, 1, p. 520.
42. Zola, *Œuvres complètes,* t. XII, p. 1067-1068.
43. Zola, *ibid.*, p. 804-805.
44. Catalogue *Manet,* 1983, Annexe I, 3, p. 520.
45. *Ibid.*, Annexe I, 2, p. 520.
46. Zola, *op. cit.*, p. 834.
47. Catalogue *Manet,* 1983, Annexe I, 4.
48. Baudelaire, *Correspondance,* II, La Pléiade, Gallimard, p. 352.
49. Catalogue *Manet,* 1983, Annexe I, 4.
50. Zola, *Œuvres complètes,* t. XII, p. 1057-1058.
51. Moreau-Nélaton, 1926, I, p. 86-87.
52. *Ibid.*, p. 86.
53. P. Cézanne, *Correspondance,* Paris, 1937, p. 94-95.
54. Zola, *Œuvres complètes,* t. XII, p. 843.
55. *Ibid.*, p. 840.
56. Catalogue *Manet,* 1983, Appendice I, 5.
57. E. Zola, *Correspondance,* t. I, ed. B. H. Bakker, Montréal-Paris, 1978, p. 500.
58. Zola, *Œuvres complètes,* t. XII, p. 822.
59. H. Babou, *Revue Libérale,* II, 25 juin 1867, p. 284-289.
60. P. Mainardi, « Edouard Manet's View of the Universal Exposition of 1867 », *Arts Magazine,* janvier 1980, p. 108-115.
61. « Chronique de la quinzaine », *Revue des Deux Mondes,* 14 juillet 1867, p. 516-517.
62. P. Boutet, « Dernières Nouvelles », *Le Mémorial diplomatique,* 6 juillet 1867.
63. D.G. d'Auvergne, « L'Empereur Maximilien », *Le Figaro,* 4 juillet 1867.
64. H. Rochefort, « Chronique parisienne », *Le Figaro,* 5 juillet 1867.
65. A. Vollard, *Souvenirs d'un marchand de tableaux,* Paris, 1937, p. 71-73.
66. A. Vollard, *En écoutant Cézanne, Degas, Renoir,* Paris, 1938, p. 126.

67. A. Wolff, « Gazette du Mexique », *Le Figaro,* 11 août 1867.

68. Catalogue *Manet,* 1983, Annexe II, « Documents concernant "L'Exécution de Maximilien" », p. 529-530.

69. G. Bataille, *Manet,* Lausanne, 1955 (rééd. 1983), p. 52.

70. Castagnary, *Le Siècle,* 26 juin 1868.

71. Th. Gautier, « Salon de 1868 », *Le Moniteur Universel,* 11 mai 1868.

72. *Ibid.*

73. E. Zola, *Œuvres complètes,* t. XII, p. 840.

74. *Ibid.*, p. 862.

75. Th. Thoré, 1870, II, p. 318.

76. B. de Renjarde, « Salon de 1868 », *Le Petit Journal,* 28 mai 1868.

77. P. Mantz, *L'Illustration,* 6 juin 1868, p. 352.

78. Th. Gautier, *Le Moniteur Universel,* 11 mai 1868.

79. *Ibid.*

80. *Ibid.*

Chapitre VI
Fin d'Empire

1. A. Houssaye, « Salon de 1868 », *L'Artiste,* 1er mai 1868, p. 239.

2. E. Zola, *Œuvres complètes,* t. XII, p. 865.

3. Tabarant, 1947, p. 135.

4. Moreau-Nélaton, 1926, I, p. 103.

5. *Édouard Manet. Voyage en Espagne,* p. 56.

6. Tabarant, 1947, p. 138.

7. *Ibid.*, p. 151.

8. *Ibid.*

9. Th. Duret, *Manet,* 1906, p. 115-116.

10. Zola, *Œuvres complètes,* t. XII, p. 864.

11. Th. Duret, 1906, p. 116.

12. *Ibid.*, p. 118.

13. Tabarant, 1947, p. 138.

14. *Ibid.*, p. 151.

15. *Ibid.*

16. Moreau-Nélaton, 1926, I, p. 103.

17. *Ibid.*

18. *Ibid.*

19. *Ibid.*, p. 104.

20. Catalogue *Manet,* 1983, Annexe I, 10, p. 521.

21. Moreau-Nélaton, 1926, p. 103.

22. *Ibid.*

23. A. Silvestre, *Au pays du souvenir,* Paris, 1892, chap. XIII (cité dans J. Rewald, *Histoire de l'Impressionnisme,* Paris, 1955, t. I, p. 247).

24. Thiébault-Sisson, « Claude Monet », *Le Temps,* 27 novembre 1900 (cité dans J. Rewald, 1955, t. I, p. 246).

25. Tabarant, 1947, p. 152.

26. M. Chaumelin, « Portraits de natures mortes par M. Manet », *La Presse,* 22 juin 1869.

27. Castagnary, « Salon de 1869 », *Le Siècle*, 11 juin 1869.
28. Th. Gautier, « Le Salon de 1869 », *L'Illustration*, 15 mai 1869.
29. H. Fouquier, *L'Avenir National*, 16 mai 1869.
30. Bertall, « Promenade au Salon de 1869 », *Journal Amusant*, 29 mai 1869.
31. A. de Pontmartin, « Salon de 1869 », *L'Univers Illustré*, 5 juin 1869.
32. Th. Gautier, *L'Illustration*, 15 mai 1869.
33. C. Stella, « Salon de 1869 », *L'Opinion Nationale*, 12 juin 1869.
34. *La Vie Parisienne*, 2 mai 1869.
35. Moreau-Nélaton, 1926, I, p. 103.
36. Marius Chaumelin, « Salon de 1869 », *L'Indépendance Belge*, 21 juin 1869.
37. P. Mantz, « Salon de 1869 », *Gazette des Beaux-Arts*, juillet 1869.
38. Th. Gautier, *L'Illustration*, 15 mai 1869.
39. Jean-Paul, « Salon de 1869 », *La Gazette de France*, 17 mai 1869.
40. Henry Fouquier, *L'Avenir National*, 16 mai 1869.
41. D. Rouart, *Correspondance de Berthe Morisot*, Paris, 1950, p. 25.
42. A. Wolff, « Salon de 1869 », *Le Figaro*, 20 mai 1869.
43. P. Mantz, *Gazette des Beaux-Arts*, juillet 1869.
44. D. Rouart, 1950, p. 26-27.
45. A. Wolff, *Le Figaro*, 20 mai 1869.
46. D. Rouart, 1950, p. 26-27.
47. Jean-Paul, *La Gazette de France*, 17 mai 1869.
48. L. Laurent-Pichat, « Salon de 1869 », *Le Réveil*, 28 mai 1869.
49. A. Wolff, *Le Figaro*, 20 mai 1869.
50. Duranty, « Salon de 1869 », *Paris*, 12 mai 1869.
51. Catalogue *Manet*, 1983, Annexe II, p. 529.
52. *Ibid.*, p. 530.
53. Th. Duret, 1906, p. 199-200.
54. Baudelaire, *Œuvres complètes*, II, p. 568.
55. *Ibid.*, p. 570.
56. D. Rouart, 1950, p. 31.
57. Castagnary, « Salon de 1870 », *Le Siècle*, 3 juin 1870.
58. Tabarant, 1947, p. 173.
59. E. Bazire, 1884, p. 32-33 (cité dans *Manet raconté par lui-même et par ses amis*, Genève, 1953, I, p. 149).
60. Duranty, « Le Salon de 1870 », *Paris-Journal*, 5 mai 1870.
61. Catalogue *Manet*, 1983, Annexe I, 16, p. 522.
62. *Ibid.*
63. Moreau-Nélaton, 1926, I, p. 120.
64. D. Rouart, 1950, p. 35.
65. *Ibid.*, p. 33.
66. Th. de Banville, *La Lanterne magique*, Paris, 1883, p. 343-345.
67. A. Stani, « Salon de 1870 », *Le Pays*, 7 mai 1870.
68. D. Rouart, 1950, p. 35.
69. *Ibid.*, p. 37.
70. Bertall, « Promenade au Salon de 1870 », *Journal Amusant*, 21 mai 1870.

Chapitre VII
La guerre et l'après-guerre

1. Proust, 1897, p. 175.
2. Tabarant, 1947, p. 182-183.
3. Catalogue *Manet, dessins, aquarelles, eaux-fortes, lithographies, correspondance*, Paris, 1978, 107.
4. D. Rouart, Paris, 1950, p. 44 (lundi 12 septembre 1870).
5. E. Manet, « Une correspondance inédite d'Édouard Manet. Les lettres du siège de Paris (1870-1871) », ed. A. Tabarant, *Mercure de France*, 15 juillet 1935, p. 263.
6. E. Manet, 1935, p. 264-265 ; Moreau-Nélaton, 1926, I, p. 122.
7. E. Manet, 1935, p. 266.
8. Moreau-Nélaton, 1926, I, p. 123.
9. E. Manet, 1935, p. 266.
10. Moreau-Nélaton, 1926, I, p. 125.
11. *Ibid.*, p. 124.
12. *Ibid.*
13. *Ibid.*, p. 124-125.
14. *Ibid.*, p. 126.
15. E. Manet, 1935, p. 278.
16. *Ibid.*, p. 273.
17. Moreau-Nélaton, 1926, I, p. 125.
18. *Ibid.*, p. 124.
19. E. Manet, 1935, p. 268.
20. Moreau-Nélaton, 1926, I, p. 126.
21. *Ibid.*
22. Catalogue *Manet,* 1978, 107.
23. *Ibid.*
24. J.-P. Bouillon, « Les lettres de Manet à Bracquemond », *Gazette des Beaux-Arts*, avril 1983, p. 151.
25. *Ibid.*
26. Proust, 1897, p. 178.
27. *Ibid.*
28. J.-P. Bouillon, 1983, p. 151.
29. E. Manet, 1935, p. 281.
30. *Ibid.*, p. 285.
31. *Ibid.*, p. 282.
32. Notes de Léon Leenhoff, Paris, B.N., Estampes, fonds Moreau-Nélaton (cité dans catalogue *Manet,* 1983, n° 124).
33. D. Rouart, 1950, p. 58 (lundi 5 juin 1871).
34. *Ibid.*, p. 59.
35. Proust, 1897, p. 177.
36. *Ibid.*
37. Tabarant, 1947, p. 191.
38. C. Flor, *Le National,* 16 mars 1880.
39. Rouart-Wildenstein, I, p. 17.
40. Moreau-Nélaton, 1926, I, p. 136.
41. Tabarant, 1947, p. 196.

42. Hans, « La semaine fantaisiste », *L'Opinion Nationale,* 16 janvier 1872.
43. A. Wolff, « Salon de 1872 », *Le Figaro,* 16 mai 1872.
44. L. Leroy, « Le Salon », *Le Charivari,* 16 mai 1872.
45. Stop, « Salon de 1872 », *Journal Amusant,* 25 mai 1872.
46. Duranty, « Salon de 1872 », *Paris-Journal,* 30 mai 1872.
47. Th. de Banville, « Salon de 1872 », *Le National,* 21 juin 1872.
48. Zola, *Œuvres complètes,* t. XII, p. 909.
49. Barbey d'Aurevilly, « Salon de 1872 », *Le Gaulois,* 3 juillet 1872.
50. Dubosc de Pesquidoux, « Salon de 1872 », *L'Union,* 16 mai 1872.
51. Ph. Burty, « Salon de 1872 », *La République Française,* 11 mai 1872.
52. Th. de Banville, *Le National,* 31 mai 1872.

Chapitre VIII
L'atelier, rue de Saint-Pétersbourg

1. Ph. Burty, « Les ateliers », *La Renaissance Littéraire et Artistique,* 2 novembre 1872.
2. Th. Duret, « Le Bon Bock », *Renaissance de l'Art Français,* mars 1923, p. 121-122.
3. L. de Lora (pseudonyme d'Alexandre Pothey), « Le Salon », *Le Gaulois,* 13 mai 1873.
4. Ph. Burty, « Salon de 1873 », *La République Française,* 18 mai 1873.
5. Th. Silvestre, « Salon de 1873 », *Le Pays,* 13 juillet 1873.
6. P. Mantz, « Le Salon », *Le Temps,* 24 mai 1873.
7. R. Lesclide, *Paris à l'Eau-Forte,* 1er juin 1873, p. 147-148.
8. Dubosc de Pesquidoux, « Le Salon de 1873 », *L'Union,* 30 juin 1873.
9. E. Drumont, « Le Salon de 1873 », *Le Petit Journal,* 2 juin 1873.
10. Documents *Manet,* Paris, Bibliothèque d'Art et d'Archéologie.
11. Duvergier de Hauranne, « Salon de 1873 », *La Revue des Deux Mondes,* 1er juin 1873, p. 637-638.
12. A. Wolff, « Le terrible Manet », *Le Figaro,* 13 mai 1873.
13. M. Chaumelin, « Salon de 1873. Les portraits », *Le Bien Public,* 22 mai 1873.
14. J. Claretie, « Salon de 1873 », *Le Soir,* 6 mai et 10 juin 1873 (repris dans *L'Art et les Artistes français contemporains,* Paris, 1876, p. 100 sqq.).
15. S. Renal, *Reflets de tableaux connus,* Brest, 1874, p. 179-180.
16. Th. Duret, 1906, p. 138.
17. L. de Lora, *Le Gaulois,* 13 mai 1873.
18. S. Renal, 1874, p. 179-180.
19. Duvergier de Hauranne, *La Revue des Deux Mondes,* 1er juin 1873, p. 637-638.
20. Th. Silvestre, *Le Pays,* 13 juillet 1873.
21. L. Biart, « Salon de 1873 », *La France,* 28 mai 1873.
22. *La Patrie,* 17 mai 1873.
23. M. Chaumelin, *Le Bien Public,* 22 mai 1873.
24. Th. de Banville, *Le National,* 15 mai 1873.
25. P. Mantz, *Le Temps,* 24 mai 1873.
26. Baudelaire, *Œuvres complètes,* I, p. 275-276.

27. Cham, « Le Salon pour rire », *Le Charivari*, 23 mai 1873.
28. E. Chesneau, *Paris-Journal*, 11 mai 1873.
29. A. Silvestre, *Galerie Durand-Ruel, recueil d'estampes*, Paris, 1873, vol. I.
30. L. Deffoux, « Un geste de Manet à propos du Bon Bock », *Mercure de France*, 1er octobre 1926, p. 255.
31. P. Alexis, *L'Avenir National*, 12 mai 1873 (cité dans J. Rewald, 1955, I, p. 350).
32. *Ibid.*
33. Catalogue *Manet*, 1983, Annexe I, 24, p. 524.
34. *Ibid.*, Annexe I, 23, p. 524.
35. Th. Duret, 1906, p. 144-145.
36. *Ibid.*, p. 144.
37. Fervacques, « L'hiver à Paris », 25 décembre 1873.
38. Tabarant, 1947, p. 234.
39. S. Mallarmé, *Œuvres complètes*, La Pléiade, Gallimard, Paris, 1945, p. 698.
40. *Ibid.*, p. 1619.
41. A. Wolff, *Le Gaulois*, 15 avril 1874.
42. *Ibid.*
43. Proust, 1897, p. 179.
44. *Le Figaro*, supplément littéraire, 6 septembre 1924.
45. Catalogue *Degas*, Paris, 1988, p. 212.
46. Z., « A travers le Salon », *La Gazette de France*, 29 juin 1874.
47. Dubosc de Pesquidoux, « Salon de 1874 », *L'Union*, 10 juin 1874.
48. P. Alexis, « Marbres et plâtres. Manet », *Le Voltaire*, 25 juillet 1879.
49. Gonzague-Privat, « Salon de 1874 », *L'Événement*, 1er mai 1874.
50. L. Leroy, « Tout Paris au Salon », *Le Charivari*, 6 mai 1874.
51. J. Guillemot, « Salon de 1874 », *Le Soleil*, 18 mai 1874.
52. Ph. Burty, « Le Salon de 1874 », *La République Française*, 9 juin 1874.
53. Cham, « Revue comique », *Le Monde Illustré*, 6 juin 1874.
54. J. Baudot, *Renoir, ses amis, ses modèles*, Paris, 1949, p. 53.
55. M. de Montifaud, *L'Artiste*, 1er mai 1874.
56. M. Elder, *A Giverny chez Claude Monet*, Paris, 1924 (cité dans Tabarant, 1947, p. 254).
57. J. Rousseau, « Le Salon de 1875 », *Le Figaro*, 2 mai 1875.
58. *L'Univers Illustré*, 3 juillet 1875.
59. P. Véron, « Chronique parisienne », *Le Journal Amusant*, 8 mai 1875.
60. Bertall (Charles-Albert d'Arnoux), « Revue comique du Salon de 1875 », *L'Illustration*, 22 mai 1875.
61. M. Chaumelin, *Le Bien Public*, 30 mai 1875.
62. J. Valdy, « Sonnet du Salon », *Le Tintamarre*, 13 juin 1875.
63. A. Dézamy, *Salon de 1875*, Paris, 1876, p. 20.
64. M. de Thémines, « Salon de 1875 », *La Patrie*, 8 juin 1875.
65. Gaillardin, « Le Salon de 1875 », *Le Soir*, 6 mai 1875.
66. E. Cardon, *La Presse*, 27 mai 1875.
67. E. Fillonneau, « Salon de 1875 », *Le Moniteur des Arts*, 14 mai 1875.
68. Baron Schop, « Salon de 1875 », *Le National*, 2 mai 1875.
69. M. Proth, *Voyage au pays des peintres, Salon de 1875*, Paris, 1875, p. 11.

70. Th. Duret, 1906, p. 170-171.
71. Th. Véron, *De l'art et des artistes de mon temps, Salon de 1875*, Paris, 1875, p. 69-70.
72. P. Mantz, « Le Salon », *Le Temps*, 11 juin 1875.
73. J. Claretie, *L'Art et les Artistes français contemporains*, Paris, 1876, p. 337 sqq.
74. Castagnary, « Salon de 1875 », *Le Siècle*, 29 mai 1875.
75. Zola, *Œuvres complètes*, t. XII, p. 930-931.
76. Ph. Burty, *La République Française*, 23 mai 1875.
77. L. Rosenthal, *Manet, aquafortiste et lithographe*, Paris, 1925, p. 95.
78. H. Mondor, *Vie de Mallarmé*, Paris, 1941, p. 364.
79. Catalogue *Manet*, 1978, p. 83.
80. Moreau-Nélaton, 1926, II, p. 15.
81. *Ibid.*, p. 16.
82. S. Mallarmé, *Correspondance, II, 1871-1885*, Paris, 1965, p. 51.
83. Catalogue *Manet*, 1978, 89.
84. S. Mallarmé, *Correspondance, II*, p. 59-60.
85. J. Claretie, *L'Art et les Artistes français contemporains*, Paris, 1876, p. 370.
86. S. Mallarmé, *Œuvres complètes*, p. 193.
87. S. Mallarmé, *Correspondance, II*, p. 149.
88. J. de Paris (A. Marx), « L'atelier de Manet », *Le Figaro*, 19 avril 1876.
89. S. Mallarmé, *Correspondance, II*, p. 136.
90. Catalogue *James Tissot, 1836-1902*, Paris, 1984-1985, p. 46.
91. D. Rouart, Paris, 1950, p. 88.
92. Catalogue *James Tissot*, 1984-1985, p. 48.
93. S. Monneret, *L'Impressionnisme et son époque*, Paris, 1987, t. I, article *Morisot*, p. 598.
94. Tabarant, 1947, p. 272.
95. *Ibid.*, p. 270.
96. A. Vollard, 1937, p. 163 (catalogue *Manet*, 1983, nº 147).
97. *Ibid.*, p. 162-163.

Chapitre IX

Sous Mac-Mahon avec Mallarmé

1. (Anon.), « Les on-dit », *Le Rappel*, 6 avril 1876.
2. « L'histoire du jury et de Manet », *Le Bien Public*, 6 avril 1876.
3. *L'Événement*, 5 avril 1876.
4. Baron Schop, « La semaine parisienne », *Le National*, 21 avril 1876.
5. *La Petite Presse*, 18 avril 1876.
6. *Le Siècle*, 15 avril 1876.
7. *L'Événement*, 5 avril 1876.
8. A. Scholl, « Courrier de Paris », *L'Événement*, 23 avril 1876.
9. J. de Paris (A. Marx), « Nouvelles diverses », *Le Figaro*, 19 avril 1876.
10. Gérôme, « Courrier de Paris », *L'Univers Illustré*, 13 mai 1876.
11. Bernadille, « Chronique parisienne. L'atelier de M. Manet », *Le Français*, 21 avril 1876.
12. Junius, « M. Édouard Manet », *Le Gaulois*, 25 avril 1876.

13. « La journée à Paris. M. Manet chez lui », *L'Événement*, 20 avril 1876.
14. *Ibid.*
15. *Ibid.*
16. Bertall, « L'exposition de M. Manet », *Paris-Journal*, 30 avril 1876.
17. Junius, *Le Gaulois*, 25 avril 1876.
18. Bernadille, *Le Français*, 21 avril 1876.
19. Bertall, *Paris-Journal*, 30 avril 1876.
20. A. Wolff, « Le calendrier parisien », *Le Figaro*, 17-18 avril 1876.
21. L. Leroy, « Beaux-Arts », *Le Charivari*, 23 avril 1876.
22. Junius, *Le Gaulois*, 25 avril 1876.
23. Gérôme, *L'Univers Illustré*, 13 mai 1876.
24. *L'Événement*, 5 avril 1876.
25. S. Boubée, « Exposition des Impressionnistes chez Durand-Ruel », *La Gazette de France*, 5 avril 1876.
26. Baron Schop, *Le National*, 21 avril 1876.
27. Ph. Burty, *La République Française*, 25 avril 1874.
28. Ph. Burty, « Chronique du jour », *La République Française*, 16 avril 1876.
29. « Les tableaux refusés de M. Manet », *La Liberté*, 18 avril 1876.
30. A. Pothey, « Chronique », *La Presse*, 25 avril 1876.
31. L. Leroy, *Le Charivari*, 23 avril 1876.
32. A. Silvestre, « Les deux tableaux de M. Manet », *L'Opinion Nationale*, 23 avril 1876.
33. E. Porcheron, *Le Soleil*, 20 avril 1876.
34. J. Ralph, « Chez Monsieur Manet », *Le Charivari*, 21 avril 1876.
35. Bertall, *Paris-Journal*, 30 avril 1876.
36. *Ibid.*
37. Tabarant, 1947, p. 280.
38. Bertall, *Paris-Journal*, 30 avril 1876.
39. Castagnary, « Salon de 1876 », *Le Siècle*, 6 mai 1876.
40. L. Leroy, *Le Charivari*, 23 avril 1876.
41. A. Pothey, *La Presse*, 25 avril 1876.
42. Bernadille, *Le Français*, 21 avril 1876.
43. Bertall, *Paris-Journal*, 30 avril 1876.
44. E. Porcheron, *Le Soleil*, 20 avril 1876.
45. F. Fénéon, *Œuvres plus que complètes*, t. I, Genève-Paris, 1970, p. 390.
46. Junius, *Le Gaulois*, 25 avril 1876.
47. G. Rivière, *Renoir et ses amis*, Paris, 1921, p. 25.
48. P. Alexis, « Le nouveau quartier latin », *Henri IV*, 19 mai 1881.
49. P. Cézanne, *Correspondance*, Paris, 1937, p. 194.
50. Zola, *Œuvres complètes*, t. XII, p. 1045.
51. Moreau-Nélaton, 1926, II, p. 32.
52. S. Mallarmé, *Correspondance, II*, p. 130.
53. Catalogue *Manet*, 1978, n° 90.
54. *Ibid.*
55. Paris, Bibliothèque d'Art et d'Archéologie, fonds Manet (cité par F. Cachin, 1983, p. 379).
56. Mallarmé, *Correspondance, II*, p. 303.

57. Catalogue *Manet*, 1983, Annexe I, 27, p. 524.
58. Th. Duret, 1906, p. 180.
59. E. Bazire, 1884, p. 100.
60. C. Delaville, « Édouard Manet », *L'Événement*, 31 mai 1881.
61. L. Besson, « Le prince d'Orange », *L'Événement*, 13 juin 1879.
62. A. France, « Croquis féminins » dans *Portraits littéraires*, ed. M. Pakenham, University of Exeter, 1979, p. 11.
63. Auriant, « Le modèle de la " Nana " de Manet », *Mercure de France*, 15 mars 1934.
64. *Ibid.*
65. G. Vassy, « La veille du Salon », *L'Événement*, 2 mai 1877.
66. C. Darcours, *Le Journal Illustré*, 27 mai 1877.
67. J. Comte, « Le Salon », *L'Illustration*, 26 mai 1877.
68. Cham (Amédée Noé), *Le Charivari*, 23 mai 1877.
69. H. Houssaye, « Le Salon de 1877 », *La Revue des Deux Mondes*, 15 juin 1877.
70. E. Cardon, *Le Soleil*, 19 mai 1877.
71. J. Comte, *L'Illustration*, 26 mai 1877.
72. H. de Curzon, « Croquis d'artistes. Jean-Baptiste Faure », *Le Guide Musical*, 13 octobre 1895.
73. Ch. de la Rounat, *Le XIXe Siècle*, 6 avril 1875.
74. Th. de Banville, *Le National*, 5 avril 1875.
75. H. Hostein, *Le Constitutionnel*, 5 avril 1876.
76. F. Gilbert, « Manet jugé par Faure », *Le Gaulois*, 6 janvier 1884.
77. A. Wolff, « Calendrier parisien », *Le Figaro*, 27 mars 1876.
78. Proust, 1897, p. 204-205.
79. L. Enault, « Le Salon de 1877 », *Le Constitutionnel*, 1er juin 1877.
80. Messire Jean, « Salon de 1877 », *Le Soir*, 3 mai 1877.
81. E. Villetard, « Le Salon de 1877 », *Le Français*, 31 mai 1877.
82. L. de Fourcaud, *Le Gaulois*, 14 juin 1877.
83. Ph. Burty, « Salon de 1877 », *La République Française*, 26 mai 1877.
84. A. Vollard, 1937, p. 179.
85. Cham, *Le Charivari*, 29 avril 1877.
86. Baron Schop, « Salon de 1877 », *Le National*, 6 juin 1877.
87. A. Wolff, « Le Salon de 1877 », *Le Figaro*, 16 mai 1877.
88. J. Rewald, 1955, II, p. 20.
89. A. Wolff, *Le Figaro*, 17-18 avril 1876.
90. Tabarant, 1947, p. 310.
91. J.-E. Blanche, 1919, p. 303.
92. D. Halévy, *Degas parle*, Paris-Genève, 1960, p. 55.
93. *Moniteur des Arts*, 15 mars 1878.
94. Th. Duret, 1906, p. 172.
95. A. E., *La Justice*, 15 avril 1880.
96. P. Mantz, *Le Temps*, 10 avril 1880.
97. A. E., *La Justice*, 15 avril 1880.
98. *Ibid.*
99. E. Vallet, *« Exposition de la Société des amis des arts de Bordeaux »*, *L'Art*, t. XXVI, 1881, p. 90.

Chapitre X
Antonin Proust et la République bourgeoise

1. J.-K. Huysmans, « Salon de 1879 », *Le Voltaire,* 8 juin 1879.
2. D. Bernard, *L'Univers Illustré,* 14 juin 1879.
3. L. de Fourcaud, « Le Salon », *Le Gaulois,* 18 juin 1879.
4. *Le Journal Amusant,* 24 mai 1879.
5. Th. Véron, *Dictionnaire Véron, Le Salon de 1879,* Paris-Poitiers, 1879, p. 388.
6. Th. de Banville, *Le National,* 16 mai 1879.
7. Dubosc de Pesquidoux, *L'Union,* 28 mai 1879.
8. Th. de Banville, *Ibid.*
9. A. Baignières, « Salon de 1879 », *Gazette des Beaux-Arts,* juin 1879, p. 559.
10. A. Wolff, « Le Salon », *Le Figaro,* 28 mai 1879.
11. E. d'Hervilly, « Le Salon », *Le Rappel,* 20 juin 1879.
12. Zola, *Œuvres complètes,* t. XII, p. 1003.
13. Tabarant, 1947, p. 351.
14. Zola, *op. cit.*, p. 1003.
15. *Ibid.*, p. 1019.
16. *Ibid.*, p. 932.
17. *Ibid.*, p. 966.
18. *Ibid.*, p. 967.
19. Catalogue *Manet,* 1983, p. 436-437.
20. Ph. Burty, *La République Française,* 11 mai 1879.
21. M. de Thémines, « Salon de 1879 », *La Patrie,* 12 mai 1879.
22. Cité dans V. Champier, *L'Année Artistique, 1879,* Paris, 1880, p. 60.
23. Castagnary, *Le Siècle,* 28 juin 1879.
24. Rouart-Wildenstein, 1975, I, p. 20-21.
25. Proust, 1897, p. 414.
26. *Ibid.*
27. *Ibid.*, p. 415.
28. M. Berhaut, *Caillebotte, sa vie, son œuvre,* Paris, 1978, p. 245, lettre 19.
29. Bertall, *Paris-Journal,* 22 mai 1879.
30. Bazire, 1884, p. 127 (cité dans *Manet raconté par lui-même et par ses amis,* Genève, 1953, t. I, p. 236).
31. J.-E. Blanche, 1919, p. 142.
32. Bazire, 1884, p. 127.
33. R. Maizeroy, « Chez Manet », *Gil Blas,* 11 janvier 1882.
34. J.-E. Blanche, 1919, p. 145.
35. R. Maizeroy, *Gil Blas,* 11 janvier 1882.
36. J.-E. Blanche, 1924, p. 7.
37. J.-E. Blanche, 1919, p. 142.
38. *Ibid.*, p. 147.
39. R. Maizeroy, *Gil Blas,* 11 janvier 1882.
40. J.-E. Blanche, 1919, p. 138.
41. G. Jeanniot, « En souvenir de Manet », *La Grande Revue,* août 1907, p. 844-860.

42. J.-E. Blanche, 1919, p. 146.
43. *Ibid.*
44. Th. Duret, 1906, p. 214.
45. J.-E. Blanche, 1924, p. 50.
46. P. Alexis, *Le Voltaire*, 25 juillet 1879.
47. Tabarant, 1947, p. 352-353.
48. Th. Duret, 1906, p. 221.
49. J.-K. Huysmans, « Le Salon de 1880 », *La Réforme Économique*, 1er juillet 1880, p. 783.
50. P. Mantz, « Le Salon », *Le Temps*, 6 juin 1880.
51. S. Boubée, « L'art officiel sous la République », *La Gazette de France*, 19 mai 1880.
52. Nidrac, *Salon comique de 1880*, Paris, 1880, p. 42.
53. P. Mantz, *Le Temps*, 6 juin 1880.
54. *L'Univers Illustré*, 5 juin 1880.
55. Ph. de Chennevières, « Le Salon de 1880 », *Gazette des Beaux-Arts*, juillet 1880, p. 44.
56. J.-P. Collet, *George Moore et la France*, Genève-Paris, 1957, p. 44; G. Moore, *Confessions d'un jeune Anglais*, 1925, p. 104.
57. G. Moore, *Modern Painting*, Londres, 1898, p. 30-31 (cité dans *Manet*, 1983, p. 426).
58. J.-P. Collet, 1957, p. 34.
59. Proust, 1897, p. 306.
60. A. Mortier, *Les Soirées parisiennes*, 1878, p. 239.
61. Peccadille, « Chronique parisienne. M. Clemenceau », *Le Français*, 1er juin 1880.
62. Bertall, « Le Salon de 1880 », *Paris-Journal*, 10 mai 1880.
63. E. About, « Le Salon », *Le XIXe Siècle*, 19 juin 1880.
64. Bertall, *Paris-Journal*, 10 mai 1880.
65. Jack, « Le Salon », *Le Voltaire*, 15 juin 1880.
66. Ph. de Chennevières, *Gazette des Beaux-Arts*, juillet 1880.
67. Proust, 1897, p. 308.
68. A. Proust, Paris, 1913, p. 102.
69. *L'Événement*, 2 mai 1880.
70. Tabarant, 1947, p. 378.
71. H. Olléris, *Mémento du Salon de peinture, de gravure et de sculpture en 1880*, Paris, 1880, p. 45.
72. Ph. Burty, *La République Française*, 4 mai 1880.

Chapitre XI

Dans le miroir des Folies-Bergère

1. Rouart-Wildenstein, 1975, II, 599. La ponctuation respecte dans la mesure du possible l'original.
2. *Ibid.*, 583.
3. *Ibid.*, 580.
4. *Ibid.*
5. *Ibid.*

6. *Ibid.*, 576.
7. *Ibid.*
8. *Ibid.*
9. *Ibid.*
10. *Ibid.*
11. *Ibid.*, 577 ; *Manet*, 1983, 205.
12. *Ibid.*
13. *Ibid.*, 570.
14. *Ibid.*, 573.
15. *Ibid.*
16. *Ibid.*
17. *Ibid.*
18. *Ibid.*, 564 ; *Manet*, 1983, 196.
19. *Ibid.*
20. *Ibid.*, 574 ; *Manet*, 1983, 193.
21. *Ibid.*, 601.
22. *Ibid.*, 579 ; *Manet*, 1983, 197.
23. Catalogue *Manet*, 1983, 204.
24. Rouart-Wildenstein, II, 603.
25. Proust, 1897, 179.
26. *Ibid.*, p. 311.
27. Blanche, 1919, p. 140-141.
28. *L'Univers Illustré*, 11 juin 1881.
29. E. Villetard, « Salon de 1881 », *Le Français*, 27-28 mai 1881.
30. L. de Fourcaud, « Salon du Gaulois », *Le Gaulois*, 17 juin 1881.
31. Stop, *Journal Amusant*, 28 mai 1881.
32. P. Mantz, *Le Temps*, 5 juin 1881.
33. J.-K. Huysmans, *L'Art moderne*, Paris, 1883, p. 182.
34. Dubosc de Pesquidoux, *L'Union*, 17 juin 1881.
35. Baron de Vaux, *Les tireurs au pistolet*, Paris, 1883.
36. A. Buchon, « Pertuiset », *Le Journal Illustré*, 31 août-7 septembre 1873.
37. E. Pertuiset, *Les Aventures d'un chasseur de lions*, Paris, 1878, p. 213.
38. P. de Charry, *Le Pays*, 19 juin 1881.
39. *La Vie Parisienne*, 21 mai 1881.
40. P. de Charry, *Le Pays*, 19 juin 1881.
41. J.-K. Huysmans, 1883, p. 181.
42. E. Thierry, *Le Moniteur Universel*, 12 juin 1881.
43. *Le Journal Amusant*, 11 juin 1881.
44. R. Ballu, *La Nouvelle Revue*, 15 mai 1881, p. 456-457.
45. Tabarant, 1947, p. 403.
46. Th. Duret, 1906, p. 225.
47. *Le Tintamarre*, 18 mai 1879.
48. L. de Fourcaud, *Le Gaulois*, 17 juin 1881.
49. E. Zola, *Le Figaro*, 20 décembre 1880 (*Œuvres complètes*, t. XIV, p. 498).
50. E. Bazire, Paris, 1884, p. 106.
51. Tabarant, 1947, p. 403.
52. *Ibid.*

53. *Ibid.*, p. 406.
54. Moreau-Nélaton, 1926, II, p. 82.
55. Proust, 1897, p. 413-414.
56. J.-E. Blanche, 1919, p. 141.
57. Moreau-Nélaton, 1926, II, p. 90.
58. *Manet raconté par lui-même et par ses amis,* 1953, I, p. 205-206.
59. J. De Nittis, *Notes et Souvenirs,* Paris, 1895, p. 187-188.
60. Ph. Burty, *La République Française,* 5 juin 1881.
61. *Paris-Journal,* 4 juin 1881.
62. O. Merson, « Salon de 1881 », *Le Monde Illustré,* 4 juin 1881.
63. *L'Univers Illustré,* 11 juin 1881.
64. L. de Fourcaud, *Le Gaulois,* 17 juin 1881.
65. *Le Charivari,* 14 juin 1881.
66. S. Boubée, « Le Salon de 1881 », *La Gazette de France,* 22 juin 1881.
67. *Ibid.*
68. *La Presse,* 3 juin 1881.
69. E. Cardon, « Choses d'art », *Le Soleil,* 30 mai 1881.
70. Ph. Burty, *La République Française,* 5 juin 1881.
71. A. Silvestre, « Les récompenses du Salon », *La Vie Moderne,* 4 juin 1881.
72. *Ibid.*
73. Chassagnol, « Le Salon de 1881. Les médaillés », *Le Gil Blas,* 2 juin 1881.
74. E. Zola, « Après une promenade au Salon », *Le Figaro,* 23 mai 1881 (*Œuvres complètes,* t. XII, p. 1035).
75. M. Berhaut, Paris, 1978, n° 22, p. 245.
76. J. Claretie, *La Vie à Paris. 1881,* Paris, 1882, p. 224.
77. P. de Charry, *Le Pays,* 19 juin 1881.
78. J. Claretie, *La Vie à Paris. 1880,* Paris, 1881, p. 500-502.
79. Proust, 1897, p. 307.
80. Th. de Banville, *Le National,* 18 juillet 1870.
81. F. Champsaur, « Silhouettes parisiennes. Cabaner », *Henri IV,* 15 mai 1881.
82. J. Richepin, « Un ténor », *Gil Blas,* 11 mai 1881.
83. « Quid de Cabaner ? » demande Verlaine à Charles de Sivry le 28 janvier 1881 (P. Verlaine, *Lettres inédites à divers correspondants,* Genève, 1976, p. 272).
84. P. Pia, *Album Zutique,* Paris, 1962, p. 55 et p. 65.
85. Sur Cabaner et Nina de Callias, L. Forestier, *Charles Cros,* Paris, 1969, p. 87, 95, 97.
86. F. Champsaur, *Henri IV,* 15 mai 1881.
87. P. Cézanne, Paris, 1937, p. 178.
88. *Ibid.*, p. 180.
89. E. Zola, *Préface de la vente au profit de Cabaner,* Paris, Hôtel Drouot, 14 mai 1881.
90. J.-E. Blanche, 1919, p. 144.
91. F. Coppée, « Vieux Souvenirs », *La Jeune France,* 1er juillet 1881.
92. Tabarant, 1947, p. 411-412.
93. Zola, *Œuvres complètes,* t. XI, p. 509-513.

94. A. Wolff, « Courrier de Paris », *Le Figaro,* 29 septembre 1878.
95. Tabarant, 1947, p. 417.
96. S. Mallarmé, *Correspondance, II,* p. 230-231.
97. Catalogue *Manet,* 1978, 107.
98. *Ibid.*
99. *Ibid.*
100. *La Gazette de France,* 11 juin 1864.
101. Moreau-Nélaton, 1926, II, p. 85.
102. *Manet raconté par lui-même et par ses amis,* 1953, I, p. 200-201.
103. G. Jeanniot, *La Grande Revue,* 10 août 1907 (cité dans Moreau-Nélaton, 1926, II, p. 96).
104. Catalogue *Manet,* 1983, Annexe I, 43, p. 527.
105. E. Zola, *Œuvres complètes,* t. XIV, p. 668-669.
106. E. Zola, *Œuvres complètes,* t. XII, p. 1020.
107. Proust, 1897, p. 417.
108. G. Jeanniot, *La Grande Revue,* 10 août 1907 (cité dans Moreau-Nélaton, II, p. 95).
109. J.-E. Blanche, 1919, p. 145.
110. G. Jeanniot, *La Grande Revue,* 10 août 1907.
111. *Ibid.*
112. *Ibid.*
113. E. Zola, *Cronaca Bizantina,* 1er avril 1882 (*Œuvres complètes,* t. XIV, p. 408).
114. Maupassant, *L'armoire,* dans *Contes et nouvelles,* ed. L. Forestier, Paris, 1979, II, p. 401.
115. J.-K. Huysmans, « Les Folies-Bergère en 1879 », *Croquis Parisiens,* Paris, 1976, p. 347.
116. *Ibid.*
117. F. Coppée, « Une soirée aux Folies-Bergère », *La Jeune France,* 1er septembre 1880, p. 228-231.
118. E. Zola, *Œuvres complètes,* t. XIV, p. 409.
119. Maupassant, *Bel-Ami,* Paris, 1973, p. 43.
120. F. Coppée, *La Jeune France,* 1er septembre 1880.
121. P. Eudel, « La vente Manet ». *Le Figaro,* 5 février 1884.
122. *Le Temps,* 29 avril 1882.
123. G. Vicaire, *La Petite Presse,* 7 mai 1882.
124. E. Jacques, « Le Salon », *L'Intransigeant,* 8 mai 1882.
125. E. Chesneau, *Annuaire Illustré des Beaux-Arts,* Paris, 1882, p. 223.
126. H. Houssaye, « Le Salon de 1882 », *La Revue des Deux Mondes,* 1er juin 1882.
127. P. Alexis, « Chronique. Avant le Salon », *Le Réveil,* 1er avril 1882.
128. Saint-Juirs, *Guide critique du Salon de 1882,* p. 9.
129. H. Trianon, « Le Salon de 1882 », *Le Constitutionnel,* 21 mai 1882.
130. P. Alexis, *Le Réveil,* 1er avril 1882.
131. M. du Seigneur, « Salon de 1882 », *L'Artiste,* juin 1882, p. 648-649.
132. L. de Fourcaud, « Le Salon », *Le Gaulois,* 4 mai 1882.
133. H. Trianon, « Le Salon de 1882 », *Le Constitutionnel,* 21 mai 1882.
134. *Le Journal Amusant,* 6 mai 1882.
135. Dubosc de Pesquidoux, « Salon de 1882 », *L'Union,* 15 juin 1882.

136. H. Esmont, « Scènes de genre », *Journal des Artistes*, 15 juin 1882.
137. *La Vie Parisienne*, 6 mai 1882.
138. V. Champier, « Le Salon de 1882 », *Le Moniteur Universel*, 28 mai 1882.
139. J. Comte, *L'Illustration*, 20 mai 1882, p. 335.
140. H. Trianon, *Le Constitutionnel*, 21 mai 1882.
141. *Le Henri IV*, 30 avril 1882.
142. E. Jacques, *L'Intransigeant*, 30 avril 1883.
143. P. Demeny, « Le Salon de 1882 », *La Jeune France*, 1er juin 1882.
144. A. Wolff, *Le Figaro*, 30 avril 1882.
145. J.-E. Blanche, 1919, p. 146.
146. M. du Seigneur, « Salon de 1882 », *L'Artiste*, juillet 1882, p. 21.
147. P. Demeny, *La Jeune France*, 1er juin 1882.
148. L. de Fourcaud, *Le Gaulois*, 4 mai 1882.
149. *Manet raconté par lui-même et par ses amis*, 1953, I, p. 146 (cat. *Manet*, 1983, no 214).
150. Paranquet, « Le Vernissage », *Paris-Journal*, 1er mai 1882.

Chapitre XII

Vie et mort de Manet

1. Paris, Bibliothèque littéraire Jacques Doucet, MNR 1630 (cité par F. Cachin, 1983, 204).
2. Tabarant, 1947, p. 461.
3. F. Fénéon, *La Revue Indépendante*, janvier 1888 (*Œuvres plus que complètes*, 1970, I, p. 91-92).
4. J.-E. Blanche, 1919, p. 146.
5. J.-E. Blanche, 1924, p. 52.
6. Rouart-Wildenstein, 1975, I, p. 25.
7. *Ibid.*
8. Th. Duret, 1906, p. 244.
9. *Ibid.*, p. 245.
10. *Ibid.*
11. *Ibid.*
12. Proust, 1897, p. 315.
13. *Ibid.*, p. 307-308.
14. Tabarant, 1947, p. 471.
15. G. La Touche, « Édouard Manet, souvenirs intimes », *Journal des Arts*, 15 janvier 1884.
16. L. de Fourcaud, « Les derniers moments de Manet », *Le Gaulois*, 1er mai 1883.
17. A. Wolff, « Édouard Manet », *Le Figaro*, 1er mai 1883.
18. J.-E. Blanche, 1924, p. 57.
19. Tabarant, 1947, p. 486.
20. *Ibid.*
21. Th. Duret, 1906, p. 252.
22. Proust, 1897, p. 421.
23. *Ibid.*

24. Duret, 1906, p. 254.
25. *Ibid.*, p. 116.
26. Ph. Burty, « Exposition Manet », *La République Française*, 7 janvier 1884.
27. E. About, « Manet à l'École des Beaux-Arts », *Le XIXe Siècle*, 7 janvier 1884.
28. *Ibid.*
29. Bullier, « Une pétition à l'Institut », *Le Journal des Arts*, 15 janvier 1884.
30. Ph. Burty, *La République Française*, 16 janvier 1884.
31. Meurville, « L'exposition de Manet », *Gazette de France*, 9 janvier 1884.
32. Zola, *Exposition des Œuvres d'Édouard Manet, Préface*, 1884 (*Œuvres complètes*, t. XII, p. 1042).
33. A. Wolff, « De l'École des Beaux-Arts à l'École des Batignolles », *Le Figaro*, 7 février 1884.
34. P. Eudel, *Le Figaro*, 5 février 1884.
35. Tabarant, 1947, p. 507.
36. *Ibid.*, p. 506.
37. G. Geffroy, *Monet, sa vie, son œuvre*, rééd., Paris, 1980, p. 232-233.
38. *Ibid.*, p. 241.
39. *Ibid.*, p. 233.
40. *Ibid.*, p. 253.
41. *Ibid.*, p. 251.
42. *Ibid.*, p. 243-244.
43. E. Zola, *Œuvres complètes*, t. XII, p. 806.
44. G. Geffroy, 1980, p. 244.

Conclusion

1. H. Perruchot, *La vie de Manet*, Paris, 1959, p. 262.
2. J. De Nittis, *Notes et Souvenirs*, Paris, 1895, p. 190.
3. Moreau-Nélaton, 1926, II, p. 120.
4. S. Mallarmé, *Œuvres complètes*, p. 532.
5. A. Wolff, « Édouard Manet », *Le Figaro*, 1er mai 1883 ; dans le passage cité, Wolff fait allusion à son « Salon » du 28 mai 1879 dans *Le Figaro*.
6. Proust, 1897, p. 315.
7. *Ibid.*, p. 313.
8. Baudelaire, *Correspondance, II*, p. 351.
9. Th. Gautier, « Salon de 1868 », *Le Moniteur Universel*, 11 mai 1868.
10. Proust, 1897, p. 206 : « Il nous ramène à l'incompréhensible, nous qui voulons que tout se comprenne », disait Manet à propos de Gustave Moreau.
11. P. Leroi, « Salon de 1875 », *L'Art*, 1875, p. 251-252.
12. E. Bazire, 1884, p. 132-133.

Bibliographie sommaire

Ouvrages généraux

Adler (K.), *Manet*, Oxford, 1985.

Bataille (G.), *Manet*, Lausanne, 1955, rééd. 1983 avec une préface par Françoise Cachin.

Bazire (E.), *Manet*, Paris, 1884.

Blanche (J.-E.), *Manet*, 1924 (trad. angl., Londres et New York, 1925).

Cachin (F.) et al., *Manet*, Paris, Grand Palais, 1983.

— Manet, *Lettres à Isabelle, Méry*, Paris, 1985.

Clark (T.J.), *The Painting of Modern Life*, Londres et New York, Thames and Hudson, 1984.

Cogniat (R.) et Hoog (M.), *Manet*, Paris, 1982.

Colin (P.), *Manet*, Paris, 1937.

Cooper (D.), *Manet*, Londres, 1949.

Courthion (P.) et Cailler (P.), *Manet raconté par lui-même et par ses amis*, Genève, 1953, 2 vol.

Courthion (P.), *Édouard Manet*, Paris, 1961 (New York, 1962).

Daix (P.), *La vie de peintre d'Édouard Manet*, Paris, 1983.

Duret (Th.), *Histoire d'Édouard Manet et de son œuvre*, Paris, 1902 (rééd. 1906, 1919 avec supplément, 1926).

Florisoone (M.), *Manet*, Monaco, 1947.

Glaser (K.), *Édouard Manet, Faksimiles nach Zeichnungen und Aquarellen*, Munich, 1922.

Guérin (M.), *L'œuvre gravé de Manet*, Paris, 1944.

Hamilton (G.H.), *Manet and his Critics*, New Haven et Londres, 1954, New York, 1969.

Hanson (A.C.), *Édouard Manet (1832-1883)*, Philadelphia Museum of Art, Philadelphie, 1966.
— *Manet and the Modern Tradition*, New Haven et Londres, 1977.
Harris (J.C.), *Édouard Manet : Graphic Works. A Definitive Catalogue Raisonné*, New York, 1970.
Herbert (R.L.), *L'impressionnisme*, Paris, 1988.

Isaacson (J.), *Manet and Spain. Prints and Drawings*, The Art Museum, University of Michigan, Ann Arbor, 1969.

Jamot (P.), Wildenstein (G.), Bataille (M.-L.), *Manet*, Paris, 1932, 2 vol.
Jedlicka (G.), *Édouard Manet*, Zurich, 1941.

Laran (J.) et Le Bas (G.), *Manet*, Paris, 1910.
Leiris (A. de), *The Drawings of Édouard Manet*, Berkeley et Los Angeles, 1969.

Manet, *Exposition des œuvres d'Édouard Manet*, préface d'Émile Zola, École Nationale des Beaux-Arts, Paris, 1884.
— *Exposition Universelle de 1889. Exposition centennale de l'art français (1789-1889)*, Paris, 1899.
— *Exposition Internationale Universelle de 1900. Exposition centennale de l'art français (1800-1900)*, Paris, 1900.
— *Exposition de 24 tableaux et aquarelles de Manet formant la collection Faure*, Paris, 1906.
— *Manet, trente-cinq tableaux de la collection Pellerin*, Paris, 1910.
— *Ausstellung Édouard Manet, 1832-1883*, Galerie Matthiesen, Berlin, 1928.
— *Manet, 1832-1883*, préface de P. Valéry, catalogue par P. Jamot et Ch. Sterling, Paris, 1932.
Mauner (G.), *Manet, peintre-philosophe*, University Park (Pa.) et Londres, 1975.
Meier-Graefe (J.), *Édouard Manet*, Munich, 1912.
Moreau-Nelaton (E.), *Manet graveur et lithographe*, Paris, 1906.
— *Manet raconté par lui-même*, Paris, 1926, 2 vol.

Perruchot (H.), *La vie de Manet*, Paris, 1959.
Proust (A.), *Édouard Manet, souvenirs*, Paris, 1913.

Reff (Th.), *Manet, Olympia*, New York et Londres, 1976.
— *Manet and Modern Paris*, Washington, National Gallery of Art, 1982.
Rey (R.), *Manet*, Paris, 1938, trad. angl., New York, 1938.
Rewald (J.), *Manet, pastels*, Oxford, 1947.
Richardson (J.), *Édouard Manet. Paintings and Drawings*, Londres, 1958, rééd. 1982.
Rosenthal (L.), *Manet aquafortiste et lithographe*, Paris, 1925.
Rouart (D.) et Orienti (S.), *Tout l'œuvre peint d'Édouard Manet*, Paris, 1970.
Rouart (D.) et Wildenstein (G.), *Édouard Manet. Catalogue raisonné*, Lausanne-Paris, 1975, 2 vol.

Sandblad (N.G.), *Manet : Three Studies in Artistic Conception*, Lund, 1954.

Tabarant (A.), *Manet, histoire catalographique*, Paris, 1931.
— *Manet et ses œuvres*, Paris, 1947.
Tschudi (H. von), *Édouard Manet*, Berlin, 1902.

Waldmann (E.), *Édouard Manet*, Berlin, 1923.
Wilson (J.), *Manet. Dessins, aquarelles, eaux-fortes, lithographies, correspondance*, Huguette Berès, Paris, 1978.
Wilson Bareau (J.), « The Hidden Face of Manet », *Burlington Magazine*, vol. 128, nº 997, avril 1986.
— *Édouard Manet. Voyage en Espagne*, L'Échoppe, 1988.

Index des principaux noms propres

TABLE

Annexes

L'HISTOIRE DE L'ART
CHEZ FAYARD

Dans la même série

Jean de Cayeux, *Hubert Robert.*
Jonathan Brown, *Vélázquez,* traduit de l'anglais (États-Unis) par Marie-France de Paloméra.
Frederic V. Grunfeld, *Rodin,* traduit de l'anglais (États-Unis) par Denise Meunier.
Jean Sagne, *Toulouse-Lautrec.*
Maurice Sérullaz, *Delacroix.*
Jacques Thuillier, *Nicolas Poussin.*

Aubin Imprimeur
LIGUGÉ, POITIERS

Achevé d'imprimer en octobre 1989
N° d'édition 5355 / N° d'impression L 32254
Dépôt légal, octobre 1989
Imprimé en France

ISBN 2-213-02-345-X
35-12-8117-01

35-8117-0